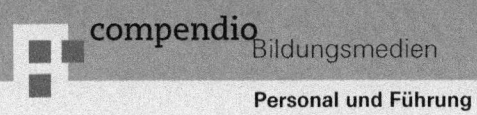

Personalmarketing, -entwicklung und Berufsbildung für HR-Fachleute
Eine praxisorientierte Darstellung mit Repetitionsfragen und Antworten sowie Minicases

Ingrid Katharina Geiger, Nicole Messi, Marc A. Hermann und Clarisse Pifko

Personalmarketing, -entwicklung und Berufsbildung für HR-Fachleute
Eine praxisorientierte Darstellung mit Repetitionsfragen und Antworten sowie Minicases
Ingrid Katharina Geiger, Nicole Messi, Marc A. Hermann und Clarisse Pifko

Grafisches Konzept: dezember und juli, Wernetshausen
Satz und Layout, Korrektorat: Mediengestaltung, Compendio Bildungsmedien AG, Zürich
Druck: Edubook AG, Merenschwand

Redaktion und didaktische Bearbeitung: Clarisse Pifko

Artikelnummer: 16299
ISBN: 978-3-7155-7774-6
Auflage: 3., korrigierte Auflage 2018
Ausgabe: K1048
Sprache: DE
Code: XHR 003

Artikelnummer E-Book: E-16388
ISBN E-Book: 978-3-7155-4386-4
Code E-Book: XHRE 003

Alle Rechte, insbesondere die Übersetzung in fremde Sprachen, vorbehalten. Der Inhalt des vorliegenden Buchs ist nach dem Urheberrechtsgesetz eine geistige Schöpfung und damit geschützt.

Die Nutzung des Inhalts für den Unterricht ist nach Gesetz an strenge Regeln gebunden. Aus veröffentlichten Lehrmitteln dürfen bloss Ausschnitte, nicht aber ganze Kapitel oder gar das ganze Buch fotokopiert, digital gespeichert in internen Netzwerken der Schule für den Unterricht in der Klasse als Information und Dokumentation verwendet werden. Die Weitergabe von Ausschnitten an Dritte ausserhalb dieses Kreises ist untersagt, verletzt Rechte der Urheber und Urheberinnen sowie des Verlags und wird geahndet.

Die ganze oder teilweise Weitergabe des Werks ausserhalb des Unterrichts in fotokopierter, digital gespeicherter oder anderer Form ohne schriftliche Einwilligung von Compendio Bildungsmedien AG ist untersagt.

Copyright © 2011, Compendio Bildungsmedien AG, Zürich

Die Printausgabe dieses Buchs ist klimaneutral in der Schweiz gedruckt worden. Die Druckerei Edubook AG hat sich einer Klimaprüfung unterzogen, die primär die Vermeidung und Reduzierung des CO_2-Ausstosses verfolgt. Verbleibende Emissionen kompensiert das Unternehmen durch den Erwerb von CO_2-Zertifikaten eines Schweizer Klimaschutzprojekts.
Mehr zum Umweltbekenntnis von Compendio Bildungsmedien finden Sie unter: www.compendio.ch/Umwelt

Das Zertifikat für Qualitätsmanagement nach ISO 9001:2015 ist für Kunden und Partner von Compendio Bildungsmedien ein unabhängiger Nachweis für Kompetenz und Leistungsfähigkeit des Unternehmens. Mehr dazu: www.compendio.ch/ISO

Inhaltsverzeichnis

	Über die Reihe «Lernwelt für HR-Fachleute»	5
	Vorwort zur 3. Auflage	6

Teil A — Personalmarketing und -entwicklung — 9

1 Personalplanung — 10
- 1.1 Warum braucht man Personalplanung? — 10
- 1.2 Personalbedarfsplanung — 12
- 1.3 Quantitative Personalbedarfsplanung — 13
- 1.4 Qualitative Personalbedarfsplanung — 13
- 1.5 Personaleinsatzplanung — 19
- 1.6 Personalkostenplanung — 19
- 1.7 Personalkennzahlen und Statistiken — 23

2 Personalmarketing und Personalgewinnung — 29
- 2.1 Personalmarketing — 29
- 2.2 Personalgewinnung im Überblick — 35
- 2.3 Personalsuche — 35

3 Personalauswahl — 46
- 3.1 Grundlagen — 46
- 3.2 Grobanalyse — 49
- 3.3 Hauptanalyse — 55
- 3.4 Abschluss — 61
- 3.5 Einführung — 61

4 Personalbindung — 66
- 4.1 Ziele und Stellenwert der Personalbindung — 66
- 4.2 Möglichkeiten der Personalbindung — 67
- 4.3 Unternehmerische Schwerpunkte in der Mitarbeiterbindung — 70
- 4.4 Die Mitarbeiterinformation — 75
- 4.5 Die Rolle der HR-Abteilung — 78

5 Mitarbeiterbeurteilung — 81
- 5.1 Der Nutzen der Mitarbeiterbeurteilung — 81
- 5.2 Die Mitarbeiterbeurteilungssysteme — 82
- 5.3 Die Rollen und Aufgaben in der Mitarbeiterbeurteilung — 89
- 5.4 Die Auswertung der Mitarbeiterbeurteilung — 90
- 5.5 Der Prozess der Mitarbeiterbeurteilung — 90

6 Personalentwicklung — 95
- 6.1 Die Personalentwicklungspolitik — 95
- 6.2 Ziele der Personalentwicklung — 96
- 6.3 Einflüsse auf die Personalentwicklung — 97
- 6.4 Organisation der Personalentwicklung — 99
- 6.5 Aufgaben und Massnahmen der Personalentwicklung — 101
- 6.6 Der Personalentwicklungsprozess — 103

7 Nachfolge- und Laufbahnplanung — 110
- 7.1 Einleitung — 110
- 7.2 Die systematische Nachfolgeplanung — 111
- 7.3 Die systematische Laufbahnplanung — 116

8 Aus- und Weiterbildung — 120
- 8.1 Was versteht man unter Aus- und Weiterbildung? — 120
- 8.2 Die Planung der Schulungsmassnahme — 121
- 8.3 Die Durchführung und Evaluation einer Schulungsmassnahme — 123
- 8.4 Das Schulungskonzept — 125
- 8.5 Lehrmethoden — 129

9	Erfolgskontrolle in der Bildung	133
9.1	Warum kontrollieren?	133
9.2	Die Formen der Erfolgskontrolle im Überblick	134
10	**Personalfreisetzung**	**143**
10.1	Die Auflösung eines Arbeitsverhältnisses	143
10.2	Stellenabbau durch das Unternehmen	147
10.3	Begleitende Massnahmen eines Stellenabbaus	154
10.4	Alternativen für einen Stellenabbau	160

Teil B Berufsbildung 165

11	Das schweizerische Bildungssystem	166
11.1	Einleitung	166
11.2	Rahmenbedingungen	168
12	**Die Berufslehre im Unternehmen**	**179**
12.1	Lehrlingssuche und Berufswahl	179
12.2	Durchführung der Lehre	184
12.3	Abschluss / Beendigung der Lehre	187

Teil C Minicases 195

	Übung macht den Meister	196
1	Familienunternehmen Fleissig	198
2	Personalabbau und neue Entwicklungen in der Firma Gut	200
3	Unternehmen Weitsicht entwickelt sich	203
4	Der Versicherer Voll & Ganz expandiert	206
5	Die Tresor-Bank verlagert ihren IT-Service	209
6	Lara und David auf dem Weg zur Lehre	211
7	Firma Sauer & Bitter muss sparen	213
8	Das Spital in Gründorf leidet an Fachkräftemangel	215
9	Firma CSM-Biio will Fachkräfte binden	218
10	Firma IN & OUT optimiert die Personalentwicklung	220

Teil D Anhang 223

Antworten zu den Repetitionsfragen	224
Literaturverzeichnis	240
Stichwortverzeichnis	241

Über die Reihe «Lernwelt für HR-Fachleute»

Willkommen in unserer Reihe «Lernwelt für HR-Fachleute»!

Die Reihe umfasst folgende Titel:

- Kommunikation und Führung für HR-Fachleute
- Personalmarketing, -entwicklung und Berufsbildung für HR-Fachleute
- Arbeitsrecht und Sozialpartnerschaft für HR-Fachleute
- Sozialversicherungen in der Schweiz
- Internationales HR-Management für HR-Fachleute
- HR-Beratung für HR-Fachleute

Diese Fachreihe wurde in Zusammenarbeit mit dem HR-Fachbeirat von Compendio erstellt. Wir danken den Mitgliedern des HR-Fachbeirats Ingrid Katharina Geiger, Nicole Messi und Astrid Perrollaz für ihre wertvollen Verbesserungsvorschläge und Anregungen zu diesem Lehrmittel.

Die Lehrmittel folgen dem bewährten didaktischen Konzept von Compendio. Verständliche Texte, zahlreiche Beispiele und Grafiken sowie Repetitionsfragen mit ausführlich kommentierten Musterlösungen ermöglichen die zielgerichtete Vor- und Nachbereitung des Unterrichts und ggf. auch ein Selbststudium.

Als Besonderheit enthalten die meisten Lehrmittel dieser Reihe Minicases mit anwendungsorientierten Aufgabenstellungen, wie sie an der Berufsprüfung gestellt werden. Zur Unterstützung beim Lernen und für den Berufsalltag haben wir dieser Ausgabe ein übersichtliches Infoblatt beigelegt. Es enthält eine Auswahl wichtiger Daten, Fakten und Modelle und vermittelt einen schnellen Überblick über das Thema.

Zürich, im April 2018

Clarisse Pifko, Projektleitung

Vorwort zur 3. Auflage

Dieses Buch befasst sich mit dem Personalmarketing, der Personalentwicklung und der Berufsbildung. Gezielte Massnahmen des Personalmarketings und der Personalentwicklung gewinnen an Bedeutung für Unternehmen. Personalmarketing und Personalentwicklung sind Massnahmebündel, die Unternehmen dabei unterstützen, ihre Innovationskraft und damit ihre Wettbewerbsfähigkeit in einem harten Umfeld zu erhalten. Sie können nicht isoliert betrachtet werden. Sie bilden einen komplexen Prozess. Dieser Prozess reicht von der Personalplanung bis zum Personalabbau. Da die Berufslehre auch Teil des Prozesses ist, haben wir in diesem Buch einen direkten Bezug zum schweizerischen Bildungssystem hergestellt.

Die folgende Abbildung zeigt die wesentlichen Teilprozesse und weist auf wichtige Beziehungen hin. Die Nummerierung der Teilprozesse entspricht der Kapitelnummerierung. Sie können die Abbildung als Übersicht über das Buch verwenden.

Personalmarketing, Personalentwicklung und Berufsbildung – als Prozess

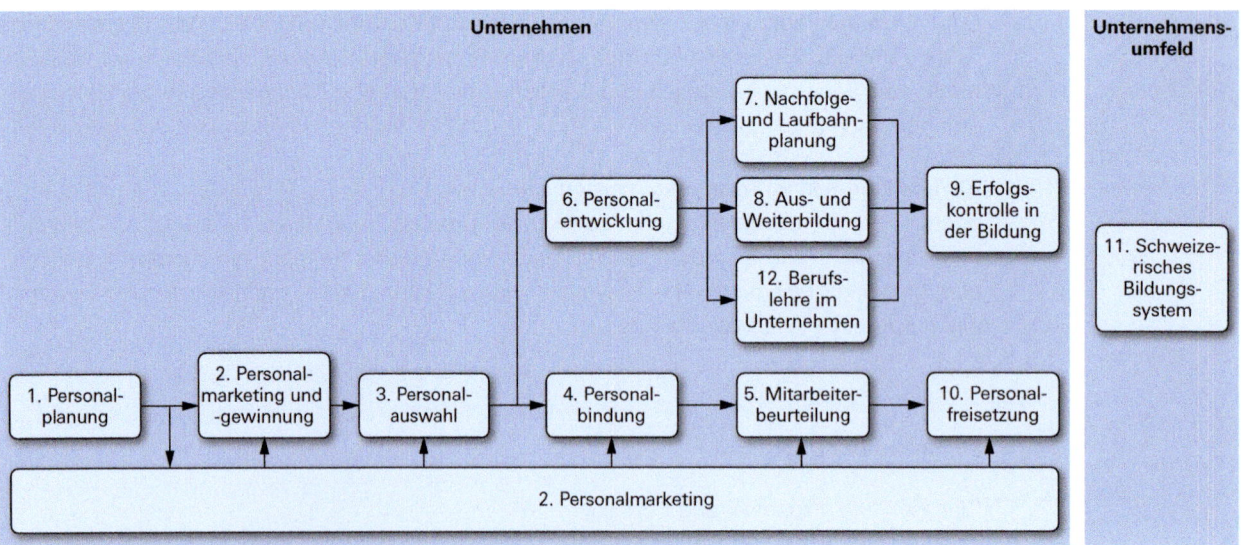

Wir werden den Prozess kurz beschreiben, damit Sie ein besseres Verständnis über die Zusammenhänge gewinnen.

Personalmarketing unterstützt mehrere **Teilprozesse.** Es erleichtert die Personalsuche. Stehen genügend Kandidaten zur Verfügung, dann erleichtert Personalmarketing die **Personalauswahl.** Gutes Personalmarketing kann helfen, den Aufwand für die **Personalbindung** zu reduzieren. Wer sich mit dem Unternehmen identifiziert, engagiert sich für die Entwicklung des Unternehmens und fordert weniger individuelle Betreuungsleistungen. Sogar beim **Personalabbau** ist Personalmarketing hilfreich. Personalmarketing erleichtert mit speziellen Massnahmen den Austritt von Mitarbeitenden und sorgt für die optimale Gestaltung des Übergangs – ohne Imageverlust.

Die **Personalentwicklung im weiteren Sinn** setzt spätestens bei der Personalsuche und Personalauswahl an. Die **Personalentwicklung im engeren Sinn** umfasst zahlreiche Ansätze und Massnahmen zur Entwicklung der Personalressourcen. Besonders wichtig ist die **Aus- und Weiterbildung.** Zur Personalbildung gehört auch die **Berufslehre,** die für viele junge Leute der Einstieg ins Erwerbsleben ist. Sie ist besonders eng an die Vorgaben des Bildungssystems geknüpft. Mit der **Laufbahn- und Nachfolgeplanung** sorgt die Personalentwicklung für Karrieremöglichkeiten und für die erfolgreiche Besetzung **frei werdender** Schlüsselpositionen. Damit die Massnahmen der Personalentwicklung effizient und effektiv durchgeführt werden, ist es sinnvoll, ein abgestimmtes **Bildungscontrolling** zu etablieren.

Inhalt und Aufbau dieses Lehrmittels

Der **Teil A** umfasst alle Gebiete des Personalmarketings und der Personalentwicklung. Die ersten drei Kapitel beschäftigen sich mit der Personalgewinnung.

Kapitel 1 behandelt die Personalplanung, **Kapitel 2** das Personalmarketing und die Personalgewinnung und **Kapitel 3** die Personalauswahl.

Im **Kapitel 4** geht es um die Personalbindung. Dabei werden die Bedeutung und die Schwerpunkte der Personalbindung und -betreuung erklärt. Die Mitarbeiterinformation und die Rolle der HR-Abteilung werden eingehend besprochen.

Das Thema von **Kapitel 5** ist die Mitarbeiterbeurteilung. Der Nutzen einer Mitarbeiterbeurteilung, Mitarbeiterbeurteilungssysteme und der Ablauf der Mitarbeiterbeurteilung werden behandelt.

Kapitel 6 befasst sich mit der Bedeutung, den Zielen, Aufgaben und der Organisation der Personalentwicklung.

Kapitel 7 behandelt die Nachfolge- und Laufbahnplanung.

Im **Kapitel 8** geht es um die Aus- und Weiterbildung. Themen sind hier die Planung und Durchführung von Schulungsmassnahmen, das Schulungskonzept und die Lehrmethoden.

Kapitel 9 beschäftigt sich mit der Erfolgskontrolle in der Bildung. Es geht hier um die Formen der Erfolgskontrolle.

Das **Kapitel 10** befasst sich mit der Personalfreisetzung. Hier geht es um die Auflösung von Arbeitsverhältnissen, um Personalfreistellungsmassnahmen, die Auswirkungen des Personalabbaus auf das Image des Unternehmens, um den Sozialplan und das Outplacement.

Teil B behandelt die Berufsbildung. Dabei geht es im **Kapitel 11** um das schweizerische Bildungssystem und im **Kapitel 12** um die Berufslehre im Unternehmen.

Wichtige Hinweise

Damit Sie sich auf die Prüfung vorbereiten können, haben wir **10 Minicases** für Sie erstellt. Diese sind kapitelübergreifend aufbereitet und ermöglichen Ihnen, das Gelernte anzuwenden und sich zielgerichtet auf die Prüfung vorzubereiten.

Zur aktuellen Auflage

Dieses Buch wurde aufgrund von Rückmeldungen von Dozierenden und Studierenden, die wir in den letzten Jahren erhalten haben, korrigiert.

In eigener Sache

Haben Sie Fragen oder Anregungen zu diesem Lehrmittel? Sind Ihnen Tipp- oder Druckfehler aufgefallen? Über unsere E-Mail-Adresse postfach@compendio.ch können Sie uns diese gerne mitteilen.

Zürich, im April 2018

Ingrid Katharina Geiger, Autorin
Nicole Messi, Autorin
Marc A. Hermann, Autor
Clarisse Pifko, Redaktorin

Teil A Personalmarketing und -entwicklung

1 Personalplanung

Lernziele Nach der Bearbeitung dieses Kapitels können Sie …

- erklären, was eine systematische Personalbedarfsplanung beinhaltet.
- die quantitative und die qualitative Personalbedarfsplanung beschreiben.
- eine Stellenbeschreibung, ein Funktionendiagramm und ein Anforderungsprofil für eine Stelle erstellen.
- die Arten von Personalkosten unterscheiden.
- ein Personalkostenbudget erklären.

Schlüsselbegriffe Anforderungsprofil, Ersatzbedarf, externe Einflüsse, Fachkompetenz, Funktionendiagramm, Gehälter, Ich-Kompetenz, interne Einflüsse, Löhne, Massnahmen zur Kostensenkung, Methodenkompetenz, Neubedarf, Personalabbau, Personalbedarfsplanung, Personaleinsatzplanung, Personalkennzahlen, Personalkostenbudget, Personenkennzahlen, Personalkostenplanung, Personalplanung, Sozialkompetenz, Sozialkosten, St. Galler Management-Modell, Statistiken, Stelle, Stellenbeschreibung

Die Personalplanung ist ein zentrales Bindeglied zwischen dem strategischen und dem operativen Personalmanagement, denn sie hat die Aufgabe, das benötigte Personal für die Umsetzung der Unternehmensziele zu ermitteln. Sie richtet sich nach der Gesamt-Unternehmensplanung und wird daher – wie z. B. auch die Finanzplanung – als «Sekundärplanung» bezeichnet. Die folgende Abbildung soll die Einordnung der Personalplanung in die Unternehmensplanung veranschaulichen:

Abb. [1-1] **Teilgebiete der Unternehmensplanung**

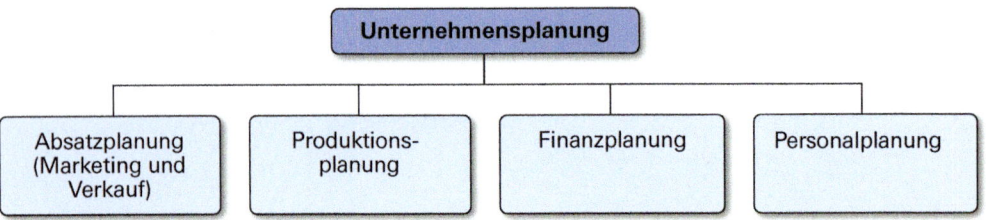

Die Personalplanung hängt massgeblich von allen anderen Teilplänen der Gesamt-Unternehmensplanung ab, insbesondere von der Absatz- und Produktionsplanung. Die Koordination der Unternehmensplanung erfolgt durch eine zentrale Planungsstelle oder die Geschäftsleitung selbst; für die Personalplanung zeichnet die Personalabteilung verantwortlich.

1.1 Warum braucht man Personalplanung?

Wie jede andere Planung muss die Personalplanung vier **Bedingungen** erfüllen:

- **Kontinuität:** Die Personalplanung muss der vergangenen Entwicklung, der gegenwärtigen Situation und v. a. der zukünftigen Entwicklung des Unternehmens Rechnung tragen.
- **Plausibilität:** Die Personalplanung muss mit den Zielen der anderen Teilpläne übereinstimmen.
- **Ganzheitlichkeit:** Die Personalplanung muss sichtbar dazu beitragen, das übergeordnete Gesamtziel zu erreichen. Dabei richtet sie ihr Augenmerk nicht nur auf die quantitativen, sondern auch auf die qualitativen Planungsfragen.

- **Veränderung:** Die Personalplanung berücksichtigt systematisch neue Anforderungen (z. B. Fachwissen), die an die Mitarbeitenden gestellt werden. Sie sorgt so dafür, dass das Unternehmen den Anschluss an den Markt nicht verliert.

Ohne systematische Personalplanung geht das Unternehmen ein beträchtliches Risiko ein, denn:

- das Einstellen eines Mitarbeiters ist eine finanziell bedeutende Entscheidung. Die Qualität dieser Entscheidung leidet, wenn man ungeplant und unvorbereitet, unter Zeitdruck entscheiden muss.
- ohne Personalplanung sind kurzfristige Personalengpässe und langfristig Qualifikationslücken zu befürchten.
- ohne Personalplanung vergibt man die Chance, Mitarbeitende rechtzeitig auf künftige Aufgaben vorzubereiten und somit interne Stellenbesetzungen vornehmen zu können.
- andere Personalfunktionen wie Aus- und Weiterbildung, Berufsbildung und Personalförderung können nur auf der Grundlage einer systematischen Personalplanung zielorientiert ausgeübt werden.
- Ad-hoc-Entscheidungen im Personalbereich schaden dem Betriebsklima.

Auch eine systematische Personalplanung unterliegt **internen und externen Einflüssen**. Dazu kann auf das St. Galler Management-Modell zurückgegriffen werden.

Abb. [1-2]   **Das St. Galler Management-Modell**

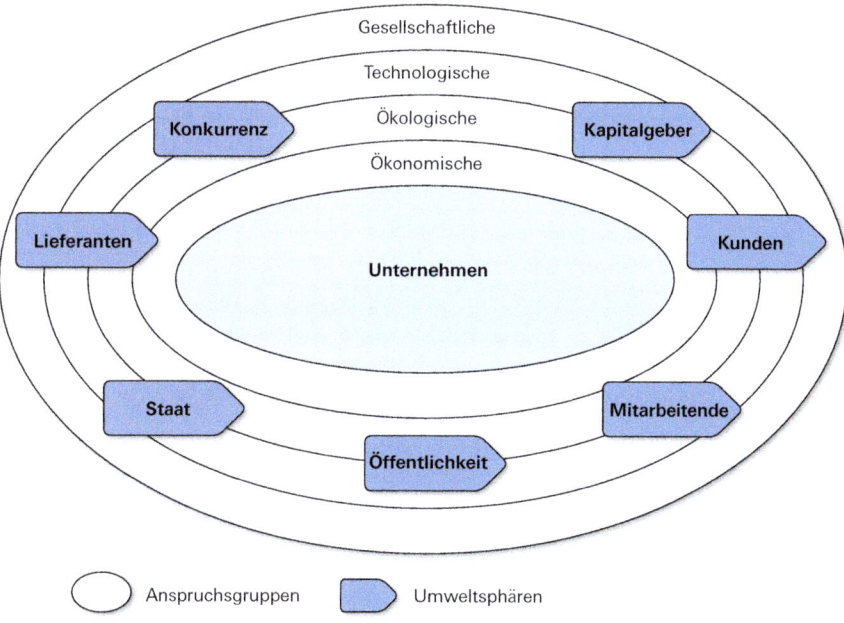

Was ist damit gemeint? Wir bringen zwei Beispiele dazu.

Beispiel:

Anspruchsgruppe «Staat»

Wenn die gesetzliche Höchstarbeitszeit reduziert wird, beeinflusst das die Personalplanung mittelfristig: Für dieselbe Leistung müssen entweder mehr Mitarbeitende angestellt werden oder die bestehenden Mitarbeitenden müssen effizienter arbeiten, was einen entsprechenden Schulungsbedarf zur Folge haben kann.

Umweltsphäre «Technologie»

Bei technologischen Veränderungen, z. B. beim Einsatz neuer Maschinen, müssen die Mitarbeitenden geschult werden, damit sie die neuen Maschinen bedienen können. Wenn die Maschinen die menschliche Arbeitskraft ersetzen, hat das zur Folge, dass bestehende Mitarbeitende an andere Orte innerhalb des Unternehmens versetzt werden oder das Unternehmen verlassen werden.

So müssen in der Personalplanung neben der bestehenden Situation und den konkreten Plänen des Unternehmens auch weitere Einflussfaktoren mit berücksichtigt werden.

1.2 Personalbedarfsplanung

Die Personalbedarfsplanung ist ein wichtiger Teil der Personalplanung. Die Personalbedarfsplanung ermittelt, wie viele Mitarbeitende mit welchen Qualifikationen für die Erfüllung künftiger Aufgaben benötigt werden. Es geht dabei also nicht nur um eine zahlenmässige Berechnung, sondern auch um das Festlegen von qualitativen Bedarfskriterien.

Wie jede Planung beginnt auch die Bedarfsplanung mit der Analyse der Gegebenheiten: Die Ausgangslage für die Personalbedarfsplanung bilden die aktuelle Personalsituation, die aktuellen und zukünftigen Bedürfnisse des Unternehmens und der Mitarbeitenden sowie allfällige unternehmensexterne Einflussfaktoren. Daraus resultieren die Planungsgrundlagen, die über die verschiedenen Funktionsbereiche hinweg koordiniert und mit der Gesamt-Unternehmensplanung abgestimmt werden müssen.

Die Personalbedarfsplanung resultiert in drei möglichen Handlungsanweisungen für die Linien-Vorgesetzten:

Abb. [1-3]   Ergebnisse der Personalbedarfsplanung

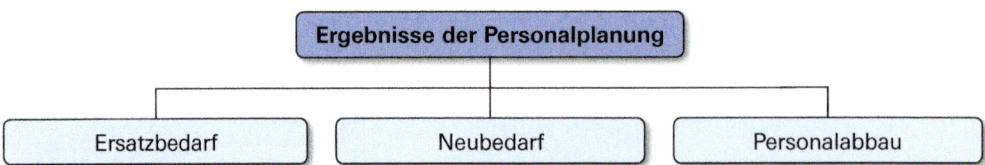

- **Ersatzbedarf** entsteht durch Kündigungen, Beförderungen oder Pensionierungen.
Folglich braucht es für die Personalplanung genaue Daten zur Altersstruktur der Belegschaft, zur Fluktuation und zu Fehlzeiten.
Die Planung des Ersatzbedarfs betrifft einen überschaubaren Zeitraum, z. B. ein Jahr. Die Nachfolgeplanung für Führungspositionen muss aufgrund von Einarbeitungs- und Ausbildungszeiten längerfristig angelegt sein. Die entsprechenden Personalentwicklungspläne umfassen daher oft einen Zeitraum von bis zu fünf Jahren.
- **Neubedarf** entsteht aufgrund von Veränderungen in den strategischen Unternehmenszielen: durch Expansionsvorhaben, neu geforderte Qualifikationen z. B. im Produktionsprozess oder in der Informatik, Intensivierung bestimmter Aufgaben wie z. B. des Verkaufsaussendiensts, veränderte Arbeitsbedingungen (mehr Urlaub, kürzere Arbeitszeiten usw. Der Personalneubedarf entsteht meist durch Vorhaben, die sich über einen längeren Zeitraum erstrecken. Entsprechend langfristig muss die Personalplanung sein und entsprechend schwierig sind die künftigen qualitativen Anforderungen einzuschätzen.
- **Personalabbau,** d. h. die Verminderung des Personalbedarfs, kann durch veränderte Unternehmensziele und -massnahmen wie Rationalisierungen, Umstrukturierungen, Stilllegung oder Verlagerung von Betriebsteilen oder aber aufgrund von schwer wiegenden Verlusten im Auftragsbestand nötig werden.

Der künftige Personalbedarf wird auf zwei Arten erfasst:

Abb. [1-4]   Quantitative und qualitative Personalbedarfsplanung

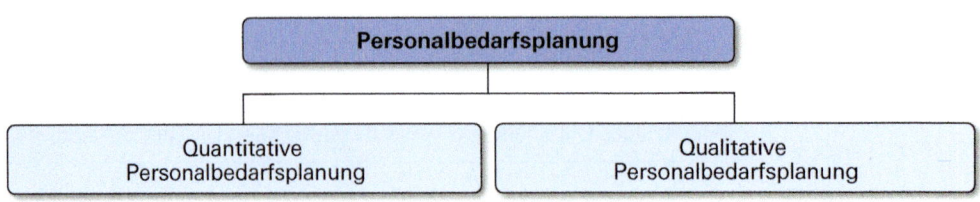

Die quantitative Personalbedarfsplanung weist die Zahl der Personen aus, die für die Erfüllung der Aufgaben zu einem bestimmten Zeitpunkt und für eine bestimmte Dauer benötigt werden. Werden die notwendigen Qualifikationen ermittelt, so spricht man von qualitativer Personalbedarfsplanung.

Quantitative und qualitative Personalbedarfsplanung sind in der Praxis nicht zu trennen und daher gleichzeitig durchzuführen. Wir betrachten sie in den folgenden Abschnitten dennoch getrennt, um Ihnen die Eigenheiten aufzuzeigen.

1.3 Quantitative Personalbedarfsplanung

Die quantitative Personalbedarfsplanung (Kapazitätsplanung) beantwortet die Frage: «Wie viele personelle Ressourcen brauchen wir, um die Unternehmensziele zu erreichen?»

Es geht dabei um die folgenden Aufgaben:

- Sicherstellen, dass der quantitative Personalbedarf x Jahre, Monate, Wochen, Tage im Voraus erkennbar ist. Er wird meist pro Zielgruppe bestimmt, d. h. nach bestimmten Qualifikationsanforderungen wie Produktionsleiterinnen, Vorarbeiter, Facharbeiterinnen usw.
- Sicherstellen, dass für wichtige Stellen (Schlüsselstellen) der Nachfolgebedarf und mögliche Nachfolger x Jahre vorher erkennbar sind
- Frühzeitiges Erfassen von anderen quantitativen Veränderungen (wie Personalabbau)

Die quantitative Personalbedarfsplanung geht von den Stellen in einem Unternehmensbereich aus. Der Netto-Bedarf berechnet sich nach folgender Formel:

Abb. [1-5] Berechnungsformel für Personalbedarf im Fixkostenbereich

Sollbedarf	Geplanter Bedarf an Stellen zu einem Zeitpunkt X
– Ist-Bestand	Aktueller Bestand an Stellen zum heutigen Zeitpunkt
= Bruttobedarf	Differenz zwischen Sollbedarf und Ist-Bestand
+ Abgänge	Geplant, bis zum Zeitpunkt X
– Zugänge	Geplant, bis zum Zeitpunkt X
= Nettobedarf	Differenz zwischen Bruttobedarf, Ab- und Zugängen. Der Nettobedarf enthält folglich den Ersatz- und den Neubedarf.

Nicht nur die organisatorischen Veränderungen im Planungszeitraum sind also bei der Planung zu berücksichtigen, sondern auch die Personenzu- und -abgänge, die bereits feststehen.

1.4 Qualitative Personalbedarfsplanung

Mit der quantitativen Eingrenzung des künftigen Personalbedarfs ist die Personalplanung noch nicht erledigt. Ebenso wichtig sind die qualitativen Aspekte – jene, die mit den Fähigkeiten und Kenntnissen zu tun haben. Die qualitative Personalbedarfsplanung beantwortet folglich die Frage: «Welche personellen Ressourcen brauchen wir, um die Unternehmensziele zu erreichen?»

Für die Ermittlung des qualitativen Personalbedarfs verwendet man die Arbeitsanalyse; die Tätigkeiten und Einzelaufgaben einer Stelle werden analysiert und daraus die Anforderungen abgeleitet, die es für diese Stelle braucht. Stellen sind nichts Statisches, sondern können sich in den Tätigkeits-Schwerpunkten oder in den Anforderungen verändern, z. B. dann, wenn neue Technologien eingesetzt werden. Es ist wichtig, die absehbaren, aber auch die potenziellen Veränderungen bei den Anforderungen rechtzeitig zu erfassen, denn sie beeinflussen auch die Planung der Personalentwicklung im Unternehmen.

1.4.1 Stelle und Stellenbeschreibung

Die Stelle ist die **kleinste organisatorische Einheit** in der Organisationsstruktur eines Unternehmens. Am deutlichsten sichtbar wird die Stelle im Organigramm, dem Abbild der Organisationsstruktur des Unternehmens:

Die Stelle wird in Form einer **Stellenbeschreibung** definiert, die folgende Informationen enthalten soll:

- Bezeichnung der Stelle,
- Aufgaben: kurze Beschreibung der Aufgaben,
- Verantwortung: Aufgaben, für die der Stelleninhaber verantwortlich ist,
- Kompetenzen: Zuständigkeiten und Befugnisse des Stelleninhabers,
- Hierarchische Stellung: Bezeichnung der Stellung in der Organisationsstruktur des Unternehmens (Vorgesetzte, Unterstellte) und
- Stellvertretung.

Beispiel

Stellenbezeichnung: Leiter Kundendienst	Stelleninhaber: Roman Schläpfer
Abteilung: Kundendienst	Position: Abteilungsleiter
Vorgesetzter: Leiter Marketing	Stv.: Leiter Verkauf

Genereller Aufgabenkreis, Zielsetzung		
Betreuung von Kundenbestellungen und -anfragen (Telefon, Mail, Bestellportal), Führung von zurzeit drei Personen, Redaktion Informationsportal, Koordination von Kundenbestellungen und -anfragen mit Verkauf / Vertrieb / Marketing, Sicherstellung statistischer Daten, kompetente und zuverlässige Vertretung des Unternehmensleitbilds gegen aussen und innen.		
Tätigkeiten, Aufgaben	**Priorität**	**Anteil Arb'zeit**
Telefonische Betreuung Kundenkontakte	1	20%
Redaktion und Auswertung Informationsportal	1	20%
Mitarbeiterführung Kundendienst	1	15%
Koordination Kundenbestellungen	1	15%
Erstellen und Auswerten von statistischen Daten	2	10%
Vorbereitung und Unterstützung von Marketingkampagnen	2	10%
Schulung und Information von versch. Mitarbeitenden	3	10%

Kompetenzen		Bemerkungen
Führungskompetenz	Kundendienstmitarbeitende	
Entscheidungskompetenz	Inhalt / Redaktion Informationsportal Auftritt Kundendienst Reklamationen bis CHF 1 000.–	

1.4.2 Funktionendiagramm

In einer Matrix wird das funktionale Zusammenwirken verschiedener Stellen bei der Aufgabenerfüllung dargestellt. In den Spalten sind die Stellen aufgeführt, denen Funktionen zugeordnet werden. In den Zeilen werden die Aufgaben in Teilaufgaben zerlegt.

Die gängigste Aufteilung in Funktionen sieht wie folgt aus:

E = Entscheiden
D = Durchführen
K = Kontrolle
M = Mitwirken

Zusätzlich können weitere Funktionen eingetragen werden, z. B.:

In = Initiative ergreifen
A = Antragsrecht
P = Planen
B = Bewilligen
M = Mitsprache
I = Informiertwerden
V = Vetorecht
X = Gesamtfunktion

Für das folgende Beispiel verwenden wir die Aufgabe «Personalsuche» und beleuchten einen Teilschritt des gesamten Prozesses:

Aufgaben / Tätigkeiten	Funktionsträger	PL	PA	LV
Bedarfsmeldung				X
Anpassung Stellenbeschreibung / Anforderungsprofil		M, K		E
Stellenausschreibung		X		
• Erstellen des Inserats		E	D	M
• Wahl des Mediums		E		M
• Inserateauftrag		E	D	
• Kontrolle der Insertion			X	
• Kontrolle der Rechnung			X	
• Grobselektion der Bewerber				
• ...				
• ...				

PL = Personalleiter   LV = Linienvorgesetzter
PA = Personalassistent   X = Gesamtfunktion

Ein Funktionendiagramm ist aussagekräftiger als eine Stellenbeschreibung und u. U. einfacher zu erstellen. Durch klare Kompetenzregelungen können Konflikte reduziert, vielleicht sogar eliminiert werden.

Hingegen können Sonderfälle kaum festgehalten werden. Allenfalls wird Scheuklappenverhalten provoziert. Die erste Erstellung von Funktionendiagrammen erfordert eine vorgängige Aufgabenanalyse, die äusserst aufwendig ist.

1.4.3 Anforderungsprofil

Im Idealfall passen Stelle und Mensch, Anforderungen und Qualifikationen perfekt zueinander. Sie sind und bleiben in einem optimalen Gleichgewicht. Aber sowohl der Mensch und seine Qualifikationen wie auch die Stelle und ihre Anforderungen sind Elemente dynamischer Systeme, die sich immer wieder verändern.

Aufgrund der Stellenbeschreibungen werden die Anforderungen definiert, die der Stelleninhaber erfüllen muss, um die Aufgaben zielführend, effizient und effektiv auszuführen. Im Anforderungsprofil werden somit alle wichtigen **Erwartungen** genannt, die an den Stelleninhaber herangetragen werden. Zu diesen Erwartungen gehören zum einen **Anforderungen,** die mit den Besonderheiten des Unternehmens oder der Stelle verbunden sind (z. B. Reisebereitschaft, mehrjährige Berufserfahrung). Zum anderen werden die **Kompetenzen** aufgelistet, die die Voraussetzung für Stelleninhaber bilden.

Der Begriff **Kompetenz** umfasst Wissen, Fähigkeiten und Fertigkeiten. Bei den meisten Stellen auf der Fachebene reicht es, wenn die vier Grundkompetenzen näher definiert sind. Zu den vier Grundkompetenzen gehören die Fach-, die Methoden-, die Sozial- und die Ich-Kompetenz. Handelt es sich um eine Führungsposition, dann muss die erwartete Führungskompetenz beschrieben werden. Wir beschreiben die vier Grundkompetenzen im Folgenden:

- **Fachkompetenz** umfasst Wissen, Fähigkeiten und Fertigkeiten, die erforderlich sind, um bestimmte fachliche Anforderungen erfüllen zu können. Fachkompetenz wird im Lauf der Aus- und Weiterbildung erworben. So lernt beispielsweise ein Schuhmacher verschiedene Lederarten zu unterscheiden und zu bearbeiten.
- **Methodenkompetenz** umfasst das Wissen und die Fähigkeit, geeignete Methoden und Techniken zur Bewältigung eines Problems oder einer Herausforderung auszuwählen und anzuwenden.
- **Sozialkompetenz** umfasst Kenntnisse, Fähigkeiten und Fertigkeiten, die zur situationsbezogenen Gestaltung von Beziehungen befähigen. Dabei kann es sich um hierarchische Beziehungen (z. B. zwischen Mitarbeiter und Vorgesetzten) handeln und um Beziehungen im Kollegenkreis sowie zu Kunden.
- **Ich-Kompetenz** wird auch als **Selbstkompetenz** bezeichnet und umfasst das Wissen sowie die Fähigkeiten und Fertigkeiten einer Person, Anforderungen und Entwicklungschancen und Einschränkungen zu klären, eigene Talente zu entfalten und Karrierepläne zu realisieren bzw. zu modifizieren. Zu dieser Kompetenz gehören besonders Fähigkeiten wie Reflexionen, sich Ausgleich verschaffen und Feedback annehmen können.

Bei **Führungspositionen** wird darüber hinaus **Führungskompetenz** erwartet. Führungskompetenz umfasst Kenntnisse, Fähigkeiten und Fertigkeiten, die erforderlich sind, um Führungsaufgaben erfolgreich zu bewältigen. Zu den Führungsaufgaben gehören beispielsweise Aufgaben wie die Führung von Projektteams, die Gestaltung eines Veränderungsprozesses in einem Unternehmen oder die Definition einer neuen Strategie. Die folgende Abbildung bietet eine zusammenfassende Übersicht über wichtige Kompetenzen.

Abb. [1-6]   Wichtige Kompetenzen im Überblick

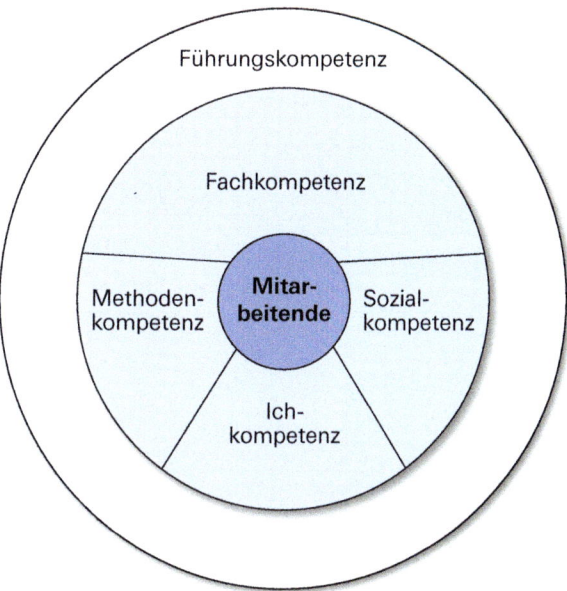

Die Methoden-, die Sozial- und die Ich-Kompetenz werden heute auch als **Schlüsselkompetenzen** angesehen. Schlüsselkompetenzen sind Kompetenzen, die Menschen dabei helfen, Anforderungen auch unter veränderten und erschwerten Rahmenbedingungen zu erfüllen. Sie helfen beispielsweise, ein ungeahntes Problem in einem Projekt mit der Unterstützung von Fachkollegen zu lösen, einen tief greifenden Veränderungsprozess (z. B. bei einer Unternehmensfusion) mit Erfolg durchzuführen oder den Karriereschritt von der Fachlaufbahn zur Führungslaufbahn sicher zu gehen.

Der Begriff Kompetenz hat noch eine weitere Bedeutung. Kompetenz bedeutet auch **Befugnis, Berechtigung.** So kann beispielsweise mit einer Stelle eine bestimmte Berechtigung verbunden sein (z. B. Entscheidung über ein bestimmtes Budget oder Prokura).

Da die Kompetenzen besonders wichtig sind, nehmen sie einen breiten Raum im Anforderungsprofil ein. Im Anforderungsprofil werden alle wesentlichen Erwartungen an den Stelleninhaber kurz beschrieben und gewichtet. Die Gewichtung gibt Orientierung und hilft bei der Bewerberauswahl.

Die folgende Abbildung zeigt ein Beispiel.

Es empfiehlt sich, im **Anforderungsprofil** nicht zu viele Anforderungen aufzulisten, sondern sich auf die wichtigsten zu beschränken. Im folgenden Beispiel finden Sie einen Auszug aus dem Anforderungsprofil für den Leiter Kundendienst, dessen Stellenbeschreibung Sie weiter vorne gesehen haben.

Die fünfstufige **Skala** rechts zeigt die Gewichtung innerhalb der Anforderungen an die betreffende Stelle: ++ steht für «sehr wichtig», -- steht für «unwichtig».

Beispiel

Abb. [1-7]   Muster eines Anforderungsprofils

Anforderungsprofil: Leitung Kundendienst	++	+	–	– –
Fachkompetenz				
Spezifische Fachkenntnisse: Kundendienst, Bestellwesen	x			
Fachkenntnisse: Marketing		x		
…				
Methodenkompetenz				
Planung und Organisation	x			
Problemlösung	x			
…				
Sozialkompetenz				
Kommunikationsfähigkeit, sprachlicher Ausdruck	x			
Konfliktfähigkeit		x		
…				
Persönlichkeit (Ich-Kompetenz)				
Veränderungsbereitschaft		x		
Risikobereitschaft			x	
…				
Führungskompetenz				
Führungserfahrung von mehr als 10 Mitarbeitenden			x	
Coachingfähigkeit, Teamförderung	x			
…				

Die in der folgenden Tabelle aufgeführten **Kriterien** helfen bei der Erstellung des Anforderungsprofils.

Abb. [1-8]   Kriterien bei der Erstellung des Anforderungsprofils

Kriterien	Mögliche Fragen
Ziel und Zweck der Position	• Wie sieht das gewünschte Endprodukt oder die gewünschte Dienstleistung aus? • Welche internen Kontakte sind involviert? • Welche externen Kontakte sind involviert? • Welche Konsequenzen hat eine schlechte Arbeitsleistung / Totalversagen?
Aufgaben der Mitarbeiterin	• Worin liegen die täglichen Aufgaben? • Welches sind die wichtigsten Pflichten? • Wie oft sind diese Pflichten zu erfüllen?
Fachkompetenz	• Welche fachlichen Kenntnisse erfordert die Funktion? • Welche Ausbildung erfordert die Funktion? • Wie viele Jahre Berufspraxis erfordert die Funktion? • Welche fachlichen Fähigkeiten sind unverzichtbar?
Methodenkompetenz	• Welche Fähigkeiten in Bezug auf die Anwendung der fachlichen Kenntnisse sind erforderlich? • Welche spezifischen Methoden oder Techniken müssen beherrscht werden?
Sozialkompetenz	• Welche Fähigkeiten im Umgang mit Menschen sind erforderlich? • Welche besonderen Anforderungen werden an die Zusammenarbeit mit anderen gestellt?

Kriterien	Mögliche Fragen
Ich-Kompetenz	• Welche persönliche Einstellung braucht es vor allem? • Welche Charaktereigenschaften stehen im Vordergrund?
Kritische Leistungsfaktoren	• Welche typischen Vorfälle kommen in dieser Funktion vor? • Welche kritischen Leistungsfaktoren ergeben sich daraus?
Entwicklungspotenzial	• Welche Potenziale benötigt der Stelleninhaber, um die Position auch in Zukunft erfolgreich besetzen zu können?

1.5 Personaleinsatzplanung

Bei der Personaleinsatzplanung geht es um die konkrete **Nutzung der Personalkapazitäten,** d. h. um die Steuerung des zeitlichen und örtlichen Einsatzes des zur Verfügung stehenden Personals. Ausgangspunkt der Personaleinsatzplanung ist die Frage: Was muss in einem bestimmten Zeitraum von wem erledigt werden?

Beispiel Die Personaleinsatzplanung der Wochen 44–48 für die optimale Auslastung der Fertigungsstrassen in einem Produktionsbetrieb, für die Abdeckung der Kundenfrequenzen in einem Warenhaus, für die Realisierung eines Programmierauftrags in der Informatik usw.

Die **gesetzlichen Vorgaben,** wie z. B. die Ruhezeiten oder die gesetzlichen Feiertage, müssen zwingend eingehalten und die geleisteten Überzeiten mit einem zeitlichen oder finanziellen Zuschlag abgegolten werden.

Die Personaleinsatzplanung erfolgt kurzfristiger und dezentraler als die Planung des Personalbedarfs; sie liegt im Verantwortungsbereich der Führungskräfte, denn nur sie können auf kurzfristige Änderungen der Auftragslage oder der Personalkapazität schnell genug reagieren. Überdies kennen sie die Abwesenheits- und Ferienplanung ihrer Mitarbeitenden am besten, von der die Einsatzmöglichkeiten des Personals ebenfalls abhängen. Die Personalabteilung stellt den Führungskräften die nötigen Informationen und Planungshilfsmittel zur Verfügung und unterstützt bei Bedarf durch Massnahmen, wie Personalversetzung, Suche nach temporären Arbeitskräften, Flexibilisierung bestehender Arbeitszeitmodelle usw.

1.6 Personalkostenplanung

Die Personalplanung hat immer auch mit Kostenplanung zu tun, die festzustellen hat, wie viele Kosten insgesamt anfallen, welche Arten von Kosten anfallen, welche Kosten in den einzelnen Kostenstellen zu verantworten sind und welche Kostenbelastungen auf die einzelnen Kostenträger (die Produkte oder Dienstleistungen) entfallen.

Die Planung der Personalkosten ist ein Teil der Gesamtkostenplanung im Unternehmen, sodass es einen **Koordinationsprozess** zwischen dem Finanz- und Rechnungswesen, der Personalabteilung und den einzelnen Führungsbereichen braucht. Schliesslich machen die Personalkosten vielerorts den entscheidenden Kostenanteil aus.

Die Linienvorgesetzten müssen die kostenmässigen Auswirkungen von Personalentscheidungen rasch abschätzen können. Oftmals werden diese unterschätzt, insbesondere die Kosten der Personalfluktuation. Als Faustregel gilt nämlich: Ein Austritt einer Person mit anschliessender Neubesetzung kostet zusätzlich ein Jahresgehalt der betreffenden Stelle.

1.6.1 Arten von Personalkosten

Wir unterscheiden Löhne, Sozialkosten und die sonstigen Personalkosten.

Wir beschreiben die Personalkosten im folgenden Text.

A] Löhne

Löhne fallen für **Tätigkeiten in der betrieblichen Produktion** an. Sie können zeit- oder leistungsabhängig ausgerichtet werden und durch Zulagen ergänzt werden. Es wird zwischen Fertigungs- und Hilfslöhnen unterschieden.

Der **Fertigungslohn** wird auch **direkter Lohn** oder **produktiver Lohn** genannt. Diese Begriffe drücken schon aus, für welche Arbeitsleistungen er vergütet wird: nämlich für Arbeitsleistungen, die am Produkt selbst geleistet werden.

In der Praxis fallen die Fertigungslöhne auf verschiedene Art und Weise an. Am gebräuchlichsten ist immer noch der Stundenlohn. Jede geleistete Stunde wird mit dem Lohnsatz multipliziert. Das Produkt ist der **Bruttolohn.**

Oft trifft man auch den **Leistungslohn** an. Er wird meist in der Form von Akkordlöhnen entrichtet. Möglich sind aber auch Prämien, Boni, Provisionen etc. Der Bruttolohn setzt sich in diesem Fall aus dem zeitabhängigen Grundlohn und dem leistungsabhängigen Prämienlohn zusammen.

Im Gegensatz zum Fertigungslohn wird der **Lohn für Unterstützungsleistungen** bezahlt, die nicht unmittelbar am Produkt geleistet werden: z. B. putzen, Material bereitstellen, Unterhaltsarbeiten usw. Solche Arbeiten können nicht direkt dem herzustellenden Produkt belastet werden. Deshalb nennt man Löhne für Unterstützungsleistungen auch oft **indirekte Löhne** oder **Gemeinkostenlöhne.**

B] Sozialkosten

Gesetzliche Sozialleistungen sind die Arbeitgeberbeiträge zur Renten-, Arbeitslosen- und Unfallversicherung.

Freiwillige Sozialleistungen sind Fahrt- und Essenszuschüsse, Ausbildungszuschüsse oder Zusagen für Mitarbeiteraktien. Sie fallen auch durch einen Kantinenbetrieb oder andere soziale Einrichtungen an.

C] Sonstige Personalkosten

Unter den **sonstigen Personalkosten** werden Kosten verstanden, die zwar mit dem Personal in ursächlichem Zusammenhang stehen, aber nicht Lohn-, Gehalts- oder Sozialkosten sind. Man spricht hier auch von **Personalkosten im weiteren Sinne.**

Sonstige Personalkosten können sein: Personalwerbekosten, Vorstellungs-, Umzugs- oder Abfindungskosten. Schwieriger wird es schon mit den Dienstleistungen, die zwar von Dritten bezogen werden, genauso gut aber von fest angestelltem Personal hätten durchgeführt werden können. Dazu zählen v. a. Kosten für Temporärarbeiter.

Der Rest, wie z. B. selbstständig durchgeführte Auftragsarbeiten oder Beratungen, gilt üblicherweise als Fremdleistungen.

1.6.2 Personalkostenbudget

Bei der Erstellung des Personalkostenbudgets müssen bekannte Personalmutationen und vorgesehene Eintritte bzw. Aufstockungen berücksichtigt werden.

Man wendet meist folgendes Prinzip an:

1. Ausgangspunkt: Man geht vom aktuellen Personalbestand aus und berechnet die Kosten der bestehenden Mitarbeitenden.

Name	Monats-lohn in CHF	13. Monats-lohn in CHF	Boni etc.	Monate	Pensum in Pro-zent	Total Lohn pro Jahr in CHF
Markus Meier	5 700.–	5 700.–	2 000.–	12	100	76 100.–
Elena Gross	4 800.–	4 800.–	1 000.–	12	80	63 400.–
Marina Grujic	3 400.–	3 400.–		12	100	44 200.–
Peter Zwahlen	7 800.–	7 800.–	3 000.–	12	100	104 400.–
Nina Molinari	3 500.–	1 750.–		6	100	22 750.–
Total						310 850.–

2. Beschäftigungsdauer und bekannte Mutationen berücksichtigen: Das Budget für das Folgejahr wird aufgrund der Beschäftigungsdauer, der bekannten Austritte und vorgesehener Änderungen der Pensen angepasst. Markus Meier wird im kommenden Jahr nur mehr 50% arbeiten. Marina Grujic wird im Folgejahr nur mehr zwei Monate für das Unternehmen arbeiten.

Name	Monats-lohn in CHF	13. Monats-lohn in CHF	Boni etc.	Monate	Pensum in Pro-zent	Total Lohn pro Jahr in CHF
Markus Meier	2 850.–	2 850.–	1 000.–	12	50	38 050.–
Elena Gross	4 800.–	4 800.–	1 000.–	12	80	63 400.–
Marina Grujic	3 400.–	567.–		2	100	7 367.–
Peter Zwahlen	7 800.–	7 800.–	3 000.–	12	100	104 400.–
Nina Molinari	3 500.–	3 500.–		12	100	45 500.–
Total						258 717.–

3. Geplante Lohnanpassungen: In diesem Schritt werden die geplanten Lohnanpassungen aufgerechnet. Da die individuellen Lohnerhöhungen zum Zeitpunkt der Erstellung des Budgets noch nicht bekannt sind, wird generell eine Lohnerhöhung von 2% auf allen Löhnen berechnet.

Name	Monats-lohn in CHF	13. Monats-lohn in CHF	Boni etc.	Monate	Pensum in Pro-zent	Total Lohn pro Jahr in CHF
Markus Meier	2 907.–	2 907.–	1 000.–	12	50	38 791.–
Elena Gross	4 896.–	4 896.–	1 000.–	12	80	64 648.–
Marina Grujic	3 468.–	578.–		2	100	7 514.–
Peter Zwahlen	7 956.–	7 956.–	3 000.–	12	100	106 428.–
Nina Molinari	3 570.–	3 570.–		12	100	46 410.–
Total						263 791.–

4. Eintritte und Aufstockung: Die bereits bekannten Neueintritte werden dazugerechnet. Hier haben wir einen neuen Mitarbeiter, der am 1.3. seine Arbeit aufnimmt.

Name	Monats-lohn in CHF	13. Mo-natslohn in CHF	Boni etc.	Monate	Pensum in Pro-zent	Total Lohn pro Jahr in CHF
Markus Meier	2 907.–	2 907.–	1 000.–	12	50	38 791.–
Elena Gross	4 896.–	4 896.–	1 000.–	12	80	64 648.–
Marina Grujic	3 468.–	578.–		2	100	7 514.–
Peter Zwahlen	7 956.–	7 956.–	3 000.–	12	100	106 428.–
Nina Molinari	3 570.–	3 570.–		12	100	46 410.–
Fabian Müller	5 000.–	4 167.–		10	100	54 167.–
Total						317 958.–

Die restlichen Personalkosten werden sinngemäss budgetiert.

1.6.3 Massnahmen zur Kostensenkung

Die Personalkosten sind oft die höchsten Kosten im Unternehmen. In wirtschaftlich kritischen Situationen kann ein Unternehmen beschliessen, die Personalkosten zu reduzieren. Die Reduzierung der Personalkosten hat meist weiterreichende Folgen und muss gut überlegt werden. Man unterscheidet kurz-, mittel- und langfristige Massnahmen.

A] Kurzfristige Massnahmen

Wir führen einige Massnahmen auf. Die anfänglich erwähnten Massnahmen gehören zu den weichen Massnahmen, die immer zuerst versucht werden sollten. Reichen diese nicht aus, müssen drastischere Massnahmen ergriffen werden:

- **Frühzeitige Pensionierungen.**
- **Einstellungsstopp.**
- **Umplatzierungen.**
- **Abbau von externen Mitarbeitenden.**
- **Abbau von Überstunden:** Statt Überstunden zu vergüten, kann der Arbeitnehmer diese auch durch Bezug von Freizeit abbauen.
- **Flexible Arbeitszeitlösungen:** z. B. befristete Arbeitsverhältnisse, freie Mitarbeit oder Zeitarbeit.
- **Einführung von Kurzarbeit:** Dabei wird die Arbeitszeit der Mitarbeitenden während eines bestimmten Zeitraums heruntergesetzt.
- **Gehaltskürzungen** (Änderungskündigung): Wenn alle anderen Massnahmen zur Kostensenkung ausgeschöpft sind und die Kündigung oder die Stilllegung des Unternehmens drohen, werden die Mitarbeitenden evtl. mit einer Gehaltskürzung einverstanden sein.
- **Streichen von Stellen in grossem Umfang:** Diese Massnahme soll gut überlegt werden, denn das Unternehmen verliert Know-how und Erfahrung. Darunter kann die Qualität der Unternehmensleistung leiden. Zudem wirkt sich der Personalabbau negativ auf die verbleibenden Mitarbeitenden aus.

B] Mittel- und langfristige Massnahmen

Wenn die Reduktion von Personalkosten langfristig geplant wird, hat dies den Vorteil, dass die Motivation der Mitarbeitenden und die Arbeitsqualität nicht darunter leiden.

Wir erwähnen zwei Arten von langfristigen Massnahmen im folgenden Text.

Einsparungen bei der Fort- und Weiterbildung

Es kann bei der Auswahl der jeweiligen Massnahme oder bei der Auswahl des Weiterbildungsanbieters gespart werden. Es kann auch eine Kostenübernahme oder -beteiligung mit dem Mitarbeitenden vereinbart werden.

Gestaltung der Betriebsorganisation

Einen besonders hohen Spareffekt können Unternehmen bei den Lohnkosten erzielen, wenn die Betriebsorganisation effizient gestaltet ist, Geschäftsprozesse stimmig sind sowie Leerlaufzeiten und Doppelarbeit vermieden werden. Wichtig sind die Verbesserung der Leistungsfähigkeit durch ein gutes Betriebsklima und die Reduzierung von Fehlzeiten.

C] Personalkosten senken durch Outsourcing

Ein Unternehmen sollte sich nicht mit Arbeiten belasten, die andere Firmen schneller, besser und günstiger erledigen können. Gerade Routinearbeiten oder selten nachgefragte Spezialaufgaben eignen sich besonders gut zur Auslagerung. Der Hauptvorteil von Auslagerungen ist, dass die Leistungen nach Bedarf abgerufen werden können und nur die tatsächliche Arbeit bezahlt werden muss.

1.7 Personalkennzahlen und Statistiken

Mit der Planung alleine ist die Unternehmenszielerreichung nicht gewährleistet. Nach der Planung und der Umsetzung müssen die Ergebnisse gemessen, verglichen und wo immer möglich laufend optimiert werden. Dazu stehen einerseits **Personalkennzahlen** zur Verfügung.

1.7.1 Personalkennzahlen

Personalkennzahlen sind Masszahlen zu wichtigen Personalsachverhalten in einem Unternehmen. Sie dienen dem **Personal-Controlling.** Unterschieden werden können:

- **Absolute Kennzahlen:** Sie werden als Zahlenwert ausgedrückt (z. B. Unternehmen X hat 200 MA).
- **Relative Kennzahlen** stellen eine Beziehung zwischen zwei Grössen her. Das Verhältnis wird in % ausgedrückt (z. B. Der Männeranteil liegt bei 7%, Fluktuationsrate: 2%).
- **Indexzahlen** machen Veränderungen im Lauf der Zeit deutlich. Dabei wird eine absolute Kennzahl zu einem bestimmten Zeitpunkt gleich 100 gesetzt und Veränderungen werden in Relation dazu ausgedrückt (z. B. Personalbestand im Jahr 2010: 200 MA [= 100], Index Personalbestand 2013: + 5).

Wir bringen einige Beispiele für Personalkennzahlen:

Personalstruktur

- Personalbestand: Anzahl MA (In- bzw. Ausland)
- Männer-/Frauenanteil
- Anteil befristeter / unbefristeter Arbeitsverträge
- Anteil MA mit Pensum von 100%, 90%, 80% etc.
- Anzahl / Anteil Lernender (männlich / weiblich)
- Anzahl / Anteil MA in Führungspositionen / Führungsspanne
- Anteil MA über 60 Jahre, 51–60 etc.
- Durchschnittliche Zugehörigkeit zum Unternehmen in Jahren
- Anzahl MA, die in den nächsten 5 Jahren pensioniert werden

- Fluktuationsquote im Durchschnitt
- Kündigung durch AG bzw. AN
- Etc.

Arbeits- und Fehlzeiten

- Überstunden pro MA (pro Bereich, pro Funktion etc.)
- Bezahlte / unbezahlte Absenzen
- Arbeitsunfälle (Anzahl, im Durchschnitt pro MA)
- Etc.

Humankapital / Personalkosten

- Personalaufwand (gesamt, pro MA, % vom Umsatz)
- Umsatz pro MA
- Löhne, Zulagen, Boni, Fringe Benefits, Sozialversicherung, Pensionskasse
- Etc.

Personalgewinnung / Personalmarketing / Personalentwicklung

- Dauer für die Besetzung (intern / extern) von vakanten Stellen (auch Lehrstellen)
- Aufwand für Personalmarketing / Personalgewinnung
- Aufwand Personalentwicklung (Gesamt, pro MA, % vom Umsatz)
- Ausfallzeiten (in Tagen) aufgrund von Massnahmen der Personalentwicklung
- Anzahl Mitarbeitergespräche (Ist / Soll) Anzahl / Anteil MA mit bestimmten Qualifikationen
- Identifizierte Talente im Verhältnis zum Personalbestand
- Etc.

1.7.2 Statistiken

Statistiken sind Darstellungen von gesammelten Daten. Aus den Daten der Vergangenheit können Gesetzmässigkeiten und Tendenzen abgeleitet werden. Man kann die Daten interpretieren und daraus Massnahmen für die Zukunft ableiten.

Die Statistiken können für das gesamte Unternehmen oder für einzelne Bereiche erstellt werden. Sie können eine bestimmte Periode (Jahr, Monat) darstellen oder mehrere Perioden vergleichen.

Man kann Statistiken über folgende Daten erstellen:

- Austrittsgründe
- Personalbestand
- Fluktuation
- Dienstalters- oder Lebensaltersstruktur
- Fehlzeiten für Ferien, bezahlten Urlaub, Krankheit, Unfall, Mutterschaft, Militär
- Unfallstatistiken: Berufs- und Nichtberufsunfälle

Die verschiedenen Statistiken können miteinander kombiniert werden; so ist z. B. eine Statistik «Fluktuation nach Dienstalter» denkbar.

Statistiken können wie im folgenden Beispiel in **Tabellenform** dargestellt werden.

Abb. [1-9]   Beispiel einer Statistik in Tabellenform

Fluktuation nach Bereichen	2012	2013
Forschung & Entwicklung	2.30%	1.75%
Produktion	8.63%	8.33%
Marketing, Verkauf	12.75%	11.22%
Administration	5.50%	5.75%
Spedition	0.25%	0.22%

Solche Tabellen sind selten übersichtlich und nicht immer leicht zu lesen und zu interpretieren. Deshalb wird oft die grafische Darstellungsform gewählt. Hier stehen verschiedene Möglichkeiten zur Auswahl.

Abb. [1-10]   Verschiedene Arten von Diagrammen

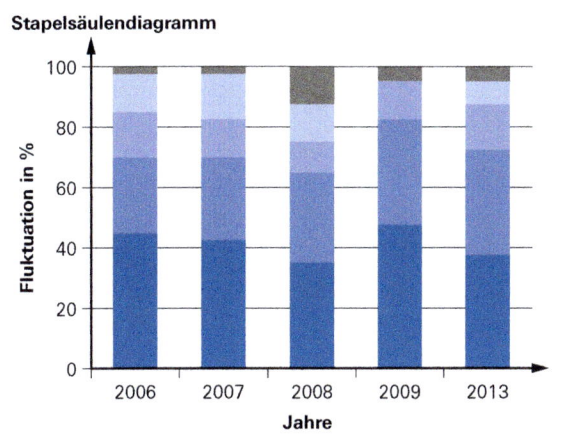

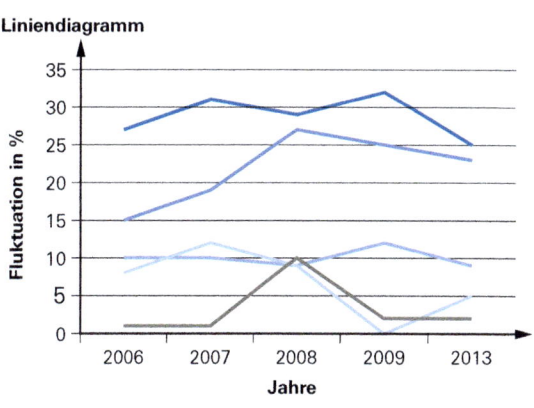

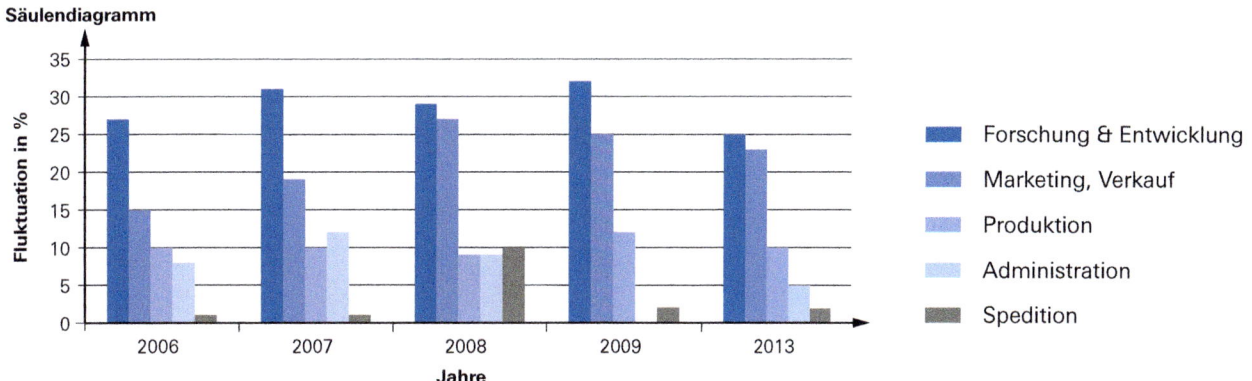

In der Präsentation der Daten wählt man die für den Empfänger optimale Darstellungsform und Kombination.

Im folgenden Beispiel wird der gleiche Sachverhalt auf verschiedene Art dargestellt. Es hängt vom Betrachter ab, auf welche Darstellungsform er anspricht.

Abb. [1-11] Balken- und Punktdiagramm

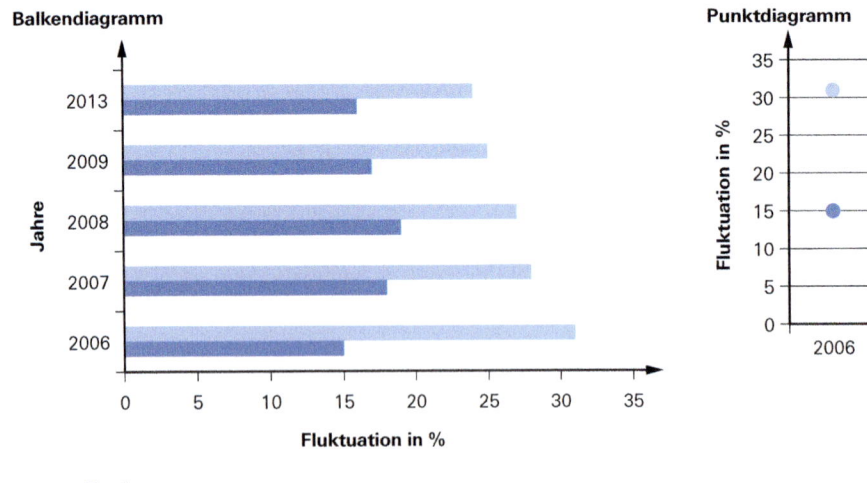
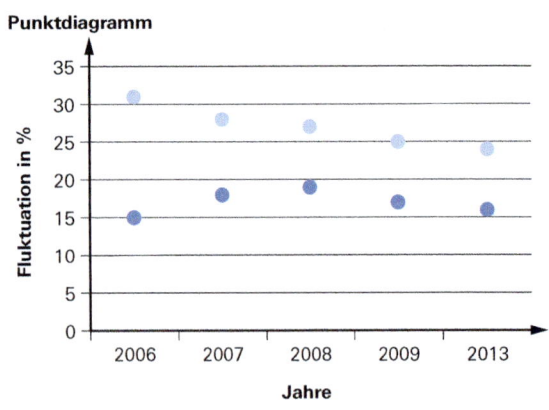

Konkurrenz
Unternehmen

Der tatsächliche Sachverhalt muss durch die grafische Darstellung erkennbar sein. Das wird z. B. sichergestellt durch:

- Massstab im korrekten Verhältnis (ein unproportionales Verlängern der x- oder y-Achse führt zu einer verzerrten Darstellung)
- Stufen in einem linearen Verhältnis (die grafische Darstellung einer Dienstaltersstatistik macht keinen Sinn, wenn die Kategorien unterschiedlich sind, z. B.: 1 Jahr, 2 Jahre, 3 bis 15 Jahre, 16 bis 30 Jahre)
- Sinnvolle Vergleiche (werden die Kosten für die Weiterbildung ausgewertet, müssen bei jeder Weiterbildung dieselben Kosten erfasst werden)

Das folgende Beispiel zeigt die unterschiedliche Wirkung verschiedener Informationskombinationen im Zusammenhang mit dem **Personalbestand:**

Abb. [1-12] Der Personalbestand mit unterschiedlichen Informationskombinationen

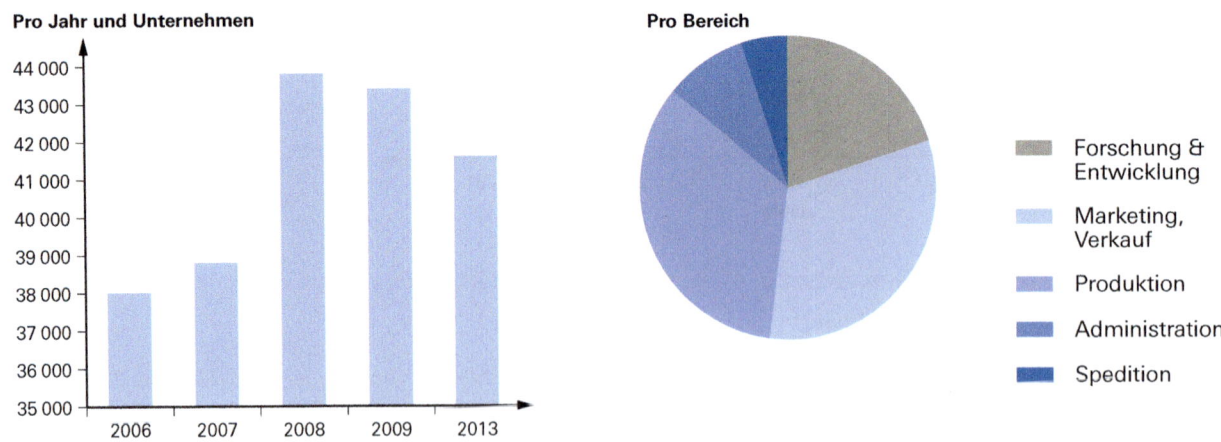

Wichtig ist jedoch nicht nur die Aussagekraft solcher Darstellungen, sondern v. a. der Inhalt. Aus diesem leiten die Führungskräfte und die Geschäftsleitung Massnahmen für die Zukunft ab. Wir bringen dazu ein Beispiel.

Abb. [1-13]   Die Anzahl von Mitarbeitenden in den einzelnen Altersgruppen

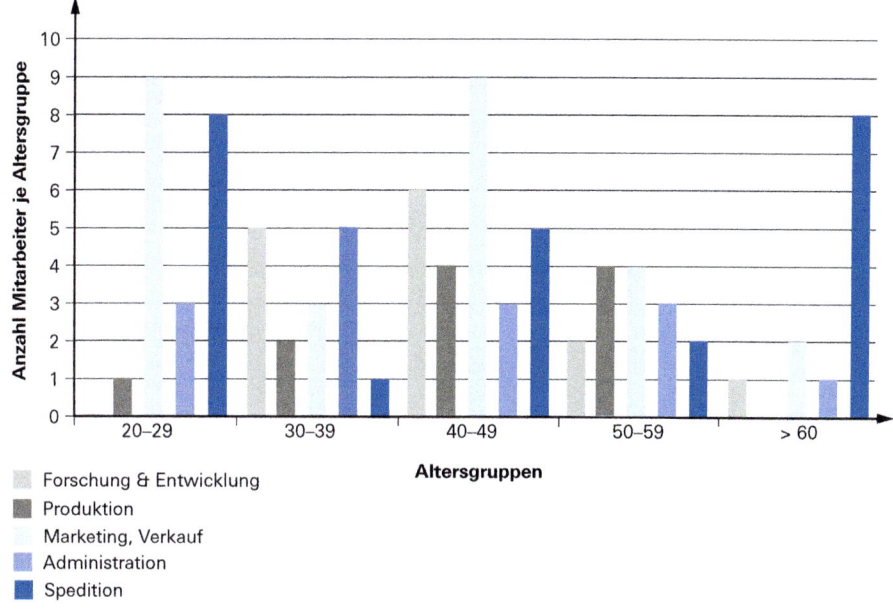

Hier fällt z. B. auf, dass in der Spedition in den nächsten ein bis fünf Jahren acht Mitarbeitende, das ist ein Drittel des gesamten Bereichs, in Pension gehen werden. Hier müssen schon heute Massnahmen getroffen werden, um diese Stellen wieder besetzen zu können.

Auch wenn in der Forschung & Entwicklung nur ein Mitarbeiter im selben Zeitraum in Pension geht, muss dieser Situation besondere Beachtung geschenkt werden. Da in der Forschung & Entwicklung i. d. R. hoch qualifizierte Fachkräfte arbeiten, die nicht einfach zu ersetzen sind, muss auch hier frühzeitig mit der Nachfolgeplanung begonnen werden.

Zusammenfassung

Die Personalplanung ist ein Teil der Unternehmensplanung und steht in Abhängigkeit von der Planung der anderen Unternehmensbereiche (z. B. Finanz-, Produktions-, Absatzplanung).

Bei der **Personalbedarfsplanung** geht es darum, für den Planungszeitraum die Anzahl benötigter Mitarbeitender und deren Qualifikationen festzustellen.

Die **Personaleinsatzplanung** befasst sich mit der Nutzung der vorhandenen Personalkapazitäten.

Die **Personalkostenplanung** stellt die Kostenauswirkungen von Personalentscheidungen fest.

Aufgrund der Personalbedarfsplanung entstehen drei **Handlungsansätze**:

- **Ersatzbedarf** entsteht durch Fluktuation in Form von Kündigungen, Versetzungen, Beförderungen oder Pensionierungen.
- **Neubedarf** ergibt sich aufgrund von veränderten Unternehmenszielen, z. B. durch Expansionsvorhaben, veränderte Qualifikationen, Arbeitsbedingungen.
- **Personalabbau** ist ebenfalls das Ergebnis von veränderten Unternehmenszielen, z. B. durch Rationalisierungs-, Umstrukturierungs- oder Verlagerungsprojekte oder aufgrund drastischer Auftragsverluste.

Bei der Personalbedarfsplanung geht es darum, die benötigten personellen Ressourcen zu bestimmen:

Personalbedarfsplanung	Erklärung
Quantitativ	Man ermittelt die personellen **Kapazitäten** (Anzahl Personen, Arbeitsstunden usw.), die für die Erfüllung der Aufgaben zu einem bestimmten Zeitpunkt benötigt werden.
	Grundlage bilden die Unternehmenspläne und -ziele.
Qualitativ	Man ermittelt die notwendigen **Qualifikationen** (Kompetenzen, Spezialwissen, Fähigkeiten usw.), die für die Erfüllung der Aufgaben benötigt werden.
	Grundlage bilden die Stellenbeschreibungen und Anforderungsprofile.

Der ökonomische Erfolg der Schulung kann mit **Kennzahlen** ermittelt werden. Auch betriebswirtschaftliche Kosten-Nutzen-Überlegungen sind nützlich. Inner- und überbetriebliche Kostenvergleiche für ähnliche Leistungen oder vergleichbare Schulungsmassnahmen können Schwachstellen und mögliche Effizienzsteigerungen aufzeigen. Aussagekräftige Rentabilitätsrechnungen und Kosten-Nutzen-Analysen sind sehr aufwendig.

Repetitionsfragen

1 Erstellen Sie nach den folgenden Angaben eine Stellenbeschreibung für eine Produktmanagerin der Modebranche. – Beachten Sie dabei alle sechs Punkte einer vollständigen Stellenbeschreibung, die wir im Kapitel besprochen haben.

Angaben: Die Produktmanagerin der Modebranche betreut ein Produkt von der Planung über die Produktion bis zum Marketing. Designskizzen müssen in ein kollektionsfähiges Produkt umgesetzt werden. Dabei sollten immer die Kosten und die technischen Möglichkeiten berücksichtigt werden. Am Ende der Produktion steht die Qualitätskontrolle, die auch von der Produktmanagerin überwacht werden muss. Zur Arbeit gehört auch der Kontakt zu den Produktionsfirmen und Fabriken.

Nach der Produktion erfolgt die Vermarktung. Eine konkrete Marketingkampagne muss erstellt und organisiert werden. Es müssen auch die entsprechenden Händler und / oder Onlineshops kontaktiert bzw. aufgebaut werden. Vor und nach der Auslieferung ist die Produktmanagerin auch Ansprechpartnerin des Handels. Sie ist verantwortlich für den Umsatz ihrer Abteilung, dem Produktionschef unterstellt und wird von ihrem Arbeitskollegen, der die Herrenmodeabteilung leitet, vertreten.

2 Warum ist Planen nicht nur die Beschäftigung mit der Zukunft, sondern auch mit der Vergangenheit und der Gegenwart?

3 Vergleichen Sie die unter Punkt 1 im Kapitel 1.6.2 aufgeführten Zahlen mit dem Personalkostenbudget im Punkt 4. Interpretieren Sie das Budget und formulieren Sie Ihre Gedanken in mindestens zwei Sätzen.

4 Welche der folgenden Kennzahlen sind für den Personalbereich interessant:

A] Durchschnittlicher Lohn

B] Fehlzeitenquote

C] Rentabilität

D] Fluktuationsquote

E] Produktivität

F] Anteil Männer / Frauen

5 A] Was ist ein Funktionendiagramm?

B] Welchen Zweck hat das Erstellen eines Funktionendiagramms?

2 Personalmarketing und Personalgewinnung

Lernziele Nach der Bearbeitung dieses Kapitels können Sie ...

- den internen und externen Arbeitsmarkt unterscheiden.
- die Merkmale und Vorteile der internen Personalsuche erklären.
- die verschiedenen Formen der externen Personalsuche aufzählen.
- ein Personalinserat formulieren und interpretieren.
- Personalmarketing der Unternehmen und für Lernende darstellen.

Schlüsselbegriffe AIDA, Ausbildungsmarketing, Electronic Recruiting, Employer Branding, externer Arbeitsmarkt, externes Personalmarketing, externe Personalsuche, GIULIO, interner Arbeitsmarkt, internes Personalmarketing, interne Personalsuche, Kontaktpflege, Marketingmix für Lernende, Öffentlichkeitsarbeit, Outsourcing, Personalberatungsfachleute, Personalgewinnung, Personalinserat, Personalmarketing, Personalsuche, Stelleninserat, Stellenportale

2.1 Personalmarketing

2.1.1 Personalmarketing generell

Wenn Unternehmen Personalmarketing betreiben, dann versuchen sie, besonders qualifizierte, motivierte und loyale Mitarbeitende zu gewinnen und zu halten. Diese Form des Marketings richtet sich einerseits an die aktuell vorhandenen Mitarbeitenden (internes Personalmarketing) und andererseits an potenzielle Kandidaten (externes Personalmarketing).

A] Internes Personalmarketing

Internes Personalmarketing zielt auf alle internen Mitarbeitenden ab und hat das Ziel, die Mitarbeitenden intern zu halten. Sie sollen motiviert und bereit sein, Leistungen zu erbringen.

Es richtet sich besonders an die Kernbelegschaft. Diese besteht zu einem grossen Teil aus Schlüsselpersonen (Key Persons). Key Persons sind aufgrund ihres umfassenden Wissens über das Unternehmen im Allgemeinen und über die Produkte im Besonderen kaum ersetzbar. Ausserdem erbringen sie eine hochstehende Leistung und verfügen über gute Beziehungen zu den internen und externen Kunden.

Verlässt eine Schlüsselperson das Unternehmen, kann das einen materiellen und immateriellen Verlust bedeuten. Ein immaterieller Verlust könnte beispielsweise die Beunruhigung der Kunden und eine Trübung des Vertrauens sein, das dem Unternehmen entgegengebracht wird. Der immaterielle Schaden kann den materiellen Schaden verschärfen. Das Unternehmen muss nicht nur die Kosten für die Besetzung der vakanten Stelle und Einarbeitung des neuen Mitarbeitenden aufbringen, es muss auch mit Umsatzrückgängen und weiteren Kündigungen rechnen.

Programme, die auf eine langfristige Bindung von Schlüsselpersonen zielen, werden Retentionsprogramme genannt. Die Massnahmen des internen Personalmarketings umfassen materielle und immaterielle Anreize. Materielle Anreize sind beispielsweise Erfolgsbeteiligungen bzw. Boni und Sachleistungen sowie besondere soziale Leistungen (z. B. Altersvorsorge). Immaterielle Anreize können Angebote zur besseren Vereinbarkeit zwischen Beruf und Privatleben oder der Gesundheitsförderung am Arbeitsplatz sowie in einem attraktiven Angebot der Personalentwicklung und einem Leitbild sein, das nicht nur die interne Kommunikation fördert, sondern auch zu einem positiven Unternehmensimage beiträgt.

B] Externes Personalmarketing

Externes Personalmarketing hat das Ziel, die für das Unternehmen interessantesten Kandidaten anzuziehen, um eine Stelle Erfolg versprechend besetzen zu können. Externes Personalmarketing wird deshalb auch **Bewerbermarketing** genannt. Beim externen Marketing gibt es viele Massnahmen, um das Unternehmen für potenzielle Kandidaten attraktiv erscheinen zu lassen. Es gibt direkte und indirekte Massnahmen.

Zu den **direkten Massnahmen** gehören treffend formulierte und ansprechend gestaltete **Stellenausschreibungen,** die in ausgewählten Medien gut platziert werden. Auch mit der Vergabe von **Praktika** oder **Diplomarbeiten** können Unternehmen Schüler und Studenten auf sich aufmerksam machen und Beziehungen zu einem jungen Kreis potenzieller Mitarbeitender aufbauen und durch die aktive Teilnahme an **Hochschultagen** können junge Talente gewonnen werden.

Bei den **indirekten Massnahmen** geht es primär um ein positives Image als Arbeitgeber. Ein positives **Image** kann dazu beitragen, dass ein Unternehmen bei Stellensuchenden bevorzugt wird. Damit erhöht sich die Chance des Unternehmens, hochqualifizierte und engagierte Mitarbeitende zu gewinnen. Bei den Massnahmen, die ein positives Arbeitgeberimage fördern, geht es v. a. um die Kommunikation von Erfolgen in Wort und Bild. Zu den Erfolgen gehören nicht nur Fakten zum Umsatz und zum Gewinn. Auch das Erringen von anerkannten **Auszeichnungen** oder **Qualitätssiegeln** sowie sichtbares, **gesellschaftliches Engagement** (z. B. Unterstützung von Jugendprojekten) gehören dazu. Ausserdem sind **Fachmessen** und **Fachtagungen** gute Gelegenheiten, um mit erfahrenen Fachkräften ins Gespräch zu kommen. Fachbeiträge in renommierten **Fachpublikationen** fördern ebenfalls den Auftritt.

Externe und interne Massnahmen des Personalmarketings ergänzen sich und verstärken so die beabsichtigte Wirkung. Viele Massnahmen wirken sowohl nach innen als auch nach aussen.

Beispiel
- Medienkampagnen über die «Saubermänner» trugen zu einem besseren Image des Tätigkeitsfelds der «Müllmänner» bei.
- Novartis wirbt um die besten Talente mit dem «Novartis Campus». Der Campus verspricht, klugen Köpfen eine Arbeitsumgebung zu bieten, in der die Zusammenarbeit und der Wissensaustausch zugunsten von innovativen Ideen gefördert werden. Für diesen Zweck wurden namhafte Architekten und Designer beauftragt. Das ungewöhnliche Areal kann von Touristen besichtigt werden und Einnahmen aus dem Besucherprogramm gehen als Spende an das Internationale Komitee vom Roten Kreuz.

Es versteht sich von selbst, dass jede Entscheidung, jede Handlung letztlich das Image des Unternehmens prägt. So spielen auch Aspekte wie **Rechtssicherheit**, **Seriosität** und **Diskretion** eine grosse Rolle.

Stichwort: Employer Branding

Seit einigen Jahren wird im Zusammenhang mit dem Personalmarketing von **Employer Branding** gesprochen.

Employer Branding meint **Arbeitgebermarkenbildung.** Es ist ein strategischer Prozess, der alle Massnahmen umfasst, die dazu beitragen, dass ein **Arbeitgeber als Marke** wahrgenommen wird. Employer Branding geht über ein gutes Image als Arbeitgeber hinaus. Ein angesehener Arbeitgeber ist überdurchschnittlich attraktiv.

Stellt ein Arbeitgeber eine **Marke** dar, dann ist er nicht nur überdurchschnittlich attraktiv, sondern stellt etwas Besonderes dar. Der Arbeitgeber als Marke unterscheidet sich von anderen Arbeitgebern nicht nur quantitativ (d. h. höhere Entlohnung oder mehr Fringe Benefits), er macht v. a. einen **qualitativen Unterschied,** z. B. durch Authentizität im Auftritt und in den Personalentscheiden, durch einen fairen Umgang mit den Mitarbeitenden, auch im Entlassungsprozess, durch Schaffung von Rechtssicherheit und vieles mehr.

Die Arbeitgebermarke signalisiert eine **Besonderheit,** die nicht imitiert werden kann, d. h., es ist ein **Alleinstellungsmerkmal.** Die Besonderheit der Marke ist inhärent, d. h., sie wird im Unternehmen geschaffen und ist in ihrem Kern beständig. Als Arbeitnehmer wird man mit dieser Besonderheit identifiziert und profitiert im besten Fall vom Glanz und Nimbus der Arbeitgebermarke. Der Arbeitgeber will mehr als interessant und attraktiv erscheinen, er will als «Traumarbeitgeber» gelten.

Beispiel	Apple spricht auf seiner Webseite von «Traumjob, Traumperspektiven».

Ansätze zur Arbeitgebermarkenbildung finden wir v. a. in Unternehmen der Technologiebranche und der Biochemie. In diesen Bereichen herrscht ein **starker Wettbewerb um Fach- und Führungskräfte.** Die grösstenteils sehr gut bezahlten Spitzenkräfte sind heute nicht nur durch ausserordentliche, finanzielle Anreize zu halten. Viele wünschen auch einen Arbeitgeber, der ihnen ermöglicht, ihre Talente, Fähigkeiten und ihre Kreativität durch entsprechende Arbeitsbedingungen zu entfalten. In Unternehmen, die Employer Branding praktizieren, finden wir zahlreiche ungewöhnliche Massnahmen. So finden beispielsweise Mitarbeitende von Google in unmittelbarer Nähe ihres Arbeitsplatzes Möglichkeiten für Sport (z. B. ein Fitnessstudio) und Spiel (z. B. Billard, Tischtennis) sowie Entspannung vor. Die Grenze zwischen Arbeit und Nicht-Arbeit ist fliessend. Das Arbeitsergebnis zählt.

2.1.2 Personalmarketing am Beispiel Lernende

Personalmarketing, um junge Leute für eine Berufslehre zu gewinnen, wird auch **Ausbildungsmarketing** genannt. Ausbildungsmarketing unterstützt die optimale Besetzung von Lehrstellen. Personalmarketing im Zusammenhang mit Lernenden wird immer wichtiger.

A] Wozu Ausbildungsmarketing?

Es gibt viele Gründe, die für verstärkte Aktivitäten des Ausbildungsmarketings sprechen:

- Unsere Gesellschaft altert, d. h. immer mehr Menschen können ein hohes Alter geniessen, während der Anteil an jungen Menschen sinkt. Unternehmen geraten in **Konkurrenz um junge Leute.** Personalmarketing unterstützt den Auftritt des Unternehmens als **attraktivem Lern- und Arbeitsort.**
- Junge Menschen haben verwirrend viele Möglichkeiten, in das Erwerbsleben einzusteigen. Gezieltes Personalmarketing kann bei der **«Qual der Wahl»** helfen.
- Grosse, namhafte Unternehmen ziehen aufgrund ihres **Bekanntheitsgrads** und ihres **Renommees** überdimensional viele Bewerber an, während kleinere und mittlere Unternehmen Probleme haben, Lehrstellen zu besetzen. Ausbildungsmarketing erhöht die Aufmerksamkeit auch für kleine und mittlere Unternehmen.
- Das Image einiger Lehrberufe hat gelitten. In diesem Zusammenhang gilt es, mittels Personalmarketing die positiven Aspekte und Besonderheiten bestimmter Lehrberufe sowie **Entwicklungsmöglichkeiten** zu unterstreichen.
- Es gibt viele Lehrberufe. Viele Jugendliche können die Vielfalt noch nicht überblicken und orientieren sich zu früh an bekannten Berufsbildern. Personalmarketing kann **weniger bekannten Berufen bzw. Lehrstellen** einen grösseren Bekanntheitsgrad verschaffen.
- Es wird zunehmend schwieriger und aufwendiger, Lehrstellen mit motivierten Lernenden zu besetzen. Personalmarketing hilft, den **Aufwand** für Suche und Auswahl von Lernenden zu **reduzieren.**
- Eine Investition in das Ausbildungsmarketing kann auch als präventive Massnahme gegen den drohenden **Fachkräftemangel** gesehen werden.

Es gibt viele Massnahmen, die in Betracht gezogen werden können. Wir behandeln Sie im nächsten Kapitel.

B] Massnahmen des Ausbildungsmarketings

Personalmarketing, um junge Leute für eine Berufslehre zu gewinnen, umfasst alle Massnahmen eines Unternehmens, die dazu beitragen, die zur Verfügung stehenden **Lehrstellen mit geeigneten Lernenden zu besetzen** und Lernende zu binden.

Es gibt viele Möglichkeiten, die das Personalmarketing im Zusammenhang mit Lernenden nutzen kann. Damit die Massnahmen Wirkung zeigen, müssen sie an die **Lebenswelt** und **Interessen** junger Leute sowie an deren **Erwartungen** an eine Lehrstelle bzw. an das zukünftige Unternehmen anschliessen. Was junge Leute auf jeden Fall abschreckt, sind Marketingmassnahmen, in denen Erwachsene sich betont jugendlich geben oder in überzogener Jugendsprache kommunizieren. Besser ist es, junge Menschen als Gesprächspartner auf einer Augenhöhe anzusprechen oder Lernende über ihre Situation und Lehre sprechen zu lassen.

Darüber hinaus müssen die spezifischen **Informations- und Kommunikationskanäle** junger Erwachsener beachtet werden. Der grösste Teil junger Menschen nutzt intensiv die Möglichkeiten der **digitalen Kommunikation des Internets.** Dazu gehören:

- Webseiten von Unternehmen mit **Lernenden-Webseiten** oder Lehrstellenbörsen
- Öffentliche **Portale** (z. B. Videoclips über das Unternehmen und die Lehre auf YouTube)
- **Soziale Medien** und **Netzwerke** (z. B. Facebook, Twitter)
- **Web-basierte Spiele** (z. B. Second Life), die auch von Unternehmen genutzt werden

Im Allgemeinen kann man sagen, dass das optimale Ausbildungsmarketing aus einer Kombination von Massnahmen besteht. Die Kombination sollte stark auf die **Zielgruppe ausgerichtet** sein und dabei das **Marketingbudget** nicht überschreiten.

Beispiel
- Die Flughafen Zürich AG hat eine Homepage für Lernende und potenzielle Lernende lanciert. Auf der Homepage erhalten Interessenten Auskunft über die angebotenen Grundbildungen. Ein Kontaktformular erleichtert die Teilnahme an einem Informationstag oder an einer Schnupperlehre. Die aktuell Lernenden präsentieren sich mit Porträts und geben Einblick in das Leben der Lernenden. Die Startseite bietet Informationen über die aktuellsten Aktivitäten der Lernenden. In einer Galerie können Fotos zu bestimmten Veranstaltungen mit Lernenden betrachtet werden.
- IKEA bietet auf den Webseiten für Lernende ein Kultur-Eignungsquiz. Lernende können das Quiz nutzen, um etwas über die Unternehmenskultur zu erfahren.
- Die Webseite Yousty versteht sich als Lehrstellentreffpunkt. Sie informiert über freie Lehrstellen und Berufe mit der Besonderheit, dass Schüler zu Lernenden Kontakt aufnehmen und Fragen zur Lehre und zum Unternehmen stellen können.

Beim Ausbildungsmarketing werden die Massnahmen des Marketings auf die Lernenden abgestimmt. Bild: Kursiv / Bilderstock

Neben den Massnahmen der digitalen Kommunikation gibt es viele **weitere Massnahmen**, die beim Ausbildungsmarketing in Betracht gezogen werden können. Die folgende Liste zeigt Beispiele:

- **Ausschreibung der Lehrstelle** auf einer Lehrstellenbörse im Internet
- **Lernenden-Homepage** mit Informationen über offene Stellen sowie Fotos, Videos und Berichte von Lernenden
- **Eignungstest** auf der Lehrstellen-Webseite anbieten, um die Neugier zu wecken
- **Informationsveranstaltungen an Schulen** durchführen, um möglichst früh Interessenten zu gewinnen
- **Informationstage** für Schüler, Eltern, Lehrer und Berufsberatende veranstalten
- **Schülerwettbewerbe** durchführen, um den Bekanntheitsgrad zu erhöhen
- **Sponsoring von Schülerveranstaltungen** (z. B. Sport, Musik), um ein positives Image zu gewinnen
- Präsenz an **Messen für Auszubildende** zeigen, um ins Gespräch mit jungen Leuten zu kommen
- **Aktionstage für Mädchen und Jungen,** um die Berufe für beide Geschlechter attraktiv zu machen
- **Kontakte zwischen Schülern und Lernenden** ermöglichen, weil Informationen zwischen Gleichaltrigen eher akzeptiert werden
- Zum **«Tag der offenen Tür»** einladen, um konkrete Informationen über die Lehrstellen vermitteln zu können
- **Schnuppertage und Schnupperlehre** anbieten, um einen ersten Einblick in die Lehrinhalte und das Umfeld der Lehre zu ermöglichen
- **Praktika** und **Projektarbeiten** ausschreiben, um eine eher unverbindliche, aber herausfordernde Möglichkeit des Kennenlernens zu bieten

Es geht beim Personalmarketing nicht darum, viele Aktivitäten durchzuführen. Ein gezieltes Bündel an Massnahmen führt viel eher zum Ziel. Qualität geht also vor Quantität. Bei der Ermittlung, Auswahl und Abstimmung der Aktivitäten hilft der Marketingmix.

C] Marketingmix für Lernende

Marketingmix ist der aufeinander abgestimmte Einsatz der Instrumente des Marketings. Beim Personalmarketing werden das Personal bzw. die **Lernenden wie Kunden** behandelt und Massnahmen des Marketings werden auf diese Zielgruppe abgestimmt. Wir können deshalb beim Personalmarketing im Zusammenhang mit Lernenden klassische Marketingstrategien und -methoden in Betracht ziehen. Diese helfen, das Ausbildungsmarketing umfassend, zielorientiert und konzentriert zu gestalten.

Beim Marketingmix werden wesentliche **Marketingstrategien** in ganz konkrete Massnahmen übersetzt. Der Marketingmix, der auch **4-P-Modell** genannt wird, umfasst vier Strategien, die im Englischen mit dem Buchstaben P beginnen. Es handelt sich um: **Product** (Produkt), **Price** (Preise), **Promotion** (Förderung, gemeint ist die Kommunikation) und **Place** (Distribution).

Übertragen auf das Lernenden-Marketing, wird aus dem **Produkt die Lehrstelle** und aus dem **Preis die Entschädigung** während der Lehrausbildung. In der folgenden Tabelle wird das 4-P-Modell genutzt und auf das Personalmarketing im Zusammenhang mit Lernenden übertragen. Schlüsselfragen helfen dabei. In der letzten Spalte finden Sie Beispiele konkreter Massnahmen, die aus den Fragen hervorgehen können.

Abb. [2-1] Der Marketingmix beim Personalmarketing für Lernende

Marketingmix, 4-P-Modell	Schlüsselfragen zum Übertragen auf das Personalmarketing im Zusammenhang mit Lernenden	Massnahmen (Beispiele)
Produkt (Product)	• Welche Ausbildungen bietet das Unternehmen X? • Wie viele Lehrstellen gibt es? • Was ist das Besondere / der grosse Nutzen einer Ausbildung im Unternehmen X aus Sicht des Lernenden? • Welche konkreten Anforderungen werden an die Lernenden gestellt? • Welche Gruppe (z. B. Mädchen) konnte das Unternehmen bisher nicht oder unzureichend für die Lehre gewinnen? • Welche Entwicklungschancen haben die Lernenden? • Welches Image hat das Unternehmen bei jungen Leuten und wie kann das Image gefördert werden?	• Lehrstellenbeschreibungen fertigen • Lehrstellenplanung durchführen (welche Lehrstelle und wie viele davon sind bis wann zu besetzen?) • Alleinstellungsmerkmal definieren (z. B. neueste Technologie in der Ausbildung, Auslandseinsatz, spezielle Events für Lernende, z. B. Segelkurse zur Stärkung sozialer Kompetenzen) • Anforderungsprofile erstellen (ggf. Eignungsquiz entwickeln) • Attraktivität für bestimmte Gruppen herausarbeiten • Laufbahnmodelle vorstellen (ggf. Start-up-Unterstützung nach dem Abschluss) • Imageförderung (z. B. Sponsoring von Sport- und Musikveranstaltungen sowie soziales Engagement)
Preis (Price)	• Welche finanzielle Entschädigung bietet das Unternehmen den Lernenden? • Welche Leistungen erbringt das Unternehmen darüber hinaus?	• Übersicht über Entschädigung erstellen (Salär, Fahrspesen, Erstattung von Kosten für Lernmaterialien etc.) und Leistungen (z. B. Versicherungen, zusätzliche Ferientage, finanzielle Unterstützung von selbst organisierten Aktivitäten der Lernendengruppen, kostengünstige Unterkunft)
Kommunikation (Promotion)	• Was sollen Schüler / Lernende über die Lehre im Unternehmen wissen? • Wie, in welcher Form wird die relevante Information am wirkungsvollsten vermittelt?	• Infopaket zur Lehre entwickeln • Schriftlich (z. B. Informationsbroschüre), mündlich (z. B. Gespräche mit Schülern und Eltern), visuell (z. B. Fotos von Lernenden über den Lehrbetrieb, Werbebanner), audiovisuell (z. B. Videos zur Ausbildung auf dem Internet), digital (z. B. Inserate auf Ausbildungsbörsen im Internet)
Distribution (Place)	• Wo, an welchen Orten, erreicht das Unternehmen die Zielgruppe am besten? • Welche Kanäle und Medien eignen sich besonders für die Ansprache?	• Orte bestimmen, z. B. Schule, Ausbildungsmessen, Berufsberatung, Unternehmen (z. B. Tag der offenen Tür), Veranstaltungen (z. B. Sport, Musik) • Werbekanäle und Medien definieren, z. B. Internet (z. B. Lehrstellenbörse, soziale Medien wie Facebook), Peergroups (z. B. Vereine), internes Netzwerk (z. B. Lernende werben Lernende)

Die klassischen vier Ps werden heute durch **drei weitere Ps** ergänzt:

- People (Personal)
- Process (Prozess)
- Physical Tangibles (Umgebung)

Man spricht dann von den **7 Ps**.

Bei der Zeitplanung der Marketingaktivitäten muss genügend Vorlauf bis zum Beginn der Lehre eingeplant werden, um ausreichend **Zeit für den eigentlichen Auswahlprozess** zu haben.

2.2 Personalgewinnung im Überblick

Der Prozess der Personalgewinnung kann wie folgt dargestellt werden:

Abb. [2-2] Prozess der Personalgewinnung

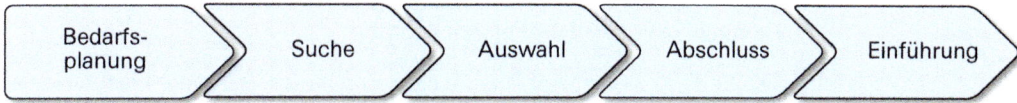

Die **Bedarfsplanung** konkretisiert die Personalplanung wie in Kapitel 1 beschrieben. Dazu kann z. B. ein Formular, der Stellenantrag, verwendet werden. Hier formuliert der Antragsteller, i. d. R. der Linienvorgesetzte, die qualitativen und quantitativen Aspekte der zu besetzenden Stelle. Die «Genehmigungsinstanz» im Unternehmen, i. d. R. eine der höheren Stellen, genehmigt die Stelle auf der Basis dieser Informationen.

Beispiel

Die Marketingleiterin, Sandra Arpagaus, muss möglichst bald einen Nachfolger oder eine Nachfolgerin für den bisherigen Kundendienstleiter, Roman Schläpfer, finden.

Vakanz: Leiter/-in Kundendienst

Quantitative Angaben	Qualitative Angaben
• Stellenantritt 1. Januar 20xx • Einsatz 80%, unbefristet • Lohnband: C • Budgetierte Kosten resp. Kennzahlen • Etc.	Entweder Verweis auf entsprechende Stellenbeschreibung mit Anforderungsprofil oder konkrete Angaben, z. B. zu den Anforderungen: • Erforderliche Aus-, Weiterbildung • Erforderliche Kompetenzen (Fach-, Sozial-/Persönlichkeits- und Methodenkompetenzen) • Evtl. Altersangaben • Etc.

Der Stellenantrag kann weitere Informationen enthalten, wie z. B. Hinweise auf die Ausschreibung. Das heisst, der Antragsteller kann u. U. seine Kenntnisse des Arbeitsmarkts einbringen: welche branchenüblichen Medien (spezielle Internet-Job-Börsen, Fachzeitschriften oder Netzwerke) oder regionalen Kanäle für die Stellenbesetzung sinnvoll sein könnten. Falls bereits ein interner Kandidat im Fokus steht, kann dafür ebenfalls ein Feld im Formular vorgesehen werden.

2.3 Personalsuche

Abb. [2-3] Die Personalsuche als Teil des Prozesses der Personalgewinnung

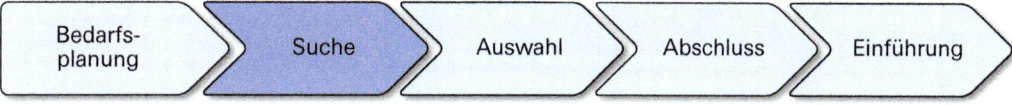

Unter Personalsuche versteht man sämtliche **Massnahmen,** die getroffen werden müssen, um die richtigen Bewerber für die vakante Position zu finden. Die Rede ist also von Personen, die

- mit der erforderlichen Qualifikation
- mit der passenden Motivation
- zur richtigen Zeit
- zu passenden Konditionen

im Unternehmen arbeiten möchten.

Beispiel	Für die Nachfolge des bisherigen Kundendienstleiters, Roman Schläpfer, zeichnet sich im bestehenden Kundendienstteam keine Möglichkeit ab, die Stelle zu besetzen. So ist die Marketingleiterin auf Bewerbungen aus anderen Abteilungen des Unternehmens oder auf eine externe Personalsuche angewiesen.

Die Personalsuche und die darauf folgende Personalauswahl sind aus folgenden Gründen zentrale Aufgaben der Personalführung:

- Jede Anstellung ist eine Investition auf mehrere Jahre hinaus. Je nach Mitarbeiterkategorie kann diese Investition teuer werden.
- Die richtige Selektion bedeutet eine Verminderung der Personalfluktuation, die Erhöhung der Arbeitsproduktivität und eine Stärkung des Gesamtteams eines Unternehmens.
- Die Art und Weise, wie rekrutiert wird, beeinflusst auch das Firmenimage auf dem Arbeitsmarkt.

Eine professionelle Personalsuche setzt ein **strukturiertes Vorgehen** – von der Stellenausschreibung bis zum Eintreffen von Bewerbungen – voraus. Dazu stehen grundsätzlich zwei Wege offen: Die interne Personalsuche richtet sich an Mitarbeitende im Unternehmen, die an einer Veränderung interessiert sind; die externe Personalsuche wendet sich an den Arbeitsmarkt ausserhalb des Unternehmens.

2.3.1 Interner und externer Arbeitsmarkt

Bei näherer Betrachtung ist der Arbeitsmarkt nicht homogen, er ist **heterogen** und besteht aus verschiedenen **Teilarbeitsmärkten.** Die Betrachtung der Teilarbeitsmärkte ist wichtig, weil die verschiedenen Segmente nur bedingt durchlässig sind. Das bedeutet, dass Angebot von und Nachfrage nach Arbeitskraft oft nur innerhalb eines Teilarbeitsmarkts erfolgt. Ein wichtiges Element sind der interne und der externe Arbeitsmarkt.

Grössere Unternehmen, Konzerne oder Verwaltungen haben einen **internen Arbeitsmarkt.** Der interne Arbeitsmarkt ist ein geschlossenes System mit eigenen Regeln und gewärt v. a. Sicherheit. Stellenausschreibungen erreichen den **externen Arbeitsmarkt** nicht. Bei der Betrachtung interner und externer Arbeitsmärkte können jeweils Vor- und Nachteile gesehen werden. Die folgende Tabelle gibt einen Überblick:

Abb. [2-4] **Interner und externer Arbeitsmarkt – Vor- und Nachteile**

	Interner Arbeitsmarkt	**Externer Arbeitsmarkt**
Vorteile	• Mitarbeitende des Unternehmens haben eine grössere **Arbeitsplatz- bzw. Beschäftigungssicherheit,** weil sie bei einer Stellenbesetzung bevorzugt werden. • Wichtige **Regeln** (z. B. des Aufstiegs) sind allen bekannt und werden eingehalten. Das fördert das Vertrauen in das Unternehmen. • Mitarbeitende identifizieren sich mit dem Unternehmen und stärken die bestehende **Unternehmenskultur.** • Eine umfassende **Personalentwicklung** ist möglich, die stark auf die Interessen des Unternehmens abgestimmt ist.	• Nicht die **Zugehörigkeit** zu einem Unternehmen zählt, sondern die Qualifizierung, Erfahrung und **Leistung.** • **Karrieresprünge** sind möglich und bei der Vertragsgestaltung gibt es mehr Spielräume. • Unternehmen können aus einem vielfältigen Angebot schöpfen und neue Erfahrungen sammeln und bewahren so eine **Offenheit** für Veränderungen. • Die Arbeitskräfte bleiben flexibel und sorgen aus eigenen Interessen für ihre **Arbeitsmarkt- und Beschäftigungsfähigkeit (Employability).**

	Interner Arbeitsmarkt	Externer Arbeitsmarkt
Nachteile	• Das Unternehmen schottet sich ab, d. h., wichtige Erfahrungen aus anderen Unternehmen werden nicht genutzt. Sie werden «betriebsblind». • Der interne Arbeitsmarkt gilt meistens nur für die interne Mitarbeitende. Um flexibel auf Marktveränderungen reagieren zu können, werden weiterhin zeitweilig externe Arbeitskräfte eingesetzt. • Mitarbeitende, die lange für das Unternehmen gearbeitet haben, können Integrationsprobleme haben, wenn sie eine Stelle ausserhalb des Unternehmens annehmen. • Grosse und tief greifende Veränderungen können beim Stammpersonal Ängste hervorrufen und direkten und indirekten Widerstand erzeugen.	• Auch der externe Arbeitsmarkt ist bei näherer Betrachtung stark segmentiert und schwer zugänglich. Potenzielle Fach- und Führungskräfte können auf viele Schranken treffen (z. B. Ausländer auf den Inländervorrang, Mobilitätsbereitschaft). • Auch auf dem externen Arbeitsmarkt zählen nicht nur objektive Kriterien, das Netzwerk ist in vielen Fällen ein Türöffner. • Die neuen Mitarbeitenden müssen in das Unternehmen integriert werden, damit sie ihre Leistung entfalten können. • Die Beziehung zwischen Arbeitgeber und Arbeitnehmer ist labiler. Mit einer erhöhten Fluktuation muss gerechnet werden, weil die Beziehung zwischen Arbeitgeber und Arbeitnehmer labiler ist. Das kommt zum einen, weil sich ein Arbeitsvertrag aufgrund mangelhafter Kenntnisse über Stärken und Schwächen als Fehlentscheid erweisen kann. Zum anderen kann ein attraktives Stellenangebot zu einer Kündigung führen, d. h., dem Arbeitgeber kann wertvolles Know-how schnell verloren gehen.

Um die Nachteile des internen Arbeitsmarkts abzuschwächen und die Vorteile des externen Arbeitsmarkts zu nutzen, praktizieren viele Unternehmen die doppelte Stellenausschreibung, d. h., über eine vakante Stelle wird sowohl intern als auch extern informiert.

2.3.2 Interne Personalsuche

A] Fragen und Kommunikationswege

Im Zusammenhang mit der internen Personalsuche stellen sich folgende Fragen:

- Können wir offene Stellen (Vakanzen) durch Versetzungen oder Beförderungen von bestehenden Mitarbeitenden besetzen?
- Wo gibt es Versetzungswillige oder Nachwuchskräfte, die infrage kommen: im einzelnen Betrieb, in anderen Bereichen des Unternehmens oder im gesamten Konzern?

B] Unternehmensinterne Werbeträger

Offene Stellen werden unternehmensintern v. a. über folgende Wege kommuniziert:

- Anschlagbrett
- Stellenangebote in der Hauszeitung
- Stellenbulletin im Internet oder Intranet
- Information an Vorgesetzte
- Direktansprache von potenziellen internen Bewerbenden

C] Spielregeln bei der internen Personalsuche

Bei der internen Personalsuche müssen klare Spielregeln gelten, denn von der Art, wie interne Bewerbungen abgewickelt werden, hängt das Interesse der eigenen Mitarbeitenden an einem internen Stellenwechsel und somit am längerfristigen Verbleib im Unternehmen ab:

- In der Ausschreibung soll die Stelle klar und sachlich umschrieben werden und sie soll auch Auskunft über den Verantwortungsbereich und die Entwicklungsmöglichkeiten geben, d. h., es muss Transparenz herrschen.
- Alle Mitarbeitenden haben Zugang zu den Informationen im internen Stellenmarkt.
- Jede interne Bewerbung ist sorgfältig zu prüfen; eine Nichtberücksichtigung wird in einem persönlichen Gespräch erörtert und begründet. Es werden weitere berufliche Perspektiven für den Mitarbeitenden aufgezeigt.

2.3.3 Externe Personalsuche

Die externe Personalsuche hat das Ziel, für das Unternehmen neue Mitarbeitende zu finden. Das Potenzial an geeigneten Bewerbenden auf dem Stellenmarkt hängt einerseits von äusseren Bedingungen ab, wie der konjunkturellen Situation, Branche, Mobilität usw. Andererseits trägt das Image des Unternehmens wesentlich dazu bei, ob und wie viele gute Bewerbungen für eine offene Stelle eintreffen.

Es zahlt sich aus, sich für den Rekrutierungsprozess die nötige Zeit zu nehmen und den Einsatz der einzelnen Werbeträger immer wieder zu überdenken.

A] Personalinserat

Das bekannteste Instrument sind Inserate in regionalen und überregionalen Tages- oder Wochenzeitungen, in Fachzeitschriften und im Internet auf der eigenen Homepage oder bei einem Stellenportal.

Die Kosten einer Inserateschaltung in der Tagespresse sind enorm hoch. Bei Inseraten in Fachzeitschriften ist zu bedenken, dass diese oft nur monatlich erscheinen; daher dauert der Rekrutierungsprozess länger als bei Schaltungen in der Tagespresse. Je nach Stelle kann sich auch ein Inserat am Anschlagbrett von Universitäten oder anderen Bildungsstätten eignen.

Personalinserate wenden sich an zukünftige Mitarbeitende und sollten deren Interesse für das Unternehmen und die offene Stelle wecken. Man kann das Personalinserat als einen Gesprächsanfang sehen. Wir empfinden eine Kommunikation als gelungen, wenn die Informationen **glaubwürdig** sind und mit dem übereinstimmen, was zwischen den Zeilen gesagt wird. Genauso ist es mit dem Personalinserat: Es soll die potenziellen Bewerbenden auf der Sach- und auf der Beziehungsebene erreichen, sie informieren, aber auch einen persönlichen Kontakt herstellen und sie zu einer Bewerbung motivieren.

Wie verfasst man ein Personalsuchinserat?

Personalinserate wenden sich an zukünftige Mitarbeitende, die vorerst noch «unbekannten» Gesprächspartner, und sollen personenorientiert sein! Das heisst: Die Auswahl der Informationen und ihre Darstellung sollen sich an den Bedürfnissen und Erwartungen des Bewerbers orientieren und ihn als Mensch ansprechen.

Die Formeln AIDA und GIULIO

Zürcher Werbefachleute haben schon vor Jahren wertvolle Hilfen entwickelt, mit denen Inserate werbewirksam gestaltet werden können. Sie haben die Formeln von **AIDA** und **GIULIO** erfunden.

So wie in der Werbung vorgegangen wird, um die Kunden für ein Produkt zu begeistern, sollte ein Unternehmen auch verfahren, um neue Mitarbeitende zu finden.

AIDA

A = Aufmerksamkeit (Das Inserat soll auffallen.)
I = Interesse (Es soll neugierig machen.)
D = Drang (Es soll Wünsche wecken.)
A = Aktion (Es soll dazu verführen, sich zu bewerben.)

GIULIO

G = Glaubwürdigkeit (Der Inhalt muss ehrlich sein.)

I = Information (Es soll nicht zu viel und nicht zu wenig informieren.)

U = Unverwechselbarkeit (Die Inserate eines Unternehmens sollen einheitlich sein.)

L = Lesbarkeit (Es soll verständlich verfasst sein.)

I = Identität (Der Bezug zum Unternehmen sollte vorhanden sein.)

O = Optik (Die Grösse und Gestaltung sollen ansprechen.)

Hinweise zum Formulieren von Personalinseraten

- **Im Zentrum steht der Bewerber:** Viele Inserate wirken blass, gesichtslos, trocken und angebotsorientiert, kurz: für profilierte Bewerber nicht ansprechend genug. Ein gutes Inserat ist hingegen bewerberorientiert: Es veranlasst die Leserin dazu, sich zu überlegen, ob die angebotene Position zu den eigenen Erwartungen und Fähigkeiten passen könnte.
- **Informativ:** Es gibt dem Bewerber alle Informationen, die er für seine erste Entscheidung braucht. Es ist klar, wahr und umfassend genug.
- **Selektiv:** Das Inserat soll ansprechen, informieren, aber auch filtern. Ein gutes Inserat zieht nicht möglichst viele, sondern möglichst viele geeignete Bewerberinnen an. Gehalt und Klarheit der Information sind der Filter.
  Diese auswählende Wirkung ist auch aus folgendem Grund wichtig: Sie gewinnen Zeit und sparen Kosten, wenn Sie möglichst viele geeignete Bewerbungen erhalten und nach einer ersten Prüfung nicht unnötig viele Absagen erteilen müssen.
- **Gut gestaltet:** Die grafische Aufmachung und äussere Form soll Aufmerksamkeit wecken, mit der Botschaft des Inserats übereinstimmen und die inhaltlichen Informationen strukturieren.
- **Im richtigen Medium:** Inserate müssen in den geeigneten Zeitungen, Fachzeitschriften oder Stellenportalen erscheinen, um ihr Zielpublikum zu erreichen.

Inhalt der Personalinserate

Die folgende Checkliste gibt Ihnen eine Übersicht über die wichtigsten Sachinformationen, die ein Personalinserat enthalten sollte.

Abb. [2-5] **Sachinformationen im Personalinserat**

1. Das Unternehmen – «Wir sind …»
Firmenname und -anschrift, Branche, Leistungsprogramm (Produkte, Dienstleistungen), Entwicklung des Unternehmens (Traditionen), Bedeutung des Unternehmens insgesamt bzw. einzelner Leistungsbereiche (Umsatz, Marktanteile), Grösse (Mitarbeiterzahl), Rechtsform, Besitzerverhältnisse (Konzernzugehörigkeit, Familienbetrieb), Kapitalkraft, Ertragskraft, Zukunftsaussichten, Unternehmens- bzw. Führungsphilosophie, Betriebsklima, Standort (z. B. auch Verkehrs- und Schulverhältnisse, Freizeitwert).
2. Die zu besetzende Position – «Wir suchen …»
Positionsbezeichnung, funktionale und hierarchische Eingliederung, Tätigkeitsmerkmale, Aufgabenbeschreibung, Leistungsziele bzw. Leistungsstandards, Grad der Selbstständigkeit, Kompetenzen, Entwicklungsmöglichkeiten, soziale Struktur im Umfeld der Position (Vorgesetzte, Kollegen, Mitarbeitende), Führungsstil im entsprechenden Bereich, Gründe für die Stellenausschreibung.
3. Die Anforderungen an den Stelleninhaber – «Wir erwarten …»
Kenntnisse und Fertigkeiten (Ausbildungsrichtung und -niveau), gewünschte Erfahrungen, erforderliche bzw. erwünschte Eigenschaften in Bezug auf Leistungs-, Kooperations- und Führungsverhalten, Geschlecht, Nationalität, erforderliche bzw. erwünschte Einstellungen und Haltungen, besondere Belastbarkeit (z. B. für Schichtdienst, Reisetätigkeit, Auslandaufenthalte), Eignung der Position für besondere Gruppen (z. B. Schwerbehinderte).

4. Die betrieblichen Leistungen (das Anreizsystem) – «Wir bieten …»
Höhe bzw. Grössenordnung des Lohns, Erfolgsbeteiligung, Sozialleistungen (v. a. besondere), Fortbildungsangebote, Aufstiegsmöglichkeiten, Urlaubs- und Arbeitszeitregelungen (z. B. gleitende Arbeitszeit), Modernität der Fertigungs- bzw. Büroeinrichtungen, Image des Unternehmens, Hilfe bei der Wohnungssuche, Firmenwagen.
5. Bewerbungsmodalitäten – «Ihre Bewerbung …»
Bewerbungsart (schriftliche, persönliche, telefonische Kontaktaufnahme), Bewerbungsweg (direkt oder indirekt über Chiffreadresse oder über Personalberaterin), erforderliche Bewerbungsunterlagen, Bewerbungssicherung (Sperrvermerke, vertrauliche Behandlung usw.), Ansprechperson bzw. -abteilung,

Interessierte möchten die **wichtigsten Informationen über das Unternehmen** erhalten, damit sie sich einerseits ein Gesamtbild machen und andererseits die Besonderheiten erkennen können. Die Informationen über die **Aufgabe und Position** sind das Kernstück eines Personalinserats. Man muss sich die zukünftige Funktion mit der damit verbundenen Verantwortung und den Kompetenzen lebhaft vorstellen können. Schliesslich wollen Sie, dass sich jemand vor seiner Bewerbung damit differenziert auseinandersetzt. Auf welche Eigenschaften kommt es bei der betreffenden Stelle besonders an? Die zwingenden und die wünschenswerten **Anforderungen** geben Aufschluss über das Mitarbeiterprofil, das Sie suchen. Alle Informationen über die **betrieblichen Leistungen** müssen auf die Zielgruppe zugeschnitten sein. Beispielsweise sind gute Sozialleistungen heute eine Selbstverständlichkeit für Führungskräfte, während Angelernte dazu eine Aussage erwarten. Zu den formalen Angaben gehören die **Bewerbungsmodalitäten.** Definieren Sie, in welcher Form Sie die Bewerbung erwarten, wer die Ansprechperson für die Bewerbung ist, und sichern Sie die vertrauliche Behandlung der Bewerbung ausdrücklich zu.

Achten Sie darauf, die geltenden **arbeitsrechtlichen Bestimmungen** bei der Formulierung eines Personalinserats einzuhalten: Demnach sollten grundsätzlich keine ausschliesslichen Kriterien bezüglich Alter, Geschlecht oder Nationalität vorkommen, sondern die Stelle muss neutral ausgeschrieben werden.

Beispiel Nicht zulässig ist die Formulierung: «Wir suchen eine 25- bis 30-jährige Sekretärin.»

Wenn Sie dennoch ein ausschliessliches Kriterium verwenden, müssen Sie das begründen, indem Sie z. B. die aktuelle Teamkonstellation von ausschliesslich jungen Mitarbeitenden beschreiben.

Beispiel	**Stelleninserat**

[Logo]

Wir sind ein führender Anbieter von hochwertigen Bauwerkstoffen in der Ostschweiz. Mit der konsequenten Marktausrichtung und Weiterentwicklung von Service- und Beratungsdienstleistungen wollen wir unsere Position weiter stärken. Deshalb suchen wir Sie, eine kommunikative und initiative Nachwuchs-Führungskraft, als

Teamleiter/-in Kundendienst

Wir zählen auf Sie:
Sie führen unseren Kundendienst, personell wie fachlich. Im lebhaften Tagesgeschäft sorgen Sie für einen reibungslosen Ablauf bei den Kundendienstleistungen, pflegen das Informations- und Bestellportal und koordinieren die zahlreichen Aktivitäten mit dem Verkauf, Marketing und Vertrieb. Sie führen ein kleines Team von qualifizierten Mitarbeitenden und schätzen es, selber tatkräftig anzupacken.

Wir erwarten von Ihnen:
Sie verfügen über eine technische oder kaufmännische Ausbildung und Erfahrung im Innen- oder Kundendienst, vorzugsweise in der Baubranche. In Ihrer bisherigen Tätigkeit haben Sie Ihre Führungsfähigkeiten erfolgreich gezeigt. Sie sind eine zielorientierte, kommunikationssichere Persönlichkeit; zu Ihren Stärken gehören ein hohes Verantwortungsbewusstsein, eine ausgeprägte Problemlösungsfähigkeit und Belastbarkeit, auch in hektischen oder schwierigen Situationen.

Sie schätzen an uns:
Eine interessante, abwechslungsreiche und anspruchsvolle Aufgabe, bei der Sie Ihre Fähigkeiten und Ihr Wissen optimal einsetzen können. Eine moderne Infrastruktur und ein kompetentes, junges Team in einem dynamischen Unternehmen. Die Gelegenheit, Ihre Stärken einzubringen und sich gezielt weiter entwickeln zu können.

Sind Sie interessiert? Dann senden oder mailen Sie uns bitte Ihre Bewerbungsunterlagen:

[Adresse]

Sandra Arpagaus, Leiterin Marketing, steht Ihnen für erste Fragen gerne zur Verfügung – Tel. [Nr.].

Gute Inserate sind mehr als gut zusammengestellte und klug formulierte Informationen. Sie haben ein **Leitthema**, um den Bewerber auch emotional anzusprechen. Oft sind das Bedürfnisse, die mit der neuen Aufgabe erfüllt werden können. Fragen Sie sich, was die zu besetzende Stelle einer potenziellen Bewerberin im Idealfall bieten bzw. welche Bedürfnisse der ideal geeignete Mitarbeitende darin verwirklichen kann. Somit erhalten Ihre Inserate ein Leitthema.

B] Electronic Recruiting

Heute ist das Internet aus der Personalgewinnung nicht mehr wegzudenken. Bestimmt haben auch Sie bereits eine Stellenbörse auf dem Internet aktiv besucht, ob ein Stellenportal oder die entsprechende Angebotsseite auf der Homepage eines Unternehmens. Electronic Recruiting (E-Recruiting) ist der elektronisch unterstützte Personalgewinnungsprozess.

Wenn Sie auf der Homepage Ihres Unternehmens Stelleninserate platzieren, sollten Sie folgende besondere Punkte beachten:

- Die Seite sollte schnell und einfach auffindbar sein, indem es auf der Homepage einen direkten und gut erkennbaren Hinweis (Link) zu Stellenangeboten gibt.
- Schöpfen Sie die vorhandenen technischen Möglichkeiten aus und bieten Sie ein Online-Bewerbungsformular an, über das interessierte Personen sich direkt bei Ihnen melden und ihr Dossier einsenden können.
- Prüfen Sie bei den entsprechenden Fachstellen, ob Sie den vom Gesetzgeber geforderten Persönlichkeits- und Datenschutz einhalten. Online-Bewerbungen müssen die Anforderungen an eine sichere Übermittlung erfüllen. Es braucht auch eine klare und transparente Beschreibung, wie die Daten gespeichert, verarbeitet und zu einem späteren Zeitpunkt wieder gelöscht werden.

Stellenportale haben sich auf die Inserateschaltung und Abwicklung von elektronischen Bewerbungen im Internet spezialisiert. Die meisten bieten zwei Möglichkeiten an:

- Das Aufschalten von Einzelinseraten, wobei dem Inserenten der Preis pro Stelleninserat und pro Monat verrechnet wird
- Das Lösen eines Kundenkontos (Accounts), womit ein Unternehmen für einen gewissen Zeitraum beliebig viele Stelleninserate aufschalten kann

Hinweis	Einige Links zu Schweizer Stellenportalen:		
	www.stellen.ch	www.topjobs.ch	www.jobscout24.ch
	www.jobpilot.ch	www.jobwinner.ch	www.jobs.ch
	www.stepstone.ch		

C] Zusammenarbeit mit externen Dienstleistungsunternehmen

Man kann die gesamte Suche oder Teile davon einem externen Dienstleister übertragen, das nennt man auch **Outsourcing**. Spezialisten übernehmen je nach Vereinbarung verschiedene Dienstleistungen:

- Formulieren und Schalten des Inserats
- Sichten der eingegangenen Bewerbungen
- Vorauswahl der Bewerbungen
- Führen eines ersten Vorstellungsgesprächs
- Vorstellen der infrage kommenden Bewerber

Erteilt man einem einzigen externen Partner einen solchen Auftrag, spricht man auch von einem **Mandat.** Man kann den Auftrag aber auch an verschiedene Partner erteilen oder parallel dazu auch selbst die Suche fortführen.

Aus **Diskretionsgründen** kann die Suche ausschliesslich unter dem Namen des Dienstleisters erfolgen. Beide Unternehmen können aber auch gemeinsam im Markt auftreten, wenn z. B. das Outsourcing aus Gründen der Effizienz erfolgt oder wenn es die entsprechende Rekrutierungs-Kompetenz in der Firma nicht gibt.

Eine **diskrete Suche**, ohne Angaben zum Unternehmen, bietet je nach Situation Vor- und auch Nachteile:

- Ein Stelleninserat kann mit dem Namen des Unternehmens eine positive Botschaft übermitteln: Die Firma expandiert, bietet spannende Stellen; es werden aber auch die Leistungen des Unternehmens dargestellt.
- Andererseits ist es je nach Funktion sinnvoll, innerhalb der Branche eine Vakanz nicht öffentlich zu kommunizieren, um den Mitstreitern im Markt keinen Vorteil zu verschaffen.

Insbesondere bei der Suche von Führungs- oder speziell qualifizierten Fachkräften ist die Zusammenarbeit mit einem externen Dienstleister üblich. Vor allem bei der Suche von Top-Führungskräften, Executive-Search-Mandaten, können durch den externen Partner auch gezielte Ansprachen von potenziellen Kandidaten gemacht werden.

Fragt man zahlreiche Vertreter von Personalabteilungen, nach welchen Kriterien sie einen Personalvermittler aussuchen oder bei Nichterfüllung austauschen, werden grundsätzlich einheitliche Kriterien genannt.

Wir bringen einige Beispiele dafür.

Abb. [2-6] **Kriterien für die Auswahl eines Personalvermittlers**

Kriterien für die Auswahl eines Personalvermittlers
• Er muss ein **anerkannter Spezialist sein und die entsprechenden Kontakte pflegen**: Branche, Berufsprofile, Region bzw. geografischer Schwerpunkt (z. B. international), aber auch überregional betrachtet.
• **Professionalität, Seriosität, Ethik, Transparenz**: z. B. schätzt es kein Unternehmen, dem ein neuer Mitarbeitender vermittelt wurde, wenn vom gleichen Dienstleister dieser oder ein anderer Mitarbeitender direkt angesprochen wird.
• **Verhältnis zwischen Kosten und Nutzen der Dienstleistung:** Die Personalvermittlung kostet je nach Anforderung und / oder Hierarchiestufe zwischen 8% und 12% eines Jahresgehalts. Mandate werden i. d. R. auf Erfolgsbasis abgeschlossen. Sie sind deshalb teurer als die üblichen Personalvermittlungen.

Genauso wichtig ist aber auch die **Sicht des Stellensuchenden:** Steht in der Zusammenarbeit die Vermittlung im Zentrum oder geniesst der Stellensuchende eine persönliche Beratung und Unterstützung?

Referenzen und eigene Erfahrungen helfen, den für das Unternehmen resp. die Vakanz richtigen externen Rekrutierungspartner zu finden.

Die **regionalen Arbeitsvermittlungszentren (RAV)** bieten eine unentgeltliche Personalvermittlung an.

D] Kontaktpflege und Öffentlichkeitsarbeit

Neben den bereits genannten gibt es noch viele andere Möglichkeiten der externen Personalwerbung. Es handelt sich dabei v. a. um mittelfristig wirksame Massnahmen, die auf der Pflege des eigenen Kontaktnetzwerks und der Öffentlichkeitsarbeit (Public Relations oder PR) beruhen:

- Gezieltes persönliches Ansprechen von potenziellen Kandidatinnen oder Meinungsbildenden (z. B. von Dozierenden, die Studierende oder Assistierende empfehlen können)
- Kontaktpflege mit Lehrern, Hochschulprofessorinnen, Berufsberatern usw.
- Teilnahme an Kontaktgesprächen in Schulen, Hochschulen, an Tagungen und Kongressen
- PR-Aktivitäten, wie «Tag der offenen Tür», Messeaktionen, in Karriereratgebern, Universitätshandbüchern, Beilagen zu Zeitschriften usw., die das Unternehmen mit der Öffentlichkeit in Kontakt bringen

Die Langzeitwirkung einer solchen Kontaktpflege und Öffentlichkeitsarbeit darf nicht unterschätzt werden. Sie bildet einen fruchtbaren Boden für gezielte Werbe- und Rekrutierungsmassnahmen.

Im Social-Media-Zeitalter verändern sich zunehmend auch die Rolle und die Aufgaben der Personalabteilungen in der Suche neuer Mitarbeitender. Ein blosses Ausschreiben einer Stelle und das Abwarten auf die richtigen Bewerbungen reichen schon lange nicht mehr.

Die Rekrutierung durch die Firmen muss **aktiver,** wenn nicht **proaktiver** erfolgen. Wie muss man sich das vorstellen?

Nicht nur in persönlichen Netzwerken, privaten oder beruflichen, sondern auch in virtuellen Netzwerken können potenzielle Kandidaten angesprochen werden. Das heisst, dass sich der Rekrutierer im Netz Fachleute sucht und sie direkt mit einem spannenden Stellenangebot anspricht.

Hinweis

Einige Links zu Netzwerkplattformen:
- www.xing.com
- www.linkedin.com

Zusammenfassung

Die Situation auf dem Arbeitsmarkt wird von der **Arbeitsnachfrage** und dem **Arbeitsangebot** bestimmt. Der Arbeitsmarkt ist segmentiert. Das **wichtigste Segment** ist der interne und der externe Arbeitsmarkt. Die **interne** Personalsuche besteht v. a. aus **Versetzungen** oder der Beförderung von bestehenden Mitarbeitenden in neue Positionen. Für die **externe** Personalsuche stehen verschiedene Wege offen:

- Am bekanntesten ist das **Personalinserat** in Zeitungen oder Fachzeitschriften.
- In den letzten Jahren hat das **Electronic Recruiting** über die Unternehmenshomepage oder über ein Internetstellenportal zunehmend an Bedeutung gewonnen.
- Viele Unternehmen beauftragen spezialisierte externe **Personalberatungsfachleute** mit der Suche und Vorselektion der Nachfolgekandidaten.
- Die Pflege des eigenen **Kontaktnetzwerks** und der **Öffentlichkeitsarbeit** erschliessen ebenfalls wichtige potenzielle Bewerberquellen.

Ein gutes **Personalinserat** ist bewerberorientiert verfasst; es gibt anschaulich klar und wahr Auskunft über

- das Unternehmen: «Wir sind …»,
- die Aufgabe: «Wir suchen …»,
- die Anforderungen: «Wir erwarten …»,
- die betrieblichen Leistungen: «Wir bieten …» und
- die Bewerbungsmodalitäten: «Ihre schriftliche / elektronische Bewerbung …»

Unternehmen betreiben **Personalmarketing,** um gute Mitarbeitende zu gewinnen und zu halten. **Internes Personalmarketing** richtet sich an die aktuell vorhandenen Mitarbeitenden. **Externes Personalmarketing** hat das Ziel, die für das Unternehmen interessantesten Kandidaten anzuziehen.

Mit dem **Personalmarketing für Lernende** will man junge Leute für eine Berufslehre gewinnen. Entscheidend ist, die **geeigneten Massnahmen** zu wählen. Man stellt einen **Marketingmix** zusammen, der die wesentlichen Strategien umfasst.

Repetitionsfragen

6 Sie haben den internen und den externen Arbeitsmarkt kennengelernt.

A] Welchen wesentlichen Vorteil hat der interne Arbeitsmarkt für die Mitarbeitenden?

B] Welche Nachteile können mit dem internen Arbeitsmarkt verbunden sein? (Nennen Sie mindestens zwei Umstände und die Folgen.)

7 Nennen Sie je zwei Argumente, die dafür sprechen, dass die Personalsuche

A] durch die Personalabteilung des Unternehmens erfolgt,

B] einem externen Personalberater in Auftrag gegeben wird.

8 Listen Sie alle Informationen auf, die Ihrer Meinung nach im folgenden Inserat fehlen. Wenden Sie dabei ein bekanntes Instrument zur Beurteilung von Inseraten an.

> Liegenschaftsverwaltung in Basel sucht nach Vereinbarung:
> **Kreditorenbuchhalter/-in (70–100%)**
> - Als Sachbearbeiter/-in kontieren, erfassen und verbuchen Sie Lieferantenrechnungen selbstständig und erstellen die Zahlungsdokumente.
> - Sie verfügen über erste Erfahrungen in der Buchhaltung und haben gute Deutschkenntnisse.
> - Die EDV-Tastatur beherrschen Sie blind.
>
> Bitte senden Sie Ihre schriftliche Bewerbung mit den üblichen Unterlagen an: …

9 Beurteilen Sie die folgenden Aussagen. Stimmen sie?

A] Mit dem E-Recruiting kann der administrative Aufwand für die Personalsuche reduziert werden.

B] Die Online-Stellenbewerbung wird v. a. für die externe Personalsuche eingesetzt.

C] E-Recruiting wird sich nicht durchsetzen, weil es ein zu grosses Sicherheitsrisiko mit sich bringt.

10 Unternehmen möchten als attraktive Arbeitgeber erscheinen. Nennen Sie das wesentliche Ziel des internen und externen Personalmarketings und je zwei Marketingmassnahmen.

	Internes Personalmarketing	Externes Personalmarketing
Ziel		
Wie?	…	…
	…	…

11 Der Handwerksbetrieb Bau GmbH sucht Lernende für das kommende Jahr. Nennen Sie vier Massnahmen, die das Unternehmen ergreifen kann, um die Lernenden auf das Unternehmen aufmerksam zu machen.

3 Personalauswahl

Lernziele	Nach der Bearbeitung dieses Kapitels können Sie … • die einzelnen Schritte der Personalauswahl nennen. • Bewerbungsunterlagen formal und inhaltlich beurteilen. • ein Vorstellungsgespräch durchführen. • die Einführung von neuen Mitarbeitenden vorbereiten und durchführen
Schlüsselbegriffe	Abschluss, Anforderungsprofil, Assessments, Beurteilung, Bewerbungsunterlagen, Einführung, formale Prüfung, grafologische Gutachten, inhaltliche Prüfung, Personalauswahl, Personalgewinnung, Referenzen, Stellenbeschreibung, Tests, Vorauswahl, Vorstellungsgespräch

3.1 Grundlagen

Der nächste Schritt beleuchtet die Auswahl der Bewerber (Selektion).

Abb. [3-1] **Die Personalsuche als Teil des Prozesses der Personalgewinnung**

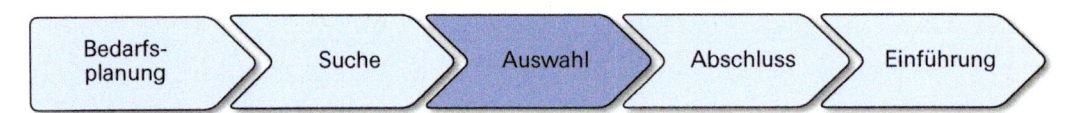

Bedarfsplanung → Suche → **Auswahl** → Abschluss → Einführung

Die Grundlagen für diese Aufgabe bilden die Stellenbeschreibung und das Anforderungsprofil. Das Ziel der Bewerberauswahl ist, den Bewerber zu finden, der am besten zum Anforderungsprofil der entsprechenden Position im Unternehmen passt.

So gesehen, geht es in der Personalauswahl um den **Abgleich des Anforderungs- und des Bewerberprofils.** Aus der Gegenüberstellung werden Abweichungen deutlich sichtbar.

Abb. [3-2] **Abgleich des Stellen- und des Bewerberprofils**

	Stellenprofil	Bewerberprofil
Kompetenzen	Welche Leistung benötigen wir? (Welche Kenntnisse, Fähigkeiten und Fertigkeiten benötigen wir?)	Welche Leistung kann er erbringen? (Welche Kenntnisse, Fähigkeiten und Fertigkeiten bietet der Bewerbende?)
Motivation	Welchen Einsatz erwarten wir? (Was bieten wir den Kandidaten?)	Welche Leistung ist er bereit, zu erbringen? (Was erwartet der Bewerber von uns?)
Potenzial	Welche Erwartungen haben wir für die Zukunft?	Welche Entwicklungsmöglichkeiten sieht er?

Eine professionelle, nachhaltige Selektion berücksichtigt nicht nur die aktuellen Anforderungen an die zu besetzende Stelle, sondern bezieht auch das Potenzial und die kulturellen Aspekte (Unternehmen, Branche, Bereich, Land, Führung etc.), also das **Unternehmensprofil,** mit ein.

Aufgrund des Abgleichs ergibt sich eine Entscheidungsgrundlage, die zwar nie eine 100%ige Sicherheit im Entscheid, aber eine hohe Treffgenauigkeit in den Aussagen ermöglicht.

Abb. [3-3]　　Stellen-, Bewerber- und Unternehmensprofil als Entscheidungsgrundlage

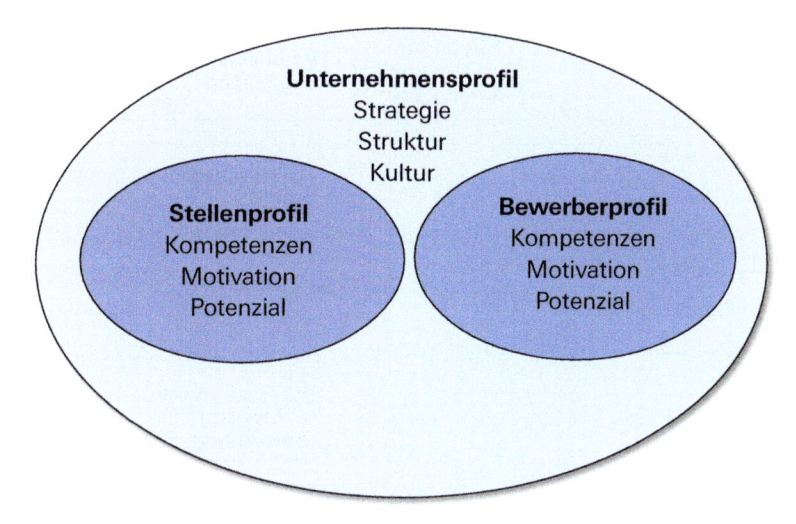

Unternehmensprofil
Strategie
Struktur
Kultur

Stellenprofil
Kompetenzen
Motivation
Potenzial

Bewerberprofil
Kompetenzen
Motivation
Potenzial

Das Ziel der Selektion ist jedoch nicht nur, dass die Rekrutierungsverantwortlichen diesen Abgleich möglichst genau vornehmen können. Es liegt auch in der unternehmerischen Verantwortung, dafür zu sorgen, dass der Stellensuchende vor seinem Entscheid über die erforderlichen Informationen für seinen persönlichen Abgleich verfügt.

Abb. [3-4]　　Abgleich der Erwartungen des Unternehmens und des Bewerbers

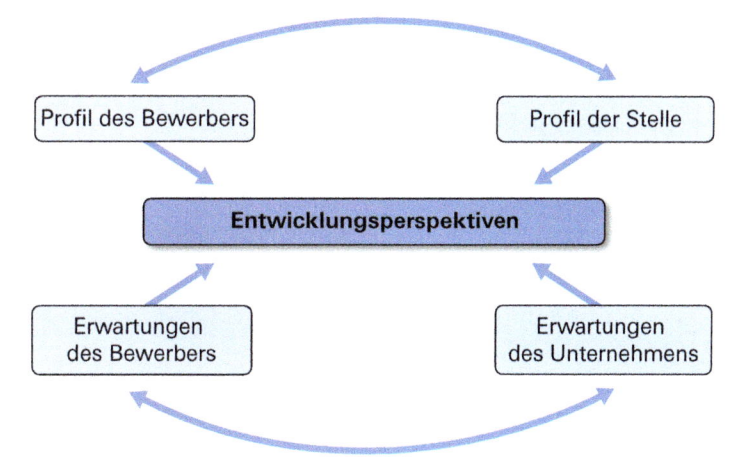

Profil des Bewerbers　　Profil der Stelle

Entwicklungsperspektiven

Erwartungen des Bewerbers　　Erwartungen des Unternehmens

Vor dem Beginn der Personalauswahl muss im Unternehmen zudem geklärt werden, wer über die Anstellung eines bestimmten Bewerbers entscheidet. Jedes Unternehmen definiert die Rollen und die Verantwortung in diesem Prozess. Zwei häufige Möglichkeiten sind:

- Bei der Besetzung einer Position sind der direkte und der nächsthöhere Vorgesetzte und ein professioneller Vertreter der Personalabteilung zuständig.
- Bei der Besetzung einer Position, i. d. R. für ausführende Tätigkeiten, hat der direkte Vorgesetzte, allenfalls der nächsthöhere Vorgesetzte die Entscheidungskompetenz. Die anderen am Prozess Beteiligten beraten ihn. Eine klare Definition der Prozesse und Standards ist ein Garant für eine nachhaltige Qualität der Anstellung.

Die Personalauswahl kann in zwei Hauptschritte aufgeteilt werden: die Grobanalyse und die Hauptanalyse, sie wird auch Detail- oder Feinanalyse genannt.

Abb. [3-5]   **Die Phasen der Personalauswahl**

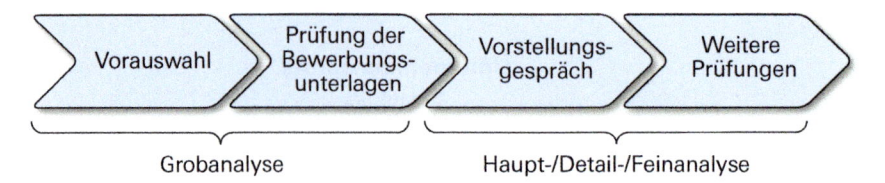

```
[Vorauswahl] [Prüfung der Bewerbungsunterlagen]   [Vorstellungsgespräch] [Weitere Prüfungen]
└─── Grobanalyse ───┘                              └─── Haupt-/Detail-/Feinanalyse ───┘
```

Die einzelnen Schritte werden in den nächsten Kapiteln vertieft. Das folgende Flussdiagramm zeigt die Vorgehensschritte im gesamten Prozess auf.

Abb. [3-6]   **Personalauswahl als Flussdiagramm**

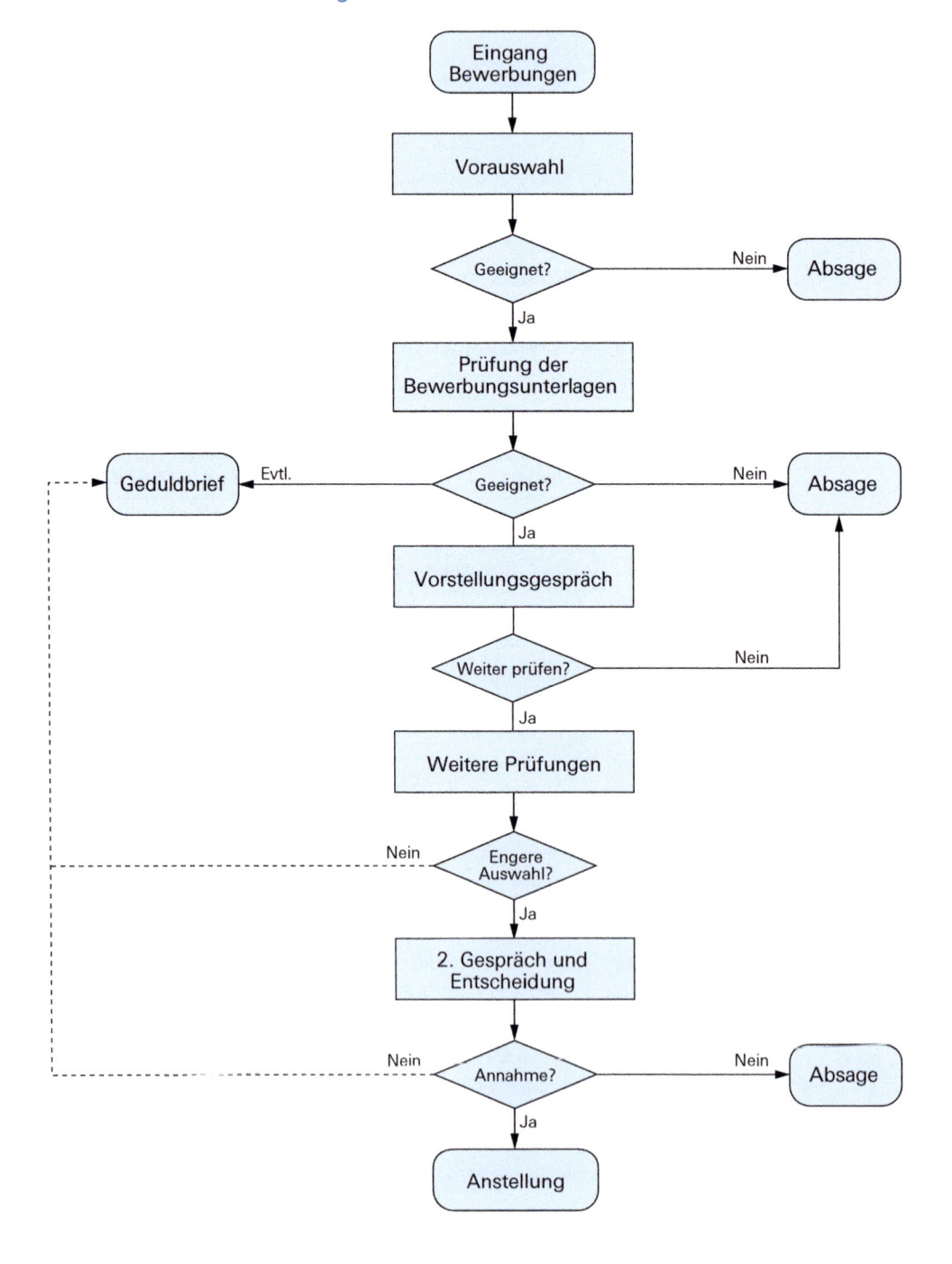

```
          Eingang Bewerbungen
                  ↓
             Vorauswahl
                  ↓
             Geeignet? ──Nein──→ Absage
                  ↓ Ja
      Prüfung der Bewerbungsunterlagen
                  ↓
   Geduldbrief ←─Evtl.── Geeignet? ──Nein──→ Absage
                  ↓ Ja
           Vorstellungsgespräch
                  ↓
          Weiter prüfen? ──Nein──→ Absage
                  ↓ Ja
           Weitere Prüfungen
                  ↓
   ←──Nein── Engere Auswahl?
                  ↓ Ja
       2. Gespräch und Entscheidung
                  ↓
   ←──Nein── Annahme? ──Nein──→ Absage
                  ↓ Ja
              Anstellung
```

3.2 Grobanalyse

In einem ersten Schritt der Auswahl werden die Bewerbungen in zwei Stufen gesichtet. Man spricht hier von der ABC-Auswahl. Das heisst, die Bewerbungsunterlagen werden in drei Kategorien eingeteilt.

Abb. [3-7] **Die drei Kategorien der ABC-Auswahl**

Kategorien	Beschreibung	Vorgehen
A	Passen gut auf das Anforderungsprofil.	Diese Kandidaten werden weiter geprüft, d. h. umgehend kontaktiert und zu einem Gespräch eingeladen.
B	Entsprechen nicht in allen wesentlichen Punkten dem Anforderungsprofil, sind aber dennoch interessant.	Diese Kandidaten werden vertiefter geprüft, wenn es von den A-Kandidaten nicht genügend valable Kandidaten gibt. Sie werden umgehend «vertröstet», d. h., sie erhalten ein Schreiben, in dem der Eingang der Bewerbung bestätigt und eine weitere Kontaktaufnahme versprochen wird. Diese Kontaktaufnahme muss dann auch innerhalb des aufgeführten Zeitraums erfolgen.
C	Entsprechen gar nicht den Anforderungen.	Diese Kandidaten erhalten eine Absage.

Ein routinierter HR-Fachmann kann die Dossiers bereits im ersten Schritt in zwei Kategorien einteilen, d. h., die Bewerbungen lediglich in A und C aufteilen.

3.2.1 Vorauswahl

In einer Vorselektion wird anhand des Motivationsschreibens und des Lebenslaufs geprüft, ob der Kandidat die wesentlichen Anforderungen erfüllt oder nicht:

- Erfüllt wesentliche Anforderungen (Kategorie A und evtl. B)
- Erfüllt die Anforderungen absolut nicht (Kategorie C)

Alle Bewerbungen, die auf keinen Fall den Anforderungen entsprechen, also ungeeignet sind, werden umgehend mit einem **Absagebrief** an den Bewerber zurückgeschickt. Auf Online-Bewerbungen erfolgt eine Absage per E-Mail.

Die **Absage** soll wohlwollend formuliert sein und die Gründe, die zur Absage führen, beinhalten. Die Begründung soll sachlich sein und sich auf die erforderlichen Qualifikationen und die erwarteten Anforderungen beziehen.

Das Bewerbungsschreiben und die Begründung für die Absage werden aufbewahrt, damit allfällige Fragen des Bewerbers beantwortet werden können. Diese Unterlagen sind ebenfalls bei einer allfälligen Klage wegen diskriminierender Nichtanstellung wichtig. Die restlichen Unterlagen dürfen aus datenschutzrechtlichen Gründen nicht aufbewahrt werden. Deshalb müssen elektronische Bewerbungen nach der Absage vernichtet werden.

An unserem Beispiel, der Vakanz der Kundendienstleitung, könnte der Vorselektionsentscheid auf der Basis des Anforderungsprofils (s. Abb. 1-7) wie folgt aussehen:

Beispiel

Bewerberprofil	Entscheid
Tippfehler im Motivationsschreiben	Absage
Bewerbungsunterlagen unvollständig, schmutzig etc.	Absage
Erfahrung als Marketing-Direktor in einem weltweit tätigen Konzern	Absage, überqualifiziert
Erfahrung im Kundendienst und Weiterbildung im Marketing	Weiter prüfen
Austrittsgrund gemäss Motivationsschreiben «möchte keine Veränderungen mitgestalten»	Vertiefter prüfen, da Veränderungsbereitschaft keine zwingende Anforderung
Keine Erfahrung im Kundendienst, Bestellwesen	Absage, da spezifische Fachkenntnisse ein Muss-Kriterium
Führungserfahrung	Weiter prüfen
Etc.	

3.2.2 Die Prüfung der Bewerbungsunterlagen

Im zweiten Prozessschritt werden die Bewerbungsunterlagen differenziert betrachtet, verglichen und beurteilt. Wir unterscheiden zwischen der formalen und der inhaltlichen Prüfung.

Zu den üblichen Bewerbungsunterlagen gehören das Motivationsschreiben, der Lebenslauf, Zeugnisse und Bescheinigungen.

Abb. [3-8]   **Dokumente zur ausgeschriebenen Stelle und Bewerbungsunterlagen**

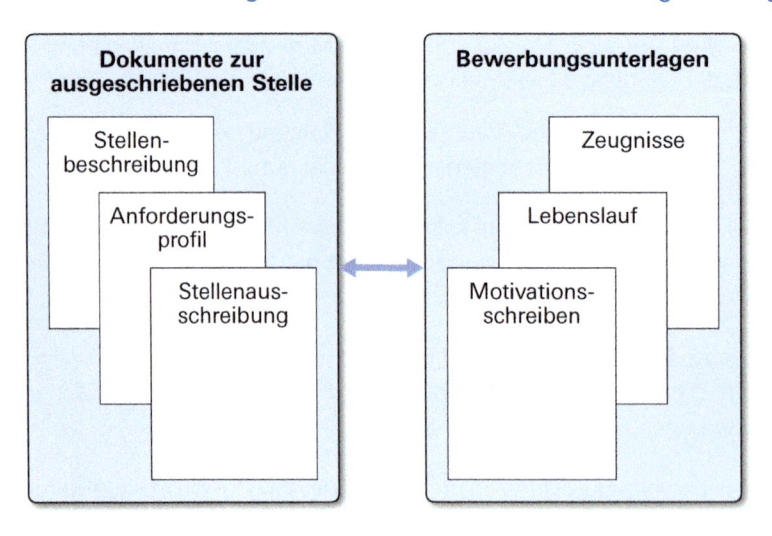

Dokumente zur ausgeschriebenen Stelle: Stellenbeschreibung, Anforderungsprofil, Stellenausschreibung

Bewerbungsunterlagen: Zeugnisse, Lebenslauf, Motivationsschreiben

A] Die formale Prüfung

Bei der formalen Prüfung geht es um die **Art und die Form** der Bewerbung. Die formale Prüfung wird durch Kriterien gestützt. Schlüsselfragen helfen bei der Prüfung der formalen Kriterien. Die folgende Tabelle gibt einen Überblick über die Kriterien der formalen Prüfung und beinhaltet Schlüsselfragen für die Durchführung der formalen Prüfung.

Abb. [3-9] Formale Prüfung: Kriterien und Schlüsselfragen

Formale Kriterien	Fragen des HR-Managements
Vollständig	• Sind die Bewerbungsunterlagen vollständig? • Liegen alle angeforderten Unterlagen und Angaben vor?
Ordentlich	• Erfüllen die Unterlagen klassische Kriterien wie korrekte Adresse, Angabe des Datums? • Hat sich der Bewerber bemüht, einen guten Eindruck zu machen?
Angemessen	Entspricht die Aufbereitung der Unterlagen der Funktion und Position?
Strukturiert	• Sind alle Unterlagen gut strukturiert und übersichtlich? • Erlauben die Unterlagen einen raschen Zugriff auf relevante Informationen?
Plausibel	Sind die Angaben und Daten nachvollziehbar und verständlich?
Wahr	Werden die Angaben und Daten im Lebenslauf bzw. im Motivationsschreiben durch Zeugnisse bestätigt?
Lückenlos	Wird die Chronologie eingehalten? Gibt es Zeiträume, die nicht geklärt sind?
Aktuell	Sind die Unterlagen auf dem neuesten Stand?

Kleinere formale Mängel (z. B. eine Lücke im Lebenslauf) sollten nicht überbewertet werden und dazu führen, dass qualifizierte Bewerber ausgeschlossen werden. Sie können etwa im Rahmen des Vorstellungsgesprächs thematisiert und geklärt werden.

B] **Inhaltliche Prüfung**

Die inhaltliche Prüfung befasst sich mit der Frage, welcher Bewerber die Anforderungen, die mit der Stelle verbunden sind, am ehesten erfüllen kann und will. Bei der inhaltlichen Prüfung handelt es sich um eine **vergleichende Betrachtung**. Die Aussagen in den Bewerbungsunterlagen werden mit dem Inserat und dem Anforderungsprofil verglichen.

Ziel der inhaltlichen Prüfung ist es, eine möglichst auf Fakten basierende Idee davon zu erhalten, ob der Bewerber sich für die Stelle eignet, und die Bewerber nach ihrer Eignung aufzulisten. Diese Liste schafft eine Grundlage für die Entscheidung, mit welchen Bewerbern ein erstes Vorstellungsgespräch geführt werden soll.

Abb. [3-10] Inhaltliche Prüfung: Kriterien und Schlüsselfragen

Inhaltliche Kriterien	Schlüsselfragen	Anmerkungen
Anschluss	Nimmt der Bewerber Bezug auf das Inserat und das Unternehmen?	
Berufserfahrung	• Welcher Bewerber kann die angefragte Berufserfahrung am ehesten nachweisen? • Sind die Erfahrungen übertragbar?	Vergleich mit Anforderungsprofil
Qualifikation	Welcher Bewerber kann am ehesten nachweisen, dass eine passende Qualifikation besteht?	Vergleich mit Anforderungsprofil
Anforderungen	Welcher Bewerber erfüllt die Anforderungen etwa auf der fachlichen, methodischen, sozialen und persönlichen Ebene am besten?	Vergleich mit Anforderungsprofil
Führungskompetenz	Wenn es sich um eine Führungsaufgabe handelt: In welcher Bewerbung werden am deutlichsten Kenntnisse und Fähigkeiten sowie Erfahrungen aufgezeigt, die für die Erfüllung der Führungsaufgaben unerlässlich sind?	Vergleich mit Anforderungsprofil

Inhaltliche Kriterien	Schlüsselfragen	Anmerkungen
Motivation	Welcher Bewerber ist besonders motiviert?	
Mehrwert	Welcher Bewerber bietet den grössten oder einen besonderen Nutzen für das Unternehmen?	Zum Beispiel Vernetzung, Vielfalt, internationale Erfahrungen
Offene Punkte	Wo sind Lücken und Unklarheiten, die geklärt werden sollen (z. B. im Rahmen des Vorstellungsgesprächs)?	

Im Allgemeinen gilt: Die Unterlagen, d. h. Motivationsschreiben, Lebenslauf, Zeugnisse oder gar ein Foto, sollten nicht voreilig interpretiert werden. Es sei denn, die Aussagekraft ist relevant für die zu besetzende Stelle:

- Tippfehler im Motivationsschreiben sind für kaufmännische Berufe in der Selektion relevant, nicht aber zwingend für rein handwerkliche Tätigkeiten.
- Ein Foto ist für eine Stelle als Modell, vielleicht auch für Aufgaben mit Kundenkontakten relevant, ansonsten nicht zwingend.

Wenn es um den abschliessenden Entscheid in dieser Phase geht, kann eine tabellarische Gegenüberstellung des Anforderungsprofils und der Bewerberprofile nützlich sein. Dafür gibt es einfachere und komplexere Modelle. Das folgende Beispiel soll diese Aussage verdeutlichen.

Abb. [3-11]   **Anforderungsprofil und Erfüllungsgrad durch einen einzelnen Bewerber X**

Anforderungsprofil: Leitung Kundendienst	Nicht erfüllt	Knapp erfüllt	Erfüllt	Übererfüllt
Fachkompetenz				
Spezifische Fachkenntnisse: Kundendienst, Bestellwesen				x
...				
Methodenkompetenz				
Planung und Organisation				x
...				
Sozialkompetenz				
Kommunikationsfähigkeit, sprachlicher Ausdruck			x	
...				
Persönlichkeit (Ich-Kompetenz)				
Veränderungsbereitschaft		x		
...				
Führungskompetenz				
Führungserfahrung von mehr als 10 Mitarbeitenden				x
...				

Die Bewerber, die aufgrund der Bewerbungsunterlagen den höchsten Deckungsgrad mit den gestellten Anforderungen haben, entsprechen der Kategorie A, d. h., sie erhalten eine Einladung.

Man muss hier beachten, dass Bewerber, die die relevanten Kriterien übererfüllen, nicht zwingend die geeigneten Bewerber auf lange Sicht sind, wenn ihnen keine entsprechenden Perspektiven geboten werden können.

Diese Art der Darstellung ist zwar einfach, aber für den Vergleich der Kandidaten kompliziert und nicht geeignet.

Möchte man **mehrere Bewerbungen direkt vergleichen,** kann eine von der Anzahl der Bewerber unabhängige Einstufung, z. B. nach Schulnoten, erfolgen. Die Einzelbewertungen werden addiert und daraus ergibt sich eine Rangeinstufung.

Abb. [3-12]   **Anforderungsprofil und Erfüllungsgrad, Übersicht mehrerer Bewerber**

Erfüllungsgrad Anforderungen: Leitung Kundendienst	Anton Achener	Britta Blümchen	Charles Charon	Dora Duff
Fachkompetenz				
Spezifische Fachkenntnisse: Kundendienst …	6	2	6	2
…				
Methodenkompetenz				
Planung und Organisation	5	6	3	4
…				
Sozialkompetenz				
Kommunikationsfähigkeit, sprachlicher Ausdruck	2	4	6	6
…				
Persönlichkeit (Ich-Kompetenz)				
Veränderungsbereitschaft	3	3	6	6
…				
Führungskompetenz				
Führungserfahrung von mehr als 10 Mitarbeitenden	3	5	2	6
…				
Total	19	20	23	24
Entscheid, Rang	4.	3.	2.	1.

Der Entscheid aufgrund dieser Tabelle ist deutlich transparenter als bei der ersten Aufstellung. Hier sind aber sämtliche Kriterien einheitlich gewichtet. Im Anforderungsprofil sind gewisse Kriterien unverzichtbar, d. h. sehr wichtig, andere sind weniger relevant. Dieser Aspekt wird hier nicht berücksichtigt.

Möchte man auch die **Gewichtung der Anforderungen** in der Selektion berücksichtigen, kann die Gewichtung in eine Entscheidungsmatrix übernommen werden: Man setzt z. B. Faktoren ein.

Abb. [3-13]   **Faktoren der Gewichtung im Anforderungsprofil**

Ausprägung im Anforderungsprofil	Faktor
++	4
+	3
–	2
– –	1

Die **Entscheidungsmatrix** könnte dann wie folgt aussehen:

Abb. [3-14]   Anforderungsprofil und Erfüllungsgrad, Entscheidungsmatrix

Erfüllungsgrad Anforderungen: Leitung Kundendienst	Gewichtung	AA		BB		CC		DD	
		Bewertung	Total	Bewertung	Total	Bewertung	Total	Bewertung	Total
Fachkompetenz									
Spezifische Fachkenntnisse: Kundendienst ...	4	6	24	2	8	6	24	2	8
...									
Methodenkompetenz									
Planung und Organisation	4	5	20	5	20	3	12	4	16
...									
Sozialkompetenz									
Kommunikationsfähigkeit, sprachlicher Ausdruck	4	2	8	4	16	6	24	6	24
...									
Persönlichkeit (Ich-Kompetenz)									
Veränderungsbereitschaft	3	3	9	3	9	6	18	6	18
...									
Führungskompetenz									
Führungserfahrung von mehr als 10 Mitarbeitenden	2	3	6	5	10	2	4	6	12
...									
Total			67		63		82		78
Entscheid, Rang			3.		4.		1.		2.

Jetzt sieht die Rangfolge anders aus und hat eine höhere Aussagekraft als ohne Gewichtung der Kriterien. Es ist aufwendig, eine solche Entscheidungsmatrix zu erstellen, und erst sinnvoll, wenn sämtliche Selektionsinstrumente angewendet wurden. Vor allem bei anspruchsvollen Führungs- oder speziellen Fachpositionen wird diese Aufstellung angewendet.

Der nächste Schritt ist das **Vorstellungsgespräch.** Zur Vorbereitung der Gespräche kann schon während der Grobanalyse eine detaillierte tabellarische Übersicht über die Bewerber mit den wichtigen Kriterien und offenen Fragen erstellt werden.

Beispiel   Übersicht der Bewerber

Bewerber	Qualifikation	Deckungsgrad der Anforderungen	Motivation	Offene Fragen	Sonstiges
CC	Diplom	Ca. 90%, wenig Führungserfahrung	Gutes Image des Unternehmens	Organisationsfähigkeit prüfen	Viel Auslanderfahrung
DD	FA	Ca. 80%, nur 2 Jahre Berufserfahrung	Sieht Entwicklungschancen	Fachkenntnisse prüfen	Will 80%-Pensum
Etc.					

3.3 Hauptanalyse

Nachdem die Bewerbungsunterlagen beurteilt wurden, folgt die Hauptanalyse, die je nach Position und Anforderung mehrere Teile beinhalten kann. Je anspruchsvoller die Position, d. h., je umfassender und komplexer die Anforderungen an die Position sind, desto mehr und umfassendere Selektionsinstrumente kommen zum Einsatz.

3.3.1 Das Vorstellungsgespräch

Die Bewerbungsunterlagen geben v. a. Hinweise auf die Qualitäten eines Bewerbers auf der Sachebene. Im Lauf eines Vorstellungsgesprächs können Personalverantwortliche und auch Vorgesetzte einen Eindruck von der Person gewinnen und sich eine Vorstellung von den sozialen Kompetenzen der Bewerber machen und davon, ob diese zur Position und zum Unternehmen passen. Ausserdem bietet das Vorstellungsgespräch eine Gelegenheit, um offene Fragen zu klären.

Das Gespräch dient dazu, Annahmen über den Bewerber zu bestätigen bzw. zu widerlegen. Das Vorstellungsgespräch ist keine einseitige Angelegenheit. Auch der Bewerber hat die Chance, das Unternehmen und seine Mitarbeitenden kennenzulernen und so seine Annahmen über die Stelle zu bestätigen bzw. zu widerlegen.

Das Vorstellungsgespräch muss gut vorbereitet werden. Alle wesentlichen Themen sollen angemessen berücksichtigt werden. Die vorgesehene Zeit soll nicht überschritten werden. Das Gespräch soll in einem ruhigen, ungestörten und angenehmen Umfeld erfolgen. Es ist selbstverständlich, dass Getränke angeboten werden, mindestens ein Glas Wasser.

Der Ablauf resp. der Aufbau eines solchen Gesprächs kann je nach Unternehmen unterschiedlich gestaltet werden und auch abhängig von der Position variieren.

Ein Gesprächsleitfaden kann eine grosse Hilfe sein. Einerseits hilft er, das Gespräch inhaltlich und zeitlich optimal zu gestalten. Andererseits erleichtert er den Vergleich zwischen mehreren Gesprächen auf einer objektiven Grundlage.

Es gibt drei unterschiedliche Gesprächsarten, jede hat unterschiedliche Vor- und Nachteile.

Abb. [3-15]   Vor- und Nachteile der drei Gesprächsarten

Art des Gesprächs	Merkmale	Einige Vorteile	Einige Nachteile
Freies Gespräch	Keine Vorgaben	• Wenig Vorbereitungsaufwand • Für Profis viel Spielraum für zahlreiche Informationen	• Keine Vergleichbarkeit bei mehreren Gesprächsführern • Hohes Risiko (Subjektivität, Lücken)
Strukturiertes Gespräch	Die Themen sind festgelegt, die Formulierung ist dem Gesprächsführer überlassen.	• Hohe Vergleichbarkeit, roter Faden • Umfassende, fundierte Auswertung möglich	• Individualität, Subjektivität des Gesprächsführers kann evtl. beeinflussen
Standardisiertes Gespräch	Sämtliche Fragen, die Formulierung und die Reihenfolge sind vorgegeben.	• Maximale Vergleichbarkeit • Auswertung kann anonym erfolgen	• Kein Spielraum für Profis • Kaum tief greifende Erkenntnisse, oberflächliches Gespräch

In der folgenden Tabelle haben wir den möglichen Ablauf eines einstündigen Vorstellungsgesprächs dargestellt.

Abb. [3-16]   Möglicher Ablauf eines einstündigen Vorstellungsgesprächs

Minuten	Inhalt	Beschreibung
5	Persönliche Vorstellung und Hinweise auf Ablauf	Die anwesenden Personen (z. B. HR-Verantwortlicher und Linienverantwortlicher) stellen sich kurz vor und tauschen Visitenkarten aus. Der Ablauf des Vorstellungsgesprächs wird kurz besprochen.
5	Vorstellung des Unternehmens	Das Unternehmen wird von den Mitarbeitenden des Unternehmens vorgestellt. Wichtige Themen sind: Branche und Produkte, Anzahl der Mitarbeitenden, Entwicklung, Strategie, Ziele, Besonderheiten, Vorzüge als Arbeitgeber. Abbildungen und Grafiken sowie Prospekte können die mündlichen Ausführungen zum Unternehmen ergänzen.
10	Werdegang und Motivation des Bewerbers	Der Bewerber erhält Gelegenheit, seinen beruflichen Werdegang zu beschreiben. Mit Blick auf die vakante Stelle sollten wichtige Etappen, Entwicklungen und Erfolge genannt werden.
20	Fragen an den Bewerber	Die anwesenden Personen haben Gelegenheit, dem Bewerber Fragen zu seiner beruflichen Biografie und persönlichen Karriereplanung zu stellen. Typische Fragen sind: • Fragen, die sich aus den Bewerbungsunterlagen ergeben (z. B. Lücken) • Die grössten Erfolge und Misserfolge (mit Beispielen) und wie es dazu kam • Umgang mit Problemen und Konflikten (Beispiele und Lösungen) • Motiv zum Stellenwechsel bzw. Interesse am Unternehmen • Erwartungen an die berufliche Entwicklung im Unternehmen
5	Beschreibung der vakanten Stellen	Die Stelle wird vom HR-Verantwortlichen beschrieben (Aufgaben, organisatorische Einbindung, Entwicklungsmöglichkeiten) und die Erwartungen an den Bewerber werden geäussert; ggf. werden Aspekte genannt, die nicht in der öffentlichen Ausschreibung erwähnt wurden. Ein Organigramm und andere Materialien (z. B. Kopie der Stellenbeschreibung) können die Beschreibung ergänzen.
5	Offene Fragen des Bewerbers	Der Bewerber hat Gelegenheit, Fragen zum Unternehmen und zur Vakanz zu stellen.
5	Konditionen	Die Beteiligten informieren über ihre Konditionen (u. a. frühestmöglicher Stellenantritt, ggf. Gehaltswunsch bzw. Salär und Nebenleistungen).
5	Nächste Schritte und Verabschiedung	Der HR-Verantwortliche informiert über die nächsten Schritte (z. B. weitere Gespräche) und Termine. Die Beteiligten beenden das Interview und verabschieden sich.

Wenn für den Entscheid **unternehmenskulturelle Aspekte** sehr wichtig sind, erfolgt die Vorstellung des Unternehmens sinnvollerweise nach den Fragen an den Bewerber bei der Beschreibung der vakanten Stelle. Der Bewerber kann aber auch nach seinem Wissen über das Unternehmen, z. B. aus Presse oder Internet, gefragt werden.

In Vorstellungsgesprächen werden verschiedene Techniken eingesetzt. Wir bringen dazu einige Beispiele.

A] Fragetypen

Sinnvoll sind **offene Fragen** wie z. B.: «Wie gestalten Sie eine Sitzung?»

Für den Gesprächspartner sind **Mehrfach- oder Alternativfragen** verwirrend. Häufig wird nur ein Teil der Frage beantwortet.

Beispiel — **Mehrfachfragen**

Wie gestalten Sie eine Sitzung? Wann haben Sie die Sitzungszeit letztmals überzogen und wie verhindern Sie das in Zukunft?

Auch **geschlossene Fragen** wie «Halten Sie die Sitzungszeit jeweils ein?», **Suggestivfragen** wie «Sie halten sicher die Sitzungszeiten immer ein?» oder **rhetorische Fragen** wie «Sind wir nicht alle bestrebt, Sitzungszeiten einzuhalten?» sind selten sinnvoll. Sie können eingesetzt werden, wenn sie der Einleitung zu einem Thema dienen und andere, offene Fragen folgen.

B] Fragetechniken

Nur in den seltensten Fällen wird ein **Stressinterview** geführt. Denn in einer wohlwollenden, offenen Atmosphäre kann ein Gespräch geführt werden, das allen Gesprächspartnern einen grösseren Nutzen generiert. Das Stressinterview kann aber als weiteres Selektionsinstrument (z. B. in einem Assessment Center oder in einem Zweitgespräch) eingesetzt werden.

Das **Verhaltensdreieck**, die **S-T-A-R-Technik** oder das **Multimodale Interview** (Heinz Schuler, 1992), das sogenannte MMI, stellen den Zusammenhang zwischen Verhalten, Ergebnis und Situation dar.

Mit dem Verhaltensdreieck erhält man eine hohe Aussagekraft Der Kandidat soll eine konkrete Situation schildern, beschreiben, wie er sich darin verhalten und welches Ergebnis er damit erzielt hat.

Abb. [3-17]   **Verhaltensdreieck**

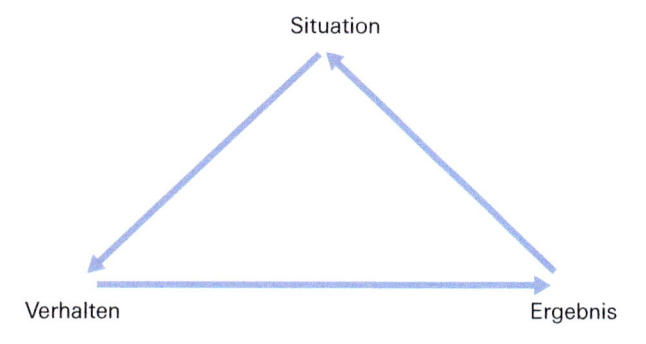

```
            Situation
              /\
             /  \
            /    \
           /      \
          /        \
     Verhalten ---> Ergebnis
```

Wenn die Rekrutierenden und der Bewerber übereinstimmend mit dem Selektionsprozess weiterfahren möchten, werden je nach Position weitere Selektionsinstrumente eingesetzt.

3.3.2 Weitere Instrumente der Personalauswahl

Die gängigsten Methoden sind:

- Referenzen
- Tests
- Arbeitsproben
- Schnuppereinsätze
- Assessment Center
- Zum Teil grafologische Gutachten
- Zweitgespräch

Im Folgenden stellen wir diese Instrumente kurz vor.

A] Referenzen

Normalerweise werden eine oder mehrere Referenzen nach dem Vorstellungsgespräch eingeholt. Aus datenschutzrechtlichen Gründen dürfen Referenzen ausschliesslich mit dem Einverständnis des Kandidaten eingeholt werden. Der Bewerber erstellt eine **Liste mit Kontaktdaten.** Der Personalverantwortliche bittet den Bewerber um Einverständnis zum Einholen von persönlichen Referenzen.

Mit den Aussagen von Referenzpersonen können bestimmte Eindrücke erhärtet und die Personalentscheidung kann bestätigt werden. Referenzen können darüber hinaus helfen, Unklarheiten (z. B. betreffend Verhaltensweisen oder Leistungsergebnissen) zu beseitigen. Beim Einholen von Referenzen muss klar sein, dass kein Referenzgeber es schafft, ein umfassendes Bild von einer anderen Person zu vermitteln. Es ist deshalb ratsam, **konkrete Fragen** zu stellen (z. B. Welche Verantwortung genau hatte X im Projekt?).

Es muss auch klar sein, dass nicht in allen Firmen dieselben Anforderungen genügen. Es reicht also nicht, nach der Kundenorientierung zu fragen, ohne abzugleichen, was im Unternehmen des Referenzgebers unter Kundenorientierung verstanden wird.

Bewerber geben naturgemäss Referenzgeber an, die wahrheitsgetreue, aber auch wohlwollende Aussagen über die Qualität der Zusammenarbeit und der Arbeitsergebnisse machen. Referenzen werden aus einer bestimmten subjektiven Perspektive formuliert, aber auch «negative» Referenzen sind subjektiv gefärbt. Interessant ist an den Referenzen nicht nur, was die Referenzgeber sagen, sondern in welchem Umfeld (Vorgesetzte, Organisationskultur) der Bewerber seine Fähigkeiten bisher erfolgreich entfaltet hat. Die auf der Referenzenliste genannten Unternehmen (KMU oder Grossunternehmen), die Branchenzugehörigkeit (z. B. Banken und Versicherungen oder Handwerk) und die Hierarchieebenen (mittleres Management oder Topmanagement) können dafür einen Anhaltspunkt geben.

B] Tests

Tests sind standardisierte Verfahren, um bestimmte Kenntnisse und Fähigkeiten zu messen. Vorwiegend handelt es sich um Fragebögen und deren Antworten, die in der Form eines Profils abgebildet werden können. Es gibt viele verschiedene Tests.

Die Testzentrale der Schweizer Psychologen hat in ihrem Angebot mehr als 900 Testverfahren. Diese Tests genügen wissenschaftlichen Standards.

Bei der Personalsuche werden folgende **Testarten** eingesetzt:

- **Intelligenztests** messen allgemeine Fähigkeiten wie räumliches Denken, verbale Fähigkeiten oder schlussfolgerndes Denken.
- **Persönlichkeitstests** messen Werte, Einstellungen, Motivationen (z. B. Leistung, Gestaltung, Führung etc.), Verhaltensmuster (z. B. Extra-, Introversion).
- **Leistungstests** messen arbeitsbezogene Aspekte wie Teamorientierung, Belastbarkeit, Aufmerksamkeit.

Um sicherzustellen, dass nur seriöse Tests durchgeführt werden, sollten nicht geschulte HR-Verantwortliche sich von Experten beraten lassen bzw. ausgewiesene Experten mit der Durchführung beauftragen.

C] Arbeitsproben

In gewissen Berufen ist es üblich, eine Arbeitsprobe zu verlangen resp. einzureichen. So können Bewerber für wissenschaftliche Berufe oder Journalisten bereits veröffentlichte Artikel einreichen. Es muss sichergestellt werden, dass der Bewerber die Arbeitsprobe tatsächlich persönlich erstellt hat.

Arbeitsproben können auch bei einem Vorstellungsgespräch erstellt werden. Ein Handwerker kann aufgefordert werden, eine kleine Reparatur vorzunehmen.

D] Schnuppereinsätze

Diese sind nicht nur bei der Selektion von Lernenden sinnvoll. Auch Erwachsenen sollte je nach Beruf oder Position die Gelegenheit geboten werden, die Aufgaben, die Kunden und das Team kennen- und erleben zu lernen.

Für die Rekrutierenden, aber auch das Team bietet ein solcher Einsatz die Gelegenheit, den Kandidaten, sein Verhalten und seine Arbeitsweise in einem möglichst realen Umfeld näher kennenzulernen.

E] Assessment Center (AC)

Ein Assessment ist eine Beurteilung. Ein Bewerberassessment kann für einzelne Kandidaten und für einen Bewerberkreis durchgeführt werden. Werden bei einem Assessment mehrere Bewerber beurteilt, dann spricht man von einem Gruppen-Assessment in einem Assessment Center (AC). Ein Assessment kann bis zu drei Tage dauern und wird v. a. bei der Auswahl von Fach- und Führungskräften eingesetzt.

Ein Assessment ist ein diagnostisches Verfahren. Bei einem Assessment im Rahmen einer Bewerbung geht es darum, die besonderen Stärken und Schwächen der Kandidaten im Hinblick auf die gestellten Anforderungen besser einschätzen zu können. Im Mittelpunkt stehen die Sozial- und Methodenkompetenz sowie die Handlungskompetenz. Bei Führungskräften wird auch die Führungs- bzw. Managementkompetenz beleuchtet.

Im Lauf eines Assessments werden typische Arbeitssituationen und Herausforderungen simuliert. Die Simulation soll helfen, das Verhalten am zukünftigen Arbeitsplatz zu prognostizieren. Um das zu erreichen, wird das Assessment auf die mit der Stelle verbundenen Anforderungen abgestimmt. Um zu ermitteln, wie die Bewerberin mit den zu erfüllenden Anforderungen umgeht, können verschiedene Methoden eingesetzt und kombiniert werden. Die folgende Tabelle zeigt typische Methoden eines Assessments.

Abb. [3-18]   Typische Methoden und Übungen des Assessments

	Beschreibung
Interview	In einem strukturierten Interview werden die Kandidaten nach ihrem Umgang mit bestimmten Situationen (z. B. ein Konflikt und seine Lösung durch den Kandidaten) befragt.
Präsentation	Die Kandidaten müssen über ein bestimmtes Thema eine Präsentation entwickeln und diese vortragen.
Diskussion	Die Kandidaten erhalten eine Aufgabe (z. B. Reorganisation eines Unternehmens) und müssen gemeinsam eine Vorgehensweise erarbeiten.
Fallbearbeitung	Die Kandidaten werden mit einer Fallgeschichte konfrontiert (z. B. ein unzufriedener Kunde droht mit der Presse) und aufgefordert, einen Lösungsweg zu entwickeln.
Rollenspiel	Die Teilnehmenden werden aufgefordert, eine bestimmte Gesprächssituation (z. B. ein Gespräch zwischen Mitarbeitenden und Vorgesetzten) durchzuspielen.
Postkorb	Die Kandidaten müssen unter Zeitdruck den Inhalt eines Postkorbs bearbeiten und zeigen, dass sie bei der Bearbeitung Prioritäten setzen und Abhängigkeiten zwischen den Informationen erfassen können.

Ein Assessment kann auch mit Tests (z. B. Intelligenztest, Persönlichkeitstest, Leistungstest) verbunden sein.

Um einseitige Beurteilungen zu vermeiden, werden die Kandidaten nach dem Vier-Augen-Prinzip von mindestens zwei Assessoren beobachtet und eingeschätzt. Bei einem Assessment soll es nicht um eine Überrumpelung oder um eine allgemeine Einschätzung gehen. Die Anforderungskriterien und Übungen werden den Kandidaten transparent gemacht. Die Kandidaten erhalten in einem Feedbackgespräch eine Rückmeldung zu ihren Stärken und Schwächen in Bezug auf das konkrete Anforderungsprofil und Hinweise auf Entwicklungspotenziale.

Soll ein Assessment bei der Bewerberauswahl helfen, dann sind mehrere Schritte zu beachten:

- Die **Ziele** des Assessments müssen klar und eindeutig sein.
- Die **Anforderungen** an die Bewerber müssen operationalisiert werden.
- Die **Übungen und Tests** müssen auf die Ziele und Anforderungen abgestimmt werden.
- Die **Beobachter** müssen auf ihre Aufgabe vorbereitet werden.
- Die **Durchführung** muss geplant und die Teilnehmenden müssen informiert werden.
- In einem **Bericht** werden die Ergebnisse zusammengefasst und Empfehlungen abgeleitet.
- Es müssen **Feedbackgespräche** mit den Kandidaten durchgeführt werden.

Bevor ein Assessment veranlasst wird, sollten alle **Vor- und Nachteile** in Erwägung gezogen werden. Die wichtigsten Vor- und Nachteile haben wir in der folgenden Übersicht zusammengefasst.

Abb. [3-19]   Assessment – Vor- und Nachteile

Vorteile	Nachteile
• Ein Assessment schafft die Möglichkeit, einen Bewerber in **verschiedenen Situationen** zu erleben. Es lässt mehr Schlüsse zu als schriftliche Arbeitszeugnisse oder persönliche Interviews. • Ein Assessment verspricht durch die Transparenz der Entscheidungskriterien eine höhere **Neutralität** bei der Bewerberauswahl. • In einem Assessment müssen sich die Teilnehmenden in Stresssituation bewähren. Der **Arbeitsalltag** wird simuliert.	• Die Vorbereitung und Durchführung eines Assessments sind **aufwendig** und relativ **kosten- und zeitintensiv**. • Die Übungen im Assessment finden in einer **künstlich geschaffenen Situation** statt, d. h., aus den Ergebnissen kann nur mit Vorsicht eine Prognose zum Verhalten im beruflichen Alltag in einer bestimmten Unternehmenskultur abgeleitet werden. • Die Teilnehmenden eines Assessments sind **Konkurrenten,** d. h., sie stehen in einer besonderen Stresssituation, in der es um eine begehrte Stelle geht.

Der **Arbeitskreis Assessment Center Schweiz (AKAC)** setzt sich für die Qualität von Assessment-Verfahren ein.

F] Grafologische Gutachten

Einige Unternehmen erwarten von den Bewerbern eine Handschriftenprobe, die von einem Grafologen beurteilt wird. Grafologen gehen davon aus, dass sich in der Schrift wesentliche **Persönlichkeitsmerkmale** (z. B. Durchsetzungsvermögen, Kreativität) einer Person spiegeln und deshalb ermittelt werden können.

Die Aussagekraft grafologischer Gutachten ist umstritten. Sie sollten deshalb nur eingesetzt werden, wenn gewisse Rahmenbedingungen erfüllt sind:

- Einsatz als flankierende Massnahme
- Auswertung durch einen anerkannten Grafologen, der dem Unternehmen bekannt ist
- Anwendung nur, wenn die Grafologie bei den Führungskräften anerkannt ist

G] Zweitgespräch

Mit dem zweiten Gespräch wird die Personalsuche abgeschlossen und die Personalentscheidung bekräftigt. Im Mittelpunkt des zweiten Gesprächs stehen die Vertiefung gewisser Fragen, die Klärung offener Punkte sowie Detailfragen zum Vertrag und zu den Rahmenbedingungen. Dazu gehören die Themen wie

- Salärgestaltung und Sozialleistungen
- Arbeitsbedingungen (z. B. Arbeitszeitmodelle)
- Möglichkeiten zur Vereinbarung von Arbeit und Familie
- Laufbahnmodelle und Aufstiegschancen
- Einarbeitungsphase (z. B. Programm, Götti)

Beispiel

Für die Hauptselektion der Nachfolge des bisherigen Kundendienstleiters könnten folgende Selektionsinstrumente eingesetzt werden:

Selektionsinstrument	Beispiel	Bezug zum Anforderungsprofil
Vorstellungsgespräch	Verhaltensdreieck	Sämtliche Anforderungen
Referenz	Beim letzten Arbeitgeber	Offene Punkte aus dem Gespräch
Test	Persönlichkeitstest	Führungsverhalten, Konfliktfähigkeit
Arbeitsprobe	Formulieren einer Antwort auf eine Kundenreklamation	Sprachlicher Ausdruck
Zweitgespräch	Offene Punkte	

3.4 Abschluss

Nach dem Abschluss der Selektion, der Klärung der Detailfragen zum Vertrag und der Zusage wird der Vertrag erstellt und unterzeichnet.

Abb. [3-20] **Der Abschluss als Teil des Prozesses der Personalgewinnung**

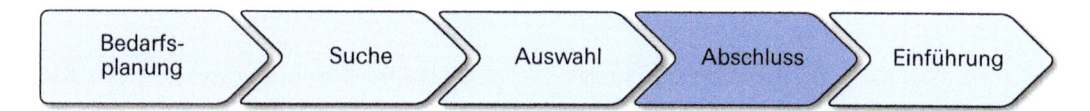

Bedarfsplanung → Suche → Auswahl → **Abschluss** → Einführung

Gleichzeitig mit der Vertragserstellung beginnt die Vorbereitung des Eintritts. Dazu gehören die interne und die externe Information zum Eintritt des neuen Mitarbeitenden, die Anmeldungen der Sozialversicherungen und die Vorbereitung der Einführung.

3.5 Einführung

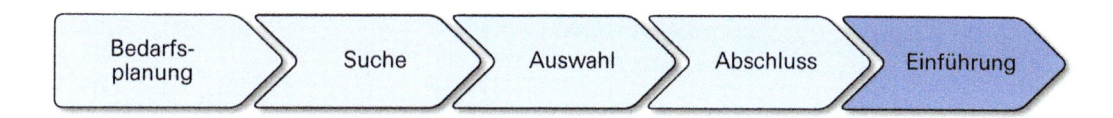

Bedarfsplanung → Suche → Auswahl → Abschluss → **Einführung**

Die Personalkosten sind i. d. R. der grösste Kostenblock eines Unternehmens. Deshalb hat das Unternehmen ein grosses Interesse an einer raschen, nachhaltigen Integration neuer Mitarbeiter. Eine gut geplante Einführung und Probezeit kann die Einarbeitung neuer Mitarbeiter fördern und die Leistungsentfaltung beschleunigen.

Die **Hauptziele der Einführung** (auch **Onboarding-Prozess** genannt) kann wie folgt zusammengefasst werden:

- Integration erleichtern
- Selbstständigkeit und Entscheidungsfähigkeit sichern, allenfalls beschleunigen

Bei der Einführung neuer Mitarbeitender müssen zwei Ebenen berücksichtigt werden: die fachliche und die soziale Ebene. Bei der **fachlichen Ebene** geht es darum, dass neue Mitarbeitende schnell und gut über relevante Sachthemen informiert werden, um ihre Kompetenzen optimal einsetzen zu können. Zu diesen Themen gehören beispielsweise Produkte und Methoden des Unternehmens. Auf der **sozialen Ebene** ist die Integration oft schwieriger. Zur sozialen Ebene gehören Themen wie Unternehmenskultur oder Umgangsweisen im Kollegenkreis.

Das Unternehmen kann die Integration neuer Mitarbeitender durch bestimmte Massnahmen fördern. Zu diesen **Integrationsmassnahmen** gehören:

- Die Vorbereitung des ersten Arbeitstags und die Begleitung des Mitarbeitenden
- Die Organisation eines Einführungsprogramms
- Die Durchführung von Standortgesprächen und des Probezeitgesprächs

Wir werden im Folgenden diese Massnahmen näher beschreiben.

3.5.1 Vorbereitung des ersten Arbeitstags

Der erste Arbeitstag im neuen Unternehmen ist eine besondere Herausforderung. Es gibt viele neue Informationen und es gibt viele Dinge, von denen der neue Mitarbeitende noch nichts ahnt. Ein gutes Unternehmen unterstützt neue Mitarbeitende am ersten Arbeitstag besonders intensiv.

Die Mitarbeitenden müssen mit **wesentlichen Informationen** versorgt werden, der Kollegenkreis benötigt Informationen über sie und ihr Arbeitsplatz muss vorbereitet werden. Die folgende Tabelle informiert über grundlegende Vorbereitungen der beteiligten Personen und des Arbeitsplatzes.

Abb. [3-21]   **Der erste Arbeitstag – vorbereitende Massnahmen**

Neue Mitarbeitende informieren	Kollegenkreis informieren	Arbeitsplatz vorbereiten
• Beginn (Uhrzeit) des ersten Arbeitstags • Ort (Arbeitsplatz oder Treffpunkt) am ersten Arbeitstag, ggf. mit Wegbeschreibung • Ansprechperson am ersten Arbeitstag • Unterlagen, die u. U. mitzubringen sind • Ggf. Name und Kontaktdaten des Göttis (Mentors)	• Name der neuen Mitarbeitenden • Eintrittstermin • Aufgaben der neuen Mitarbeitenden • Position innerhalb der Organisation (übergeordnete und untergeordnete Stellen) • Arbeitsplatz und Kontaktdaten	• Ausstattung des Arbeitsplatzes (u. a. Stuhl, Computer) • Arbeitsmaterialien (z. B. Papier, Stifte) • Telefonanschluss • E-Mail-Adresse • Zutrittsberechtigungen (Schlüssel, Codes, Badge) • Visitenkarten • Sonstiges (z. B. Begrüssungsgeschenk, Essensmarken)

Viele Unternehmen stellen neuen Mitarbeitenden einen **Mentor (Götti)** zur Seite. Diese Massnahme hat viele Vorteile. Der persönliche Ansprechpartner kann auf informelle Art zahlreiche Informationen zum Unternehmen vermitteln und hilfreiche Kontakte im Unternehmen herstellen. Ein Götti muss auf die besondere Aufgabe des Mentors vorbereitet werden.

3.5.2 Einführungsprogramm für neue Mitarbeitende

Die Unternehmen bieten neuen Mitarbeitenden ein Einführungsprogramm oder Integrationsprogramm. Die Funktion, Komplexität der Aufgabe und Anzahl der Schnittstellen definieren den Umfang und die Dauer der Einführung. Denkbar sind folgende Varianten:

- **Standardprogramm für ganze Mitarbeitergruppen:** Hier kann eine Checkliste mit den wesentlichen Punkten und Stationen erstellt werden. Dieses Programm kann durch eine Checkliste für die Vorgesetzten ergänzt werden. Beide Dokumente sollen sich ergänzen.
- **Individuelles Detailprogramm für einen einzelnen Mitarbeitenden**

Die Einführung muss folgende Stationen resp. Informationen beinhalten:

- Übersicht über das Unternehmen: wichtige Organisationseinheiten, Ansprechpartner und zentrale Prozesse (z. B. Ferienantrag) sowie Informationsinstrumente (z. B. Intranet)
- Einführung in das eigene Umfeld: Abteilung, Team, Schnittstellen zu anderen Bereichen, aber auch «Ungeschriebenes» und soziale Aspekte (z. B. Mittagessen)
- Einführung in die eigene Aufgabe
- Angaben zum Mentor, zu Terminen von Standortgesprächen und zum Zeitpunkt des Probezeitgesprächs

Die folgende Tabelle zeigt ein Beispiel eines möglichen Standardeinführungsprogramms für die ersten beiden Arbeitstage.

Abb. [3-22] **Einführungsprogramm für neue Mitarbeitende (Beispiel)**

Tag	Zeit	Wer?	Was?
1. Tag	09.00	Sandra Meier (HR-Leiterin)	• Begrüssung und Vorstellungsrunde • Informationen zum Ablauf des Integrationsprogramms
	10.00	Peter Landolt (Mitglied der Geschäftsleitung)	Vortrag über Strategie und Ziele des Unternehmens
	11.00	Uli Meller (HR-Fachkraft)	• Begrüssung und Vorstellung • Information zu wesentlichen Formalitäten der Personaladministration, Übergabe Schlüssel
	13.00	Restaurant	Gemeinsames Mittagessen
	14.00	Uli Meller (HR-Fachkraft)	Beantwortung von Fragen zu den HR-Formalitäten
	15.00	Individuell	Einrichten des eigenen Arbeitsplatzes, Einarbeiten in Informationen und Unterlagen zum Unternehmen
	17.00	Sandra Meier (HR-Leiterin)	Abschlussgespräch 1. Arbeitstag
2. Tag	09.00	Jeremias Jenniger (IT)	Einführung in die Benutzung des Intranets
	11.00	Lena Frisch (Marketing)	Strategie und Massnahmen des Marketings
	13.00	Restaurant	Gemeinsames Mittagessen
	Etc.	Etc.	Etc.

Es ist selbstverständlich auch denkbar, am Nachmittag des ersten Arbeitstags bereits erste fachliche Aspekte einzuplanen, die der Mentor mit dem neuen Mitarbeitenden thematisiert.

Auch für die Erstellung eines Einführungsprogramms und v. a. während der Durchführung sollen und können die Stellenbeschreibung und das Anforderungsprofil die relevanten Basisinformationen liefern.

Beispiel

Der Stellenbeschreibung von Kapitel 1, S. 14 entnehmen wir, dass ein grosser Anteil der Aufgabe des Kundendienstleiters folgende Tätigkeiten beinhaltet:

- Telefonische Betreuung, Kundenkontakte
- Redaktion und Auswertung Informationsportal

Somit ist sinnvoll, schon während der ersten Woche folgende Stationen im Einführungsprogramm einzuplanen:

- Einführung in den Telefondienst durch den Stellvertreter und Einsatz während 1–2 Tagen
- Einführung in die Benutzung des Intranets und in das Informationsportal durch die IT

Im **Anforderungsprofil** werden «Planung und Organisation» als Muss-Kriterium aufgeführt, somit muss diesem Aspekt schon während der Einführung hohe Priorität beigemessen werden. Das kann ebenfalls mit entsprechenden Einsätzen erfolgen, z. B.:

Einführung in die Einsatzplanung durch Sandra Arpagaus, Marketingleiterin

Dieses Thema muss aber auch in den Standortgesprächen beurteilt und besprochen werden. Mit systematischen Zielen kann hier rasch eine hohe Selbstständigkeit mit entsprechender Qualität erreicht werden.

3.5.3 Probezeitgespräch

Die Probezeit darf gemäss OR 335b maximal drei Monate dauern, kann aber auch kürzer vereinbart werden. Ist nichts vereinbart, gilt der erste Monat des Arbeitsverhältnisses gemäss Absatz 1. Neue Mitarbeitende und das Unternehmen haben während der Probezeit Gelegenheit, zu prüfen, ob die Erwartungen an die Zusammenarbeit erfüllt werden oder nicht. Jede Probezeit sollte mit klar definierten Zielen verbunden sein. Die Ziele müssen eine erfolgreiche Integration begünstigen und eine Grundlage für die zukünftige Zusammenarbeit schaffen.

Die Probezeit sollte von beiden Seiten – also von den neuen Mitarbeitenden und von den Vorgesetzten – gut genutzt werden. Es geht darum, Informationen auszutauschen, Missverständnisse zu beseitigen, Fragen zu klären, voneinander zu lernen und Korrekturen vorzunehmen. Das geschieht am besten in regelmässigen Feedbackgesprächen. Das bedeutet, dass nicht auf das Probezeitendgespräch gewartet werden sollte. Es sollten Gespräche während der Probezeit eingeplant werden.

Wichtige Fragen während der Probezeit sind:

- Wie wahrscheinlich ist es, dass die Probezeitziele erreicht werden?
- Was fördert die Zielerreichung, was hindert die Zielerreichung?
- Was kann der Vorgesetzte tun, um die Zielerreichung zu unterstützen?
- Was kann der neue Mitarbeiter tun, um die Ziele leichter zu erreichen?
- Wie verläuft die Integration im Team und im Unternehmen?
- Wo gibt es Missverständnisse oder Schwierigkeiten?
- Welche Massnahmen (z. B. Verhaltensänderungen) können sich positiv auswirken?

Zu diesen Fragen kommt ein Austausch zum **Fremd- und Selbstbild der Mitarbeitenden**. Dieser Austausch kann sehr fruchtbar sein, aber nur, wenn er erwünscht ist. Die Zwischengespräche schützen beide Seiten vor unangenehmen Überraschungen am Ende der Probezeit und fördern die gut informierte Zusammenarbeit.

Die Probezeit wird mit einem **Gespräch** und einer **Beurteilung** abgeschlossen. Viele Unternehmen haben dafür standardisierte Vorlagen mit Beurteilungskriterien. Unternehmen, die diese Vorlagen nicht haben, können an obige Fragen anknüpfen.

Zusammenfassung

Bei der Personalauswahl geht es darum, den Bewerber zu finden, der dem Anforderungsprofil und der Stellenbeschreibung am besten entspricht.

Aus der **Vorauswahl** der eingegangenen Bewerbungen ergibt sich eine erste Auswahl.

Die **Bewerbungsunterlagen** der ausgewählten Kandidatinnen werden im Detail geprüft:

- Das Motivationsschreiben
- Der Lebenslauf als Kernstück der Bewerbung
- Die Arbeits- und Ausbildungszeugnisse

Beim **Vorstellungsgespräch** gewinnt man einen Eindruck von der Person und den sozialen Kompetenzen des Bewerbers.

Neben dem Vorstellungsgespräch kommen **andere Auswahlmethoden** zum Einsatz, wie der Beizug mehrerer Personen für das Gespräch, Tests, Assessment Center oder grafologische Gutachten. Das Einholen von **Referenzauskünften** dient als zusätzliche Entscheidungshilfe.

Die Kandidatinnen der engeren Auswahl werden zu einer **zweiten Gesprächsrunde** eingeladen. Wichtige Gesprächspunkte dabei sind die gegenseitige Klärung der Anstellungsbedingungen als Grundlage für den Arbeitsvertrag. Mit der Auswertung der zweiten Gesprächsrunde wird die **definitive Entscheidung** gefällt.

Bei der **Einführung von neuen Mitarbeitenden** müssen die fachliche und die soziale Ebene berücksichtigt werden. Wichtige Integrationsmassnahmen sind:

- Die Vorbereitung des ersten Arbeitstags und die Begleitung der Mitarbeitenden
- Die Organisation eines Einführungsprogramms
- Die Durchführung von Probezeitgesprächen

Repetitionsfragen

12 Sie erfahren mehr über die Persönlichkeit eines Bewerbers, wenn Sie ihn nach typischen Verhaltensbeispielen aus seiner bisherigen Tätigkeit fragen.

Formulieren Sie zu den nachfolgenden zwei theoretischen Fragen je eine solche Verhaltensfrage:

A] «Sind Sie eine analytische Person?»

B] «Wie lösen Sie Konflikte?»

13 Aus dem Lebenslauf einer Bewerberin geht Folgendes hervor:

Ihr beruflicher Werdegang war zuerst durch mehrere Stellenwechsel in kurzer Folge bestimmt, danach war sie mit bestem Ausweis zwölf Jahre in derselben Position. Diese hat sie verloren, weil das Unternehmen aus wirtschaftlichen Gründen aufgelöst wurde. Seitdem hat die Bewerberin ihre Stellen wieder kurzzeitig gewechselt.

Beschreiben Sie in Stichworten, welche Schlussfolgerungen Sie daraus ziehen und welche Fragen zum Werdegang Sie im Vorstellungsgespräch klären möchten.

14 Nennen Sie mindestens zwei Kriterien, von denen die Qualität einer Referenz abhängt.

15 Begründen Sie gegenüber einem Kollegen in ein paar Sätzen, warum sich eine bewusste Gestaltung der Einführungs- und Einarbeitungszeit für alle Beteiligten auszahlt.

16 Woran erkennt man bei der Personalauswahl einen geeigneten Kandidaten?

4 Personalbindung

Lernziele	Nach der Bearbeitung dieses Kapitels können Sie … • die Bedeutung und die Schwerpunkte der Personalbindung und -betreuung erklären. • Inhalt und Formen der Mitarbeiterinformation darstellen. • die Rolle der HR-Abteilung beschreiben.
Schlüsselbegriffe	Arbeitssituation, Change Management, Einführung von Mitarbeitenden, Einführungsprogramm, Führungssituation, Informationskanäle, Lebenszyklus, Mitarbeiterinformation, Motivation, neue Technologien, Personalbetreuung, Personalbindung, Probezeitgespräch, Rolle der HR-Abteilung, Unternehmenskultur, Wertewandel

4.1 Ziele und Stellenwert der Personalbindung

Es ist eine der Hauptaufgaben der Führungskräfte, die Mitarbeitenden im Unternehmen zu erhalten. Dafür gibt es verschiedene Gründe. Wir beleuchten hier die relevantesten:

- Personalkosten
- Change Management
- Demografischer Wandel
- Wertewandel

Personalkosten

Wie wir bereits erwähnt haben, bilden die Personalkosten in der Erfolgsrechnung einen der grössten Kostenblöcke. Die Rekrutierung, die Einführung, die Bildung und Schulung verschlingen hohe Summen. Wenn die Mitarbeitenden dem Unternehmen erhalten bleiben, können diese Kosten optimiert werden.

Change Management

Change Management ist die Bewirtschaftung von Veränderungs-/Transformationsprozessen. Neue Technologien oder das Streben nach steter Optimierung der Strukturen stellen höhere Anforderungen an die Qualifikationen, die Lernbereitschaft und die Anpassungsfähigkeit der Mitarbeitenden. Der Inhalt vieler Tätigkeiten und zudem viele organisatorische Abläufe (Prozesse) ändern sich, sodass die «Lebenszeit» des Wissens verkürzt wird und die Anforderungen steigen.

Wenn die Mitarbeitenden im Unternehmen erhalten bleiben, bleibt auch ihr Wissen (Know-how) erhalten.

Demografischer Wandel

Damit sind die Veränderungen der Bevölkerung gemeint.

Für den Arbeitsmarkt relevant ist die Veränderung der Altersstruktur. In der Schweiz wird die arbeitende Bevölkerung bis ca. 2025 drastisch abnehmen. Das führt zu einem markanten Fachkräftemangel, d. h. zu einer Abwanderung von Talenten («Brain Drain»).

Daraus entwickelte sich ein regelrechter Kampf der Firmen um Talente («war of talents»).

Abb. [4-1] Der demografische Wandel

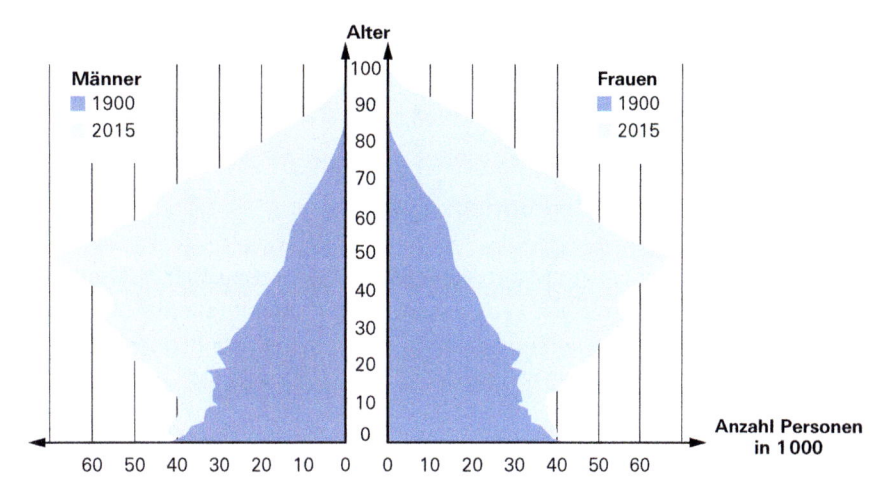

[Bevölkerungspyramide: Männer und Frauen, Vergleich 1900 und 2015, Alter 0–100, Anzahl Personen in 1000]

Quelle: Bundesamt für Statistik, www.bfs.admin.ch

Wertewandel

Das Engagement der Arbeitnehmenden für Arbeit und Beruf verringert sich seit gut 10 Jahren kontinuierlich. Die früher starke, oft ausschliessliche Arbeitsorientierung nimmt zugunsten einer Freizeitorientierung ab: Arbeit ist ein Lebensbereich unter anderen («work life balance»).

Diese Haltung kann zu Fluktuation oder zu häufigeren Fehlzeiten führen. Die Unternehmen versuchen, dies zu verhindern.

Auf der anderen Seite sind die Unternehmen heute mehr als früher auf das Engagement und die Kreativität ihrer Mitarbeitenden angewiesen. Die Unternehmen unterscheiden sich immer weniger durch ihre Produkte oder Technologien, sie differenzieren sich durch die Mitarbeitenden.

Der Mitarbeitenden sind das wichtigste Kapital des Unternehmens und sollten dem Unternehmen erhalten bleiben.

Daraus lässt sich das vorrangige **Ziel der Personalbindung** ableiten:

Hinweis Das Ziel der Personalbindung ist, die kompetenten und motivierten Leistungs- und Potenzialträger langfristig im Unternehmen zu erhalten.

4.2 Möglichkeiten der Personalbindung

Aus der oben erwähnten Zielsetzung kann abgeleitet werden, inwiefern Personalbindung erfolgen kann und soll. Wir betrachten die einzelnen Begriffe dieser Aussage:

- Erhalten von Kompetenzen
- Erhalten von Motivation
- Leistungs- und Potenzialträger

4.2.1 Erhalten von Kompetenzen

Die Unternehmen erhalten und fördern die **Leistungsfähigkeit ihrer Mitarbeitenden.** Dabei geht es z. B. um die Schulung und damit die mentale (d. h. geistige) Entwicklung der Belegschaft. Es geht auch um die physische (d. h. körperliche) Leistungsfähigkeit. Diese kann durch Berücksichtigung der körperlichen Bedürfnisse erfolgen: Arbeitssicherheit, Pausen oder auch die oben erwähnte «Work Life Balance».

Auch die **Leistungsbereitschaft der Mitarbeitenden** muss erhalten und gefördert werden. Das Unternehmen kann das mit strukturellen, kulturellen Massnahmen unterstützen. Es erstellt z. B. Führungsrichtlinien, wonach die Führungskräfte beeinträchtigende Einflüsse vermeiden sollen. Auch transparente Informationen können dafür sorgen, dass die Mitarbeitenden Leistung erbringen möchten.

4.2.2 Erhalten von Motivation

Die Motivation von Mitarbeitenden kann auf zahlreichen Wegen erhalten und gefördert werden. So ist die Arbeit in einem Unternehmen mit gutem Ruf an und für sich schon motivierend. Das Unternehmen betreibt Personalmarketing oder auch «employer branding» und kann zum Wunscharbeitgeber («employer of choice») werden.

Verschiedene **Motivationstheorien** formulieren mögliche Instrumente und Massnahmen. Zum Beispiel die Zwei-Faktoren-Theorie von Herzberg.

Abb. [4-2]   **Die Motivationstheorie von F. Herzberg**

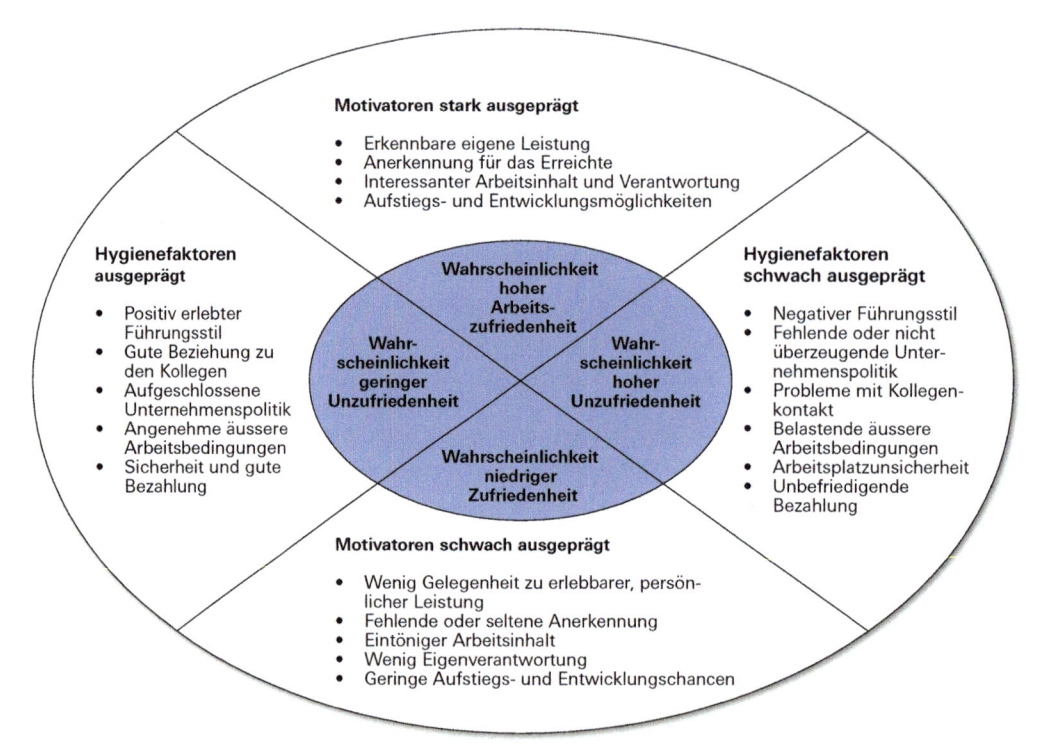

Motivatoren stark ausgeprägt
- Erkennbare eigene Leistung
- Anerkennung für das Erreichte
- Interessanter Arbeitsinhalt und Verantwortung
- Aufstiegs- und Entwicklungsmöglichkeiten

Hygienefaktoren ausgeprägt
- Positiv erlebter Führungsstil
- Gute Beziehung zu den Kollegen
- Aufgeschlossene Unternehmenspolitik
- Angenehme äussere Arbeitsbedingungen
- Sicherheit und gute Bezahlung

Hygienefaktoren schwach ausgeprägt
- Negativer Führungsstil
- Fehlende oder nicht überzeugende Unternehmenspolitik
- Probleme mit Kollegenkontakt
- Belastende äussere Arbeitsbedingungen
- Arbeitsplatzunsicherheit
- Unbefriedigende Bezahlung

Motivatoren schwach ausgeprägt
- Wenig Gelegenheit zu erlebbarer, persönlicher Leistung
- Fehlende oder seltene Anerkennung
- Eintöniger Arbeitsinhalt
- Wenig Eigenverantwortung
- Geringe Aufstiegs- und Entwicklungschancen

Zentrum: Wahrscheinlichkeit hoher Arbeitszufriedenheit / Wahrscheinlichkeit geringer Unzufriedenheit / Wahrscheinlichkeit hoher Unzufriedenheit / Wahrscheinlichkeit niedriger Zufriedenheit

Verschiedene **Anreiz-Beitrag-Theorien** werden z. B. mit Zielsetzungen und Bonusvereinbarungen (MbO) umgesetzt.

Wenn ein Unternehmen oder eine Führungskraft in der Lage ist, die Identifikation des Mitarbeiters mit dem Unternehmen, der Aufgabe oder anderen Aspekten zu stärken, wird der Mitarbeitende auch bei Unstimmigkeiten das Unternehmen nicht verlassen. Damit befasst sich Kapitel 4.3.

4.2.3 Leistungs- und Potenzialträger

Es geht nicht darum, um jeden Preis jeden Mitarbeitenden im Unternehmen zu halten. Einerseits sollen die heutigen Leistungsträger erhalten werden, damit die kurz- und mittelfristigen Unternehmensziele erreicht werden. Andererseits muss ein Unternehmen langfristig planen, um auch in Zukunft auf die leistungsfähigen Mitarbeitenden bauen zu können. Deshalb müssen auch die potenziellen Leistungsträger, d. h. die **Leistungsträger der Zukunft,** identifiziert und erhalten werden.

Dafür erstellen die Unternehmen **Personal(kompetenzen)portfolios,** d. h., sie teilen ihre Mitarbeitenden in verschiedene Kategorien ein. Die entsprechenden Informationen sind in den Personaldossiers ersichtlich oder können durch Beurteilungen durch Führungskräfte und Schnittstellenpartner aus anderen Bereichen oder auch durch Kunden beschafft werden.

Abb. [4-3]   **Personalkompetenzenportfolios von Mitarbeitenden**

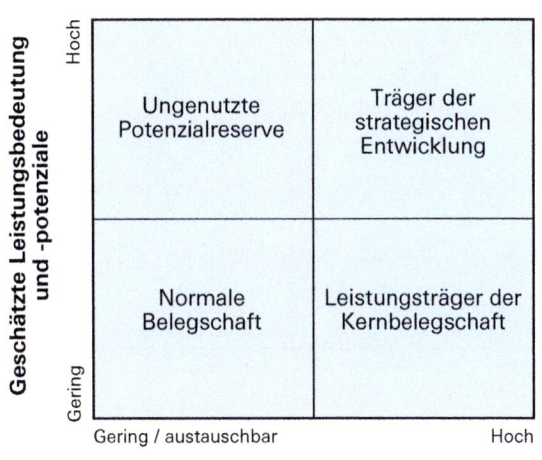

[Diagramm: Vier-Felder-Matrix mit Achsen "Geschätzte Leistungsbedeutung und -potenziale" (Gering/Hoch) und "Aktuelle Leistungsbedeutung" (Gering / austauschbar / Hoch). Felder: oben links "Ungenutzte Potenzialreserve", oben rechts "Träger der strategischen Entwicklung", unten links "Normale Belegschaft", unten rechts "Leistungsträger der Kernbelegschaft".]

Quelle: Thommen, Jean-Paul; Gmür, Markus: Personalmanagement, 2011

Gleichzeitig wird definiert, welche Massnahmen für jede der vier Gruppen umgesetzt werden, um die entsprechenden Teile der Belegschaft für das Unternehmen zu erhalten.

Beispiel   Für die Einteilung des neuen Kundendienstleiters in eine der vier Kategorien legen wir wieder das Anforderungsprofil zugrunde und beurteilen einzelne Aspekte aus heutiger Sicht. Die Leistungsbeurteilung und die Potenzialeinschätzung wurden dem Personaldossier entnommen.

Einstufung der Kompetenzen des Leiters des Kundendiensts	Aktuelle Leistungsbedeutung		Potenzialeinschätzung	
	Gering	Hoch	Gering	Hoch
Fachkompetenz				
Spezifische Fachkenntnisse: Kundendienst, Bestellwesen		x	x	
...				
Methodenkompetenz				
Planung und Organisation		x	x	
...				
Sozialkompetenz				
Kommunikationsfähigkeit, sprachlicher Ausdruck		x	x	
...				
Persönlichkeit (Ich-Kompetenz)				
Veränderungsbereitschaft		x		x
...				
Führungskompetenz				
Führungserfahrung von mehr als 10 Mitarbeitenden		x	x	
...				
Total		5	4	1

Beim Kundendienstleiter handelt es sich also um einen Leistungsträger der Kernbelegschaft.

In den Entscheiden bezüglich Personalbindung geht es aber nicht nur um die heutige und künftige Leistung der einzelnen Mitarbeitenden. Man muss auch die Situation des einzelnen Mitarbeitenden berücksichtigen. In welcher Phase steht er derzeit? Ist er noch in der Einführung, prägt die Routine seinen Arbeitsalltag? Ist er über- oder unterfordert?

Dazu eignet sich die Darstellung des Produktlebenszyklus. Wir wenden ihn hier als «Lebenszyklus der Mitarbeitenden im Unternehmen» an.

Abb. [4-4]   **Der Lebenszyklus der Mitarbeitenden im Unternehmen**

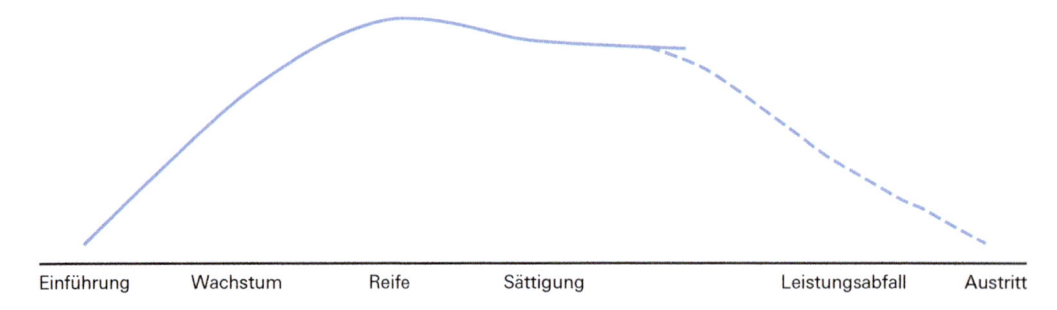

Einführung — Wachstum — Reife — Sättigung — Leistungsabfall — Austritt

Wie ist das Diagramm zu verstehen?

Wir erklären das Diagramm anhand von einigen Beispielen.

Beispiel

Während der Einführung muss der neue Mitarbeitende rasch integriert werden. Er benötigt eine fachliche Einführung, damit er möglichst rasch selbstständig arbeiten und entscheiden kann und letztlich im Unternehmen bleibt.

Danach, in der Wachstumsphase, baut er sein Wissen, sein Netzwerk, seine Kompetenzen aus. Optimieren und Professionalisieren stehen im Vordergrund. Diese Phase ist im gesamten Lebenszyklus die wichtigste Phase. In der Regel entsteht hier die grösste und nachhaltigste Leistung. Dennoch dürfen die Bindungsmassnahmen sich nicht ausschliesslich darauf fokussieren.

In der Phase der Reife ist i. d. R. zwar die höchste Professionalität erreicht, aber die Gefahr von Routine und damit Langeweile und fehlenden Herausforderungen könnte zu einem Leistungsabfall führen. Aus diesem Grund müssen in dieser Phase für die aktuellen und v. a. für die künftigen Leistungsträger neue Herausforderungen und neue Anforderungen definiert werden, um sie wieder in die Phase des Wachstums zu bewegen und so im Unternehmen zu erhalten.

Ist die Phase der Sättigung erreicht, droht ein Leistungsabfall, der sogar zum Austritt führen kann. Soll der betreffende Mitarbeiter dem Unternehmen erhalten bleiben, müssen die Gründe für diese Situation eruiert werden. Diese können z. B. in einer Unter- oder Überforderung liegen. Der erkannte Missstand muss beseitigt werden, um den Mitarbeitenden wieder in eine Wachstumsphase zurückzuführen.

4.3 Unternehmerische Schwerpunkte in der Mitarbeiterbindung

Es reicht natürlich nicht, die einzelnen Mitarbeitenden an das Unternehmen zu binden. Das Unternehmen muss für eine ganzheitliche, zielführende Mitarbeiterbetreuung sorgen. Damit kann eine nachhaltige Identifikation mit dem Unternehmen geschaffen werden, das Committment. Dieses verhindert unnötige Abgänge von Leistungs- und Potenzialträgern.

Die Zielvorstellungen und Massnahmen der Personalbetreuung sind breit angelegt. Sie will die Beziehungen zwischen den Mitarbeitenden und dem Unternehmen verbessern und festigen und die Anliegen und Probleme der Mitarbeitenden ausreichend berücksichtigen – das ist ein weites Wirkungsfeld. Der Mitarbeitende soll Sicherheit und Zugehörigkeit zum Unternehmen empfinden und das Gefühl haben, sich in seiner Arbeit entfalten zu können. Er soll über persönliche Schwierigkeiten sprechen können, die – soweit möglich – gemeinsam gelöst werden. Er soll nicht nur seine Arbeit machen, sondern sich an seinem Arbeitsplatz und im Unternehmen wohlfühlen.

Und das Unternehmen soll engagierte, aktive Mitarbeitende haben, die mitdenken. Das kann die Personalbetreuung nicht allein herbeiführen. Sie ist darauf angewiesen, dass rundherum gute Arbeit geleistet wird: durch die Vorgesetzten im Nahbereich, durch gute Mitarbeiterförderung, Schulung usw. Ihre Aufgabe ist es, Schwachstellen und Bedürfnisse zu finden und – zusammen mit den Vorgesetzten – generell Massnahmen zu planen, die diese Schwachstellen beheben.

Bei der Personalbetreuung gibt es einige Schwerpunkte, die wir im Folgenden beschreiben.

4.3.1 Analyse der Arbeits- und Führungssituation

Als Erstes muss im Unternehmen die aktuelle Situation analysiert werden. Dafür können Feedbacks aus den Jahresgesprächen verwendet werden, sofern dieses Instrument systematisch im Unternehmen eingesetzt wird.

Für die Analyse der Arbeits- und Führungssituation hat sich die Mitarbeiterbefragung bewährt. Durch eine Mitarbeiterbefragung unter der Federführung oder zumindest unter Mitwirkung der Personalabteilung findet man heraus, in welchen Bereichen die Mitarbeitenden – neben Zufriedenheit – Probleme und Defizite spüren oder Optimierungspotenzial erkennen. Diese Informationen helfen den Personalverantwortlichen dabei, ihre Arbeit effizient zu erfüllen.

Das folgende Schema zeigt, wie eine Mitarbeiterbefragung durchgeführt werden kann.

Abb. [4-5]   **Der Ablauf der Mitarbeiterbefragung**

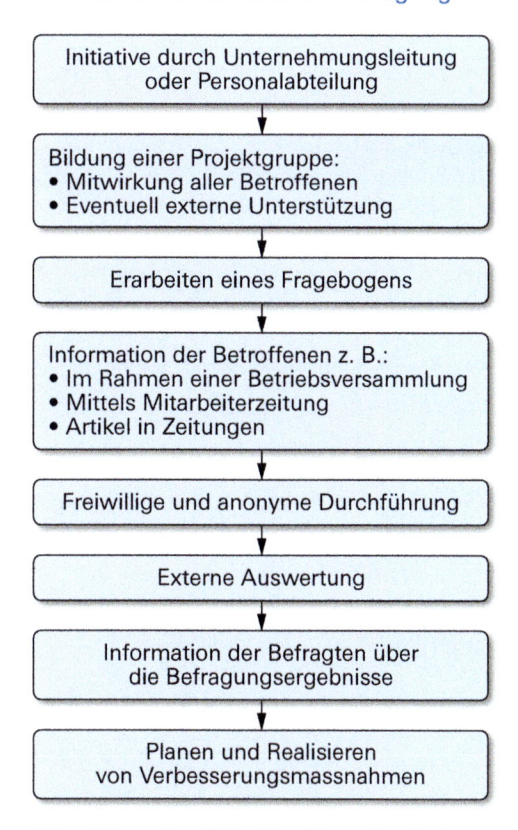

```
┌─────────────────────────────────────┐
│ Initiative durch Unternehmungsleitung│
│        oder Personalabteilung        │
└─────────────────────────────────────┘
                 ↓
┌─────────────────────────────────────┐
│ Bildung einer Projektgruppe:        │
│ • Mitwirkung aller Betroffenen      │
│ • Eventuell externe Unterstützung   │
└─────────────────────────────────────┘
                 ↓
┌─────────────────────────────────────┐
│     Erarbeiten eines Fragebogens    │
└─────────────────────────────────────┘
                 ↓
┌─────────────────────────────────────┐
│ Information der Betroffenen z. B.:  │
│ • Im Rahmen einer Betriebsversammlung│
│ • Mittels Mitarbeiterzeitung        │
│ • Artikel in Zeitungen              │
└─────────────────────────────────────┘
                 ↓
┌─────────────────────────────────────┐
│   Freiwillige und anonyme Durchführung│
└─────────────────────────────────────┘
                 ↓
┌─────────────────────────────────────┐
│         Externe Auswertung          │
└─────────────────────────────────────┘
                 ↓
┌─────────────────────────────────────┐
│   Information der Befragten über    │
│     die Befragungsergebnisse        │
└─────────────────────────────────────┘
                 ↓
┌─────────────────────────────────────┐
│      Planen und Realisieren         │
│   von Verbesserungsmassnahmen       │
└─────────────────────────────────────┘
```

Wir erklären den Ablauf im folgenden Text.

A] Fragebogen

Die Projektgruppe – bestehend aus Mitarbeitenden aus allen betroffenen Bereichen und Hierarchiestufen – arbeitet einen unternehmensspezifischen Fragebogen aus. Es kann ein höherer Nutzen aus der Umfrage generiert werden, wenn der Fragebogen mit anderen Instrumenten vernetzt wird. Das heisst, in der Mitarbeiterumfrage sollten im Wesentlichen dieselben Themengruppen behandelt werden wie in anderen systematischen Gesprächen: dem Probezeitgespräch, den Jahresgesprächen, allfälligen sonstigen Standortbestimmungen und dem Austrittsgespräch. So werden interne Vergleiche ermöglicht.

Der Fragebogen kann folgende Themen enthalten.

Abb. [4-6] **Die Themen der Mitarbeiterbefragung**

Mögliche Themen einer Mitarbeiterbefragung

- Persönliche Arbeitssituation (was sagt mir zu, was nicht?)
- Innerbetriebliche Organisation (was ist befriedigend und wirkungsvoll, was nicht?)
- Verhältnis zum unmittelbaren Vorgesetzten (wie beurteile ich sein Führungsverhalten?)
- Urteil als Vorgesetzter über Mitarbeitende (wie beurteile ich das Verhalten meiner Mitarbeitenden?)
- Beurteilung der zentralen sozialen Einrichtungen
- Generelles Urteil zum Betriebsklima
- Persönliche Hauptprobleme / Verbesserungsvorschläge (offene Fragen)
- Fragen zur Gruppenzugehörigkeit, damit die Antworten den betrieblichen Bereichen zugeordnet werden können

Der **Fragebogen** sollte nicht mehr als 50 Fragen umfassen. Es ist eine Kunst, **Fragen** zu stellen. Im Allgemeinen kann zwischen geschlossenen und offenen Fragen unterschieden werden.

Geschlossene Fragen sind bei vorgegebenen Antwortmöglichkeiten zweckmässig. Es ist sinnvoll, eine gerade Zahl von Antwortmöglichkeiten anzubieten, damit ein Ausweichen auf den goldenen Mittelweg unmöglich ist.

Offene Fragen sind Fragen, die keine Antwortauswahl vorgeben. Die Antwort ist also frei formulierbar. Der Vorteil offener Fragen liegt v. a. darin, dass unerwartete Antworten zu neuen Erkenntnissen führen können. Allerdings ist die Auswertung offener Fragen bzw. ihrer Antworten aufwendiger.

Schlussfragen über die Gruppenzugehörigkeit ermöglichen bei der Auswertung – unter Wahrung der Anonymität des Einzelnen – einen Vergleich zwischen verschiedenen Gruppen.

Wenn nicht nur die Beurteilung der einzelnen Aspekte verlangt wird, sondern auch die persönliche Einstufung der Wichtigkeit des einzelnen Themas, können in der Auswertung der Umfrage Prioritäten gesetzt werden.

Abb. [4-7] Die Beurteilung und Einstufung einzelner Aspekte

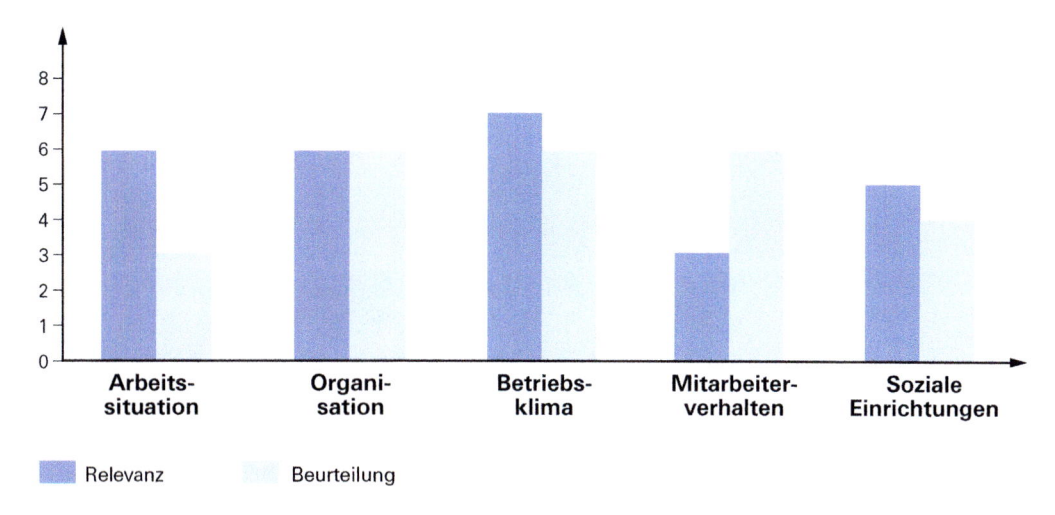

Bar chart showing Relevanz and Beurteilung for: Arbeitssituation (6/3), Organisation (6/6), Betriebsklima (7/6), Mitarbeiterverhalten (3/6), Soziale Einrichtungen (5/4).

■ Relevanz   ■ Beurteilung

Daraus lassen sich u. a. zwei wichtige Erkenntnisse ableiten:

- Obwohl die Organisation als sehr wichtig eingestuft ist, dürfte hier kein primärer Handlungsbedarf vorliegen, weil die Ist-Situation den Erwartungen entspricht – hingegen müssen Massnahmen helfen, die Situation zu erhalten.
- Die Arbeitssituation muss verbessert werden.

B] Beteiligungsquote

Wenn die Mitarbeiterbefragung sorgfältig vorbereitet und für den Einzelnen transparent ist, lassen sich Beteiligungsquoten von zwischen 70 und 90% erreichen. Diese Zahlen sagen noch nichts über die inhaltlichen Ergebnisse aus, sind aber für den Personalbereich ein wesentlicher Indikator, mit dem sich der Erfolg der Aktion der Unternehmensleitung gegenüber belegen lässt. Inhaltlich ein Erfolg wird die Befragung, wenn es zudem gelingt, durch aufklärende Vorbereitung gute Voraussetzungen zu schaffen, sodass die Mitarbeitenden ihre persönliche Arbeits- und Führungssituation der Wirklichkeit entsprechend beurteilen.

C] Auswertung und Massnahmen

Über die Befragungsergebnisse müssen alle Mitarbeitenden informiert werden. Einen noch grösseren Nutzen kann man aus einer solchen Umfrage ziehen, wenn man die Mitarbeitenden in die Evaluation und allenfalls auch in die Umsetzung der Massnahmen einbindet.

Diese Einbindung sollte grundsätzlich erfolgen, wenn die Unternehmen Veränderungen anstreben. Diesen Aspekt und weitere Instrumente zur Mitarbeiterbindung behandeln die folgenden Kapitel.

4.3.2 Aktives Einbeziehen der Mitarbeitenden bei Veränderungen

Das Ziel ist hier, die **Betroffenen zu Beteiligten zu machen.** Man geht dabei nach dem Modell der Organisationsentwicklung vor, wonach Organisationen wachsen und sich entwickeln sollen wie Gruppen. Das Unternehmen wird in dieser Sicht als grosse Gruppe gesehen, für die jeder Einzelne mitverantwortlich ist. Man will damit erreichen, dass Probleme nicht punktuell, sondern breit und grundlegend durchdacht werden, dass dabei alle Mitgliedergruppen berücksichtigt werden, dass ihre Erfahrung in die zu erarbeitenden Lösungsvorschläge einfliesst und die Widerstände gegen Neuerungen dadurch möglichst klein bleiben.

4.3.3 Inner- und ausserbetriebliche Kontaktpflege

Nicht nur die innerbetriebliche Kontaktpflege ist wichtig. Von zunehmender Bedeutung ist die Öffentlichkeitsarbeit, z. B. «Tage der offenen Tür» für Familienangehörige der Mitarbeitenden und andere Interessierte, PR-Aktionen (z. B. Jubiläen); auch das Sponsoring gehört hierher.

Firmenanlässe bieten die Möglichkeit, die Mitarbeitenden des Unternehmens kennenzulernen.
Bild: www.fotolia.de

4.3.4 Unternehmenskultur vermitteln

Unter Unternehmenskultur versteht man ein **von allen gelebtes Wertesystem,** das auf einem klaren Leitmotiv und einer durch Firmentradition geprägten Unternehmensphilosophie basiert. Die normative Ebene formuliert die Grundsätze der erwünschten Kultur. Der Personalverantwortliche hat eine Mittlerrolle, indem er die einmal formulierten Werte bei den Mitarbeitenden vertritt und sie exemplarisch lebt. Die Unternehmenskultur muss von den Mitarbeitenden gelebt werden.

Dieser breite Fächer von Aufgaben dokumentiert eindrücklich die Bedeutung der Personalbetreuung. Da ihre Massnahmen auf die eigenen Mitarbeitenden ausgerichtet sind, lässt sie sich auch als **Marketing nach innen** umschreiben. Sie richtet sich auf Bedürfnisse der Mitarbeitenden aus. Wird diese Aufgabe aber ernst genommen, mit konkretem Inhalt gefüllt und für die Mitarbeitenden oder noch besser gemeinsam mit ihnen erfüllt, so entwickelt sich daraus langfristig eine veränderte Denkhaltung und Führungsphilosophie im Unternehmen.

Die Personalbetreuung hat eine zentrale Bedeutung für die Motivation und Leistung der Mitarbeitenden. Ihre Massnahmen betreffen mehr die Arbeitsumstände als die Arbeitsinhalte. Die mitarbeiterorientierte Gestaltung der Arbeitsumstände wirkt sich längerfristig positiv auf die gesamte Arbeitseinstellung aus. Durch die bessere Leistungsbereitschaft wird oft auch das Arbeitsergebnis positiv beeinflusst.

Da die Personalbetreuung grundlegende Aufgaben wahrzunehmen hat, sollte sie in den Führungsgrundsätzen eines Unternehmens verankert sein.

4.3.5 Unterstützung bei der Lösung von persönlichen Problemen

Hier geht es um konkrete Hilfestellung für spezielle Mitarbeitergruppen oder einzelne Mitarbeitende. Beispiele: die Vorbereitung älterer Mitarbeitender auf den Ruhestand, die Planung von vorgezogener oder gleitender Pensionierung, die Beratung von Vorgesetzten, die besonders gravierende Konflikte mit Mitarbeitenden haben, die Betreuung von Mitarbeitenden mit Suchtproblemen (Alkohol, Drogen) oder von Mitarbeitenden, die entlassen werden müssen.

4.4 Die Mitarbeiterinformation

Eine gute Informationspolitik bewirkt, dass sich die Mitarbeitende als wichtiger Teil des Ganzen empfindet und sich und ihre Tätigkeit im Gesamtzusammenhang sieht. Information wird damit zur Voraussetzung und Grundlage für ein gutes Betriebsklima. Zugleich ist sie auch die Basis für persönliches Interesse an der Arbeit, für eine hohe Identifikation. Wer einen guten Informationsstand hat, ist nicht nur in der Lage, sondern auch eher bereit, Initiative zu entwickeln und z. B. Verbesserungsvorschläge zu machen, also selbstständig zu handeln.

4.4.1 Inhalt

Die generelle Mitarbeiterinformation bezieht sich inhaltlich auf folgende Bereiche:

- Die im Unternehmen gültige Unternehmensphilosophie ist allen Mitarbeitenden bekannt. Man vermittelt ihnen die wichtigen Leitsätze und Richtlinien für das Handeln im Unternehmen in einfacher und klarer Form.
- Alle Mitarbeitenden werden über die Produkte des Unternehmens und über die Kundenwünsche informiert. Dadurch wird das kundenorientierte Denken bei allen gefördert und alle Mitarbeitenden erhalten einen Bezug zum fertigen Produkt als Marktleistung des Unternehmens.
- Informationen, die nicht an die Aufgaben des Mitarbeitenden gebunden sind.
- Markterfolge des Unternehmens werden den Mitarbeitenden mitgeteilt. Sie fördern den Stolz auf Geleistetes und geben Impulse für neue Aktivitäten und die Gewissheit, dass die Arbeitsplätze gesichert sind. In vertretbarer Form sind auch Rückschläge am Markt eine wichtige Information, um keine «heile Welt» vorzuspielen, sondern gemeinsame Anstrengungen herbeizuführen und den Zusammenhalt zu stärken. Erfahrungsgemäss sprechen sich negative Informationen im Unternehmen meist schneller herum als positive. Nimmt die Unternehmensleitung nicht Stellung dazu, ist der Raum für Gerüchte und Verzerrungen grösser, damit auch für Unsicherheit und Misstrauen.

Bevor wir auf die verschiedenen Informationsarten und -kanäle eingehen, wollen wir noch kurz auf die Informationspolitik der HR-Abteilung eingehen. Sie muss den Mitarbeitenden umfassende Informationen über alle Fragen des Arbeits- und Sozialbereichs liefern. Dazu gehören z. B. Informationen über

- Arbeitsbedingungen, speziell auch Arbeitszeitenregelungen,
- gesetzliche Veränderungen der (Alters)renten- und Sozialversicherung,
- Veränderungen des Lohnsteuerrechts und
- alle Veränderungen arbeitsbezogener Regelungen im Unternehmen.

4.4.2 Informationskanäle

Man unterscheidet mündliche und schriftliche Mitarbeiterinformationen. Mündliche Mitarbeiterinformationen sind v. a. Sache der Vorgesetzten. Die Möglichkeiten dazu sind das Vorgesetzten-Mitarbeiter-Gespräch, Abteilungsbesprechungen und -konferenzen, eventuell Arbeitsgruppen oder Ausschüsse im Unternehmen.

Wichtige Mittel der **schriftlichen Mitarbeiterinformation** sind: die Informationsmappe für (neue) Mitarbeitende; das Schwarze Brett, Rundbriefe, die Hauszeitung, der Mitarbeiter-Brief und das Intranet.

A] Informationsmappe

In der Informationsmappe sind wichtige Informationen über das Unternehmen und die Arbeit zusammengefasst. Sie wendet sich an sämtliche Mitarbeitenden und formt das Gefühl, zum Ganzen zu gehören. Gerade für neue Mitarbeitende ist sie eine wichtige Orientierungshilfe zu Beginn ihrer Tätigkeit.

Welche **Themen** gehören in eine Informationsmappe?

Prinzipiell gehört alles in die Informationsmappe, was für die Mitarbeitenden von generellem Interesse ist. Die Reihenfolge ist weitgehend beliebig. Man geht meist vom Allgemeinen zum Speziellen vor, z. B. wie folgt:

- Vorwort der Unternehmensleitung
- Speziell für neue Mitarbeitende: einiges zum Standort des Unternehmens; zu Geschichte, Landschaft, Kultur und Wirtschaft der Region
- Kurzer Abriss der Unternehmensgeschichte und -entwicklung
- Grundsätze der Unternehmensphilosophie
- Organisationsübersicht des gesamten Unternehmens
- Aufgabenschwerpunkte wesentlicher Bereiche / Abteilungen des Unternehmens
- Übersicht über die wichtigsten Marktleistungen (Produkte / Dienstleistungen) des Unternehmens
- Leitlinien für die Führung und Zusammenarbeit
- Wichtige Bestimmungen im Unternehmen (z. B. über Arbeitszeit / Gleitzeit, Sozialleistungen, weitere Betriebsvereinbarungen)
- Wichtige Ansprechpartner – Vom Betriebsarzt über den Hauswart / Pförtner und die HR-Abteilung bis zur Zentrale für Telefon und Telefax, mit Personen, Aufgabengebiet, Standort, Telefonnummer und E-Mail-Adresse

B] Anschlagbrett

Das Anschlagbrett wird als klassisches Informationsmittel fast in jedem Unternehmen eingesetzt. Die Informationen sollen übersichtlich gestaltet und lesenswert sein. Ein typischer Standort ist der Vorraum der Kantine. Wenn die Informationen dort immer aktuell sind, haben sie durch die direkte Zugänglichkeit einen hohen Verbreitungsgrad.

C] Rundschreiben

Ein ebenfalls klassisches Instrument der schriftlichen Mitarbeiterinformation sind Rundschreiben. Das Spektrum reicht hier von Hausmitteilungen über Berichte und Protokolle bis zu Publikationen und Presseinformationen. Bestimmte Adressatengruppen im Unternehmen sollen so über ausgewählte Sachverhalte in Kenntnis gesetzt werden, z. B. über Veränderungen am Markt und bei der Konkurrenz, über neue Entwicklungen der Produkt- und Verfahrenstechnologie oder über interne Veränderungen der Organisation bzw. des Führungsinstrumentariums. Oft wird dafür das Intranet verwendet (siehe Punkt F).

D] Hauszeitung

Die Hauszeitung muss nach journalistischen Grundsätzen aufgebaut, grafisch ansprechend und inhaltlich vielfältig sein. In der Anfangsphase kann bei Bedarf ein externer Fachmann beigezogen werden. Daneben sollte die HR-Abteilung an der redaktionellen Gestaltung der

Hauszeitung wesentlich beteiligt sein. Ein wichtiges Kriterium für die Qualität einer Hauszeitung ist die Mitwirkung von Mitarbeitenden verschiedener Bereiche und Ebenen im Redaktionsstab. Der Bezug zu und die Resonanz aus allen Teilen des Unternehmens sind dadurch gesichert.

Die Hauszeitung wird gelesen, wenn sie **von Mitarbeitenden für die Mitarbeitenden des Unternehmens gemacht** ist. Nicht nur Grossunternehmen, auch mittlere Unternehmen können sich eine Hauszeitung leisten. Entscheidend ist die Bereitschaft von Mitarbeitenden, sich zu engagieren (oft auch in der Freizeit). Bei Grossunternehmen wird das Redaktionsteam eher hauptamtlich, bei Mittelbetrieben stärker ehrenamtlich tätig sein. Die Hauszeitung grosser Unternehmen muss u. a. Hintergrundinformationen und einen Überblick über das Ganze liefern, während die des mittleren Betriebs v. a. die direkte Kommunikation und das Wir-Gefühl fördert. Jede Hauszeitung muss auf die Bedürfnisse des Unternehmens ausgerichtet sein.

Folgende Punkte sind für den **Erfolg einer Hauszeitung** wichtig:

- Das Redaktionsteam setzt sich aus Mitarbeitenden verschiedener Abteilungen zusammen. Es muss innerhalb klarer Kompetenzen selbstständig arbeiten können.
- Persönliches Engagement und journalistische Kompetenz sind v. a. in der Redaktionsleitung wichtig (oft ist es die Personalabteilung).
- Der Inhalt setzt sich i. d. R. aus ca. zwei Drittel Betrieblichem und maximal einem Drittel Unterhaltsamem zusammen.
- Neben Berichten erhöhen Interviews den Lesewert. Die Texte sollen anregend sein, man soll sie gern lesen.
- Nicht der Umfang ist entscheidend, sondern Art und Qualität des Inhalts (wirklich Interessantes, Bewegendes).
- Die Aufmachung kann schlicht sein. Aktualität ist wichtig.
- Eine Hauszeitung wendet sich nur an die Mitarbeitenden eines Unternehmens und ist deshalb von einer Kundenzeitung klar zu trennen.
- Eine gute Hauszeitung aktiviert die Mitarbeitenden und veranlasst sie zu Reaktionen.
- Die Abstimmung der Inhalte auf die Wünsche der Mitarbeitenden und ihre Resonanz sollten in Abständen von ca. zwei Jahren überprüft werden.

E] Mitarbeiter-Brief

Er wird entweder in regelmässigen Zeitabständen oder bei Bedarf an alle Mitarbeitenden verschickt und befasst sich mit **generellen Informationen über die Arbeit sowie mit Hintergrundinformationen von allgemeinem Interesse.** Beispiele: Berichte und Prospekte über neue Produkte, Mitteilungen über bestimmte Markterfolge, ein neues Produktionsverfahren usw. Solche positiven Darstellungen müssen immer realistisch, also glaubwürdig und ggf. auch kritisch sein. Schönfärberei ist zu vermeiden.

Neben den inhaltlichen Gesichtspunkten ist auch beim Mitarbeiter-Brief die **Art der Übermittlung** wichtig. Davon können wichtige Motivationsimpulse ausgehen. Man fühlt sich angesprochen, einbezogen, ernst genommen – oder nur auf nichts sagende Art informiert. Wie die Erfahrungen der Praxis zeigen, hat dieses Informationsmittel einen höheren Wert für den Einzelnen, wenn es persönlich, also nicht anonym verteilt wird. Ein Auslegen oder Verteilen in der Kantine erfüllt den beabsichtigten Zweck nicht. Der Mitarbeiter-Brief sollte persönlich an den einzelnen Mitarbeitenden adressiert und versandt werden. Das kann – aus Kostengründen – mit der Hauspost, per E-Mail an den Arbeitsplatz oder mit der Versendung der Lohnabrechnung geschehen. Besser und wirkungsvoller ist jedoch der Versand an die Privatadresse. Zum einen hat der Mitarbeiter hier die nötige Ruhe, um die Informationen zu lesen; ausserdem tut er dies in seiner Freizeit und nicht in der Arbeitszeit. Zum anderen schafft dies die Möglichkeit, dass die generellen Informationen auch von den Familienangehörigen des Mitarbeitenden gelesen werden können. Das ist von einiger Bedeutung, denn die Einstellung zur Arbeit, zur Arbeitsstätte und zum Arbeitgeber wird nicht nur durch das eigene subjektive

Urteil geprägt, sondern wesentlich auch durch die Resonanz in der Familie, also durch die Einflüsse des sozialen Umfelds.

Die Kultur eines Unternehmens zeigt sich wesentlich in seiner **Informationskultur,** d. h. in der Art und Weise, wie sehr die Mitarbeitenden in der innerbetrieblichen Kommunikation als Partner angesehen werden. Die Information der Mitarbeitenden sollte keine verordnete und lästige Pflicht sein, die die Personalabteilung auch noch wahrzunehmen hat, sondern eine aus Überzeugung, also freiwillig durchgeführte Daueraufgabe im Rahmen der Personalbetreuung.

F] Intranet

Das Intranet ist das unternehmensinterne, elektronische Informations- und Kommunikationssystem. Es verbessert die interne Kommunikation im Unternehmen und bietet die Möglichkeit, Ausschreibungen, Informationen und auch Nachschlagewerke, Handbücher, Telefon- oder Faxverzeichnisse auf elektronische Art zu publizieren.

Es kann auch als Lern-, Prozess- und Fachplattform oder als Wissensdatenbank dienen.

4.5   Die Rolle der HR-Abteilung[1]

Motivierte Mitarbeitende verbessern nicht nur die interne Zusammenarbeit und das innere Klima im Unternehmen; auch die Kunden, auf die das wirtschaftliche Handeln des Unternehmens ausgerichtet ist, profitieren.

Welche **Funktionen** erfüllen HR-Fachleute im Bereich der Betreuung?

- Das HR-Management stellt die Verbindung von der normativen über die strategische zur operativen Ebene sicher, d. h., die HR-Mitarbeitenden verfügen über betriebswirtschaftliches, innerbetriebliches Wissen. Ergänzt mit wissenschaftlichen Erkenntnissen (z. B. über Kommunikation, Motivation etc.) erkennen sie neue Anforderungen an das Unternehmen, die Führungskräfte und die Mitarbeitenden frühzeitig und leiten die nötigen betrieblichen Prozesse ein. Das bedingt auch eine Präsenz und Gespräche mit Führungskräften und Mitarbeitenden vor Ort.
- Der HR-Leiter und seine Mitarbeitenden reagieren und helfen nicht nur bei Personal- und Führungsproblemen, sondern sind auch **aktive Gestalter und Promoter (Change Agents) des sozialen Wandels.** Zukünftige Entwicklungen sollen frühzeitig erkannt werden, damit man zweckmässige Massnahmen treffen kann und viele Probleme gar nicht erst entstehen. Voraussetzung für zielgerichtete Gegenmassnahmen ist eine genaue Diagnose.
- Wenn es den HR-Fachpersonen gelingt, **überzeugende Mittler und Konfliktmanager** zu sein, bleibt Personalbetreuung nicht nur ein Coaching und Mentoring für einzelne Personengruppen im Unternehmen, sondern sie bieten einen nachhaltigen gesamtunternehmerischen Mehrwert und werden von internen und externen Anspruchsgurppen proaktiv involviert.
- Ein Schwerpunkt der Personalarbeit ist neben der quantitativen Personalsteuerung (Personalaufstockung oder Personalabbau) die **qualitative Personalarbeit,** d. h. die Pflege von Qualifikation und Motivation der vorhandenen Mitarbeitenden. Sie setzt als Rahmen eine wertorientierte Personalpolitik voraus: Das Unternehmen muss Grundwerte über den Sinn der Arbeit festlegen. Es ist die Aufgabe der HR-Abteilung, bei ihrer Formulierung mitzuwirken. Neben dem Problem der **Gestaltung** gibt es hier auch das Problem der **Erfolgsmessung,** des Nachweises, dass z. B. Massnahmen der Personalbetreuung auch tatsächlich wirksam sind. Das macht die Personalbetreuung besonders anspruchsvoll. Von den nachweisbaren Ergebnissen hängt nicht nur das Ansehen des HR-Managements im Un-

---

[1]   Nach Ulrich, Dave, u. a.: HR Transformation: Building Human Resources from Outside, Blacklick 2009.

ternehmen ab, sondern oft auch die Höhe der Mittel für zukünftige Personalprogramme. Zu den Aufgaben der Personalmitarbeitenden gehört es deshalb auch, Ausgangssituationen zu dokumentieren, um so Verbesserungen belegen zu können.

Wichtig ist immer, dass die Personalabteilung nicht als isolierter Bereich agiert, sondern, wie oben erwähnt, als Schalt- und Schnittstelle die Unternehmensziele proaktiv und aktiv unterstützt.

Personalbindung und -betreuung sind nicht nur eine Aufgabe für Grossunternehmen, sondern auch für mittlere Betriebe. In Grossunternehmen gibt es meist Spezialisten dafür, während in kleineren Betrieben alle Personalaufgaben von einer oder wenigen Personen wahrgenommen werden.

Zusammenfassung

Hauptgründe für den **steigenden Stellenwert der Personalbindung** sind:

- Personalkosten
- Change Management
- Demografischer Wandel
- Wertewandel.

Das **Ziel der Personalbindung** ist die Erhaltung der Kompetenzen und der Motivation der Leistungs- und Potenzialträger im Unternehmen.

Die **Aufgaben der Personalbindung und -betreuung** können ein sehr weites und von Betrieb zu Betrieb variierendes Spektrum umfassen. Wesentliche Schwerpunkte sind immer

- die Verbesserung der innerbetrieblichen Arbeitssituation durch Analysen der Mitarbeiterzufriedenheit, durch Information der Mitarbeitenden, durch Möglichkeiten der Mitwirkung usw. und
- die unmittelbare Betreuung von Mitarbeitergruppen oder einzelnen Mitarbeitenden in kritischen Situationen, z. B. bei der Einführung von Neuerungen oder bei persönlichen Problemen.

Innerbetriebliche Information ist eine wesentliche Aufgabe, für die die HR-Abteilung massgeblich zuständig ist. Der Informationsbedarf der ausführenden Mitarbeitenden ist dabei i. d. R. grösser als der der Führungskräfte. Sie sollen informiert sein über die Unternehmensphilosophie, die Erwartungen der Kunden, neue Produkte, Markterfolge und über Pläne, die ihre Arbeit betreffen (z. B. neue Technologien).

Neben der mündlichen Information durch die Vorgesetzten gibt es zahlreiche **schriftliche Informationsmöglichkeiten:**

- Informationsmappen, in denen wesentliche Informationen zusammengestellt sind, die für alle gültig sind (Unternehmensziele, -geschichte usw.)
- Das Anschlagbrett
- Rundschreiben an alle oder an ausgewählte Mitarbeitende
- Hauszeitung, die sich an alle richtet, die zugleich informativ wie verbindend (Wir-Gefühl) und v. a. auf die Bedürfnisse der Leser ausgerichtet sein sollte
- Der Mitarbeiterbrief für spezielle Mitteilungen
- Intranet

Kriterien für gute innerbetriebliche Information sind folgende: Sie soll

- massvoll (nicht zu viel, nicht zu wenig),
- relevant (was den Adressaten wirklich interessiert),
- interessant und
- ansprechend in der Form (journalistisch, leserbezogen) sein.

Repetitionsfragen

17 Welche der folgenden Aussagen sind Ihrer Meinung nach zutreffend?

A] Personalbetreuung ist eine spezielle Form der betrieblichen Sozialarbeit.

B] Personalbetreuung sollte in den Grundsätzen der Personalpolitik festgehalten und systematisch als Teil der betrieblichen Personalarbeit gestaltet werden.

C] Sie entspricht den veränderten Werten heutiger Mitarbeitender nach mehr Mitwirkungsmöglichkeit und Selbstbestimmung in der Arbeit.

18 Wer ist zuständig für die Personalbetreuung?

19 Stimmt Ihrer Meinung nach die Aussage «Durch den Wertewandel lassen sich Mitarbeitende kaum mehr für betriebliche Ziele motivieren»?

20 Ein expandierendes Unternehmen will neu eine eigene Hauszeitung herausgeben. Was hat die HR-Abteilung in welcher Reihenfolge zu klären und dann zu organisieren?

21 Welche der folgenden Aussagen sind Ihrer Meinung nach zutreffend?

A] Zu viel Information kann es nicht geben.

B] Wirklich wichtige Informationen kann man den Mitarbeitenden i. d. R. nicht anvertrauen.

C] Am besten ist es, wenn die Mitarbeitenden ihren direkten Vorgesetzten fragen, wenn sie etwas wissen möchten.

22 Welche der besprochenen Informationsmittel eignen sich für die folgenden Vorhaben:

A] Für alle Auszubildenden wird ein interner Wettbewerb veranstaltet, an dem möglichst viele mitmachen sollen.

B] Die mittleren Führungskräfte werden zu einer speziellen Tagung über Führungsfragen eingeladen. Man möchte sie über den Zweck dieser Veranstaltung informieren.

C] Das Unternehmen beteiligt sich an einem Projekt in der Dritten Welt und möchte seine Mitarbeitenden darüber informieren.

5 Mitarbeiterbeurteilung

Lernziele

Nach der Bearbeitung dieses Kapitels können Sie …

- den Nutzen einer Mitarbeiterbeurteilung für das Gesamtunternehmen, die Führungskräfte und die Mitarbeitenden anhand je eines Beispiels erläutern.
- vier Aspekte eines zielführenden Mitarbeiterbeurteilungssystems für ein spezifisches Unternehmen beschreiben.
- den Ablauf des Beurteilungsprozesses und eines -gesprächs mit je vier Beispielen skizzieren.
- drei Einsatzmöglichkeiten einer Mitarbeiterbeurteilung formulieren.

Schlüsselbegriffe

360-Grad-Beurteilung, Beurteilungskriterien, Beurteilungsskala, beziehungsbediente Fehler, freies Gespräch, Gauss'sche Kurve, Leistung, Massstabfehler, Mitarbeiterbeurteilung, Mitarbeiterbeurteilungsformular, Mitarbeiterfeedback, Personalportfolio, Potenzial, Selbstbeurteilung, standardisiertes Gespräch, strukturiertes Gespräch, Wahrnehmungsverzerrung

---

Das Gespräch ist eines der wichtigsten Führungsinstrumente: Man erhält beidseitig wesentliche Informationen für weiterführende Entscheide und Massnahmen.

Es gibt viele Anlässe für solche Gespräche: schon bei der Anstellung, während und zum Abschluss der Probezeit, während der Anstellung im regelmässigen «Arbeitsfeedback», zur Vereinbarung von Zielen, zum Austausch von Beobachtungen und Bedürfnissen, bei der Lohnrunde und auch bei der Freisetzung.

Wir befassen uns hier mit dem periodischen **Mitarbeitergespräch**, auch **Leistungsbeurteilung, Jahresgespräch, Qualifikation** genannt.

Gemäss Herzbergs Zwei-Faktoren-Theorie sind Erfolgserlebnisse und Anerkennung die beiden Faktoren, die die Arbeitszufriedenheit am stärksten beeinflussen.

Das gilt aber nur, wenn man eine Mitarbeiterbeurteilung nicht durchführt, weil «es so verlangt wird» und die Unterlagen im Personaldossier archiviert werden. Nur mit einem systematischen Vorgehen kann sichergestellt werden, dass die Mitarbeiterbeurteilung für alle Beteiligten einen grösstmöglichen Nutzen generiert.

5.1 Der Nutzen der Mitarbeiterbeurteilung

5.1.1 Die Ziele

Die Ziele können zuerst in zwei Zielgruppen betrachtet werden.

Abb. [5-1] **Ziele der Führungskraft und der Mitarbeitenden**

Zielgruppe	Ziele
Führungskraft	• Lenkt und steigert die Leistung und die Motivation der Mitarbeitenden • Erhält eine Basis für weitere Personalentscheide
Mitarbeitende	• Erhält Sicherheit und weiss, woran er ist • Kann sich verbessern und persönliche Entscheide fällen, z. B., welche Weiterbildung angegangen werden soll

Daraus lassen sich die **gemeinsamen Ziele** ableiten:

- Austausch von Informationen und Bedürfnissen
- Standortbestimmung für beide Seiten, d. h. beispielsweise die Kombination beider Entscheide
- Transparenz, Wertschätzung, Motivation und vieles mehr

5.1.2 Weiterer Nutzen

Die Mitarbeiterbeurteilung wirkt sich nachhaltig auf die **Kultur** des Unternehmens und damit auch auf das soziale Klima aus. Wenn es einer Führungskraft gelingt, transparent mit ihren Mitarbeitenden zu kommunizieren und neue Impulse zu setzen, kann sie damit bis zu einem gewissen Grad zielführende Verhaltensveränderungen unterstützen.

Zudem kann die Mitarbeiterbeurteilung als **Kontrollinstrument** dienen. Zum Beispiel als Erfolgskontrolle für bisherige Personalentscheidungen oder für Bildungsmassnahmen.

Die Auswertung der Leistung kann zudem in ein **Personal-Portfolio** einfliessen. So erhält die normative Ebene des Unternehmens eine Übersicht über die Leistung und das Potenzial der Belegschaft. Dadurch können auch auf dieser Ebene relevante Entscheidungen getroffen werden.

Zu guter Letzt liefert die Mitarbeiterbeurteilung neben der Stellenbeschreibung **Informationen zur tatsächlich erbrachten Leistung** im Lauf der Anstellung, die in Arbeitszeugnissen dokumentiert werden sollen.

5.2 Die Mitarbeiterbeurteilungssysteme

Es gibt zahlreiche Systeme. Für welches sich ein Unternehmen entscheidet, hängt weitgehend von den Unternehmenszielen, kulturellen Belangen und auch von den Möglichkeiten im Unternehmen ab. Daraus ergeben sich die Rahmenbedingungen für die Wahl des Systems.

Wichtig ist, dass die Mitarbeiterbeurteilung ein vernetzter Bestandteil sämtlicher Führungsinstrumente ist. Wir bringen dazu einige Beispiele:

- Die Beurteilung ergibt sich aus dem Abgleich des Anforderungs- und des Leitungsprofils.
- Die Erkenntnisse und Ergebnisse fliessen in die Einsatzplanung ein, und zwar qualitativ und quantitativ.
- Personalentwicklungsentscheide werden auch auf der Basis dieser Erkenntnisse gefällt.
- Die Lohnfindung basiert u. a. auf der Beurteilung der vergangenen Periode resp. der Ziele der vergangenen Periode.

Primär definieren die Unternehmensziele, wie ein Mitarbeiterbeurteilungssystem im Unternehmen gestaltet wird. Um diese Aussage zu verdeutlichen, bringen wir zwei konkrete Beispiele:

- Soll im Unternehmen die Mitarbeiterbeurteilung ein Bestandteil der qualitativen Unternehmensplanung sein, müssen die für die Planung relevanten Qualitätsaspekte beurteilt und ausgewertet werden, bevor die Planung beginnt.
- Sehen die Unternehmensziele eine systematische Förderung und Nachfolgeplanung vor, muss das System auch eine Potenzialbeurteilung beinhalten.

5.2.1 Art der Beurteilung

Die Beurteilung kann durch die Führungskraft frei erfolgen, d. h., die Würdigung von Leistung und Verhalten erfolgt mit freien Formulierungen. Mit einem solchen System kann nicht sichergestellt werden, dass sämtliche Mitarbeitenden möglichst objektiv beurteilt werden. Die Einheitlichkeit ist nicht gegeben und es können daher keine internen Vergleiche erstellt werden.

Beispiel	Der Leiter des Kundendiensts verfügt über gute Fachkenntnisse in seinem Arbeitsgebiet. Er arbeitet zügig und korrekt und hält die Termine genau ein. Seine Kontakte zu Kunden beschränken sich auf fachliche Angelegenheiten. Die Führung seiner Mitarbeitenden gestaltet er kollegial und zielführend.

Um einen besseren Vergleich zu bisherigen Beurteilungen, aber auch innerhalb des Unternehmens zu ermöglichen, kann ein **strukturiertes Gespräch** vorgesehen werden. Das heisst, die Themen und die Kriterien sind vorgegeben, aber die Gesprächsführung ist der Führungskraft überlassen.

Mit einem **standardisierten Gespräch** werden die Führungskräfte stark eingeschränkt. Es werden nicht nur die Kriterien vorgegeben, sondern auch die Fragestellung. So ist zwar eine fast optimale Vergleichbarkeit möglich. Aber einerseits kann kaum ein fliessendes Gespräch entstehen und andererseits können so kaum neue Erkenntnisse gewonnen werden. Die zentralen und weiterführenden Ziele einer Mitarbeiterbeurteilung werden nur schwer erreicht.

5.2.2 Kriterien der Mitarbeiterbeurteilung

Aus den Anforderungsprofilen ergeben sich auch die Kriterien für die Mitarbeiterbeurteilung. Nur mit der Verknüpfung dieser Instrumente können Kontinuität und Nachhaltigkeit sichergestellt werden.

Beispiel	Die Beurteilung unseres Kundendienstleiters erfolgt mindestens anhand der Kriterien, die im Anforderungsprofil aufgeführt sind.

Einstufung der Kompetenzen des Leiters des Kundendiensts
Fachkompetenz
Spezifische Fachkenntnisse: Kundendienst, Bestellwesen
…
Methodenkompetenz
Planung und Organisation
…
Sozialkompetenz
Kommunikationsfähigkeit, sprachlicher Ausdruck
…
Persönlichkeit (Ich-Kompetenz)
Veränderungsbereitschaft
…
Führungskompetenz
Führungserfahrung von mehr als 10 Mitarbeitenden
…

Das reicht aber nicht, denn es soll ja auch beurteilt werden, wie der Stelleninhaber die Kriterien erfüllt. Aus diesem Grund sind folgende Hauptkriterien zu berücksichtigen:

- Qualität: die Leistungsqualität
- Quantität: die Leistungsmenge und
- das Arbeitsverhalten

Nun stellt sich die Frage, ob für jede Funktion oder Funktionsgruppe **individuelle Beurteilungen** erfolgen sollen oder ob **alle Mitarbeitenden anhand derselben Kriterien beurteilt** werden. Diese Frage kann nicht für jedes Unternehmen einheitlich beantwortet werden. Es ist aber rasch klar, was Sinn macht und was nicht:

- **Für jede Funktion spezifische Kriterien:** Dadurch kann ein hoher Deckungsgrad mit den tatsächlichen Anforderungen an die Stelle erzielt werden. Die Voraussetzung ist jedoch, dass die Stellenbeschreibungen und Anforderungsprofile jährlich mindestens einmal umfassend eventuellen neuen Begebenheiten angepasst werden und jedes Detail enthalten. Der Aufwand dafür steht in keinerlei Verhältnis zum tatsächlichen Nutzen. Gesamtunternehmerische Kriterien werden zudem mit einem solchen System zu wenig berücksichtigt.
- **Für alle Mitarbeitenden dieselben Kriterien:** Dieser Ansatz gewährleistet eine maximale Vergleichbarkeit zwischen allen Mitarbeitenden.
- **Für alle Mitarbeitenden einer Hierarchiestufe dieselben Kriterien:** Es macht Sinn, für Führungskräfte zusätzliche oder auch unterschiedliche Kriterien zu beurteilen als für rein ausführende Mitarbeitende. Für Lernende sind nochmals unterschiedliche Kriterien relevant.
- **Berufsgruppenspezifische Kriterien:** Unternehmen, die in einigen Berufsgruppen zahlreiche Mitarbeitende beschäftigen, definieren für diese Mitarbeitenden spezifische Kriterien, zugeschnitten auf die Anforderungen an die Berufsgruppe.

Beispiel

In unserem Beispielunternehmen können z. B. einheitliche Kriterien beurteilt werden. Für einen personalintensiven Kundendienst können aber spezifische Kriterien definiert werden, um den Anforderungen im Zusammenhang mit anspruchsvollem Kundenkontakt gerecht zu werden.

Daraus lässt sich schliessen, dass ein einmal gewähltes Beurteilungssystem flexibel sein muss und nicht für immer gültig sein kann. Vielleicht erkennt man Verbesserungspotenzial oder im Unternehmen ändern sich grundlegende Themen. Zum Beispiel kann eine hohe Fluktuationsrate oder ein Fokus auf Nachwuchsplanung bewirken, dass zusätzliche Themen aufgenommen werden müssen. Oder die Einführung von «Führen mit Kennzahlen» oder «Führen mit Zielen» erfordert eine Anpassung des Systems.

5.2.3 Einstufung von Kriterien der Mitarbeiterbeurteilung

Eine allgemeingültige Aussage zur Einstufung lässt sich nicht machen. Jedes Unternehmen entscheidet für sich, welche Stufen sinnvoll sind.

Denkbar sind drei grundsätzliche Varianten:

- Skalen zum Ankreuzen
- Verbale Umschreibungen
- Kombination beider Varianten

A] Skalen zum Ankreuzen

Es gibt Systeme mit 3 bis 12 Stufen:

- Mit Buchstaben: A, B, C, D
- Mit reinen Stufen: ++, +, −, −−
- Mit Zahlen: 1, 2, 3, 4
- Mit Symbolen: ☺☺, ☺, ☺, ☹ oder ↑, ↗, →, ↘

Jede Stufe wird mit einem Attribut bezeichnet, d. h.:

- A = sehr gut / Erwartungen deutlich übertroffen
- B = gut / Erwartungen leicht übertroffen
- C = okay / Erwartungen erfüllt
- D = ungenügend / Erwartungen nicht erfüllt

Man muss auch entscheiden, wo die Stufe «die Erwartungen sind erfüllt» angesetzt wird. Das heisst, gibt es mehrere Stufen in der Nicht-Erfüllung? Oder gilt das Nichterfüllen einer Erwartung als «nicht erfüllt»?

Die folgenden zwei Beispiele zeigen deutlich den Unterschied.

Stufe	Variante 1	Variante 2
A	Erwartungen deutlich übertroffen	Erwartungen deutlich übertroffen
B	Erwartungen leicht übertroffen	Erwartungen erfüllt
C	Erwartungen erfüllt	Erwartungen nicht erfüllt
D	Erwartungen nicht erfüllt	Erwartungen deutlich nicht erfüllt

Mit der Wahl einer der Varianten beeinflusst das Unternehmen einerseits die Kultur – oder die Variante widerspiegelt die Kultur. Auch das Mitarbeiterportfolio wird damit beeinflusst: Mit Variante 1 werden grundsätzlich mehr Leistungsträger definiert als mit Variante 2.

Bei der Definition der Skalen sind noch zwei weitere Aspekte zu berücksichtigen:

- Eine **ungerade** Anzahl von Stufen führt dazu, dass die Führungskräfte gerne den Mittelweg wählen und sich nicht positionieren. Daraus entsteht eine Normalverteilung, d. h., die Mehrheit der Beurteilten liegt im «Mittelmass». Dieses Phänomen kennen wir als Gauss'sche Kurve.

Abb. [5-2]   Die Gauss'sche Kurve

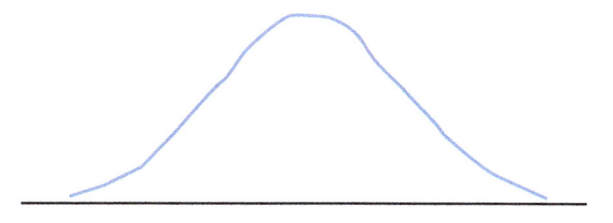

Deshalb ist sinnvoll, ein System mit einer geraden Anzahl Stufen zu wählen, um diese Konzentration auf ein «Mittelmass» zu vermeiden.

- **Zu viele Stufen** verwirren die Führungskräfte und lassen die Einstufung zu einer akribischen Arbeit verkommen. Wenn z. B. ein sechsstufiges System gewählt wird, wird bereits die Suche nach dem Attribut, d. h., die Erklärung jeder Stufe, äusserst anspruchsvoll. Wir zeigen das an einem Beispiel:

A	Sehr stark ausgeprägt
B	Stark ausgeprägt
C	Deutlich ausgeprägt
D	Ausgeprägt
E	Knapp ausgeprägt
F	Wenig ausgeprägt

Hier wäre eine Beschreibung der Attribute hilfreich: Wie unterscheidet sich eine stark ausgeprägte Leistung gegenüber einer deutlich ausgeprägten Leistung in der Praxis?

B] Verbale Umschreibungen

Dieses Risiko kann eliminiert werden, indem man nicht ausschliesslich Skalen zum Ankreuzen definiert, sondern jedes Kriterium mit individuellen Worten umschreibt. Wir bringen in der nächsten Tabelle einen Katalog möglicher verbaler Bewertungen.

Abb. [5-3] Beispiel für verbale Bewertungen

Verbale Bewertungen	
Sehr gut	**Gut**
Sehr zuverlässig und gewissenhaft; arbeitet überlegt und fehlerlos, besonders präzise Arbeit, höchste Produktivität, äusserst zweckmässige Arbeitseinteilung etc.	Arbeitet sauber und genau, macht selten Fehler, weiss sich zu helfen, arbeitet regelmässig, rasch und gewandt, sinnvolle Arbeitsgestaltung etc.
Genügend	**Ungenügend**
Entspricht den Erwartungen, erfüllt die Anforderungen, ordentliche Arbeitsgestaltung, adäquate Arbeitsausführung etc.	Unaufmerksam, flüchtig, ständige Überwachung erforderlich, leistet wenig brauchbare Arbeit, ungeschickt etc.

C] Kombination beider Varianten

Eine Kombination der zwei Varianten erleichtert die Beurteilung und erhält gleichzeitig die Objektivität und Aussagekraft.

Beispiel Die Skala am Beispiel des Profils «Kundendienstleiter» könnte z. B. wie folgt aussehen:

Kompetenzen	++	+	=	--
Fachkompetenz Spezifische Fachkenntnisse	Überdurchschnittliche Fachkenntnisse, weit über den eigenen Bereich hinaus	Sehr gute Fachkenntnisse	Kann mit den Fachkenntnissen die Aufgaben adäquat ausführen	Die Fachkenntnisse reichen heute noch nicht zur Ausübung der Funktion
Methodenkompetenz Planung und Organisation	Plant äusserst vorausschauend; die Organisation ermöglicht eine höchstmögliche Effizienz	Plant zielführend und optimiert die Abläufe durch vorausschauende Organisation	Erreicht mit der Planung und Organisation die erforderlichen Ziele	Planung und Organisation ermöglichen noch nicht die Erreichung der Ziele

5.2.4 Gestaltung eines Beurteilungsformulars

Sind die Entscheide bezüglich Kriterien, Skalen und Stufen gefällt, fliessen diese in ein Formular ein, das sicherstellt, dass die Beurteilung im Unternehmen zielführend, möglichst objektiv und einheitlich erfolgen und ausgewertet werden kann.

Ein solches Formular beinhaltet grundsätzlich vier Teile:

- Administrative Angaben
- Eigentliche Beurteilung
- Schlussfolgerungen, Ergebnisse
- Abschlusss

A] Administrative Angaben

Hier werden die relevanten Daten, die aus administrativen Gründen benötigt werden, festgehalten. Dieser Teil sollte wenig Platz beanspruchen und lediglich der Identifikation dienen:

- **Angaben zum Beurteilten:** Name und Vorname, Funktion, Bereich, allenfalls Angaben zu Anstellungsdauer (Eintritt) und Anstellungsgrad (80%, 100%, Stundenlohn)
- **Angaben zum Beurteiler:** Name und Vorname, Funktion
- **Anlass der Beurteilung:** Jahresgespräch, Standortbestimmung, Fördergespräch etc.

Abb. [5-4] Formular zum Jahresgespräch

Jahresgespräch	
Angaben zum Mitarbeitenden	**Durchgeführt am:**
Name, Vorname:	
Funktion, Abteilung:	
Eintritt in die Firma:	
Letzte Beurteilung am:	
Beurteilung durch:	
Funktion, Abteilung:	

B] Eigentliche Beurteilung

Dieser Teil ist der **umfassendste Teil des Formulars.** Hier werden die wesentlichen Aspekte der Tätigkeit und die Beurteilung festgehalten.

Abb. [5-5] Formular zur eigentlichen Beurteilung

Kompetenzen	Einstufung				Bemerkungen, Begründung
	A	B	C	D	
Fachkompetenz					
• Fachkenntnisse					
• ...					
Methodenkompetenz					
• Planung					
• ...					
Gesamtbeurteilung					

C] Schlussfolgerungen, Ergebnisse

Aus der Beurteilung, ergänzt mit den Bedürfnissen und Möglichkeiten des Mitarbeitenden, werden Pläne und Massnahmen abgeleitet und festgehalten. Dieser Punkt ist der **wichtigste Teil des Formulars.** Die Schlussfolgerungen sind einerseits verbindlich für den Mitarbeitenden, bilden andererseits die Basis für spätere Beurteilungen und Personalentscheide und fliessen in die bereichsübergreifende Personalplanung ein.

Abb. [5-6] Formular zu den Schlussfolgerungen der Beurteilung

Massnahmen, Ziele	Zuständig	Termin

D] Abschluss

Hier kann der Mitarbeitende seine Hinweise zur Beurteilung anbringen. Es können weitere Themen festgehalten werden. Es ist auch sinnvoll, dass die Gesprächspartner das Formular unterzeichnen.

5.2.5 Weitere Beurteilungssysteme

Es gibt zahlreiche Varianten und Ergänzungen der klassischen Mitarbeiterbeurteilung. In vielen Betrieben werden folgende Systeme bereits erfolgreich angewendet:

- Mitarbeiterfeedback
- Selbstbeurteilung
- 360-Grad-Beurteilung

A] Mitarbeiterfeedback

Oft ist die Rede von einer Vorgesetztenbeurteilung. Das kann aber nicht die Aufgabe der Mitarbeitenden sein. Diese führt der nächsthöhere Vorgesetzte durch, da er die Ziele setzt, die Leistung beurteilt und mit ihm weiterführende Massnahmen definiert.

Aber die Mitarbeitenden sollen Gelegenheit haben, ihr Arbeitsumfeld zu beurteilen. Folgende Punkte sind denkbar und sinnvoll:

- **Arbeitsinhalt:** Wie gefällt die Aufgabe? Kann das Wissen eingesetzt werden? Ist die Auslastung angemessen?
- **Team:** Ist die Zusammenarbeit positiv? Wird Unterstützung gegeben? Wird offen kommuniziert?
- **Führungskraft:** Sind Auftragserteilung und Zielsetzung klar? Genügt der Informationsfluss? Sind Leistungsanerkennung und Unterstützung förderlich?
- **Unternehmen:** Sind die Leistungen nützlich, die Anstellungsbedingungen modern?

Hier gelten dieselben technischen Anforderungen wie für die Mitarbeiterbeurteilung.

B] Selbstbeurteilung

Vor oder bei der Mitarbeiterbeurteilung kann der Mitarbeiter sich selbst beurteilen. Das kann er frei oder mit demselben Formular machen wie die Führungskraft.

Die Gefahr dabei ist, dass die Kriterien und die Einstufung unterschiedlich verstanden werden. Deshalb ist es wichtig, dass die Führungskraft und die Mitarbeitenden das gleiche Verständnis haben.

Wenn beide Gesprächspartner sich seriös vorbereiten, dasselbe Formular verwenden und die gleichen Vorstellungen von den Kriterien und der Einstufung haben, hat das den Vorteil, dass beide vorbereitet ins Gespräch kommen. Daraus entsteht dann keine einseitige Beurteilung, der der Mitarbeitende zuhört, sondern ein Abgleich der einzelnen Themen.

C] 360-Grad-Beurteilung

Der Ausdruck zeigt schon, worum es hier geht: Neben einer Selbstbeurteilung und der Beurteilung der Führungskraft fliessen weitere Beurteilungen in das Gespräch ein. Die Beurteiler rekrutieren sich aus den Schnittstellen und Anspruchsgruppen des Stelleninhabers.

Abb. [5-7]   Die 360-Grad-Beurteilung

Kritiker hinterfragen die Relevanz solcher Aussagen und befürchten, dass die Objektivität durch Beziehungsaspekte noch stärker reduziert wird als bei der traditionellen Beurteilung durch die Führungskraft.

5.3 Die Rollen und Aufgaben in der Mitarbeiterbeurteilung

Auch hier gilt wieder die Aufteilung der Rollen auf der Basis der Unternehmensziele und der Rollen, die den einzelnen Stellen, wie Führungskräften, Personalabteilung usw., zugeteilt werden. Deshalb gehen wir hier nur kurz auf das Thema ein und vertiefen lediglich die möglichen Rollen der Personalabteilung und der Führungskräfte.

Die Rollen der Personalabteilung und der Führungskräfte

- **Die Personalabteilung:** Sie leistet bei der Wahl und Einführung eines Mitarbeiterbeurteilungssystems Unterstützung und ist verantwortlich für die Information, Schulung und einheitliche Anwendung der Kriterien und Stufen. Mit der Begleitung und Sicherung des Prozesses und der technischen Aspekte unterstützt sie eine möglichst objektive Beurteilung der Mitarbeitenden.
- **Die direkten Vorgesetzten:** Sie führen den gesamten Prozess durch.
- **Die nächsthöheren Vorgesetzten:** Sie überwachen, begleiten und sichern den Prozess inhaltlich und unterstützen auf diese Art eine möglichst objektive Beurteilung der Mitarbeitenden.

Was darunter verstanden werden kann, sollen zwei Beispiele zeigen:

Beispiel
- Ohne in die Beurteilungen einzugreifen, kann eine Führungskraft der nächsten Ebene durch Vergleiche und Kommunikation sicherstellen, dass es in ihrem Bereich ein einheitliches Verständnis für die Kriterien und Stufen gibt.
- Da die obere Führungskraft die ihr untergebenen Führungskräfte kennt, kann sie Fehler in der Beurteilung proaktiv vermeiden.

Welche Fehler können in der Beurteilung gemacht werden?

- **Beziehungsbedingte Fehler:** Sympathie, Antipathie oder z. B. das Bedürfnis, mit seinem Team besonders gut dazustehen.
- **Wahrnehmungsverzerrungen, Vorurteile oder voreilige Schlussfolgerungen:** Hier spricht man auch von Effekten, z. B. dem Halo-Effekt (man schliesst von einer Eigenschaft auf eine andere, z. B. ein Handballer spielt im Team, muss also automatisch teamfähig sein) oder dem Kontrast-Effekt (unter schlechten Mitarbeitenden ist der mittelmässige ein guter Mitarbeiter).
- **Massstab-Fehler:** Dabei handelt es sich um Tendenzen: z. B. zur Mitte (wie die oben beschriebene Normalverteilung) oder ein strenger Vorgesetzter tendiert eher zu harten Bewertungen, eine milde Führungskraft eher zu guten Bewertungen.

Ein ausgereiftes System kann Systemfehler vermeiden, kann aber Subjektivität und Fehler in der Beurteilung nicht verhindern. Aber im Zusammenspiel aller drei genannten Gruppen kann ein solches System diese Gefahren deutlich reduzieren.

5.4 Die Auswertung der Mitarbeiterbeurteilung

Die Ergebnisse der Leistungsbeurteilung haben eine zentrale Bedeutung für fast alle Bereiche der Personalplanung und für wichtige Entscheidungen im Personalbereich.

Die **Beurteilungsbogen** werden im Personaldossier des Mitarbeitenden aufbewahrt, und zwar zentral in der Personalabteilung. Bevor die Personalverantwortlichen den Bogen ablegen, werten sie ihn aus, d. h., sie erfassen alle relevanten Daten, um sie für die Einsatz-, Schulungs- und Förderplanung zur Verfügung zu haben.

Wenn das Material sehr umfangreich ist, sollten **Listen und Auszüge** gemacht werden. Dabei sind folgende **Fragen** interessant:

- Quervergleiche: Wo sind besonders gute Mitarbeitende situiert, die befördert werden sollten?
- Wo gibt es ähnliche Schulungsbedürfnisse, die man zusammenfassen könnte?
- In welchen Bereichen gibt es Qualifikationsmankos oder muss man Vorgesetzte besonders unterstützen, z. B. durch Anwerbung weiterer Leute?
- Wie fallen die Beurteilungen abteilungsweise aus? Daraus ergibt sich Material für Rücksprachen mit den betreffenden Vorgesetzten über die Arbeit des Qualifizierens, eventuell der Führung insgesamt usw.

Jede Personalabteilung muss versuchen, das Material so geschickt wie möglich zu verarbeiten.

Es ist wichtig, dass die **Personalabteilung** die Ergebnisse **zentral auswertet** – auch in einem nur mittelgrossen Unternehmen. An einem Punkt müssen die Fäden zusammenlaufen, muss der Überblick möglich sein und müssen alle Planungsdaten erfasst werden. Wann immer Personalentscheidungen im Unternehmen getroffen werden, ob ein Vorgesetzter mehr Leute braucht, ein anderer einen überqualifizierten Mitarbeiter abgeben will oder ob man daran denkt, interne Seminare für eine bestimmte Fachschulung aufzubauen, muss die Personalabteilung mithilfe der Informationen, über die sie verfügt, unterstützend mitwirken.

5.5 Der Prozess der Mitarbeiterbeurteilung

Wie erwähnt kann eine Mitarbeiterbeurteilung dazu dienen, die Leistung und die Motivation der Mitarbeitenden zu lenken und zu steigern.

Wenn die Mitarbeiterbeurteilung systematisch genutzt wird, dient sie als relevantes **Führungsinstrument.** Was ist damit gemeint?

Die Führung kann in einem Kreislauf beschrieben werden, dem Führungskreislauf.

Abb. [5-8] **Der Führungskreislauf**

[Kreislaufdiagramm: Ziele festlegen → Massnahmen vereinbaren → Massnahmen umsetzen → Zielerreichung prüfen → Standortbestimmung → (zurück zu Ziele festlegen)]

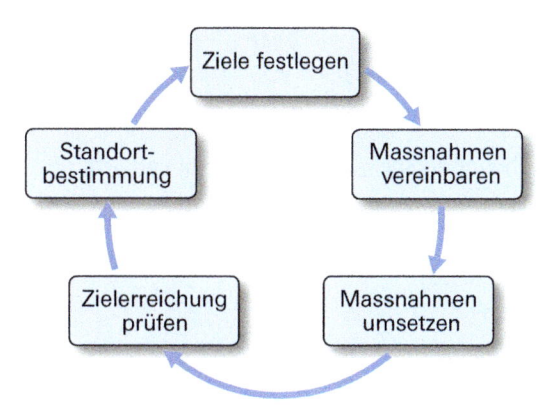

Das gilt auch für die Mitarbeiterbeurteilung. Obwohl i. d. R. jährlich einmal, vielleicht zweimal eine Mitarbeiterbeurteilung durchgeführt wird, ist das ein Prozess, der sich über 12 Monate erstreckt. Übernehmen wir den Führungskreislauf und wenden ihn für den Beurteilungsprozess, sieht das wie folgt aus.

Abb. [5-9] **Der Führungskreislauf in der Mitarbeiterbeurteilung**

[Kreislaufdiagramm: Ziele / Massnahmen → Durchführung beobachten → Kontrollieren → Beurteilen Soll und Ist → Vorbereiten → Besprechen → (zurück zu Ziele / Massnahmen); Nebenzweig von Durchführung beobachten: (Unterstützen) → (Nachfassen) → Kontrollieren]

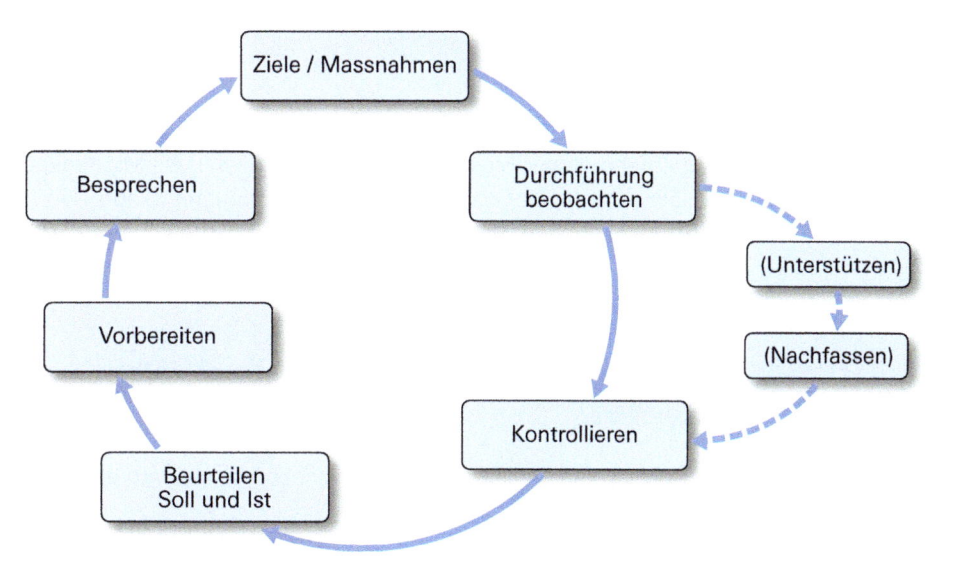

Wir beschreiben im folgenden Text die einzelnen Schritte des Führungskreislaufs bei der Mitarbeiterbeurteilung.

A] Ziele festlegen

Zum ersten Mal werden beim Stellenantritt Ziele auf der Basis des Anforderungsprofils und der Qualifikationen des neuen Mitarbeitenden definiert.

Wenn der Mitarbeitende sich bereits im Arbeitsprozess bewegt, werden neben dem Anforderungsprofil und den Qualifikationen auch neue Erkenntnisse, z. B. zum Einsatz der vorhandenen Kompetenzen, nämlich die tatsächliche Leistung verwendet, um Ziele zu definieren.

Das kann in einer Mitarbeiterbeurteilung erfolgen und wird schriftlich festgehalten.

Wichtig ist, dass die Ziele der Formel «SMART» entsprechen. **Quantitative Ziele** sind einfach zu definieren.

Beispiel	Der Kundendienstleiter reduziert die Reklamationsquote im gesamten Team bis 31. Dezember 20xx um 10%.

Schwierig wird es, wenn es sich um **qualitative Ziele,** die z. B. das Verhalten betreffen, handelt. Doch auch solche Ziele sind im Führungsalltag erforderlich.

Qualitative Ziele können definiert werden, wenn im Unternehmen klare Verhaltensregeln formuliert und allen Mitarbeitenden bekannt sind. Es reicht also nicht, als Ziel die «Verbesserung des Teamgeists» zu formulieren. Darunter versteht jeder etwas anderes.

Beispiel	Man kann im Unternehmen festlegen, was unter «Teamgeist» verstanden wird: Der Mitarbeiter • ist kooperativ und bereit, anderen zu helfen. • hält die Kollegen auf dem Laufenden und informiert sie selbstständig. • bezieht die Interessen und Möglichkeiten anderer in seine Vorschläge und Handlungen mit ein. • erkennt Erfolge und Beiträge anderer offen und ehrlich an. Ist bereit, seine eigenen Ziele und Ambitionen an die Team-Interessen anzupassen.

Massnahmen vereinbaren

Aus den Zielen werden konkrete Massnahmen abgeleitet, die der Mitarbeitende während der Beobachtungsperiode umsetzt.

B] Durchführung

Die Durchführung der Massnahmen selbst ist Sache des Mitarbeitenden. Anhand von Beobachtungen und regelmässigen Standortbestimmungen kann beurteilt werden, ob sich der Mitarbeitende auf dem richtigen, also zielführenden Weg befindet.

Falls nicht, leistet der Vorgesetzte entsprechende Unterstützung, fasst dann bei Bedarf wieder nach oder lässt ihn wieder selbstständig seine Massnahmen durchführen.

C] Kontrollieren

Es ist nicht nur die Begleitung des Mitarbeitenden, sondern es sind auch periodische Erfolgskontrollen erforderlich.

D] Beurteilen

Aus den Beobachtungen und Kontrollen können Leistung, Verhalten des Mitarbeitenden und die Zielerreichung beurteilt werden.

E] Vorbereiten

Die Erkenntnisse fliessen in eine seriöse Vorbereitung des Beurteilungsgesprächs ein. Zur Vorbereitung gehören aber auch technische Belange, wie z. B. die Einladung und Information der Mitarbeitenden und die Schaffung eines ungestörten Umfelds.

F] Besprechen

Ein Mitarbeiterbeurteilungsgespräch kann z. B. wie folgt ablaufen:

- **Einleitung:** Die Führungskraft erklärt den Ablauf, die Rollen und Ziele des Gesprächs.
- **Rückblick:** Die Führungskraft beurteilt Leistung und Verhalten sowie die Zielerreichung der vergangenen Periode. Daraus soll ein offenes Gespräch entstehen.
- **Zukunft:** Die Gesprächsteilnehmer bestimmen Ziele und Massnahmen.
- **Ausblick:** Potenzial, Bedürfnisse, längerfristige Ziele und Erwartungen
- **Feedback:** Nun übernimmt der Mitarbeitende die Führung und beurteilt die Aspekte seines Arbeitsumfelds. Auch daraus soll ein offenes Gespräch entstehen.
- **Abschluss:** Die Führungskraft übernimmt wieder die Leitung, schliesst das Gespräch positiv ab und schafft Perspektiven für die Zukunft

Abb. [5-10] Der Ablauf der Beurteilungsgesprächs

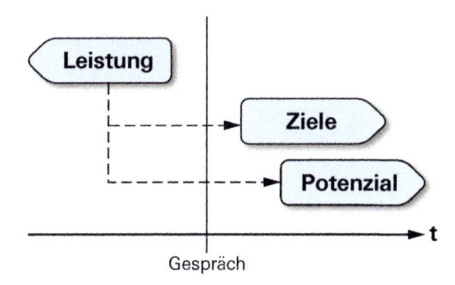

Letztlich geht es nicht um einen detaillierten Ablauf, sondern um die Authentizität im Gespräch: Beide Gesprächspartner sollen zu Wort kommen und jeder soll sich, seine Ziele, Bedürfnisse und Empfindungen einbringen können. Nur so kann langfristig das Verhältnis zwischen Führungskräften und Mitarbeitenden verbessert werden. Das steigert die Leistung der Organisation und beeinflusst die Kultur positiv.

Im Lauf des Gesprächs werden neue Ziele und Massnahmen formuliert, und damit beginnt der Prozess wieder von vorne.

Parallel dazu werden sämtliche Auswertungen erstellt und verarbeitet.

Zusammenfassung

Ein transparentes Gespräch mit den Mitarbeitenden ist nicht nur ein zentrales Führungsinstrument. Wenn es systematisch durchgeführt wird, dient es allen Anspruchsgruppen im Unternehmen als **Lenkungs-, Informations- und Kontrollinstrument.**

Abgeleitet von den Unternehmenszielen werden der **Erfüllungsgrad der Anforderung**en an die Stelle sowie allfälliges Potenzial beurteilt und daraus wird der **Entwicklungsbedarf** abgeleitet.

Es gibt **freie, standardisierte und strukturierte Gespräche**. Mit einem strukturierten Instrument (Mitarbeiterbeurteilungsformular) werden Kriterien vorgegeben: Zum Beispiel Kompetenzen, Interesse, Leistung, Verhalten. Eine Skala ermöglicht die Einteilung in vorgegebene Stufen. Denkbar sind aber auch freie Beurteilungen in Worten pro vorgegebenes Kriterium.

Weitere Instrumente sind das **Mitarbeiterfeedback, die Selbst- oder die 360-Grad-Beurteilung.**

Der **Prozess der Mitarbeiterbeurteilung** erstreckt sich über eine im Unternehmen definierte Periode, i. d. R. über ein Jahr. Er führt von der Zielformulierung und Massnahmenvereinbarung über die Durchführung, eine periodische Kontrolle zur neuen Beurteilung mittels Formular und dann zum Gespräch. In diesem werden neue Ziele formuliert – und der Prozess beginnt von vorne.

Repetitionsfragen

23 Eine Führungskraft stellt immer wieder den Nutzen einer systematischen Mitarbeiterbeurteilung infrage. Sie meint: «Ich kenne meine Leute, beurteile sie laufend und gebe ihnen täglich meine Rückmeldung, ich brauche kein System und niemanden, der mir hier hineinredet.»

Nennen Sie ihm fünf Argumente, die für eine systematische Mitarbeiterbeurteilung sprechen.

24 Hinterfragen Sie die folgenden Aussagen kritisch und formulieren Sie je eine Antwort.

A] «Ein Beurteilungssystem mit möglichst vielen Stufen, schätzungsweise 10 oder 12, ermöglicht eine hohe Differenzierung in der Beurteilung.»

B] «Eine Selbstbeurteilung durch den Mitarbeitenden als Vorbereitung für das Mitarbeitergespräch ist gefährlich, v. a. wenn die Beurteilung der Führungskraft schlechter ausfällt. Das führt nur zu Enttäuschungen.»

C] «Ein Mitarbeiterfeedback ist nicht stufengerecht. Eine Führungskraft beurteilt den Mitarbeitenden. Wo kommen wir denn hin, wenn ein Mitarbeitender seine Vorgesetzten beurteilt?»

25 Folgende Situationen im Alltag einer Personalabteilung müssen sich ändern. Formulieren Sie zu jeder Situation je ein Ziel und zwei Massnahmen, um die Situation zu verändern:

A] Ein HR-Sachbearbeiter macht im Erstellen von Arbeitszeugnissen zu viele Fehler.

B] Ein HR-Bereichsverantwortlicher rekrutiert offensichtlich die falschen Mitarbeiter.

C] Der Leiter Aus- und Weiterbildung hält nie die Schulungskosten-Budgets ein.

26 Im Unternehmen A gelten für alle Mitarbeitenden einer Hierarchiestufe dieselben Kriterien. Erklären Sie in einem Satz den Vorteil dieser Kriterienart.

27 A] Was versteht man unter dem Mitarbeiterfeedback?

B] Welche Punkte werden beim Mitarbeiterfeedback beurteilt? Nennen Sie zwei.

6 Personalentwicklung

Lernziele	Nach der Bearbeitung dieses Kapitels können Sie …
	• die Bedeutung und Ziele der Personalentwicklung beschreiben.
	• die internen und externen Einflüsse auf die Personalentwicklung nennen.
	• Organisation, Aufgaben und Massnahmen der Personalentwicklung darstellen.
	• die verschiedenen Förderungsmöglichkeiten von Mitarbeitenden unterscheiden.
	• die Personalentwicklung systematisch durchführen.
Schlüsselbegriffe	Along the job, Aufgaben, Bedeutung, dezentrale Personalentwicklung, externe Einflüsse, Förderungsmöglichkeiten, interne Einflüsse, into the job, near the job, off the job, on the job, out of the job, Outsourcing, parallel to the job, Personalbildung, Personalentwicklung, Personalförderung, Personalentwicklungspolitik, zentrale Personalentwicklung, Ziele

6.1 Die Personalentwicklungspolitik

In der **Personalpolitik** werden die allgemeinen Leitlinien und Ziele des Personalmanagements definiert, die beispielsweise lauten:

Beispiel — **Personalpolitik unserer Beispielfirma**

Zur Bewältigung unserer Aufgaben und um die Interessen unserer Kunden wahrnehmen zu können, brauchen wir leistungsfähige und kompetente Teams, geleitet von qualifizierten Führungskräften.

Das Know-how erhalten und vermehren wir systematisch durch eine langfristig orientierte Weiterbildungs- und Förderungspolitik auf allen Mitarbeiterstufen.

Die **Personalentwicklungspolitik** wird aus der Personalpolitik abgeleitet und konkretisiert, welchen Wert das Unternehmen auf die Förderung seiner Mitarbeitenden legt, wie es dabei vorgeht, welchen Stellenwert bestimmte Massnahmen (z. B. die interne Schulung, die individuelle Laufbahnplanung usw.) dabei einnehmen und wie es die Nachfolgeplanung konzipiert.

Die generellen **Ziele einer Personalentwicklungspolitik** sind demnach:

- Verbesserung der **Wettbewerbsfähigkeit:** Die Mitarbeitenden werden so ausgebildet und gefördert, dass sie die Wettbewerbsfähigkeit des Unternehmens bestmöglich unterstützen und weiterentwickeln.
- Erhöhung der **Flexibilität:** Die bessere Qualifikation der Mitarbeitenden macht sie breiter einsetzbar (man nennt dies auch «polyvalent»).
- Steigerung der **Motivation:** Der Erfolg des Unternehmens hängt zu einem wesentlichen Teil von der Motivation und Leistungsbereitschaft der Mitarbeitenden ab.
- Sicherung des **Mitarbeiterpotenzials:** Qualifizierte Mitarbeitende sind gleichzeitig Engpass und Garant des langfristigen Unternehmenserfolgs. Gezielte Personalentwicklungsmassnahmen verringern die Fluktuation und somit den externen Personalbedarf.

Beispiel — **Personalentwicklungspolitische Aussage unserer Beispielfirma**

Unsere Mitarbeitenden werden regelmässig kundengerecht in internen und externen Kursen geschult. Dabei wird auch der Persönlichkeitsentwicklung das notwendige Gewicht beigemessen. Der Bildungsbedarf ergibt sich aus den persönlichen Fähigkeiten der Mitarbeitenden, aus der Stellenbeschreibung und den Erwartungen unserer Kunden.

6.2 Ziele der Personalentwicklung

Aus den Zielen der Personalentwicklungspolitik lassen sich auch die Ziele der Personalentwicklung ableiten. Jedes Unternehmen definiert aufgrund der unternehmensspezifischen Personalentwicklungspolitik, d. h. auf der Basis der gesamtunternehmerischen Ziele, die konkreten Personalentwicklungsziele. Wir befassen uns hier mit den grundsätzlich allgemeingültigen Zielen der Personalentwicklung.

Wir haben bereits gesagt, dass die Personalentwicklung das **Ziel** hat, das **Leistungspotenzial** der Mitarbeitenden auszuschöpfen oder zu verbessern.

Von diesem Ziel können viele, **detailliertere Ziele** abgeleitet werden:

- Neue Mitarbeitende speditiv integrieren, damit sie in kurzer Zeit einen Beitrag zur Wertschöpfung leisten können
- Flexibilität des Personals sichern, um bei frei werdenden oder neuen Stellen schnell reagieren zu können und weniger auf das Angebot auf dem offenen Arbeitsmarkt angewiesen zu sein
- Unternehmensspezifische Kernkompetenzen stärken, damit das Unternehmen sich weiterhin von der Konkurrenz positiv abheben kann
- Innovationsfähigkeit des Unternehmens durch qualifizierte Mitarbeitende erhöhen, um wettbewerbsfähig zu bleiben
- Talentierten und Hochqualifizierten einen anregenden und herausfordernden Rahmen bieten, damit sie ihre Potenziale entfalten können
- Mitarbeitende auf Organisationsveränderungen vorbereiten, um Vorhaben (z. B. Internationalisierung oder Fusion) mit Erfolg realisieren zu können
- Arbeitnehmende motivieren und mit attraktiven Entwicklungsmöglichkeiten an das Unternehmen binden
- Eine gemeinsame Unternehmenskultur unterstützen, um die Kommunikation und Koordination im Unternehmen zu erleichtern
- Das Image als mitarbeiterorientierter Arbeitgeber fördern, um auf diesem Weg die Loyalität der Mitarbeitenden zu gewinnen und das Personalmarketing zu unterstützen

Im Idealfall durchdringt die Personalentwicklung das ganze Unternehmen und unterstützt den Erhalt und die Entwicklung des Unternehmens. Man könnte auch von einer **«Lernenden Organisation»** sprechen. Das Konzept von der «Lernenden Organisation» stammt von Peter Senge. Die «Lernende Organisation» übt sich in fünf «Disziplinen». Es handelt sich um folgende, stark vereinfacht dargestellte, Fähigkeiten:

- Persönliche Kompetenz, d. h., jede Person wird ermutigt, sich selbst zu entwickeln.
- Mentales Modell, d. h., Annahmen werden hinterfragt, um gute Entscheidungen treffen zu können.
- Gemeinsame Vision, d. h., gemeinsam werden Bilder von der angestrebten Zukunft entwickelt und jeder versteht seinen Beitrag zur Realisierung der Vision.
- Teamlernen, d. h., weil das Wissen einer Gruppe grösser als die Summe der individuellen Begabungen ist, werden Methoden des gemeinsamen Lernens gefördert.
- Systemdenken, d. h., das Denken in Beziehungen und Wirkungen wird geübt, um das Unternehmen besser auf die Entwicklungen im Umfeld abzustimmen.

Nach Peter Senge ist das Systemdenken besonders wichtig. Es ist v. a. die Wahrnehmung und Berücksichtigung von positiven und negativen Feedbacks, die zu neuen Erkenntnissen für Unternehmen führen.

6.3 Einflüsse auf die Personalentwicklung

Wie auf sämtliche Aktivitäten im Unternehmen, wirken auch auf die Personalentwicklung im Unternehmen zahlreiche interne und externe Einflüsse ein.

Abb. [6-1]   Das St. Galler Management-Modell

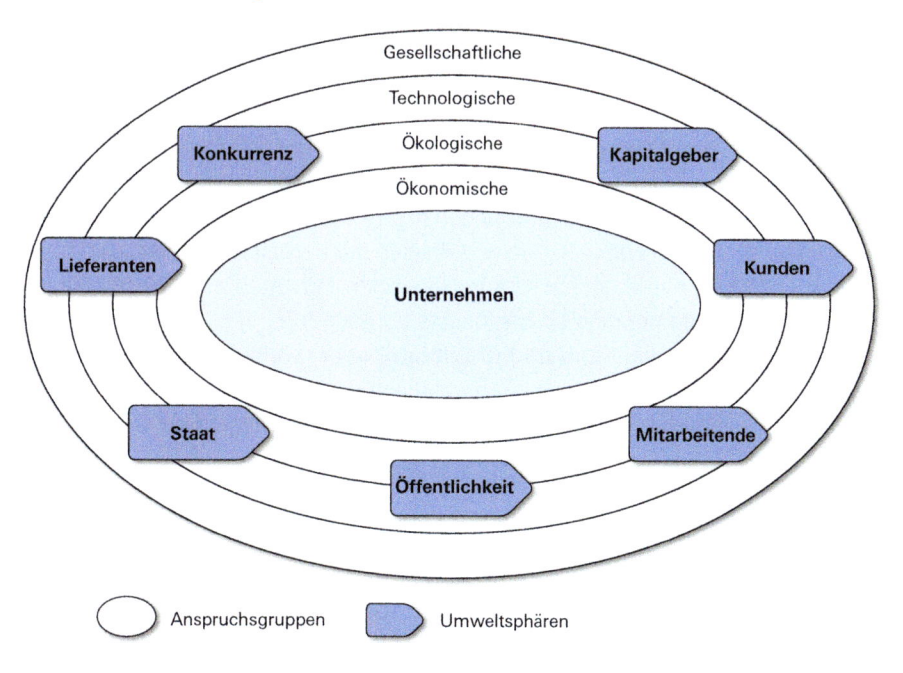

Diagramm: Konzentrische Ellipsen mit "Unternehmen" im Zentrum, umgeben von Umweltsphären (Gesellschaftliche, Technologische, Ökologische, Ökonomische) und Anspruchsgruppen (Konkurrenz, Kapitalgeber, Lieferanten, Kunden, Staat, Mitarbeitende, Öffentlichkeit). Legende: Anspruchsgruppen, Umweltsphären.

Je stärker und rascher sich die Umweltbedingungen verändern, desto wichtiger wird für das Unternehmen als Ganzes und für die einzelnen Mitarbeitenden die ständige Weiterentwicklung oder das lebenslange Lernen.
Wo früher eine Berufslehre das ganze Erwerbsleben gesichert hatte, ist eine Berufsausbildung oder ein Studium der Einstieg in einen kontinuierlichen Lernprozess.

6.3.1 Externe Einflüsse

Lebenslanges Lernen ist also die Devise. Lernen hilft allen Erwerbspersonen, die **Arbeitsmarktfähigkeit** zu erhalten. Die Arbeitsmarktfähigkeit oder Beschäftigungsfähigkeit (engl. employability) ist im Interesse aller Erwerbspersonen – unabhängig davon, ob eine Erwerbsperson einen Traumjob gefunden hat oder sich immer wieder auf dem unternehmensinternen Stellenmarkt oder auf dem offenen Arbeitsmarkt bewähren muss.

Verschiedene **Entwicklungen** führen zur Forderung nach lebenslangem Lernen und begründen verstärkte Massnahmen der Personalentwicklung. Die wichtigsten Entwicklungen sind:

- **Strukturwandel:** Die Bedeutung der Agrarwirtschaft (primärer Sektor) und der Industrie (sekundärer Sektor) sinkt, während Dienstleistungen wie Handel, Tourismus, Finanzinstitute (tertiärer Sektor) immer wichtiger für die Volkswirtschaft werden. Dieser Prozess wird **Tertiärisierung** genannt. Der strukturelle Wandel fordert die Fähigkeit und Bereitschaft zur beruflichen Neuorientierung.
- **Wissensgesellschaft:** Mit dem Prozess der Tertiärisierung verliert der Einsatz von Arbeitskraft an Bedeutung, während Wissen und Wissensarbeit immer wichtiger werden. Zum Wissen gehört nicht nur das reine Sachwissen, sondern auch die Fähigkeit, zu reflektieren, zu beurteilen und Probleme zu lösen sowie sich neues Wissen anzueignen.
- **Technologischer Wandel:** Neue Technologien lösen alte Verfahrensweisen sprunghaft ab. Sie stellen einerseits neue Anforderungen an die Nutzer und bieten andererseits vielfältige Chancen. Denken Sie an das Recherchieren in einer Bibliothek und im Internet oder an das Lernen mit einem Buch und selbst organisiertes Lernen auf einer virtuellen Lernplattform.

- **Beschleunigte Produkt- und Organisationslebenszyklen:** Die Zeit zwischen einer Produktidee und ihrer Entwicklung zu einer marktfähigen Innovation wird immer kürzer. Start-up-Unternehmen können sich in wenigen Jahren zu Imperien entwickeln (z. B. Google, Facebook), sie können auch scheitern. Um im verschärften Wettbewerb bestehen zu können, müssen Unternehmen talentiertes und hoch qualifiziertes Personal mit klugen und kreativen Ideen sowie Personen mit Leadershipqualitäten mit anspruchsvollen Programmen der Personalentwicklung binden.
- **Sozialer Wertewandel:** Menschen wollen nicht nur arbeiten, um ihren Lebensunterhalt zu sichern, sie wollen Herausforderungen bestehen und ihre Begabungen bei der Arbeit einsetzen können. Darüber hinaus kommt es immer häufiger vor, dass Personen im Lauf ihrer Karriere den Beruf wechseln wollen. Die strikte Rollentrennung zwischen Männern und Frauen löst sich auf. In der Folge gibt es immer mehr Patchworkbiografien. Patchworkbiografien sind Lebensläufe, die nicht einer bestimmten Laufbahn folgen, sondern verschiedene Berufe und Phasen der Berufstätigkeit und der Auszeit umfassen. Diese neuen Karrieremuster fordern von den Personen eine grosse Lernbereitschaft und von den Unternehmen ein vielfältiges Lernangebot.
- **Globalisierung und Mobilität:** Mit der weltweiten Vernetzung in allen Bereichen und der Möglichkeit, international tätig zu sein bzw. in einem multikulturellen Team zu arbeiten, werden stets neue Anforderungen an die Mitarbeitenden (z. B. interkulturelle Kompetenz, Fremdsprachenkenntnisse) gestellt.

6.3.2 Interne Einflüsse

Die Personalentwicklung umfasst alle Massnahmen, mit denen die Qualifizierung der Mitarbeitenden und somit auch des Unternehmens erhalten und verbessert werden soll. Die externen Einflüsse wirken sich unweigerlich auf die Anforderungen an die Leistungsträger im Unternehmen aus.

Aber auch intern verändert sich die Umwelt. Man kann von zwei grundsätzlichen Schwerpunkten sprechen:

- Im Unternehmen müssen geeignete Qualifikationen zur Verfügung stehen, um die Unternehmensziele zu unterstützen.
- Die im Unternehmen vorhandenen Mitarbeiterpotenziale sollen bestmöglich ausgeschöpft werden.

Die folgende Grafik veranschaulicht diesen Zusammenhang.

Abb. [6-2] **Unternehmensentwicklung und Personalentwicklung**

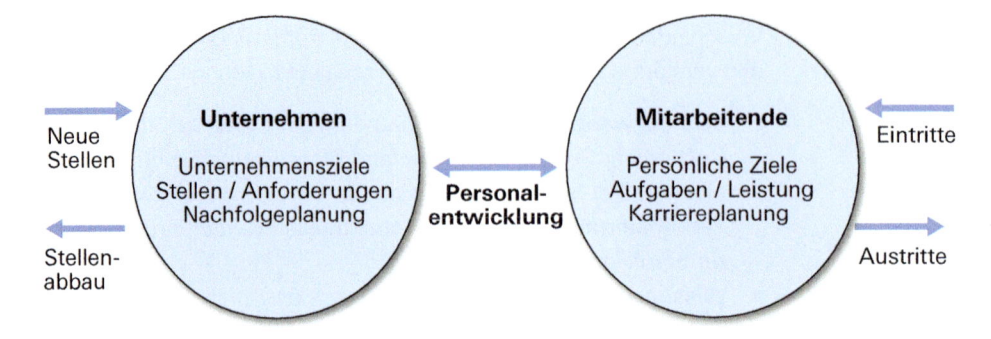

Eine Änderung der Unternehmensziele beeinflusst die Personalplanung in Bezug auf die notwendigen Stellen und Anforderungen. Je nach Gegebenheiten kommt es zu einem Stellenabbau oder es müssen neue Stellen geschaffen werden. Um rechtzeitig über die notwendigen Mitarbeitenden mit den entsprechenden Qualifikationen zu verfügen, benötigt man im Unternehmen eine systematische Personalentwicklung und Nachfolgeplanung.

Damit die Mitarbeitenden motiviert und somit auch leistungsstark bleiben, wollen sie ihre **persönlichen Ziele** erreichen, Aufgaben erhalten, die ihren Qualifikationen entsprechen, für ihre Leistungen honoriert werden und ihre persönliche Karriereplanung verwirklichen. Der Eintritt und der Verbleib im Unternehmen hängen wesentlich davon ab, ob die persönlichen Entwicklungsziele mit den Entwicklungsmöglichkeiten im Unternehmen übereinstimmen.

6.4 Organisation der Personalentwicklung

Personalentwicklung kann intern erfolgen und zentral oder dezentral organisiert werden. Sie kann aber auch ausgelagert werden.

6.4.1 Zentral organisierte Personalentwicklung

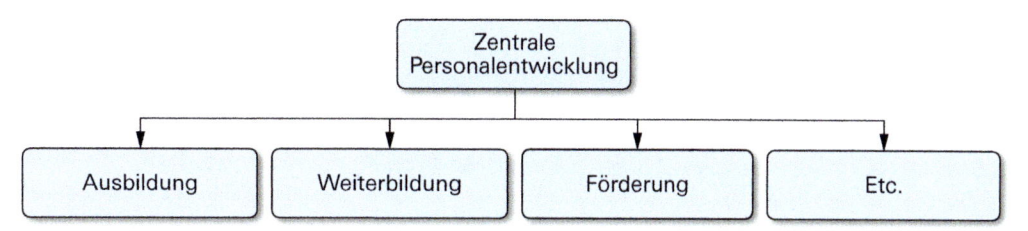

Bei der zentral organisierten Personalentwicklung sind alle Funktionen der Personalentwicklung konzentriert, d. h., es gibt eine Organisationseinheit Personalentwicklung. Die folgende Abbildung zeigt ein einfaches Modell der zentralen Personalentwicklung.

Abb. [6-3] **Zentral organisierte Personalentwicklung**

```
                  Zentrale
              Personalentwicklung
         ┌──────────┬──────────┬──────────┐
         │          │          │          │
    Ausbildung  Weiterbildung  Förderung   Etc.
```

Die zentral organisierte Personalentwicklung hat Vor- und Nachteile. Die folgende Tabelle gibt einen Überblick.

Abb. [6-4] **Die Vor- und Nachteile der zentral organisierten Personalentwicklung**

Vorteile	Nachteile
• Die grosse Nähe zum Topmanagement des Unternehmens ermöglicht eine bessere Einflussnahme. • Die Personalentwicklungsstrategie kann mit einheitlichen Standards im ganzen Unternehmen durchgesetzt werden. • Die Ressourcen (wie Personal, Finanzen) der Personalentwicklung sind gebündelt und können so wirtschaftlicher gemanagt und einfacher kontrolliert werden	• Der spezifische Personalentwicklungsbedarf in den verschiedenen Bereichen wird nicht oder verzögert gedeckt. • Die Führungskräfte in den Linien werden nicht angeregt, sich mit der Entwicklung und Laufbahn der Mitarbeitenden zu befassen. • Personalentwicklung wird nicht als Unterstützung wahrgenommen, sondern als zusätzlicher Aufwand.

In dieser Organisationsform befasst sich das HR mit der Grob- und Detailkonzeption der Personalentwicklungsmassnahmen und dürfte auch in die Umsetzung stark involviert sein. Es stellt auch die Schnittstellen zu den Führungskräften sicher.

6.4.2 Dezentral organisierte Personalentwicklung

Bei der dezentral organisierten Personalentwicklung sind die Aufgaben auf die relevanten Organisationseinheiten im Unternehmen verteilt. Die folgende Abbildung zeigt ein einfaches Modell der dezentralen Personalentwicklung.

Abb. [6-5] **Dezentral organisierte Personalentwicklung**

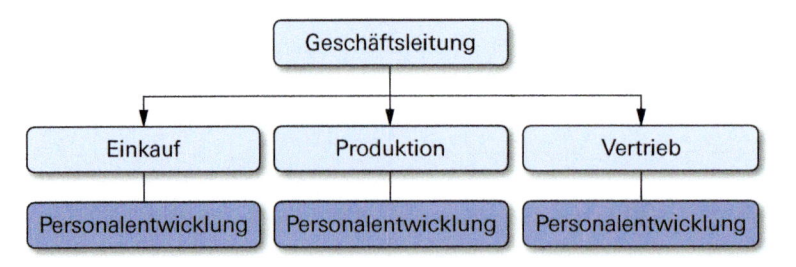

```
                    Geschäftsleitung
          ┌──────────────┼──────────────┐
       Einkauf        Produktion       Vertrieb
  Personalentwicklung  Personalentwicklung  Personalentwicklung
```

Auch die dezentrale Personalentwicklung hat Vor- und Nachteile. Die folgende Tabelle gibt einen Überblick.

Abb. [6-6] **Die Vor- und Nachteile der dezentral organisierten Personalentwicklung**

Vorteile	Nachteile
• Die Personalentwicklung kann schneller auf eine veränderte Bedarfslage reagieren. • Die Massnahmen der Personalentwicklung können stärker auf die bereichsspezifischen Anforderungen zugeschnitten werden. • Die Akzeptanz der Massnahmen der Personalentwicklung wird gestärkt.	• Doppelspurigkeit entsteht etwa bei den Angeboten der Personalbildung. • Der Ressourcenverbrauch (Personal und Finanzen) wird erhöht. • Bereichsdenken wird gefördert statt bereichsübergreifende Vernetzung und Zusammenarbeit im Unternehmen.

Um die Nachteile zu minimieren, gibt es in vielen Unternehmen **Mischformen.** So können beispielsweise Standardprogramme zentral geplant, durchgeführt und evaluiert werden, während sehr spezifische Massnahmen der Personalentwicklung in der Verantwortung des Bereichs bleiben.

In dieser Organisationsform fallen dem HR primär Koordinationsaufgaben zu, v. a. in organisatorischen Mischformen.

Beispiel In unserer Beispielfirma könnte in einer solchen organisatorischen Mischform das marketingspezifische Fachwissen durch die Linie organisiert und vermittelt werden.

6.4.3 Outsourcing der Personalentwicklung

Viele Unternehmen können kaum Personalressourcen für die Personalentwicklung zur Verfügung stellen. Sie beziehen deshalb Leistungen von aussen. Auch viele Unternehmen, die Personalressourcen für die Personalentwicklung haben, nutzen bei Bedarf den Fremdbezug oder lagern Teile der Personalentwicklung gezielt aus (Outsourcing).

Nicht alle Aufgaben der Personalentwicklung eignen sich für den Fremdbezug bzw. das Outsourcing. So sollte beispielsweise die Entwicklung einer auf das Unternehmen zugeschnittenen Personalentwicklungsstrategie intern erfolgen, wobei eine externe Beratung dabei unterstützen kann.

Im Gegensatz dazu können **Standardmassnahmen** der Personalbildung auch von externen Dienstleistern durchgeführt werden. Standardmassnahmen haben definierte Inhalte und bestimmte Lernziele. Es kann also relativ leicht überprüft werden, ob die Ziele erreicht werden.

Bei bestimmten Personalentwicklungsmassnahmen empfiehlt sich die Durchführung durch externe Experten. Das kann beim Führungskräfte-Coaching oder bei der Moderation von Projektteams in einer schwierigen Projektphase der Fall sein. Externe Anbieter haben den Vorteil, dass sie neutral und frei von «**Betriebsblindheit**» sind. Das kann die **Akzeptanz** von Fördermassnahmen erhöhen.

In dieser Organisationsform dürfte das HR ebenfalls die Schnittstellen zu den Führungskräften und zum Outsourcing-Partner sicherstellen. Die Einbindung in die Prozesse ist hier äusserst wichtig, um dem externen Partnerfirmen spezifische und kulturelle Aspekte zu übermitteln.

6.5 Aufgaben und Massnahmen der Personalentwicklung

6.5.1 Aufgaben der Personalentwicklung

Die Aufgaben der Personalentwicklung liegen in einem Spannungsfeld. Einerseits sorgt die Personalentwicklung dafür, dass wesentliche Kompetenzen, die Kernkompetenzen, im Unternehmen erhalten bleiben. Andererseits ist die Personalentwicklung gefordert, die vorhandenen Kenntnisse, Fähigkeiten und Fertigkeiten mit neuen und innovativen Aspekten anzureichern, damit das Unternehmen wettbewerbsfähig bleibt.

Im Kern hat die Personalentwicklung drei Aufgabenfelder:[1]

- Personalbildung
- Personalförderung
- Unterstützung der Organisationsentwicklung

Personalbildung

Dabei handelt es sich um Massnahmen, die die Mitarbeitenden befähigen, bestimmte Anforderungen erfüllen zu können, z. B.:

- Berufliche Grundbildung
- Weiterbildungsprogramme
- Führungsbildung
- Umschulungsprogramme

Personalförderung

Hier unterstützen Massnahmen die Mitarbeitenden in der Entwicklung ihrer Potenziale. Der Fokus liegt auf der aktuellen Funktion und bei allfälligen künftigen Funktionen. Wir bringen dazu einige Beispiele:

- Einarbeitung von neuen Mitarbeitenden
- Fördergespräche, Standortbestimmungen, Leistungsbeurteilung
- Übernahme von Stellvertretungen und Assistenzaufgaben
- Coaching oder Mentoring
- Internationale Einsätze
- Laufbahnförderung, Nachfolgeplanung
- Jobenlargement (Erweiterung der eigenen Aufgabe durch zusätzliche Teilaufgaben)
- Jobenrichment (Bereicherung der eigenen Aufgabe durch grössere Entscheidungs-, Kontrollspielräume)
- Jobrotation (zeitlich befristete Übernahme einer anderen Aufgabe oder eines anderen Arbeitsplatzes)

---

[1] In Anlehnung an Becker, Manfred: Personalentwicklung, Stuttgart 2009.

Unterstützung der Organisationsentwicklung

Massnahmen zur Verbesserung der Rahmenbedingungen, damit der **Lerntransfer** erleichtert wird und die Veränderungs- und die Innovationsfähigkeit des Unternehmens erhalten bleiben:

- Teamentwicklung
- Mitarbeit in Projekten
- Qualitätsgruppen (zur Optimierung der Struktur, d. h. der Aufbau- und Ablauforganisation)

6.5.2 Massnahmen der Personalentwicklung

Nicht für jede Situation oder jedes Ziel eignet sich jede Massnahme. Zur Auswahl stehen sieben mögliche Massnahmen.

Abb. [6-7] Möglichkeiten der Förderung von Mitarbeitenden

Massnahme	Beschreibung	Beispiel
On the job	Qualifizierungsmassnahmen direkt am Arbeitsplatz	• Jobenlargement • Jobenrichment • Jobrotation
Into the job	Vorbereitung auf die Übernahme einer neuen Tätigkeit	• Einführung von neuen Mitarbeitenden • Praktikum in anderen Abteilungen • Traineeprogramm im Ausland
Near the job	Training in der Nähe des Arbeitsplatzes, d. h. ausserhalb des Arbeitsplatzes, aber mit Fachbezug zur Arbeit	• Qualitätszirkel • Workshop
Parallel to the job	Qualifizierte Beratung des Mitarbeitenden zur Aufgabenerfüllung	• Coaching • Mentoring
Along the job	Karrierebezogene Entwicklungsmassnahmen	• Einsatz als Assistent oder Stellvertreter • Nachwuchsplanung
Off the job	Weiterbildungsanlässe intern oder extern	• Fach-, Führungsseminar • Vortrag
Out of the job	Vorbereitung auf den Ausstieg	• Outplacement • Vorbereitung auf den Ruhestand

Beispiel Einige Situationen in unserer Beispielfirma:

Station	Aufgabenfeld	Massnahme
Einführung in den Telefondienst, Theorie und Organisation	Förderung	Into the job
Einsatz während dreier Tage in der 1. Schicht des Telefondiensts	Förderung	Into the job
Teilnahme an der Projektsitzung «Fit für 2020 – Optimierungen im Kundendienst»	Organisationsentwicklung	Near the job
Besuch der Vortragsreihe an der Fachhochschule «Der Kundendienst der Zukunft»	Bildung	Off the job

6.6 Der Personalentwicklungsprozess

Personalentwicklungsentscheide müssen auf der Basis eines systematischen Vorgehens gefällt werden. Ansonsten läuft das Unternehmen Gefahr, sich in Einzelmassnahmen zu verzetteln. Damit werden weder die Unternehmensziele unterstützt noch die grundsätzlichen Ziele der Personalentwicklung erreicht.

Auf der Basis der Personalpolitik und der darin formulierten Bildungsziele wurden die personalentwicklungspolitischen Grundsätze formuliert. In Kapitel 6.2, S. 96 haben wir folgende Ziele formuliert:

Beispiel
- Unsere Mitarbeitenden werden regelmässig kundengerecht in internen und externen Kursen geschult. Dabei wird auch der Persönlichkeitsentwicklung das notwendige Gewicht beigemessen.
- Der Bildungsbedarf ergibt sich aus den persönlichen Fähigkeiten der Mitarbeitenden, aus der Stellenbeschreibung und den Erwartungen unserer Kunden.

Diese allgemeinen Entwicklungsziele müssen nun konkretisiert werden. Damit beginnt der gesamte Prozess der Personalentwicklung.

Abb. [6-8]   Der Prozess der Personalentwicklung

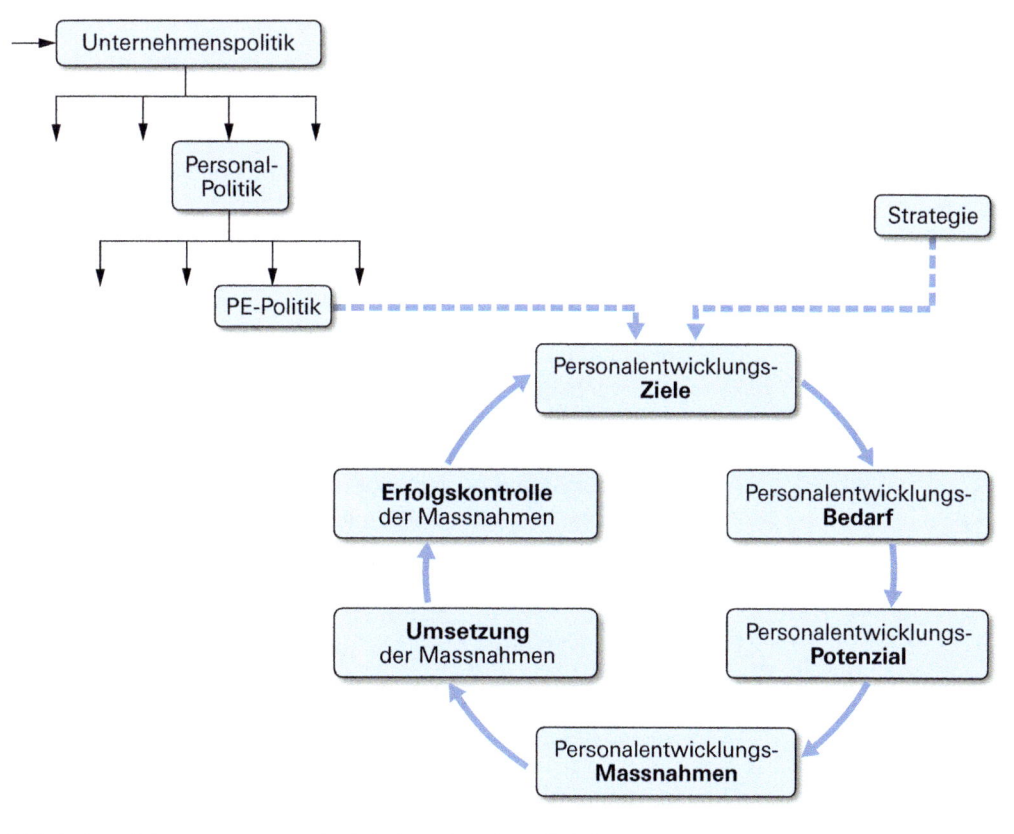

Wir behandeln nun systematisch jeden einzelnen Schritt:

6.6.1 Personalentwicklungsziele

Die Personalentwicklungsziele, die Soll-Situation, können eher kurz- bis mittelfristig angelegt sein. Das heisst, es werden gegenwärtige und künftige Anforderungen definiert.

Zur Konkretisierung der Entwicklungsziele muss in unserem Beispiel geklärt werden, wie das Ziel der kundengerechten Schulung in konkretere Teilziele zu fassen ist resp. wie die Persönlichkeitsbildung gefördert werden kann.

Beispiel	Alle Mitarbeitenden mit direktem Kundenkontakt sind bis zum Ende der nächsten Planungsperiode mit den Grundlagen des erfolgreichen Verkaufsverhaltens vertraut.

Es genügt nicht, ein einziges Ziel zu formulieren. Zur Veranschaulichung des Personalentwicklungsprozesses beschränken wir uns auf dieses eine Ziel.

Es müssen auch längerfristige Ziele formuliert werden. Damit z. B. die Entwicklung des Unternehmens gesichert werden oder das Unternehmen mit dem technischen Fortschritt mithalten kann, muss die Personalentwicklung bedeutend vorausschauender agieren.

6.6.2 Ermitteln des Personalentwicklungsbedarfs

Es geht nun darum, den gegenwärtigen und den prognostizierbaren künftigen **Entwicklungsbedarf** zu entwickeln. Dieser ist dann vorhanden, wenn zwischen den vorhandenen Qualifikationen der Mitarbeitenden (Ist-Situation) und den in den Entwicklungszielen formulierten Anforderungen (Soll-Situation) eine Lücke besteht.

Folgende Instrumente unterstützen die Ermittlung des Entwicklungsbedarfs:

- Gespräche
- Kundenfeedbacks
- Auswertung von Standort-, Jahres- und Austrittsgesprächen
- Testverfahren, Assessment Center
- Erkenntnisse aus bereits umgesetzten Massnahmen
- Analysen von unternehmerischen Problembereichen
- Potenzialanalysen

Gespräche

In Gesprächen mit dem Top-Management, Führungskräften und den Mitarbeitenden selbst können relevante Erkenntnisse gewonnen werden, um einen allfälligen Bedarf in der Entwicklung zu eruieren.

Auch die Personal- und Ausbildungsverantwortlichen sollen befragt werden, da sie aus dem Kontakt mit Mitarbeitenden, bei Schulungen und weiteren Kontakten über relevante Informationen verfügen können.

Kundenfeedbacks

Kundenaussagen, die persönlich oder schriftlich formuliert werden, lassen erkennen, wo es einen Veränderungs- oder Optimierungsbedarf gibt.

Mit gezielten Kundenumfragen kann dieser Prozess gezielt gesteuert werden.

Auswertung von Standort-, Jahres- und Austrittsgesprächen

Standortgespräche werden schon während der Einführungsphase periodisch geführt, um den Erfolg und den Fortschritt der Einführung zu überprüfen. Ein offenes Gespräch lässt weiteren Entwicklungsbedarf erkennen.

In **jährlich durchgeführten Mitarbeitergesprächen** werden ebenfalls Ansatzpunkte für den Personalentwicklungsbedarf erkannt. Mit diesem Thema befasste sich das Kapitel 5 umfassend.

Auch Austrittsgespräche liefern wertvolle Hinweise, wenn sie strukturiert durchgeführt und systematisch ausgewertet werden.

Testverfahren, Assessment Center

Diese wurden im Kapitel 3.3.2, S. 57 vertieft behandelt.

Erkenntnisse aus bereits umgesetzten Massnahmen

In Laufbahngesprächen werden – wenn sie zielführend geführt werden – konkrete Anhaltspunkte für den Entwicklungsbedarf gewonnen. Ebenso aus der systematischen Bewirtschaftung der Nachfolge- und Laufbahnplanung.

Wenn bereits Förderprogramme durchgeführt wurden, z. B. Coachingaktivitäten, werden daraus ebenfalls Erkenntnisse für den Entwicklungsbedarf gewonnen.

Analysen von unternehmerischen Problembereichen

Wenn z. B. Leistungskennzahlen, Absenzstatistiken oder die Fluktuation ausgewertet und mögliche Gründe dafür eruiert werden, entsteht daraus i. d. R. eine Fülle an Informationen zu Entwicklungsaktivitäten.

Potenzialanalysen

Sie sind das zentrale Instrument zur Ermittlung von prognostizierbarem Entwicklungsbedarf. Das Potenzial kann durch ein Potential Center, auch Development Center genannt, systematisch geprüft werden.

Ein Development Center ist ein Assessment Center (AC) mit Fokus auf die Potenziale der Kandidaten. Es werden also nicht nur die aktuellen Fähigkeiten, die zur Erfüllung einer aktuellen Tätigkeit erforderlich sind, wie bei einem AC als Selektionsinstrument geprüft. Der Kandidat soll in Bezug auf sein Entwicklungspotenzial für künftige Anforderungen im Unternehmen durchleuchtet werden.

Beispiel

Die Auswertung der Kundenumfragen ergab, dass die Dienstleistung des gesamten Kundendiensts modernen Anforderungen nicht mehr genügt. Das gesamte Team muss hier Fortschritte machen.

Gemäss Stellenbeschreibungen sollen Kundendienstmitarbeitende aktiv Verkaufsgespräche führen. Die Prüfung der Personaldossiers ergab, dass einzelne Mitarbeitende über keine Verkaufsausbildung verfügen. Hier besteht Bedarf.

Die Auswertungen der Jahresgespräche ergaben, dass bei einigen Mitarbeitenden das Verhalten gegenüber Kunden grundsätzlich zu wünschen übrig lässt. Diese Situation sollte verbessert werden.

6.6.3 Ermitteln des Personalentwicklungspotenzials

Auch bei kurz- und mittelfristigem Entwicklungsbedarf muss geklärt werden, ob diesem ein entsprechendes Entwicklungspotenzial bei den Mitarbeitenden gegenübersteht. Diese Information ist Voraussetzung für die Festlegung, welche Fähigkeitsmerkmale bei welchen Mitarbeitenden entwickelt werden sollen.

Meist wird dieses Entwicklungspotenzial nicht mit einem umfassenden Potential Center eruiert. Hier genügen z. B. folgende Instrumente:

- Beurteilung durch den Vorgesetzten
- Selbsteinschätzung durch den Mitarbeitenden

6.6.4 Definition der Personalentwicklungsmassnahmen

Personalentwicklungsziele, Entwicklungsbedarf und -potenzial sind die Ausgangspunkte für die Massnahmenplanung.

Abb. [6-9] **Die Entwicklung von Personalentwicklungsmassnahmen**

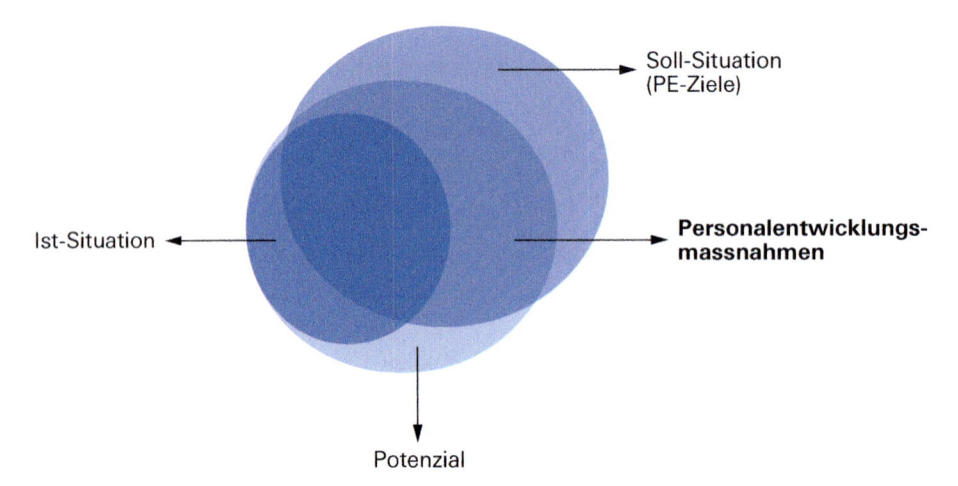

(Diagramm: Ist-Situation, Soll-Situation (PE-Ziele), Personalentwicklungsmassnahmen, Potenzial)

Dabei werden sämtliche Massnahmen, ob individuell oder für Teile der Belegschaft, festgelegt, budgetiert und organisiert.

Mögliche Massnahmen sind

- Schulungen für gewisse Bereiche,
- Fördermassnahmen für einzelne Mitarbeitende oder Teams,
- Laufbahnplanung für Mitarbeitende mit besonderem Potenzial
- etc.

Beispiel

Die Massnahmen für unseren Beispielkundendienst könnten auf der Basis des evaluierten Bedarfs wie folgt aussehen:

- Interner Workshop zum Thema «Optimierung des Kundendiensts» für das ganze Kundendienstteam
- Interne Schulung für die Kundendienstmitarbeitenden ohne Verkaufsausbildung mit Themen, wie Verkaufsgespräch, erfolgreiches Kundenverhalten, Reklamationen als Chance etc.
- Betreuung durch einen Mentor, On-the-job-Entwicklung der Mitarbeitenden mit mangelhaftem Kundenverhalten

In Kapitel 4.2.3 haben wir die Situationen der Mitarbeitenden anhand des **Lebenszyklus** beschrieben. Wenn wir die Personalentwicklungsmassnahmen auf dieses Modell anwenden, könnten diese wie folgt aussehen.

Abb. [6-10] **Die Personalentwicklungsmassnahmen im Lebenszyklus der Mitarbeitenden**

Phasen des Lebenszyklus	Beschreibung
Einführung	Ein systematisches Einführungsprogramm ermöglicht die rasche und nachhaltige Integration in die Aufgabe, in das Team und das Unternehmen.
Wachstum	Schulungen fördern die Professionalisierung; Mitarbeit in Projekten oder Qualitätsgruppen unterstützen die Optimierung.
Reife	Durch Fördermassnahmen können neue Herausforderungen angegangen und höhere Anforderungen erfüllt werden.

Phasen des Lebenszyklus	Beschreibung
Sättigung	Hier sind nach einer Analyse, um die Gründe für den Zustand zu erfahren, individuelle Massnahmen erforderlich. Diese sind abhängig vom Ziel, das mit dem entsprechenden Mitarbeitenden verfolgt wird: • Ist der Mitarbeitende z. B. unterfordert, können – wie in der Reifephase – neue Herausforderungen definiert werden. • Ist der Mitarbeitende überfordert und man möchte ihn behalten, kann z. B. eine Schulung, ein Mentoring o. Ä. helfen, die Situation zu verändern. • Möchte man ihn nicht behalten, werden Trennungsmassnahmen und allenfalls die Unterstützung in der Orientierung nach aussen vereinbart.

6.6.5 Umsetzung der definierten Personalentwicklungsmassnahmen

Wenn die einzelnen Massnahmen feststehen, muss entschieden werden, welche intern und welche extern durchgeführt werden. Dieser Entscheid bezieht sich einerseits auf den Durchführungsort, aber andererseits auch auf z. B. den Trainer.

Diesem Aspekt widmet sich Kapitel 8, S. 120 vertiefter.

Anschliessend werden die Massnahmen im Lauf der Planungsperiode umgesetzt. Die meisten Firmen stellen ihren Mitarbeitenden einen individuellen Ausbildungs-/Entwicklungsplan oder ein Ausbildungsprogramm zur Verfügung.

6.6.6 Erfolgskontrolle der Personalentwicklungsmassnahmen

Personalentwicklung ist nicht nur unverzichtbar, sie ist auch äusserst kostspielig. Aus diesem Grund soll der Erfolg kontrolliert werden. Man prüft, ob die Personalentwicklungsziele tatsächlich erreicht wurden und ob Aufwand und Ertrag in einem wirtschaftlichen Verhältnis zueinander stehen.

Folgende Bereiche können überprüft werden:

- Inhalte
- Anwendung
- Wirtschaftlichkeit
- Gesamterfolg

Inhalte

Der Lernerfolg resp. der Fortschritt wird mit Tests kontrolliert. Sie überprüfen Wissen, Kenntnisse und Fähigkeiten.

Anwendung

Das Verhalten wird kontrolliert und beurteilt. Das kann durch Standortbestimmungen, Beobachtungen oder auch durch Praxisübungen erfolgen.

Wirtschaftlichkeit

Die Einhaltung der Personalentwicklungsbudgets kann gemessen werden. Damit erhält man aber keine Aussagen über den Erfolg der Personalentwicklungsmassnahmen.

Die **Messung des wirtschaftlichen Erfolgs** gestaltet sich oft schwierig. Auch wenn die Kosten bekannt sind, kann der Nutzen der Massnahmen oft nicht gemessen werden. Und nicht jede positive Veränderung in der Praxis kann eindeutig auf die Entwicklungsmassnahmen zurückgeführt werden.

Wenn z. B. nach einem Verkaufstraining deutlich mehr Bestellungen eingehen, aber gleichzeitig ein neues Produkt das Angebot ergänzt, kann der Erfolg eines Seminars nicht in Geldeinheiten ausgedrückt werden.

Gesamterfolg

Der Erfolg von Personalentwicklungsmassnahmen erschöpft sich nicht in möglichen Umsatzsteigerungen oder Kosteneinsparungen.

Höhere berufliche Flexibilität, Förderung des eigenen Nachwuchses, stärkere Motivation und Zufriedenheit sind qualitative Ergebnisse, die nicht oder nur äusserst aufwendig in Zahlen ausgedrückt werden können. Dennoch müssen sie bei der Gesamtbeurteilung der Personalentwicklung berücksichtigt werden.

Diesem Aspekt widmet sich Kapitel 9, S. 133 detailliert.

Beispiel	Bei unserem Beispiel des Kundendiensts sind – neben der Kostenprüfung – folgende Erfolgskontrollen denkbar: • Interner Workshop: Erneute Kundenumfragen durchführen und auswerten • Interne Schulung: Mystery Shopping (organisierte Testkäufe), Beobachtungen am Arbeitsplatz, Beurteilung durch den Vorgesetzten • On-the-job-Entwicklung: Befragung der Mentoren und der Mitarbeitenden selbst, Beurteilung durch den Vorgesetzten

6.6.7 Neue Personalentwicklungsziele

Aus den Erkenntnissen der Erfolgskontrolle und aufgrund neuer Einflüsse, veränderter Unternehmensziele und weiterer Anforderungen werden nun die neuen Personalentwicklungsziele für die nächste Periode definiert und der Prozess beginnt wieder von vorne.

Zusammenfassung	Unter **Personalentwicklung** versteht man alle Massnahmen, mit denen die Qualifikation der Mitarbeitenden verbessert werden soll. Es gibt **interne und externe Einflüsse,** die auf die Personalentwicklung im Unternehmen einwirken. In der Personalentwicklung soll **systematisch vorgegangen** werden. Zuerst werden im Rahmen der Personalpolitik die Personalentwicklungsziele bestimmt. Daraus leitet sich der **Personalentwicklungsbedarf** ab. Dieser wird dem **Entwicklungspotenzial** gegenübergestellt und dann in zielgerichtete Entwicklungsmassnahmen umgesetzt. Nach der Durchführung wird das Ergebnis inhaltlich und wirtschaftlich **überprüft.** Die Personalentwicklung hat das **Ziel,** das **Leistungspotenzial** der Mitarbeitenden auszuschöpfen oder zu verbessern. Sie kann zentral oder dezentral **organisiert** werden. Die Personalentwicklung hat drei wichtige **Aufgaben:** • Personalbildung • Personalförderung • Unterstützung der Organisationsentwicklung

Man unterscheidet sieben Möglichkeiten der Förderung der Mitarbeitenden:

- **On the job** als direkte Massnahme am Arbeitsplatz (Jobenlargement, Jobenrichment, Jobrotation)
- **Into the job** als Hinführung zu einer neuen Tätigkeit
- **Near the job** als arbeitsplatznahes Training
- **Parallel to the job** als qualifizierte Beratung zur Aufgabenerfüllung
- **Along the job** als karrierebezogene Entwicklungsmassnahmen
- **Off the job** als Weiterbildung
- **Out of the job** als Vorbereitung auf den Ausstieg

Bei manchen Unternehmen empfiehlt sich das **Outsourcing** für die Personalentwicklung.

Repetitionsfragen

28 Warum ist die Personalentwicklung eine besonders wichtige Teilfunktion des Personalmanagements? Nennen Sie mindestens drei Gründe.

29 In der folgenden Tabelle finden Sie verschiedene Ausbildungsmethoden. Tragen Sie ein, ob es sich dabei um Training on the job oder Training off the job handelt.

Methode	Training on the job	Training off the job
Einführung durch Vorgesetzten		
Vortrag		
Sonderaufgaben		
Rollenspiel		
Traineeprogramm		
Fernunterricht		
Arbeitsplatzwechsel		
Fachtagung		
Planmässige betriebliche Unterweisung		

30 Nennen Sie drei Instrumente, mit denen der Entwicklungsbedarf ermitteln werden kann.

31 Was versteht man unter Potenzialanalysen?

32 Worin unterschieden sich Jobenlargement und Jobenrichment?

7 Nachfolge- und Laufbahnplanung

Lernziele Nach der Bearbeitung dieses Kapitels können Sie …

- die sechs Phasen der Nachfolgeplanung beschreiben.
- die wichtigsten Anforderungen an die systematische Laufbahnplanung nennen.

Schlüsselbegriffe Business Angels, Entwicklungsmassnahmen, Fachlaufbahn, Farm-out, Führungslaufbahn, into the job, Jobenrichment, Jobrotation, Kompetenzentwicklung, Laufbahnplanung, Nachfolgebedarf, Nachfolgeentwicklung, Nachfolgeoptionen, Nachfolgeplanung, near the job, off the job, on the job, parallel to the job, Regelung der Nachfolge, standardisierte Laufbahnmodelle

7.1 Einleitung

Erfahrungsgemäss wird das **Mitarbeiterentwicklungspotenzial im eigenen Unternehmen** oft unterschätzt. Deshalb erfolgt die Laufbahnplanung an vielen Orten nach wie vor unsystematisch und bleibt dem Zufall überlassen. Oder man reduziert die Personalentwicklung auf ein Angebot von einmaligen Schulungsmassnahmen, um ernüchtert festzustellen, dass diese von den Mitarbeitenden nicht ausreichend geschätzt werden.

In den Mitarbeitergesprächen werden Unterschiede zwischen den Anforderungen und der tatsächlichen Leistung eruiert, aber auch Potenzial und Wünsche nach Weiterentwicklung festgestellt. Daraus lässt sich eine Vielzahl möglicher Massnahmen ableiten: Im einen Fall genügt eine gezielte Schulungsmassnahme, um eine bestimmte Kompetenzlücke zu füllen, in einem anderen sind neue Perspektiven in Form einer Laufbahnplanung gefragt.

Ein wesentliches Ziel der Personalentwicklung ist die Besetzung von frei werdenden oder neu geschaffenen Stellen durch interne Bewerbende. Dafür braucht man die Laufbahnplanung, d. h. die Koordination der individuellen **Entwicklungspläne** der Mitarbeitenden und der stellenbezogenen **Nachfolgeplanung**.

Die wesentlichen **Instrumente der Nachfolge- und Laufbahnplanung** sind:

- **Unternehmensseite:** Stellenpläne der Personalpanung und die stellenbezogenen Nachfolgepläne, d. h., die Erfassung potenzieller oder bereits bekannter Vakanzen (z. B. künftig anstehende Pensionierungen) und möglicher Nachfolgekandidaten
- **Mitarbeiterseite:** Potenzialbeurteilungen und die persönlichen Entwicklungspläne des entsprechenden Mitarbeitenden

Abb. [7-1] **Die Instrumente und das Zusammenspiel der Laufbahn- und Nachfolgeplanung**

Unternehmen
Stellenpläne
Nachfolgepläne
↔
Mitarbeitende
Potenzialbeurteilung
Entwicklungspläne

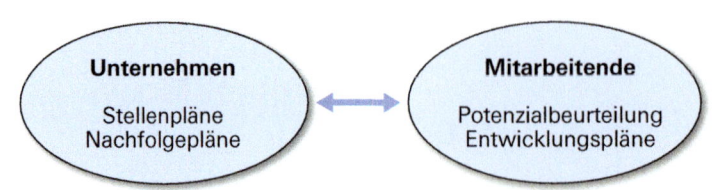

Im Zusammenhang mit der Laufbahnplanung hat sich der englische Fachbegriff **«Management Development»** (MD) eingebürgert. Damit ist die Nachfolgeplanung und -entwicklung von Schlüsselstellen des Unternehmens durch die geeignetsten Führungskräfte gemeint.

Beispiel	Der neu rekrutierte Kundendienstleiter kann zum Marketingleiter, zum Verkaufsdirektor und schliesslich zum Geschäftsleiter aufsteigen.
	Voraussetzung ist, dass er über das für jede Stufe notwendige Potenzial an Wissen und Können verfügt. Auf der anderen Seite müssen im Unternehmen die entsprechenden Stellen für eine systematische Laufbahnentwicklung bereitgehalten werden.

Unternehmen mit einer systematischen Nachfolge- und Laufbahnplanung haben klare **Vorteile:**

- Sie sichern die **personelle Zukunft,** indem sie einen qualifizierten Mitarbeiterstamm nachziehen. Der Schulung von Führungskräften und Spezialistinnen ist als langfristige Investition zu betrachten; sie braucht Zeit, eine umsichtige Planung und verursacht zunächst Kosten. Die Besetzung von Stellen durch Mitarbeitende aus den eigenen Reihen zahlt sich aber in den meisten Fällen auch von der Kostenseite her aus.
- Sie sichern ihre **ökonomische Zukunft,** denn die Mitarbeitenden sind der kritische Erfolgsfaktor für die Erreichung von Unternehmenszielen. Attraktive Karrierebedingungen dienen nicht nur der Imagepflege am Markt, sondern ziehen gute Mitarbeitende an.
- Klare Aufstiegs- und Erfolgschancen motivieren zu einem **hohen Arbeitseinsatz** und zum **längeren Verbleib** im Unternehmen. Obwohl jeder zunächst selbst für die eigene berufliche Weiterentwicklung verantwortlich ist, eröffnet eine systematische Laufbahnplanung die nötigen Perspektiven und fördert die Selbstverantwortung.

7.2 Die systematische Nachfolgeplanung

Die Nachfolgeplanung bezieht sich vorwiegend auf **höchste und höhere Führungspositionen.** Es geht um die vorausschauende Entwicklung einer möglichst geeigneten Nachfolge für eine in absehbarer Zeit frei werdende Führungsposition. Das Ziel ist, den Wechsel an der Unternehmensspitze so vorzubereiten, dass ein reibungsfreier Übergang möglich wird. Das gilt für grosse Aktiengesellschaften und für kleinere Familienbetriebe.

Der Wechsel in besonders exponierten Führungspositionen ist eine **kritische Phase eines Unternehmens.** Die Nachfolge einer Führungsperson ist nicht nur eine unternehmensinterne Angelegenheit, sie wird von allen Stakeholdern beobachtet. Nicht selten wird über die Nachfolge in der Öffentlichkeit spekuliert und es gibt Gerüchte über Nachfolger. Mitarbeitende wollen wissen, ob das Unternehmen den eingeschlagenen Kurs weiter verfolgen wird oder ob mit grossen Veränderungen gerechnet werden muss. Auch Kunden, Lieferanten, Banken wollen einschätzen können, ob das Unternehmen auch in Zukunft ihren Erwartungen entsprechen wird.

Verschiedene Ereignisse fordern den Einsatz einer fähigen Nachfolge. Es gibt vorhersehbare Ereignisse, die eine längerfristige Planung ermöglichen, z. B.

- das Erreichen eines bestimmten Alters und der Wunsch, sich aus dem Erwerbsleben zurückzuziehen,
- bestimmte Vorkommnisse (z. B. Kritik an den Leistungen, Verstösse gegen Gesetze) bewirken, dass die Schlüsselperson, das Unternehmen verlassen muss.

Um für unvorhersehbare Ereignisse gewappnet zu sein, muss die Nachfolgeplanung langfristig angegangen werden. Zu solchen Ereignissen gehören z. B.

- eine Erkrankung oder ein Unfall zwingen die Führungsperson, ihren Einsatz für längere Zeit zu unterbrechen oder zu reduzieren,
- Todesfall.

Nachfolgeplanung ist eine anspruchsvolle Aufgabe, weil an die Positionen ganz besondere Anforderungen geknüpft werden. Diese Anforderungen beziehen sich weniger auf die fachlichen Kompetenzen. Gefragt sind v. a. **Führungskompetenzen,** ein **starkes Netzwerk** und eine **gute Reputation.**

Nachfolgeplanung ist ein **Prozess mit sechs Phasen**. Die folgende Abbildung zeigt die sechs wesentlichen Phasen:

Abb. [7-2]   **Nachfolgeplanung als Prozess**

Nachfolgebedarf ermitteln → Nachfolgeoptionen bewerten → Nachfolge regeln → Nachfolge entwickeln → Nachfolge vollziehen → Nachfolge evaluieren

Ein Nachfolgeprozess dauert **mehrere Jahre** und liegt in der Verantwortung des strategischen Managements. Es muss mit einem Zeitrahmen von drei bis fünf Jahren gerechnet werden.

In den meisten Fällen schenken Schlüsselpersonen dem Nachfolgeprozess zu wenig Aufmerksamkeit. Das ist zum Teil verständlich, denn die Geschäfte laufen weiter. Es gibt auch Führungskräfte, die einen gut vorbereiteten Nachfolger fürchten. Sie wollen als hervorragende Kapitäne in Erinnerung bleiben.

Wir werden in den folgenden Abschnitten auf die einzelnen Phasen näher eingehen.

7.2.1 Nachfolgebedarf ermitteln

Die Nachfolgeplanung beginnt bei der Ermittlung des Nachfolgebedarfs. Das bedeutet, dass zunächst geklärt werden muss, für welche Positionen ein strukturierter Nachfolgeprozess sinnvoll und wichtig ist und welche Eckdaten eingehalten werden müssen. Die folgenden Schlüsselfragen helfen bei der Ermittlung des Nachfolgebedarfs.

Schlüsselfragen zur Ermittlung des Nachfolgebedarfs:

- Wer hat im Unternehmen eine Schlüsselposition inne?
- Für welche Schlüsselposition ist eine Nachfolgeplanung sinnvoll und wichtig?
- Welche besonderen Anforderungen sind an die Schlüsselposition gebunden?
- Welche Anforderungen müssen bei der Nachfolge mindestens erfüllt werden?
- Wann spätestens soll die Nachfolge vollzogen werden?
- Wie viel Zeit bleibt, um die Nachfolge zu regeln und zu entwickeln?

Bei der Ermittlung des Nachfolgebedarfs ist eine intensive **Zusammenarbeit** mit der Schlüsselperson erforderlich. Es empfiehlt sich, diese Zusammenarbeit möglichst diskret zu gestalten, um keine Gerüchte zu provozieren. Ausserdem kann es vorkommen, dass eine Schlüsselperson den Bedarf für eine Nachfolgeplanung nicht sieht und eine proaktive Nachfolgeplanung als Affront missversteht. Im Idealfall wird eine Nachfolgeplanung von einer Schlüsselperson angeregt.

Eine besondere Herausforderung ist die Aufnahme der **Anforderungen** an die Nachfolge. Langjährige Führungspersonen verfügen v. a. über **implizites Wissen** und ein **breites Netzwerk,** das an ihre Person gebunden ist. Dazu kommen **Führungs- und Persönlichkeitsmerkmale,** die der Person zugeschrieben werden und von ihr gezielt verstärkt wurden, um die Autorität und ein bestimmtes Image zu untermauern und den Einfluss zu erhöhen.

Implizites Wissen kann nicht einfach formalisiert werden. Es entwickelt sich zu einem grossen Teil aus den Erfahrungen einer Person. Es kann sich dabei um wichtige informelle Unternehmensstrukturen und Informationsquellen handeln.

Auch das **Netzwerk einer Schlüsselperson** kann ein kaum überschaubares Kontaktgeflecht sein, das über die Jahre gewachsen ist und zu einer guten Reputation beigetragen hat. Zu diesem Netzwerk gehören Kunden, Lieferanten, aber auch Vertreter von Branchenverbänden, Politiker und Funktionäre der Gewerkschaften. Gute Kontakte lassen sich nicht einfach aufzeichnen und übertragen.

Der **Führungsstil und die Persönlichkeit** spielen eine grosse Rolle für die Akzeptanz und den Erfolg einer Schlüsselperson. Stakeholder wünschen sich Kontinuität und keine Überraschungen. Aber diese Merkmale können nicht einfach angeeignet oder imitiert werden.

Bei der Ermittlung des Nachfolgebedarfs empfiehlt es sich, verschiedene Szenarien zu bedenken. Für mindestens zwei Szenarien sollte ein konkreter Handlungsplan erstellt werden:

- Die Nachfolge kann **wie geplant** entwickelt und vollzogen werden.
- Für einen **Notfall** (z. B. bei plötzlicher Erkrankung) muss eine Nachfolge zur Verfügung stehen.

Stehen die Anforderungen fest und werden wesentliche Szenarien berücksichtigt, können Nachfolgeoptionen abgestimmt werden.

7.2.2 Nachfolgeoptionen bewerten

Sind die Anforderungen an die nachfolgende Person geklärt, dann stellt sich die Frage, wo eine Person mit den erforderlichen Voraussetzungen gefunden werden kann. Grob kann zwischen einer Nachfolge durch Personen aus dem Unternehmen und von ausserhalb des Unternehmens unterschieden werden. Beide Möglichkeiten sind mit Vorteilen und Nachteilen verbunden. Wesentliche Vor- und Nachteile haben wir in der folgenden Tabelle zusammengefasst.

Abb. [7-3]   Vor- und Nachteile der internen bzw. externen Nachfolge

	Interne Nachfolge	Externe Nachfolge
Vorteile	• Die Suche nach einer geeigneten Nachfolge ist weniger aufwendig. • Interne Nachfolger sind mit den formalen und informellen Abläufen gut vertraut. • Bei internen Nachfolgern kann von einer grösseren Loyalität von Anfang an ausgegangen werden.	• Eine externe Nachfolge bringt wertvolles Wissen und Erfahrungen aus anderen Unternehmen mit. • Eine externe Nachfolge ist frei von **Betriebsblindheit**. • Eine externe Nachfolge ist nicht verstrickt in interne Netzwerke. Das erhöht die Chance, Innovationen zu realisieren.
Nachteile	• Der Druck, sich dem Vorgänger anzupassen, um akzeptiert zu werden, kann gross sein. • Intern entsteht eine verdeckte oder offene Konkurrenzsituation rund um die Nachfolge zwischen den infrage kommenden Kandidaten, die sich negativ auf die Entwicklung des Unternehmens auswirken kann. • Enttäuschte Karriereerwartungen bei den potenziellen Nachfolgern können zu Kündigungen führen, d. h., das Unternehmen verliert wichtige Personalressourcen.	• Der Suchprozess ist nicht einfach. Ausserdem muss mit erhöhten Kosten gerechnet werden, ggf. muss eine spezialisierte HR-Beratung (Executive Search) beauftragt werden. • Die Aneignung von unternehmensspezifischem Wissen ist aufwendig. • Externen Nachfolgern wird grösseres Misstrauen und ggf. Widerstand entgegengebracht.

Es kann durchaus sein, dass ein Unternehmen auf die **externe Nachfolge** angewiesen ist. Das ist v. a. bei kleineren Unternehmen der Fall. Aktuell befinden sich viele Familienbetriebe im Generationenwechsel. Traditionell setzen Familienunternehmen bei der Nachfolge auf Kinder. Es zeigt sich aber sehr oft, dass weder Söhne noch Töchter diese Erwartungen erfüllen können oder wollen. Entgegen traditionellen Vorstellungen sind es am ehesten noch die Töchter, die zu einer Nachfolge bereit sind. Tatsache bleibt, dass viele Unternehmen die Option einer externen Nachfolge in Erwägung ziehen sollen und müssen.

Besteht genügend Zeit, dann sollte nicht nur ein einziger Nachfolgekandidat ausgewählt werden. Aus Sicherheitsgründen ist es besser, **mehrere mögliche Nachfolger** zu bestimmen und diese konsequent in ihrer Entwicklung zu fördern.

7.2.3 Nachfolge regeln

Es kann die Motivation zur **Entwicklung stärken,** wenn man die Aussicht hat, in absehbarer Zukunft eine Nachfolge zu übernehmen und so einen **grossen Karriereschritt** vollziehen zu können. Sind mehrere Erfolg versprechende Kandidaten als mögliche Nachfolger ausgewählt, dann kann sich eine destruktive **Konkurrenzsituation zwischen den Kandidaten** entwickeln.

Vor diesem Hintergrund empfiehlt es sich, den Nachfolgeprozess mit den potenziellen Nachfolgern zu besprechen. Es ist besonders wichtig, folgende Fragen zu klären:

- **Wann** soll die Nachfolge umgesetzt werden?
- Welche **Entwicklungsmassnahmen** sind für die potenziellen Nachfolger vorgesehen?
- Was wird von den potenziellen **Nachfolgern erwartet,** um keine negativen Auswirkungen einer möglichen Konkurrenzsituation für das Unternehmen hinnehmen zu müssen?
- Welche **Möglichkeiten** stehen denjenigen offen, die nicht die Nachfolge antreten werden?
- Wie wird der Nachfolgeprozess nach innen und nach aussen **kommuniziert?**

Diese Klärungen und Vereinbarungen sollten spätestens dann erfolgen, wenn die Frage der Nachfolge im Unternehmen oder in den Medien aufgeworfen wird.

7.2.4 Nachfolge entwickeln

Potenzielle Nachfolger müssen gut auf ihre zukünftige Position vorbereitet werden. Sie müssen bestehende Erwartungen der Stakeholder erfüllen und ggf. erforderliche, aber unangenehme Veränderungen in Gang setzen können.

Die Entwicklung von Nachfolgern geht über die Entwicklungsmassnahmen in Zusammenhang mit Laufbahnen hinaus. Die erfolgreiche Besetzung von Toppositionen ist wesentlich abhängig von **gezielten Entwicklungsschritten** und einer **engen Zusammenarbeit mit der Schlüsselperson.**

Möglich ist eine Kombination aus **berufsverändernden** und **karrierebezogenen Massnahmen.** Bei der Entwicklung eines Programms für die Nachfolge können die Ansätze in Betracht gezogen werden, die wir in Abbildung 7-4 beschrieben haben.

Abb. [7-4]   Ansätze bei der Nachfolgeentwicklung mit Beispielen

Ansatz	Massnahmen zur Nachfolgeentwicklung
On the job	Jobenrichment, d. h., die als Nachfolge vorgesehene Person übernimmt immer mehr Führungsaufgaben im Unternehmen.
Near the job	Leitung von unternehmensweiten Projekten und Querschnittsaufgaben im Unternehmen, um verschiedene Bereiche kennenzulernen und vielfältige Erfahrungen sammeln zu können.
Off the job	Führungsseminare (Leadershipseminare) und Massnahmen zur Persönlichkeitsentwicklung, die intern oder extern durchgeführt werden.
Parallel to the job	Coaching als flankierende Entwicklungsmassnahme, um den Umgang mit schwierigen Entscheidungssituationen verbessern zu können und um Führungsqualitäten gezielt zu stärken.
Into the job	Die als Nachfolge vorgesehene Person wird auf das Ausfüllen der Zielposition vorbereitet. Sie übernimmt ausgewählte Aufgaben der Schlüsselposition (z. B. Geschäftssitzungen leiten) und nimmt an wichtigen Besprechungen etwa mit Kunden teil.

Bei den Entwicklungsmassnahmen sollte der Inhaber der Schlüsselposition nicht vergessen werden. Er oder sie wird sich in absehbarer Zeit aus dem Unternehmen zurückziehen. Für viele ist das ein Prozess, der mit einem lachenden und mit einem weinenden Auge betrachtet wird. Das Abgeben von Macht und Einfluss sowie die Gestaltung des Alltags, ohne für ein Unternehmen oder eine Organisationseinheit verantwortlich zu sein, ist eine besondere Herausforderung.

In diesem Zusammenhang sind gezielte Massnahmen zur Vorbereitung auf den Ausstieg («out of the job») denkbar. Dazu zählen beispielsweise die Übernahme von besonderen Aufgaben (z. B. Repräsentation) oder eine beratende Tätigkeit (z. B. von Start-ups). Manche Führungspersonen engagieren sich nach dem Austritt für soziale Projekte oder als «Business Angels». Business Angels sind Personen, die in Geschäftsideen von Start-up-Unternehmen investieren und mit Rat und Kontakten den Jungunternehmen helfen, sich auf dem Markt zu positionieren.

7.2.5 Nachfolge vollziehen

Rückt der Tag der Nachfolge immer näher, dann muss konzentriert auf eine reibungsfreie Übernahme hingearbeitet werden. Der Nachfolger sollte einerseits ein neutrales Coaching-Angebot in Anspruch nehmen können und andererseits sollte eine Zeit lang die Gelegenheit bestehen, beim Vorgänger nachzufragen oder auch Kontakte zu erhalten.

Es muss auch berücksichtigt werden, dass die nachfolgende Person Lücken im Unternehmen hinterlässt, wenn es sich um eine interne Nachfolge handelt. Es muss also auch geklärt werden, wer die Aufgaben des Nachfolgers übernimmt. Auch für die Entwicklung der Nachfolger des Nachfolgers muss vorausschauend gesorgt sein.

In dieser Phase ist die angemessene Kommunikation mit den Stakeholdern besonders wichtig. Dazu gehören auch diejenigen, die sich einen Aufstieg erhofft haben, aber keine Möglichkeit erhalten.

7.2.6 Nachfolge evaluieren

Im Idealfall wird über die Wirkungen der Nachfolge reflektiert. So können beispielsweise die Resonanzen bei Mitarbeitenden oder auch bei Kunden wichtige Informationen zur Akzeptanz des Nachfolgers liefern. Ausserdem kann die Erfüllung bestimmter Unternehmensziele mit der Nachfolge in Zusammenhang gebracht werden. Kennzahlen können als Indikatoren genutzt werden (z. B. Entwicklung des Umsatzes).

Die Folgen einer Nachfolge zeigen sich nicht am ersten Tag. Sie zeigen sich als direktes oder indirektes Feedback mit Verzögerung. Führungskräften gewährt man i.d.R. **100 Tage** als Übergangszeit. Nachfolger haben also etwa drei Monate Zeit, um Stakeholder zu überzeugen, dass sie die richtige Person für die Position sind. In dieser Zeit sollten einerseits **Verbesserungspotenziale** erkannt und entsprechende Massnahmen ergriffen sein sowie erste (kleine) Erfolge sichtbar werden, durch die die Stakeholder von der Nachfolge überzeugt werden können. Die Personalentwicklung kann bei der Reflexion und Evaluation sowie bei der Definition von Massnahmen ihre Unterstützung anbieten.

7.3 Die systematische Laufbahnplanung

Die Planung der eigenen Laufbahn ist grundsätzlich Sache des Mitarbeitenden. Aber die Laufbahnplanung der Mitarbeitenden muss optimalerweise mit der Nachfolgeplanung des Unternehmens verbunden sein. Daher gestalten die Unternehmen auch aktiv die Laufbahnplanung mit.

Aus diesem Grund beleuchten wir den Prozess der Laufbahnplanung hier von beiden Seiten.

7.3.1 Der Laufbahnplanungsprozess

Die Laufbahnplanung ist ein Prozess, in dem die Interessen des Unternehmen und der Mitarbeitenden, die Mitarbeiterfähigkeiten und die Möglichkeiten des Unternehmens miteinander in Einklang zu bringen sind.

Abb. [7-5] **Der Ablauf der systematischen Laufbahnplanung**

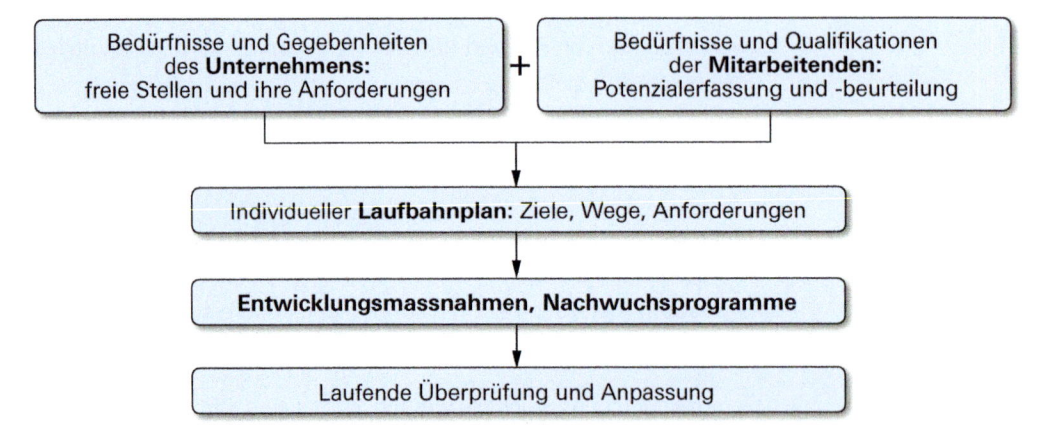

```
┌─────────────────────────────────┐     ┌─────────────────────────────────┐
│ Bedürfnisse und Gegebenheiten   │     │ Bedürfnisse und Qualifikationen │
│      des Unternehmens:          │  +  │       der Mitarbeitenden:       │
│ freie Stellen und ihre          │     │ Potenzialerfassung und          │
│ Anforderungen                   │     │ -beurteilung                    │
└─────────────────────────────────┘     └─────────────────────────────────┘
                    │                                   │
                    └───────────────┬───────────────────┘
                                    ▼
              ┌──────────────────────────────────────────────┐
              │ Individueller Laufbahnplan: Ziele, Wege,     │
              │ Anforderungen                                │
              └──────────────────────────────────────────────┘
                                    ▼
              ┌──────────────────────────────────────────────┐
              │ Entwicklungsmassnahmen, Nachwuchsprogramme   │
              └──────────────────────────────────────────────┘
                                    ▼
              ┌──────────────────────────────────────────────┐
              │ Laufende Überprüfung und Anpassung           │
              └──────────────────────────────────────────────┘
```

Seitens des Unternehmens ist ein wesentliches Ziel der Laufbahnplanung die Besetzung von frei werdenden Stellen durch interne Bewerber und die frühzeitige Sicherstellung von notwendigen Mitarbeiterqualifikationen. Das Entwicklungspotenzial und die Bedürfnisse des einzelnen Mitarbeiters sind aus der Potenzialbeurteilung bekannt. Daraus ergibt sich der individuelle Laufbahnplan, der verschiedene Entwicklungsmassnahmen beinhalten kann: die Teilnahme an einem Aus- oder Weiterbildungslehrgang, arbeitsbezogene Förderungsmassnahmen, die Teilnahme an Nachwuchsprogrammen usw. In laufenden Gesprächen überprüft man gemeinsam den Erfolg der Entwicklungsmassnahmen, aber auch die Bedürfnisse des Unternehmens und der betreffenden Mitarbeitenden.

7.3.2 Standardisierte Laufbahnmodelle

Manche Unternehmen bieten ihren Mitarbeitenden standardisierte Laufbahnmodelle an, v. a. grössere Unternehmen mit vielen ähnlichen Stellen und Funktionen. Sie zeigen **typische Karrierewege** für die verschiedenen Funktionsbereiche auf. Jede Laufbahnstufe umfasst neue Aufgaben, eine neue Verantwortung und neue Kompetenzen; die einzelnen Stufen werden zeitlich grob vorgeplant.

Standardisierte Laufbahnmodelle werden selten eins zu eins umgesetzt. Vielmehr gelten sie als Zielrichtung und **Wegweiser** für die individuelle Laufbahnplanung. Man unterscheidet dabei die Führungslaufbahnen und die Fachlaufbahnen.

Fachlaufbahnen sind im Unterschied zu Führungslaufbahnen mit einer zunehmenden **Spezialisierung** verbunden, während **Führungslaufbahnen** zunehmend mit umfassenden Aufgaben des **allgemeinen Managements** befasst sind. Dazu gehört auch die Verantwortung für immer grössere Unternehmenseinheiten (z. B. Team, Abteilung, Bereich, Unternehmen). Wie die Beispiele in Abbildung 6-3 zeigen, münden aber die meisten Fachlaufbahnen auch in Führungspositionen und fordern eine generalistische Vorgehensweise.

Abb. [7-6] Gegenüberstellung der Führungs- und der Fachlaufbahn

Führungslaufbahn	Fachlaufbahn
Bereichsleiter	Betreuer von Projekten
↑	↑
Verkaufsdirektor	Marketingberater
↑	↑
Geschäftsstellenleiter	Marketingspezialist
↑	↑
Verkaufsmitarbeiter	Marketingassistent

Die Darstellung links zeigt eine **Führungslaufbahn** im Verkauf. – Auch Fachleute und Spezialistinnen sind an Entwicklungs- und Aufstiegsmöglichkeiten interessiert. Die Darstellung rechts zeigt eine entsprechende **Fachlaufbahn** im Marketing.

Es sind nicht die Unternehmen allein, die Laufbahnen definieren. Auch **Berufsverbände** können durch ihre Qualifizierungsanforderungen Entwicklungsstufen vorgeben.

Beispiel Der Schweizerische Trägerverein für Berufs- und höhere Fachprüfungen in Human Resources hat drei Berufsbilder entwickelt, die aufeinander aufbauen. Die erste Stufe bildet die Personalassistenz, die zweite Stufe ist die Qualifizierung zur HR-Fachkraft und die dritte Stufe ist mit der HR-Leitung verbunden. Auch an diesem Beispiel zeigt sich, dass zunächst eine Spezialisierung erfolgt. Die HR-Leitung wendet sich dann der Bearbeitung von Führungsfragen zu. Da die Herausforderungen des HR-Managements immer komplexer werden, kann es auch sein, dass ein Unternehmen eine spezielle Fachlaufbahn für HR-Fachkräfte vorsieht. Denkbar ist beispielsweise eine Spezialisierung auf internationale Fragen des HR-Managements oder auf eine beratende Funktion für die HR-Leitung und die HR-Fachkräfte.

Die Entwicklung standardisierter Laufbahnmodelle bringt dem Unternehmen einen nicht zu unterschätzenden Nutzen: Allein die Diskussion über mögliche Entwicklungs- und Aufstiegsmöglichkeiten schafft in der Unternehmensleitung und bei Führungskräften ein Bewusstsein dafür, was Mitarbeiterförderung konkret heisst, wie man Nachfolgefragen lösen will und wofür man die Personalentwicklung und Schulung einsetzen kann.

Die berufliche Entwicklung muss nicht nur vertikal verlaufen. **Horizontale Entwicklungen** können genauso attraktiv sein: Aufgabenbereicherung, Aufgabenerweiterung, Jobrotation, autonome Arbeitsgruppen mit wechselnden Aufgaben, Arbeit in Projektteams usw. Es geht bei der systematischen Laufbahnplanung also nicht nur um hierarchische Beförderungen.

7.3.3 Entwicklungsmassnahmen

Laufbahnpläne müssen unbedingt auch die Übernahme von Funktionen enthalten, die **praktische Lernmöglichkeiten** bieten. Die Vorbereitung auf neue Stellen kann nicht allein der Schulung übertragen werden. Im Gegenteil: Praktische Erfahrungen, das Erproben im Führungs- oder Aufgabenalltag, die Integration in Teams sind unerlässlich. Möglichkeiten dafür sind

- die Übernahme weiterer Aufgaben im bisherigen Aufgabengebiet,
- Assistenz- oder Stellvertreterfunktion eines Vorgesetzten,
- spezielle Förderprogramme mit entsprechenden Aufgaben, wie z. B. Auslandeinsätze, innerbetriebliche Stages (temporäre Funktionsübernahme) usw.,
- die Mitarbeit in bereichsübergreifenden Projekten, Übernahme von Spezialaufgaben,
- Jobrotation: Versetzung in verschiedene Arbeitsbereiche, evtl. Abteilungen, um sich so für die Übernahme neuer Aufgaben zu qualifizieren.

Rotationsprogramme können auch auf **überbetrieblicher Ebene** durchgeführt werden. Man spricht dann von «Farmout». **Farmouts** haben besondere Bedeutung in der Unternehmernachfolge. Die Kandidaten werden in fremden Unternehmen einer härteren Bewährung unterzogen als im eigenen Unternehmen. Die Betreuung solcher Entwicklungspositionen ist wichtig: Der neue Mann oder die neue Frau in dieser Position ist nicht voll auf sich gestellt, sondern wird durch einen erfahrenen Vorgesetzten oder eine Fachperson beraten und unterstützt.

Mittlere und kleine Unternehmen sind in ihren Möglichkeiten oftmals eingeschränkt: Sie haben nicht so viele Stellenangebote wie Grossunternehmen. Oft gibt es aber auch hier interessante Lösungen, indem ein Mitarbeiter z. B. das Unternehmen verlässt, um sich gezielt weiterzubilden – und dann in eine verantwortungsvolle Position zurückkehrt.

Die **Entwicklungsfähigkeit** ist schwierig einzustufen; letztlich beruht sie auf einer subjektiven Einschätzung. Deshalb ist es wichtig, dass – analog zu den Anforderungsprofilen – die Bewertungskriterien klar festgelegt und einheitlich verstanden werden.

Sie erinnern sich bestimmt noch an die verschiedenen Kompetenzen (Ich-, Sozial-, Methoden- und Fachkompetenzen), die wir im Zusammenhang mit der Erstellung von Anforderungsprofilen im Kapitel 1.4.3 behandelt haben. Bei der Entwicklung von Kompetenzen gibt es eine Schwierigkeit: Es ist zwar unbestritten, dass die **Schlüsselkompetenzen** einer erfolgreichen Führungskraft in der Person selber (d. h. in der Ich-Kompetenz) und in ihrem Umgang mit anderen (d. h. in der Sozialkompetenz) liegen und somit für die Potenzialbeurteilung und die Laufbahnplanung entscheidend sind. Demgegenüber weiss man heute, dass es sehr schwierig oder gar unmöglich ist, mit Personalentwicklungsmassnahmen Einfluss auf persönliche Prägungen zu nehmen, die sich in der Ich- und der Sozialkompetenz ausdrücken. Die Fach- und die Methodenkompetenzen kann man leichter weiterentwickeln, z. B. durch gezielte Schulungen oder durch arbeitsbezogene Förderungsmassnahmen.

Erfolgreiche Laufbahnentscheidungen orientieren sich jedoch nicht nur an den Kompetenzen der betreffenden Person, sondern werden durch die persönlichen Ziele und die Unternehmensziele beeinflusst. **Verlässliche Laufbahnpläne** und -ziele lassen sich daher höchstens für einen Zeitraum von **zwei bis drei Jahren** aufstellen. Die Laufbahnplanung darf kein starrer Prozess sein, sondern muss sich den dynamischen Verhältnissen anpassen, die im Unternehmen herrschen.

Zusammenfassung

Die **Nachfolgeplanung** bezieht sich meist auf Führungspositionen. Sie ist ein Prozess, der sechs wesentliche Phasen hat:

Nachfolgebedarf ermitteln > Nachfolgeoptionen bewerten > Nachfolge regeln > Nachfolge entwickeln > Nachfolge vollziehen > Nachfolge evaluieren

Man unterscheidet die **interne Nachfolge** mit Personen aus dem Unternehmen und die **externe Nachfolge** mit Personen von ausserhalb des Unternehmens. Ist die Nachfolge geregelt, müssen die Nachfolgenden gut auf ihre zukünftige Nachfolge vorbereitet werden. Bei der **Nachfolgeentwicklung** unterscheidet man folgende Ansätze:

- On the job
- Near the job
- Off the job
- Parallel to the job
- Into the job

Die systematische **Laufbahnplanung** basiert auf der Gegenüberstellung der Bedürfnisse und Anforderungen des Unternehmens und den Bedürfnissen und Qualifikationen der Mitarbeitenden. Daraus ergeben sich die notwendigen Entwicklungsmassnahmen.

Laufbahnmodelle zeigen die typischen Karrierewege auf, die **individuelle Laufbahnplanung** ist ein massgeschneidertes Entwicklungsprogramm für eine Person.

Repetitionsfragen

33 Ihr Kollege erzählt Ihnen von einer Erfahrung mit der Laufbahnplanung in seinem Team:

«Frau Schneider ist eine talentierte junge Mitarbeiterin von mir. Sie zeigt Initiative, setzt sich ein, kommt mit den meisten Teamkollegen gut aus. Meines Erachtens besitzt sie ein noch nicht ausgeschöpftes Entwicklungspotenzial. Ich würde sie gern gezielt fördern und habe ihr deshalb in unserem Gespräch letzte Woche zwei interessante Laufbahnvorschläge gemacht, an denen sie wachsen könnte. Zu meiner Überraschung hat Frau Schneider diese Vorschläge bloss zur Kenntnis genommen. Ich habe ein gewisses Widerstreben festgestellt, auf das Frau Schneider nicht näher einging. – Was meinen Sie, welches könnten Frau Schneiders Gründe für eine solche Reaktion sein und wie sollte ich Ihrer Meinung nach weiter vorgehen?»

Beantworten Sie die Frage Ihres Kollegen.

34 Als HR-Mitarbeitende müssen sie ein Konzept für die Nachfolgeplanung im Unternehmen entwickeln. Skizzieren Sie die wesentlichen Phasen, die bei der Nachfolgeplanung durchlaufen werden müssen, und beschreiben Sie die wesentlichen Punkte bei jedem Schritt.

Phase	Massnahmen
	•
	•
	•
	•
	•
	•

8 Aus- und Weiterbildung

Lernziele

Nach der Bearbeitung dieses Kapitels können Sie …

- Aus- und Weiterbildung unterscheiden.
- eine Schulungsmassnahme planen und durchführen.
- ein Schulungskonzept entwerfen.
- die wichtigsten Lehrmethoden beschreiben.

Schlüsselbegriffe

Anforderungsprofil für Ausbildner, Ausbildung, Brainstorming, Demonstrationen, Experimente, externe Kurse, Fallstudien, freie Diskussion, Grundausbildung, Gruppengespräche, interne Kurse, Lehrgespräch, Lehrmethoden, Lernziele, Plenumsdiskussion, Podiumsdiskussion, Rollenspiele, Rundtischgespräch, Schulungsbedarf, Schulungskonzept, Schulungsmassnahme, Schulungsplan, Simulationen, Themenschwerpunkte, Vortrag, Weiterbildung

8.1 Was versteht man unter Aus- und Weiterbildung?

Die betriebliche Aus- und Weiterbildung nimmt einen zentralen Platz in der Personalentwicklung ein. Man unterscheidet dabei zwei Bereiche.

Abb. [8-1] Die Bereiche der Aus- und Weiterbildung

```
          Betriebliche Aus- und Weiterbildung
                    /            \
           Grundausbildung    Weiterbildung
```

Die betriebliche **Grundausbildung** vermittelt den Mitarbeitenden die erforderlichen Grundkenntnisse und -fähigkeiten, um eine Tätigkeit übernehmen oder einen Beruf ausüben zu können. Typischerweise gehören dazu die Berufslehre, das Praktikum sowie das Anlernen von Hilfsarbeitskräften.

Beispiel

Die Berufslehre eines Werkzeugmechanikers beginnt mit einer halbjährigen Einführung in die Metallberufe, die alle Mechanikerlehrlinge absolvieren. Dann folgt ein Jahr allgemeine berufliche Fachbildung als Werkzeugmechaniker und schliesslich die bis zum Lehrabschluss dauernde Spezialisierung im Fachgebiet (z. B. Instrumententechnik etc.).

Zur **Weiterbildung** gehören alle Massnahmen und Tätigkeiten zur Erweiterung und Vertiefung der Berufsbildung und Umschulungsmassnahmen im Hinblick auf den Wechsel des Berufsfelds.

Beispiel

Alle Teamleiterinnen der Produktionsabteilung besuchen ein zweitägiges Vertiefungsseminar zum Thema «Führen durch Zielvereinbarung MbO».

Grössere Unternehmen haben **spezielle Schulungsabteilungen,** die für alle Fragen der betrieblichen Aus- und Weiterbildung zuständig sind. In kleinen und mittleren Unternehmen ist dies oft Aufgabe der **Personalabteilung.** Entscheidend dabei ist, dass die betriebliche Aus- und Weiterbildung in enger Zusammenarbeit mit den Linien-Vorgesetzten geplant und umgesetzt wird.

Als Linien-Vorgesetzte geben Sie **Schulungsmassnahmen** in Auftrag, bewilligen oder ordnen solche für Ihre Mitarbeitenden an, vielleicht führen Sie kürzere Trainingssequenzen mit Ihrem Team auch selber durch. In den meisten Fällen leitet jedoch ein qualifizierter interner oder externer Trainer das Seminar.

Um Ihnen ein besseres Verständnis für die Auftragserteilung an eine Trainerin oder an die Schulungsabteilung zu geben, beleuchten wir in den folgenden Abschnitten das systematische Vorgehen bei der Planung und Durchführung einer Schulungsmassnahme. Dieses lässt sich in sechs Vorgehensschritte unterteilen:

Abb. [8-2] **Die Planung und Durchführung einer Schulungsmassnahme**

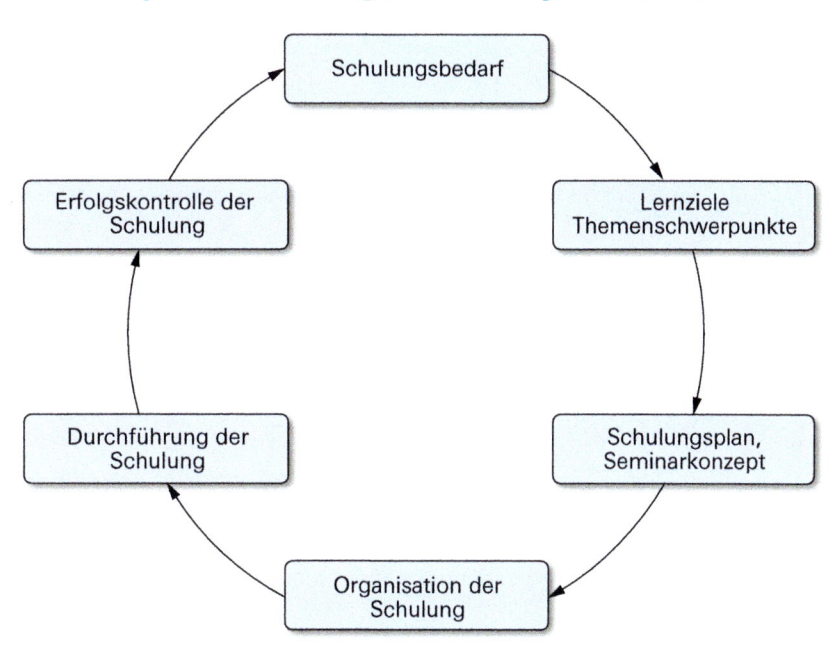

Schulungsbedarf → Lernziele Themenschwerpunkte → Schulungsplan, Seminarkonzept → Organisation der Schulung → Durchführung der Schulung → Erfolgskontrolle der Schulung → (zurück zu Schulungsbedarf)

8.2 Die Planung der Schulungsmassnahme

Bevor Sie eine Schulungsmassnahme durchführen können, sind verschiedene Entwicklungsschritte notwendig: Sie müssen die Bedürfnisse der Zielgruppe kennen, sich im Klaren über die Ziele und Inhalte der betreffenden Schulung sein und eine konkrete Vorstellung davon haben, wie diese Ziele erreicht werden können.

8.2.1 Schulungsbedarf ermitteln

Im ersten Schritt gilt es, den Schulungsbedarf zu ermitteln und zu konkretisieren. Er stellt die Differenz zwischen dem Soll und dem Ist dar, d.h. zwischen den künftigen Anforderungen und den heutigen Qualifikationen.

Abb. [8-3] **Der Schulungsbedarf**

Soll = Anforderungen, die künftig erfüllt werden sollen

Ist = heutige Qualifikationen (Wissen, Können)

Schulungsbedarf = Lücke, die durch Schulung geschlossen werden soll

Ein Schulungsbedarf kann aus verschiedenen Gründen entstehen:

- Durch allgemeine **Bildungsziele,** die sich aus den Unternehmenszielen ergeben
- Durch gezielte **Befragungen** von Vorgesetzten, Mitarbeitenden, Kunden, Lieferanten und weiteren Anspruchsgruppen aus dem Unternehmensumfeld
- Als individuelle **Entwicklungsmassnahme** aus dem Beurteilungsgespräch
- Aufgrund von **Veränderungen** im Unternehmen, wie z. B. der Einführung neuer System- oder Softwarelösungen, veränderter Arbeitsbestimmungen, der Inbetriebnahme einer neuen Maschine, des Einsatzes neuer Werkstoffe, infolge einer Reorganisation usw.

Beispiel

Aufgrund der Beobachtungen am Markt kommen wir zu folgendem Schluss: Die Informationsbedürfnisse unserer Firmenkunden haben sich verändert. Es genügt oft nicht mehr, zu einem Verkaufsgespräch unsere Produktdokumentation mitzubringen. Viele Firmenkunden verlangen heute eine auf ihre Bedürfnisse massgeschneiderte Präsentation vor den versammelten Entscheidungsträgern.

Die Bedarfsklärung beim Aussendienst hat ergeben: Vor allem die jüngeren, weniger erfahrenen Aussendienstmitarbeitenden begrüssen ein intensives Präsentationstechniktraining. Der Einsatz moderner Präsentationsmedien und der Rhetorik steht dabei im Vordergrund. Das Feedback eines Profis wird ausdrücklich gewünscht. Einige erfahrene Aussendienstmitarbeitende haben Vorbehalte gegen die Praxistauglichkeit eines allgemeinen Präsentationstechnikseminars, erwarten jedoch ein gezieltes Training zu modernen Präsentationsmedien.

Insgesamt haben rund 30% der Aussendienstmitarbeitenden noch nie oder vor mehr als zehn Jahren ein Seminar zu Präsentationstechnik und / oder Rhetorik absolviert.

8.2.2 Lernziele und Themenschwerpunkte festlegen

Der Schulungsbedarf beschreibt grundlegende Anforderungen und Bedürfnisse an eine Schulungsmassnahme. Er zeigt bereits eine erste grobe Zielsetzung auf. In einem weiteren Schritt gilt es, daraus klare **Lernziele** abzuleiten. Sie sind die Messlatte für die betreffende Schulungsmassnahme, denn die Lernenden sollten diese am Schluss erreicht haben.

Ein klar formuliertes Lernziel sagt Folgendes aus:

- **Was** muss jemand lernen – welche Themen / Inhalte oder Prozesse?
- **Welche Kompetenzen** muss jemand dabei erwerben – welche Form von Wissen, Fähigkeiten, Fertigkeiten, Einstellungen?

Lernziele steuern den Lernprozess. Je konkreter sie formuliert sind, desto genauer lässt sich später messen, ob sie erreicht wurden, und desto klarer sind die Vorgaben für den Trainer der Schulungsmassnahme.

Beispiel

- «Der Aussendienstmitarbeiter kann den Videobeamer als Präsentationsmedium einwandfrei einsetzen.»
- «Die Seminarteilnehmerin ist in der Lage, ihre Kundenpräsentationen nach den Kriterien einer guten Visualisierung professionell aufzubereiten.»

Die Lernziele definieren bereits die Lerninhalte oder **Themenschwerpunkte.** Wenn wir die obigen Lernziele betrachten, könnten sich daraus folgende Themenschwerpunkte ergeben:

Beispiel

Themenschwerpunkte zum ersten Lernziel (siehe oben):

- Der Videobeamer: technische Anforderungen und Bedienungshinweise
- Der wirkungsvolle Einsatz von Videobeamern: Organisatorisches, Raum-, Lichtverhältnisse, geeignete Präsentationsformen, Vor- und Nachteile von Beamerpräsentationen

Themenschwerpunkte zum zweiten Lernziel (siehe oben):

- Gestaltungsrichtlinien für die Folienpräsentation und kundenspezifische Dokumentationen
- Inhaltliche Aufbereitung: Was gehört in die Dokumentation – was auf die Folie?
- Tipps und Tricks zur wirkungsvollen Präsentation vor Publikum usw.

8.2.3 Schulungsplan entwerfen

Im Schulungsplan, den man oft auch als «Seminarkonzept» bezeichnet, wird die Schulungsmassnahme detailliert geplant. Es handelt sich dabei um ein **Feinkonzept,** das zu folgenden Punkten präzise Informationen liefern soll:

- Der **Seminartitel** der Schulungsmassnahme, wie z. B. «Präsentationstechnik für Aussendienstmitarbeiter und -mitarbeiterinnen», «Rhetorik im Verkaufsgespräch».
- Die **Zielgruppe** der Schulungsmassnahmen, d. h. die Anzahl der Teilnehmenden, ihre Vorkenntnisse, spezielle Bedingungen oder Voraussetzungen, wie z. B. zeitliche oder örtliche Einschränkungen, die gewünschte Seminarsprache. Im schulischen Kontext kommt für die Zielgruppe auch der Ausdruck «Adressaten» vor.
- Das gesamte **Zeitbudget,** d. h. die Zeitvorgaben für die gesamte Schulungsmassnahme (Anzahl Stunden oder Lektionen) und womöglich die zeitliche Gewichtung der Hauptthemen.
- Die **Ausgangslage** der Schulungsmassnahme, d. h. der Schulungsbedarf oder die Ergebnisse der Bedürfnisabklärung. In manchen Seminarkonzepten wird der Schulungsbedarf auch unter dem Titel «Leitidee» beschrieben.
- Alle definierten **Lernziele** und die daraus abgeleiteten **Themenschwerpunkte** (Lerninhalte).
- Das **Schulungsprogramm,** das den Ablauf der Schulungsmassnahme aufzeigt.
- Mit dem **Lerntransfer** sind alle vertiefenden Massnahmen gemeint, die nach einem Seminartag bzw. dem Seminarabschluss oder zwischen zwei Seminartagen passieren. Dies können z. B. gezielte Übungen im beruflichen Alltag, das Führen eines Lernjournals oder Besprechungen mit dem Vorgesetzten sein.
- **Weitere** inhaltliche und methodische **Hinweise oder Anforderungen,** wie z. B. notwendige Fachliteratur, Anforderungen an die Räumlichkeiten oder die technische Infrastruktur.

Der Schulungsplan wird – je nach Situation – von der Schulungsabteilung des Unternehmens ausgearbeitet. Wird ein externer Trainer beauftragt, so erhält er die notwendigen Vorgaben und erstellt auf diesen Grundlagen ein vollständiges Seminarkonzept. In jedem Fall sollte dieses Feinkonzept den Betroffenen (ausgewählten Schulungsteilnehmenden, Vorgesetzten und den Auftraggebenden) zur Begutachtung vorgelegt werden.

8.3 Die Durchführung und Evaluation einer Schulungsmassnahme

Die Organisation und Durchführung der Schulung ist der eigentliche **Umsetzungsschritt.**

8.3.1 Schulung organisieren

Zur **Organisation** gehören u. a. folgende Aufgaben:

- Einladung und Anmeldeverfahren der Teilnehmenden
- Bekanntgabe des detaillierten Schulungsprogramms (d. h. des Seminarablaufs)
- Reservation des Schulungsorts (Räume, technische Hilfsmittel, Anreise, Übernachtungs- und Verpflegungsmöglichkeiten)
- Aufbereitung der Schulungsunterlagen
- Kostenerfassung

Eine gut funktionierende Seminarorganisation sorgt für das Wohlbefinden der Teilnehmenden und für reibungslose Abläufe. Der Einsatz eines geeigneten Planungsinstruments erleichtert die Seminarorganisation beträchtlich:

Abb. [8-4]   **Zeitplan zur Seminarorganisation**

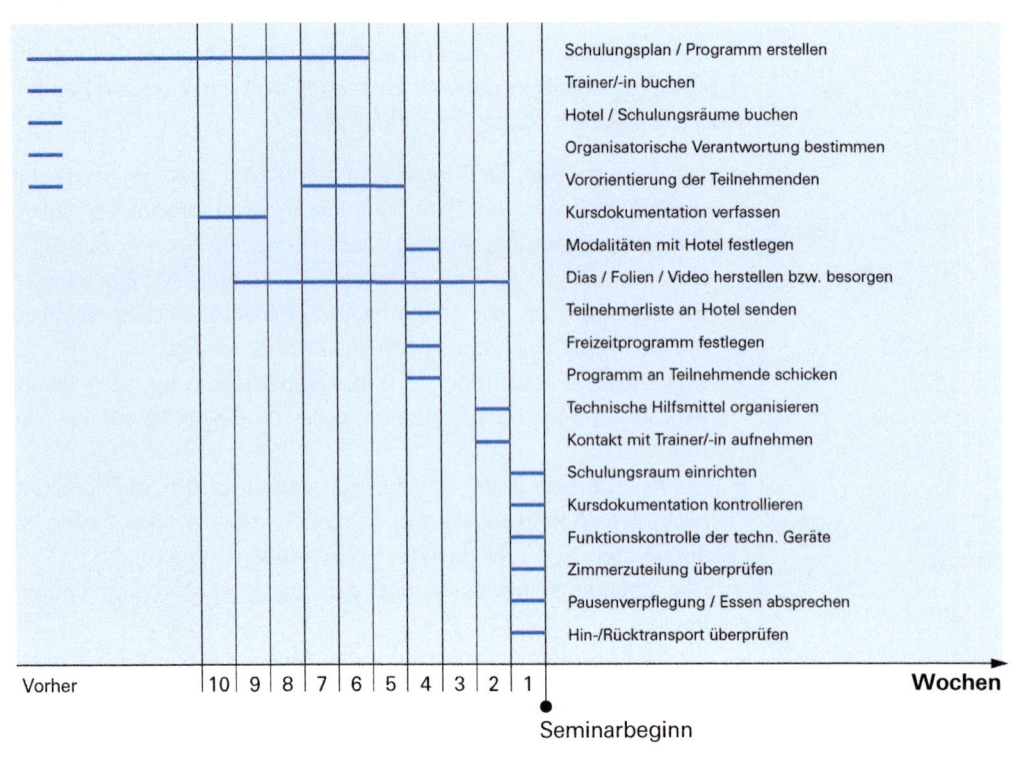

Wochen vor Seminarbeginn	Aufgabe
10–6	Schulungsplan / Programm erstellen
10	Trainer/-in buchen
10	Hotel / Schulungsräume buchen
10	Organisatorische Verantwortung bestimmen
10	Vororientierung der Teilnehmenden
7–5	Kursdokumentation verfassen
4	Modalitäten mit Hotel festlegen
9–5	Dias / Folien / Video herstellen bzw. besorgen
4	Teilnehmerliste an Hotel senden
4	Freizeitprogramm festlegen
4	Programm an Teilnehmende schicken
3	Technische Hilfsmittel organisieren
3	Kontakt mit Trainer/-in aufnehmen
1	Schulungsraum einrichten
1	Kursdokumentation kontrollieren
1	Funktionskontrolle der techn. Geräte
1	Zimmerzuteilung überprüfen
1	Pausenverpflegung / Essen absprechen
1	Hin-/Rücktransport überprüfen

8.3.2 Schulung durchführen

Ein guter Unterricht beginnt nicht an irgendeinem Punkt der Stoffvermittlung. Um den **Lernprozess** sinnvoll zu steuern, haben sich bestimmte **didaktische Elemente** bewährt, denen man bei einer Schulung Rechnung tragen soll:

Die **Einstiegsphase** ist bei jeder Schulung – ob am Arbeitsplatz oder in einem Kurs – sehr wichtig, denn den Teilnehmenden muss von Anfang an klar sein, worum es in der Unterrichtseinheit geht. Wenn sie wissen, was auf sie zukommt, ist ihre Lernbereitschaft höher und sie sind motivierter, als wenn sie darüber im Unklaren gelassen werden. Deshalb gehören in die Einstiegsphase

- die **Hinführung zum Thema,** indem Sie die Gründe aufzeigen, die zu dieser Schulung bzw. zu diesem Schulungsthema geführt haben, oder Verbindungen zu aktuellen Problemstellungen aufzeigen, die die Teilnehmenden beschäftigen,
- die **Bekanntgabe der Lernziele,** um den Teilnehmenden das Ziel der Schulung aufzuzeigen, und die **Information über den Ablauf,** damit die Teilnehmenden die zeitliche Abfolge der einzelnen Lernschritte von Anfang an kennen und sich an dieser Struktur orientieren können.

Auch die **Abschlussphase** ist von zentraler Bedeutung: Geht es darum, einen bestimmten Lernstoff zu vermitteln, sind anschliessend an diese Stoffvermittlung die Vertiefung des Stoffs und **Lernzielkontrollen** besonders wichtig. Möglichkeiten dafür sind

- Anwendungs- oder Vertiefungsübungen, um den vermittelten Stoff zu festigen, oder Rollenspiele, um das Verhalten zu trainieren,
- Diskussionen, um Teilnehmerfragen und -meinungen aufzugreifen,
- Zusammenfassungen, um die wesentlichen Zusammenhänge zu verankern, oder
- Lernzielkontrollen in Form von Repetitionsfragen, Tests, Fallstudien, zusätzlichen Übungen usw., damit die Teilnehmenden überprüfen können, ob sie das Lernziel erreicht haben.

Als Lern- oder Lehrmethoden bezeichnet man die Art, wie ein Stoff oder Thema vermittelt und bestimmte Lernprozesse in Gang gesetzt werden, z. B. der Vortrag, das Lehrgespräch, die Gruppenarbeit, das Rollenspiel, die Exkursion usw.

8.3.3 Erfolgskontrolle

Jede Schulungsmassnahme bedarf einer systematischen Erfolgskontrolle oder Evaluation. Man prüft, ob die Lernziele der Schulungsmassnahme tatsächlich erreicht wurden und ob Aufwand und Ertrag in einem wirtschaftlichen Verhältnis zueinander stehen.

Die Erfolgskontrolle kann auf verschiedene Weise durchgeführt werden:

- In einer Feedbackrunde oder durch Fragebogen werden die Eindrücke der Teilnehmenden am Ende der Veranstaltung gesammelt.
- Tests überprüfen das erlernte Wissen oder die erworbenen Fähigkeiten.
- Mit dem Praxistransfer wird versucht, den Schulungserfolg als Umsetzung des Gelernten im Arbeitsfeld zu messen und auszuwerten. Dies ist jedoch anspruchsvoll, aufwendig und nur beschränkt möglich. Mögliche Beurteilungskriterien sind z. B. verbesserte Verkaufszahlen oder eine beobachtbare Verhaltensänderung in bestimmten Führungssituationen.
- Die quantitative Kosten-Nutzen-Analyse beurteilt in erster Linie den ökonomischen Erfolg. Sie erfolgt häufig durch Kennziffern, wie z. B. Ausbildungskosten pro geleistete Arbeitsstunde oder pro Schulungsteilnehmenden, durch Kostenvergleiche zwischen ähnlichen Schulungsmassnahmen oder durch Wirkungsgrössen, wie z. B. Rückgang der Kundenreklamationen, Mehr-Abschlüsse in Kaufverhandlungen usw.
- Eine qualitative Kosten-Nutzen-Analyse nimmt die Verhaltensänderungen als Massstab für den Schulungserfolg. Es versteht sich von selbst, dass sich diese nur schwierig in Form von Aufwand und Ertrag ausdrücken lassen. Als Messinstrumente kommen hier Beobachtungen bei den Schulungsteilnehmenden oder Befragungen von Personen in ihrem direkten Umfeld zum Zug.

8.4 Das Schulungskonzept

Das Schulungskonzept konkretisiert die Schulungspolitik und stellt eine Art Leitfaden für die Entwicklung von Schulungsmassnahmen dar. Das Schulungskonzept gibt Antworten auf zahlreiche Fragen. Es ist i. d. R. 3–5 Jahre gültig.

8.4.1 Was sind die Ziele des Schulungskonzepts?

- Es zeigt den Gesamtaufbau der Schulung in einem Unternehmen und ihre Schwerpunkte.
- Es ist die Grundlage für den Jahresplan, den Einsatz der Ausbildner und die Budgetierung.
- Es garantiert eine gewisse Konstanz und
- gibt eine Übersicht über das Angebot für die kommenden Jahre.

8.4.2 Leitfragen zur Entwicklung eines Schulungskonzepts

Anhand von vier Fragen lässt sich ein Schulungskonzept aufstellen.

1. Wie bilden wir sinnvolle Schulungsgruppen? Soll nach Hierarchiestufen oder nach Funktionen geschult werden? (Adressaten)

Möglichst homogene Gruppen mit möglichst ähnlichen Schulungsbedürfnissen erleichtern die Organisation. Meist geht man bei der Gruppenbildung von den Hierarchiestufen des Organigramms aus oder man gliedert nach Fachbereichen. So entstehen Gruppen von Mitarbeitenden mit ähnlichen Aufgaben, z. B. Facharbeiter, Wissenschaftler in der Forschung, Verkäufer und Berater usw. Wichtig ist, dass jede Gruppe durch eine gemeinsame Motivation zusammengehalten wird. Wenn jeder Interesse am Thema hat, können auch Leute aus den verschiedensten Bereichen und Ebenen gut zusammenarbeiten.

2. Welche Schulungsbereiche sind für uns wichtig?

Grössere Schulungsbereiche sollen definiert werden, denen dann die verschiedenen Veranstaltungen zugeordnet werden. Wir zählen einige Schulungsbereiche auf:

- **Konzeptionelle Führungsschulung:** Für die Geschäftsleitung und die oberste Führungsebene. Ziel: die Bearbeitung strategischer (grundsätzlicher) Probleme der Gesamtführung eines Unternehmens sowie die Entwicklung der strategischen Richtlinien und Führungspapiere.
- **Anwendungsorientierte Führungsschule:** Für Vorgesetzte der unteren Stufen zur Verbesserung ihrer Führungsarbeit. Sie leitet sich aus der konzeptionellen Führungsschule ab.
- **Innovationsschulung:** Sie unterstützt die Einführung von Neuerungen aller Art und muss rechtzeitig einsetzen.
- **Fachausbildung** in den verschiedensten Bereichen (Technik, Informatik, Marketing usw.).
- **Verkaufsausbildung** für Verkäufer und Verkaufsleiter.
- **Persönlichkeitsbildung** zur individuellen Förderung der Persönlichkeit der Mitarbeitenden.
- **Allgemeine Bildung** in wirtschaftlichen, politischen, kulturellen Fragen oder auch im Bereich der Sprachen.

Wenn man mit solchen Begriffen arbeitet, wird die Verständigung einfach. Jeder weiss ungefähr, wovon gesprochen wird und was den einzelnen Bereichen thematisch zugeordnet ist.

Sobald die beiden ersten Fragen – Adressatengruppen und Schulungsbereiche – geklärt sind, lässt sich eine Matrix für das Schulungskonzept aufstellen.

3. Welche Schulungsveranstaltungen planen wir für die einzelnen Bereiche und in welcher Form bieten wir sie an – als Kurs oder als Ausbildung am Arbeitsplatz?

Die Schulungsbereiche sind jetzt klar und aus der Schulungspolitik kennen wir die wesentlichen Themen, die die Schulung aufgreifen soll. Damit lässt sich konkret umschreiben, **welche Schulungsveranstaltungen** zu planen sind und auch, wie diese am besten realisiert werden. Es geht dabei noch nicht um eine detaillierte Planung, sondern nur um die inhaltliche Bezeichnung, die Anzahl der für ein Thema benötigten Tage und deren Verteilung auf die Drei- oder Fünfjahresperiode.

Die Inhalte werden aus der Schulungspolitik und aus der Unternehmensanalyse abgeleitet. Dabei ist immer die Machbarkeit im Auge zu behalten – nicht alles ist mit Schulung allein machbar.

Die **Anzahl der benötigten Tage** ist Erfahrungssache. Wenn die Erfahrung fehlt, ist der Zeitbedarf zu schätzen und wenn nötig später (in der zweiten Planungsphase oder nach der erstmaligen Durchführung) anzupassen. Ein interessanter Erfahrungswert: Man setzt in der Phase der konzeptionellen Planung meist zu viele Tage ein. Kürzen sollte man jedoch erst, wenn das ganze Konzept steht und ein Gesamtüberblick möglich wird, damit man nicht zufällig, sondern gezielt und überlegt kürzt.

Sehr wichtig ist eine ausgewogene Verteilung zwischen Schulung in Kursen und am Arbeitsplatz. Ausbildung am Arbeitsplatz ist aber umso effizienter,

- je praktischer der Ausbildungsbereich ist,
- je weniger geübt im Lernen die Teilnehmenden sind und
- je stärker der Ausbildungsinhalt Maschinen und andere Einrichtungen betrifft.

Ungeeignet ist Schulung am Arbeitsplatz aber für

- intellektuell anspruchsvolle Lerninhalte (z. B. Erstellen eines Marketingkonzepts),
- Grundlagenausbildung für Innovationen (z. B. vernetztes Denken lernen als Problemlösetechnik im Projekt-Management),
- Verhaltensänderungen (z. B. Führungsverhalten, Verkaufsverhalten),
- Vermitteln von Gesamteinsichten (z. B. Einsicht in die Kostenstruktur im Unternehmen).

Die praktische Anwendung des in der Grundausbildung Gelernten lässt sich indessen oft besser am Arbeitsplatz schulen.

Schulungen können als Kurs oder als Ausbildung am Arbeitsplatz durchgeführt werden.
Bild: www.fotolia.de

4. Interne oder externe Kurse?

Grundsätzlich sind vier Varianten möglich:

- **Externe Ausbildung bei einem Anbieter von betrieblicher Aus- und Weiterbildung** (z. B. Hochschulinstitute, private Ausbildungsinstitutionen, Verbände, Ausbildungsberater, Trainer): Die Mitarbeitenden besuchen diese Kurse zusammen mit Teilnehmenden aus anderen Firmen.
- Das Unternehmen kann auch mit einem **externen Schulungsberater** zusammenarbeiten, der die gesamte Weiterbildung mit internen und externen Spezialisten koordiniert und leitet.
- **Interne Schulung durchgeführt mit externen Ausbildnern:** Die Mitarbeitenden des eigenen Unternehmens bleiben unter sich; der Ort der Schulung kann im Haus oder extern sein.
- **Interne Ausbildung mit Ausbildnern und Linienvorgesetzten aus dem eigenen Unternehmen.**

Ob man sich für eine interne oder externe Schulung entscheidet, hängt zum einen von den eigenen Möglichkeiten ab (Grösse, personelle und finanzielle Mittel), zum anderen von der Einschätzung der Vor- und Nachteile der internen und der externen Schulung.

Die **Vorteile externer Schulung:**

- Sie wirkt gegen Betriebsblindheit, da nicht auf betriebliche Besonderheiten eingegangen wird.
- Sie regt stärker zur Innovation an, weil ohne Rücksichtnahme auf betriebliche Eigenarten geschult wird.
- Wenn Hochschul- oder Forschungsinstitute Kurse anbieten, besteht gute Gewähr dafür, dass neueste Erkenntnisse angeboten werden.
- Externe Kurse bringen Kontakte mit Mitarbeitenden anderer Unternehmen und damit auch wertvollen Erfahrungsaustausch.

Diesen Vorteilen stehen **Nachteile** gegenüber:

- Die externe Ausbildung kann nicht oder nur in ganz geringem Ausmass auf die Probleme und die konkreten Ausbildungsbedürfnisse des Unternehmens eingehen.
- Sie bleibt generell, weil nicht mit den spezifischen Grundlagen des einzelnen Unternehmens (Grundstrategie, Führungsrichtlinien usw.) gearbeitet werden kann.
- Die Einflussmöglichkeiten der Unternehmensleitung sind gering.

Der Besuch **externer Kurse** ist wertvoll, wenn wenige Mitarbeitende Schulung in einem Spezialgebiet benötigen oder wenn man neue Impulse sucht (auch auf höchster Ebene, etwa im Bereich der Unternehmensentwicklung).

Interne Kurse empfehlen sich, wenn viele Mitarbeitende im gleichen Bereich zu schulen sind. Durch die gemeinsame Anwendung in der Praxis wird der Lernvorgang intensiviert. Aktuelles Fachwissen und neue Impulse können durch externe Kursleiter hereingebracht werden.

Das Schulungskonzept nimmt durch die Beantwortung der eben dargestellten Leitfragen Gestalt an. Meist entsteht es in einem Prozess, der nicht linear, sondern wiederholt abläuft, d. h., die Beantwortung späterer Fragen kann Rückwirkungen auf Entscheide zu früheren Fragen haben, sodass sich dort erneut Anpassungen ergeben.

8.4.3 Interne und externe Ausbildner

A] Interne oder externe Ausbildner?

Im Allgemeinen ist der Einsatz von **internen Ausbildnern** und Linienvorgesetzten sehr sinnvoll, weil die Verknüpfung zwischen Schulung und Unternehmen, zwischen Theorie und Praxis enger gestaltet werden kann. Voraussetzung ist allerdings, dass die Linienvorgesetzten auf ihre Ausbildnertätigkeit vorbereitet werden.

Externe Ausbildner kommen für kleinere Unternehmen infrage; zur Einführung von Innovationen und zur Abdeckung von Spezialthemen, in denen sie besonders erfahren sind. Sie können als Ergänzung zu den internen Ausbildnern tätig werden. Sie müssen aber über die betrieblichen Gegebenheiten gut informiert sein, um einen Transfer zu ermöglichen.

B] Anforderungsprofil für Ausbildner

Die eduqua hat folgendes Anforderungsprofil für Ausbildner formuliert:

- Ausbildungsabschlüsse zur fachlichen Qualifikation: z. B. HTL, HF, FH, Uni …
- Fachliche Erfahrung: z. B. Anzahl Praxisjahre im Fachgebiet, Führungserfahrung …
- Fachliche Weiterbildungen
- Ausbildungsabschlüsse zur pädagogischen Qualifikation: z. B. SVEB oder analog …
- Unterrichtserfahrung: z. B. Dauer, Stufe, Fachbereich …
- Methodisch-didaktische Weiterbildungen
- Sozialkompetenzen
- Gewünschte Zusatzkenntnisse: z. B. Sprachen, Fertigkeiten …
- Erwartetes Engagement für den Unterricht sowie die Institution

Man kann diese Punkte auf drei wichtige Anforderungen reduzieren:

- Fachliches Können
- Menschliche Qualitäten und
- Pädagogisches Geschick

Bei einem Ausbilder muss die Persönlichkeitskompetenz in besonderem Mass ausgeprägt sein. Selbstständigkeit und Selbstdisziplin, Selbstbewusstsein, Frustrationstoleranz, Fähigkeit zur Stressbewältigung, Einsatzbereitschaft und Identifikation mit der Aufgabe sind bei einem Ausbilder von besonderer Bedeutung. Er muss sich aber auch durchsetzen können und die Fähigkeit haben, andere zu überzeugen. Eine rhetorische Begabung oder zumindest rhetorische Fähigkeiten tragen zu seinem Erfolg bei.

Im Umgang mit den Auszubildenden muss er Sozialkompetenzen haben. Diese zeigen sich in Geduld, Empathiefähigkeit und der Fähigkeit zum Zuhören.

8.5 Lehrmethoden

8.5.1 Die wichtigsten Lehrmethoden

In jeder Phase soll die bestgeeignete Lehrmethode eingesetzt werden: Die beste Methode ist die, die die Lernenden in der Situation, in der sie sich gerade befinden, am sichersten und motivierendsten voranbringt.

Die folgende Tabelle gibt Ihnen einen Überblick über die wichtigsten Lehrmethoden.

Abb. [8-5]   Vor- und Nachteile der wichtigsten Lehrmethoden

	Kurzbeschreibung	Vorteile	Nachteile
Vortrag / Referat	In einem Vortrag oder Referat wird Wissen über ein bestimmtes Thema vermittelt. Der Unterricht erfolgt frontal. Die mündliche Vermittlung kann durch bestimmte Medien (z. B. Bilder, Grafiken) unterstützt werden.	• In kurzer Zeit werden wichtige Informationen und aktuelle Erkenntnisse vermittelt. • Die Teilnehmenden gewinnen Einblick in ein bestimmtes Thema.	• Die Teilnehmenden bleiben passiv und es bleibt ungewiss, ob die vermittelten Inhalte aufgenommen und verstanden werden. • Auf individuelle Unterschiede und Interessen wird nicht eingegangen.
Lehrgespräch	Lerninhalte werden strukturiert und zielorientiert im Gespräch zwischen Ausbildner und Lernenden erarbeitet. Die Lernenden werden durch Fragen zum Mitdenken angeregt.	• Im partnerschaftlichen Gespräch werden die Lernenden zu aktiven Beteiligten. • Es kann an Vorkenntnisse und an den betrieblichen Alltag angeknüpft werden.	Die Entwicklung von Zusammenhängen und die Beschreibung von Erkenntnissen sind aufwendiger als beim Vortrag.
Gruppenarbeit	Themen werden in der Gruppe erarbeitet und ggf. werden die Ergebnisse von der Gruppe präsentiert. Der Ausbildner übernimmt die Rolle des Moderators.	• Die Teilnehmenden sind aktiv und erarbeiten sich die Inhalte. • Die Aufmerksamkeit ist erhöht und die Ergebnisse bleiben länger im Gedächtnis.	• Der Erfolg der Gruppenarbeit hängt von der Interaktion und Dynamik in der Gruppe ab. • Der Wissensvorsprung des Ausbildners bleibt ungenutzt.
Leittextmethode	Die Leittextmethode umfasst die Beschreibung aller Abläufe (vollständige Handlung), die zur Erfüllung eines Arbeitsauftrags führen.	Die Lernenden haben die Möglichkeit, sich die Arbeitsschritte, die zur Erfüllung eines bestimmten Arbeitsauftrags erforderlich sind, alleine anzueignen.	• Der Unterschied zur Unterweisung (Instruktion) ist in der Praxis oft unklar. • Die Leittextmethode berücksichtigt nicht den Aspekt der Motivation.
Fallstudie	Die Lernenden bearbeiten Praxisfragen zu konkreten Fällen (Unternehmenssituationen bzw. beruflichen Herausforderungen).	Die Teilnehmenden lernen anhand von konkreten Fallbeispielen und können einen Zusammenhang zwischen Theorie und Praxis herstellen.	Die Entwicklung von Fallstudien ist zeitintensiv.

	Kurzbeschreibung	Vorteile	Nachteile
Planspiel	Im Planspiel können Lernende komplexe Systeme (z. B. Unternehmen) kennenlernen und die Wirkungsketten ihrer Eingriffe (z. B. Lösungen zu Problemen) verstehen lernen. Ausserdem besteht im Rahmen eines Planspiels für Lernende die Möglichkeit, eine bestimmte Rolle (z. B. Führungskraft) zu übernehmen und eine Idee von den Rollenanforderungen zu gewinnen.	• Lernende haben die Möglichkeit, in der Simulation des Planspiels die vielfältigen Beziehungen und Abhängigkeiten von Problemsituationen kennenzulernen. • Lernende können Rollen und Lösungen ausprobieren – ohne Schaden anzurichten.	• Die Vorbereitung, Durchführung und Evaluation eines realistischen Planspiels ist zeitintensiv für alle Beteiligten. • Die Lernchancen sind gross, aber der Lerntransfer ist nicht selbstverständlich und muss gefördert werden.
Rollenspiel	Das Rollenspiel bietet Lernenden die Möglichkeit, Probleme und Herausforderung aus einem anderen Blickwinkel (z. B. ein Lernender schlüpft in die Rolle des Vorgesetzten) wahrzunehmen und andere Rollenerwartungen kennenzulernen.	• Das Rollenspiel eignet sich besonders zur Erweiterung der Sozial- und Ich-Kompetenzen sowie der Führungskompetenzen etwa im Bereich des Umgangs mit Konflikten. • Es ist nützlich, Erwartungen an bestimmte Rollenträger (z. B. Führungskräfte, Lernende, Ausbildner) kennenzulernen.	Das Rollenspiel ist eine wenig zeitaufwendige Methode. Da es sich um eine Methode der sozialen Interaktion handelt, sollte die Vorbereitung und Nachbesprechung professionell durchgeführt werden, d. h. mit pädagogischer, soziologischer und psychologischer Kompetenz.
Lernen durch Lehren	Lernende lernen, indem sie die Lerninhalte selbst erarbeiten und anderen Lernenden der Lerngruppe vermitteln. Der Ausbildner begleitet und unterstützt.	• Die Teilnehmenden, die die Rolle der Lehrenden übernehmen, befassen sich motiviert und intensiv mit den Lerninhalten. • Die Teilnehmenden, die in der Rolle der Lernenden bleiben, verfolgen den Unterricht mit grösserer Aufmerksamkeit.	• Die Methode ersetzt den Ausbildner nicht. Die Ausbildner müssen den Lernprozess flankieren. • In Abhängigkeit von der Dynamik in der Gruppe kann es dazu kommen, dass sich Gruppenkonflikte auf die Akzeptanz von Lernenden in der Rolle des Ausbildners niederschlagen.
Projektunterricht	Die Lerninhalte werden im Rahmen eines Projekts erarbeitet. Projektunterricht ist eine fächerübergreifende Methode.	• Die Projektmethode bietet eine umfassende (ganzheitliche) Lernmöglichkeit, die oft weit über die zentralen Fachinhalte hinausgeht. • Der Lernprozess wird zu einem hohen Anteil von den Lernenden selbst organisiert.	• Projektunterricht ist zeitintensiv und fordert vom Ausbildner ein anderes Rollenverständnis (eher Projekt-Coach als Ausbildner). • Die Rollen und Aufgaben aller Lernenden müssen klar definiert werden, sonst wird die Projektarbeit durch wenige dominiert.
E-Learning	E-Learning ist ein Sammelbegriff für Lernen, das durch digitale Technologien und Medien unterstützt wird.	• Mittels E-Learning können Lernende sich multimedial aufbereitete Lerninhalte aneignen. • Lerninhalte können vielen Lernenden zugänglich gemacht werden.	• Auch Lerninhalte, die mittels digitaler Möglichkeiten zur Verfügung gestellt werden, müssen oft begleitet werden (Blended Learning). Die Technologie ist keine Lerngarantie. • Die Aufbereitung von ansprechenden und gehaltvollen Lerneinheiten ist zeitintensiv.

Die Grenzen zwischen den Lernmethoden bzw. den Sozialformen sind oft fliessend. So kann die Projektmethode die Einzelarbeit und die Gruppenarbeit beinhalten.

8.5.2 Wann ist welche Lehrmethode angebracht?

Grundsätzlich gilt, dass es die überlegene Lehrmethode nicht gibt, sondern stets abgewogen und ausgewählt werden muss. Die **Entscheidung hängt ab**

- vom Lernziel (Informationsziel und Lernschritte): Das Lernziel sollte das vorrangige Kriterium für die Wahl der Methode sein. Je anspruchsvoller das Lernziel, umso wichtiger ist es, Methoden einzusetzen, die den Lernenden aktivieren.
- von lernpsychologischen Überlegungen: Der Lernerfolg hängt wesentlich von der Motivation, der Aktivierung, von Rückmeldungen und Lernhilfen ab. Man sollte daher Methoden einsetzen, mit denen die Interaktionen zwischen Ausbildner und Lernenden und auch unter den Lernenden selbst angeregt werden. Ferner ist es wichtig, verschiedene Methoden abzuwechseln.
- von den Lernenden: Die Methodenwahl hängt auch davon ab, welche Erfahrungen die Teilnehmenden mit bestimmten Methoden haben und welche sie selbst vorziehen. Ferner entscheidet die Grösse der Lerngruppe. Aktivierende, gruppenorientierte Methoden sind in Gruppen bis etwa 25–30 leichter zu realisieren als in grösseren Gruppen.
- vom Ausbildner selbst: Jeder Ausbildner hat seine eigenen Erfahrungsschwerpunkte und Neigungen, die bei der Wahl der Methoden eine Rolle spielen.

Zusammenfassung

Die berufliche **Aus- und Weiterbildung** umfasst alle Massnahmen der Grundausbildung und der Weiterbildung, mit denen die Kenntnisse, Fähigkeiten oder das Verhalten der Mitarbeitenden geschult werden sollen. Die systematische **Schulungsplanung und -durchführung** besteht aus sechs Punkten:

Vorgehensschritt		Erklärung
1.	Schulungsbedarf	Ein Schulungsbedarf entsteht durch Bildungsziele, gezielte Befragungen bestimmter Mitarbeiter- oder weiterer Anspruchsgruppen, Entwicklungsmassnahmen für einzelne Mitarbeitende oder Mitarbeitergruppen und durch Veränderungen im Unternehmen.
2.	Lernziele Themenschwerpunkte	Aus den Bedürfnissen und einer ersten groben Zielrichtung, die mit dem Schulungsbedarf erhoben wurden, leitet man die Lernziele und Themenschwerpunkte für die konkrete Schulungsmassnahme ab.
3.	Schulungsplan Seminarkonzept	Das Feinkonzept für die betreffende Schulungsmassnahme enthält alle für die Organisation und Durchführung notwendigen Informationen.
4.	Organisation	Die Seminarorganisation sorgt für das Wohlbefinden der Teilnehmenden und für einen reibungslosen Ablauf des Seminars.
5.	Durchführung	Eine erfolgreiche Schulung muss strukturiert durchgeführt werden.
6.	Erfolgskontrolle	Es gibt verschiedene Methoden für die Erfolgskontrolle oder Evaluation einer Schulungsmassnahme: Feedbackrunden, Fragebogen, Tests, Auswertungen von Transferaufgaben und Kosten-Nutzen-Analysen.

Das **Schulungskonzept** konkretisiert, was in der Schulungspolitik in allgemeiner Form beschlossen wurde.

Es legt in den grossen Zügen die **Schulungsmassnahmen für 3–5 Jahre** fest:

- Nach **Schulungsbereichen** (wo sind unsere inhaltlichen Schwerpunkte – in der Fachausbildung, in der Führungsschulung, in der Allgemeinbildung usw.?)
- Nach den zu **schulenden Mitarbeitergruppen** (mit ähnlichen Bedürfnissen – gegliedert nach Hierarchiestufen oder Funktionen)
- Nach der grundsätzlichen **Art der Durchführung** (am Arbeitsplatz oder in Kursen, in internen oder externen Kursen?)

Die **Lehrmethode** ist die Art, wie ein Stoff oder Thema vermittelt und bestimmte Lernprozesse in Gang gesetzt werden. Die Methoden können auch kombiniert und abgewechselt werden.

Repetitionsfragen

35 Welche Fragen müssen durch die Seminarorganisation auf alle Fälle geregelt werden?

36 Würden Sie für die folgenden Bildungsbedürfnisse eher eine Schulung am Arbeitsplatz oder eine Schulung in Kursen (intern oder extern) vorschlagen? – Kreuzen Sie für jedes Beispiel die zutreffende Spalte an.

Beispiel	Arbeitsplatz	Kurs
Es wird ein neues Materialprüfgerät angeschafft, das die Labormitarbeitenden bedienen müssen.		
Zwei Vorgesetzte waren in einem Seminar über Konfliktlösung. Im Rahmen der Führungsschulung will man dieses Thema nun weiteren Vorgesetzten zugänglich machen.		
Zehn Führungsnachwuchskräfte müssen in den Grundlagen des Projektmanagements ausgebildet werden.		
Die Personalassistentinnen müssen in die neue Verwaltungssoftware eingeführt werden, mit der sie künftig arbeiten.		

37 A] Der Vortrag ist eine darbietende Unterrichtsmethode, die den Zuhörer in eine passive Haltung zwingt. Hat der Vortrag trotzdem Vorteile?

B] Welche Methoden setzen wenig Motivation voraus und fördern das Interesse am Thema besonders?

38 Sie sollen einen Ausbildner für ein internes Seminar aussuchen. Aus diesem Grund besuchen Sie einen Workshop von Max Wichtig, der Ihnen von einem Kollegen empfohlen wurde. Nennen Sie vier Kriterien, nach denen Sie Max Wichtig evaluieren.

39 Nennen Sie drei Instrumente, mit denen der Erfolg von Schulungsmassnahmen kontrolliert werden kann.

9 Erfolgskontrolle in der Bildung

Lernziele	Nach der Bearbeitung dieses Kapitels können Sie … • die Formen der Erfolgskontrolle unterscheiden. • verschiedene Verfahren zur Kontrolle des ökonomischen Erfolgs beschreiben.
Schlüsselbegriffe	Bildungscontrolling, Diagramme, Erfolgskontrolle im Arbeitsfeld, Erfolgskontrolle im Lernfeld, formative Lernkontrolle, Kennzahlen, Kosten-Nutzen-Analyse, Kostenvergleiche, Lernkontrolle, Rentabilitätsrechnungen, summative Lernkontrolle, Transfer, transferfördernde Massnahmen, transferhemmende Faktoren

Bildungscontrolling ist die Planung, Steuerung, Lenkung und Kontrolle der Bildung. Es umfasst alle Massnahmen der professionellen, qualitativen und quantitativen Erhebung, Analyse, Bewertung und Präsentation von Daten in der Weiterbildung. Mittels Bildungscontrolling wird der Erfolg der Bildungsmassnahmen ermittelt.

9.1 Warum kontrollieren?

Die **Gründe** für eine Erfolgskontrolle sind:

- Schulung ist eine Investition, durch die finanzielle und personelle Kapazitäten gebunden werden; daher muss dieser Investition ein Gegenwert gegenüberstehen.
- Erfolgskontrollen zeigen, wie Schulungsmassnahmen künftig verbessert oder neu konzipiert werden können.
- Erfolgskontrollen vermitteln den Teilnehmenden Erfolgserlebnisse, was für das Lernen und die Motivation, künftig an Schulung teilzunehmen, wichtig ist.
- Sichtbare Erfolge motivieren Vorgesetzte, Teilnehmende, Ausbildner usw., bestimmte Bildungsmassnahmen weiterhin durchzuführen.
- Erfolgskontrollen erleichtern den Entscheid, wenn zwischen verschiedenen Massnahmen (z. B. verschiedene Referenten, verschiedenen Kurskonzepten) auszuwählen ist.

Es gibt aber auch berechtigte **Einwände** gegen Erfolgskontrollen:

- Der Aufwand für eine wirklich verlässliche Kontrolle ist unverhältnismässig hoch. Schwächen in der Beurteilung, wie Sie sie aus der Schulzeit oder von der Leistungsbeurteilung her kennen, gelten auch hier.
- Besonders problematisch ist die Kontrolle des Transfers in die Praxis. Oft wird dieser Transfer durch Umstände verhindert (z. B. ungünstiges Vorgesetztenverhalten), für die der Lernende nicht verantwortlich ist.
- Der Erfolg einer einzelnen Bildungsmassnahme ist oft schwer nachzuweisen, weil andere Einflussgrössen (z. B. Vorgesetztenverhalten, organisatorische und wirtschaftliche Veränderungen) abschwächend oder verstärkend wirken können.
  Beispiel:
  Umsatzsteigerungen sind durch Verkaufsschulung möglich; wenn gleichzeitig Produktverbesserungen vorgenommen werden, könnten auch diese den Erfolg verursachen.
- Der ökonomische Erfolg, d. h. der Kosten-Nutzen-Vergleich ist nur so weit ermittelbar, als sich der Lernerfolg auch in Geldeinheiten messen lässt (z. B. Schulung einer neuen Arbeitstechnik verringert Zeitaufwand und Ausschuss). In vielen Bereichen, z. B. in der Führungsschulung, ist das nicht so direkt möglich.

9.2 Die Formen der Erfolgskontrolle im Überblick

Bei der Erfolgskontrolle kann man von verschiedenen Faktoren ausgehen:

- Von den Eindrücken der Teilnehmenden am Ende einer Veranstaltung
- Von dem, was wirklich gelernt wurde (z. B. vom überprüfbaren Wissen)
- Vom Erfolg am Arbeitsplatz
- Vom ökonomischen Erfolg der Schulung

Alle Aspekte sind wichtig und sollten berücksichtigt werden.

9.2.1 Erfolgskontrolle im Lernfeld

Sie ist die unmittelbarste Form, weil sie während oder unmittelbar nach dem Lernprozess stattfindet. Zwei Aspekte sind dabei wichtig:

Abb. [9-1]   **Die Formen der Erfolgskontrolle im Lernfeld**

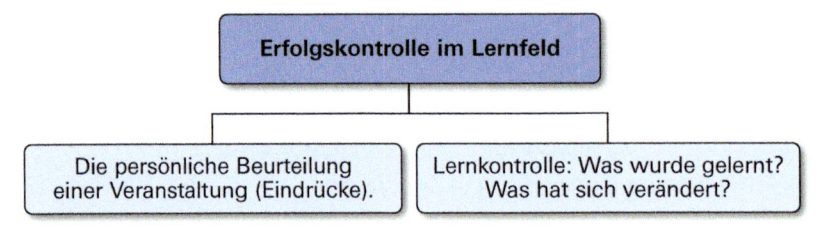

```
                    Erfolgskontrolle im Lernfeld
                    /                          \
Die persönliche Beurteilung          Lernkontrolle: Was wurde gelernt?
einer Veranstaltung (Eindrücke).     Was hat sich verändert?
```

A] Persönliche Beurteilung einer Veranstaltung

Im Zentrum stehen die **subjektiven Eindrücke der Teilnehmenden.** Wie beurteilen sie persönlich den Inhalt und seine Praxisrelevanz, die Darstellung, den Ausbildner, die Organisation? Kennt man die Meinung der Teilnehmenden, sind

- Anpassungen / Verbesserungen von Inhalten und Methoden einer laufenden Veranstaltung möglich, sodass die befragten Teilnehmenden selbst noch profitieren können,
- oder sind Verbesserungen in künftigen Veranstaltungen möglich, und zwar in organisatorischer, didaktischer oder konzeptioneller Hinsicht (z. B. Fortsetzung und Ausbau oder Streichung bestimmter Schulungsmassnahmen) sowie auch Veränderungen im Ausbildnerverhalten (wenn nötig).

Persönliche Beurteilungen im Lernfeld geben wichtige Hinweise über das Befinden der Teilnehmenden und über das **Lernklima,** das ein Ausbildner schaffen kann.

- Indem man die Teilnehmenden zu einer **freien Beurteilung** auffordert, die mit Vorteil schriftlich sein sollte, weil dadurch die gegenseitige Beeinflussung geringer ist und man erfährt, wie jeder Einzelne sich fühlt. Gespräche können dann folgen und bestimmte Eindrücke vertiefen oder durch die Gruppendiskussion auch korrigieren.
- Die Alternative ist eine **schriftliche Befragung** mit offenen oder strukturierten Fragen. Offene Fragen setzen eine gewisse Wortgewandtheit voraus. Bei den strukturierten Fragen ist in bestimmter Form zu antworten, je nachdem, ob Schätzskalen mit Zahlen (1, 2, 3, 4, 5), Adjektiven (z. B. sehr gut, gut, mittelmässig, eher schlecht, schlecht), Zeichnungen oder Kombinationen davon verwendet werden. Die Fragen müssen möglichst eindeutig und spezifisch sein, d. h. sich auf ein einzelnes Merkmal oder bestimmte Verhaltensweisen beziehen; sie dürfen nicht suggestiv sein und sollen sich nicht überschneiden. Strukturierte Fragen führen zu vergleichbaren Antworten. Ihr Aussagegehalt hängt aber von der Differenziertheit der Fragen ab.

Man sollte sich bei der Befragung auf Aspekte konzentrieren, die für den Lernerfolg massgebend sind

- die fachliche Kompetenz des Ausbildners,
- seine Grundhaltung den Teilnehmenden gegenüber: Wertschätzung, Einfühlungsvermögen, Offenheit und Partnerschaftlichkeit,
- die Klarheit seiner Stoffdarstellung,
- das Mass der Aktivierung und
- der Erfolgserlebnisse, die er vermittelt,
- Rückmeldungen und Lernhilfen,
- Führung im Unterricht.

Mit Vorteil fügt man Fragen zur Organisation an; sie vermitteln ein realistisches Bild der Schwachstellen und künftigen Verbesserungsmöglichkeiten.

Schriftliche Befragungen sollten **anonym** oder höchstens mit **freiwilliger Namensangabe** durchgeführt werden. Beurteilungen können mehrmals im Verlauf einer Veranstaltung durchgeführt werden, falls sie mehrere Tage dauert. Diese Prozessanalyse ist meist kurz und soll v. a. die momentane Stimmung aufzeigen. Sie ist ein Blick auf den zurückgelegten Weg und den momentanen Standort. Sie kann mündlich und in freier Form als Gespräch durchgeführt werden oder man kann am Ende eines Tages einen kleinen **Fragebogen** vorlegen, der schriftlich zu beantworten ist. Der Seminarleiter empfängt daraus wichtige Signale für die Arbeit an den folgenden Tagen.

Auch einige Zeit nach der Veranstaltung sollte eine Befragung der Teilnehmenden stattfinden, die erste Praxiserfahrungen einbezieht. Die **Nachkontrolle** ergibt oft ein anderes Bild als die Beurteilung unmittelbar nach der Veranstaltung, die meist durch die momentanen Eindrücke und die in der Lerngruppe herrschende Dynamik beeinflusst ist.

B] Beurteilung der Lernzielerreichung (Lernkontrolle)

Wir haben die persönliche Beurteilung einer Veranstaltung besprochen. Die zweite Form der Erfolgskontrolle im Lernfeld ist die des kurzfristigen Lernerfolgs der Teilnehmenden.

Man unterscheidet hier **zwei Arten** von Lernkontrollen:

- Formative, die das Lernen / Lehren begleiten
- Summative, die einen Lernprozess abschliessen und den Lernerfolg bewerten

Formative (gestaltende) Lernkontrolle

Lernprozesse lassen sich am besten steuern, wenn die Ausbildner den Lernerfolg der Lernenden in regelmässigen Abständen überprüfen. Rückmeldungen («Diese Zusammenhänge scheinen Sie zu beherrschen» oder «Das müssen wir nochmals üben») an die Lernenden können so in präziser Form und rechtzeitig erfolgen. Erfolge regen das weitere Lernen an und Lernschwierigkeiten können frühzeitig behoben werden. Die Lernkontrollen können

- prozessorientiert (Wie gut läuft der Lernprozess ab?) oder
- produktorientiert sein (Wie ist das Lernergebnis?).

Formative Lernkontrollen geben nicht nur dem Lernenden wertvolle **Rückmeldungen** und Hilfen, auch die Ausbildner bekommen wichtige Rückmeldungen für die Gestaltung ihres Unterrichts (z. B. bessere Strukturierung der Inhalte, andere Lehrmethoden).

Summative (abschliessende) Lernkontrollen

Summative Lernkontrollen sind Tests, Prüfungen, Frage- und Aufgabensammlungen, die zeigen, was der Teilnehmer gelernt hat. Sie müssen **lernzielorientiert** sein und dem entsprechen, was im Unterricht gelehrt und geübt wurde. Es können Aufgaben sein, die der Teilnehmer selbstständig löst oder Aufgaben mit Antwortvorgaben, aus denen die richtige Lösung auszuwählen ist (Multiple Choice).

Summative Lernkontrollen sind eine **Bilanz des Lernerfolgs** am Ende einer Schulungsveranstaltung: Was wurde erreicht?

- Die Lernenden bekommen eine abschliessende Rückmeldung über das Geleistete. Im positiven Fall fühlen sie sich bestätigt; gibt es jedoch Lücken und Mängel, ist es zu spät, noch Lernhilfen zu geben und sie umzusetzen.
- Auch die Ausbildner bekommen eine Rückmeldung über ihren Unterrichtserfolg. Daraus können sie Verbesserungen für kommende Veranstaltungen ableiten; die betroffenen Teilnehmenden profitieren aber nicht mehr.
- Summative Lernkontrollen werden oft auch eingesetzt, um die Lernleistung zu qualifizieren. Solche Bewertungen werden dann nicht nur den Teilnehmenden mitgeteilt, sondern auch an die Vorgesetzten weitergeleitet. Sie sind Teil der betrieblichen Qualifikation. Diese Form der Lernkontrolle ist problematisch, weil sie das positive Lernklima gefährdet und weil Ängste und Konkurrenzdruck in der Lerngruppe entstehen können. Zudem sind die guten Schüler nicht immer auch die begabten Anwender des Gelernten. Bewertete Schlusskontrollen sind daher nur berechtigt, wenn eine Schulungsmassnahme eine wirklich wichtige und aussagekräftige Voraussetzung für eine betriebliche Beförderung ist oder wenn aus Sicherheitsgründen festgestellt werden muss, wer bestimmte Anforderungen erfüllt und wer nicht (z. B. Pilotenausbildung).

In der folgenden Abbildung haben wir die Unterschiede zwischen den formativen und summativen Lernkontrollen zusammengefasst.

Abb. [9-2] **Unterschiede zwischen den formativen und summativen Lernkontrollen**

	Fragen
Formative Lernkontrollen	• Welche Teilziele haben wir wie gut erreicht? • Genügt der Grad der Zielerreichung, um mit dem Unterricht fortzufahren? • Wo sind typische Fehler und Lücken? • Welche grundsätzlichen Lernschwierigkeiten lassen sich erkennen (z. B. Begriffsverständnis, Anwendung von Regeln auf praktische Beispiele, Transfer)? • Wo liegen die Ursachen dieser Schwierigkeiten (z. B. Unterrichtszeit, Methodik, Motivation der Lernenden)? • Welche Lernhilfen sind sinnvoll (z. B. zusätzliche Zeit, nochmalige methodisch variierte Erklärungen, weitere Übungsbeispiele)?
Summative Lernkontrollen	• Wie gut sind die Leistungen des Einzelnen gemessen an den Lernzielen? • Wie gut sind sie gemessen an den Leistungen der anderen? • Welche Bewertung (Qualifikation in Form von Noten – Ziffern, Buchstaben, Wörtern oder Beschreibungen) soll erteilt werden? (Dabei empfiehlt sich, die Bewertung in erster Linie an sachlichen Anforderungen und nicht ranglistenartig an der Leistung einer Gruppe zu orientieren.)

Noch etwas zur **Form.** Die schriftliche Durchführung eignet sich zur Prüfung kognitiver Lernziele, die mündliche Form ist günstiger, um kommunikative Fähigkeiten zu überprüfen (besonders auch in prozessorientierten, formativen Lernkontrollen). Praktische Lernkontrollen sind erforderlich, wenn psychomotorische Tätigkeiten (z. B. Bedienung von Geräten) oder komplexe Verhaltensweisen im zwischenmenschlichen Bereich zu überprüfen sind (z. B. Verkaufsgespräche, Qualifikationsgespräche, Ausbildnerverhalten).

9.2.2 Erfolgskontrolle im Arbeitsfeld

A] Das Transferproblem

Der **Transfer** ist die Umsetzung des Gelernten in die Praxis. Ein wesentliches Ziel der betrieblichen Schulung ist mehr Effizienz am Arbeitsplatz durch den Transfer. Transfer ist aber keineswegs selbstverständlich. Sehr vieles, was in Seminaren vermittelt wird, kommt nie zur Anwendung – es wird vergessen, oft fehlt der Mut, neue Wege zu gehen, oder man hat nicht die Kraft, gegen Hindernisse anzugehen. Gute Schulung zeichnet sich u. a. dadurch aus, dass sie den Transfer vorbereitet.

Es gibt Faktoren, die den Transfer fördern, und solche, die ihn hemmen.

Transferhemmende Faktoren

Mängel in der Schulung:

- Beispiele und Übungen im Unterricht sind zu weit weg von der Wirklichkeit im Arbeitsfeld.
- Es wird zu wenig oder einseitig geübt (z. B. nur Einstudieren bestimmter Fertigkeiten und zu wenig Variationsfähigkeit in verschiedenen Situationen).
- Die Ausbildung berücksichtigt die Erfahrungen der Teilnehmenden zu wenig.
- Die Lerninhalte werden zu wenig verallgemeinert, die verschiedenen Anwendungsmöglichkeiten nicht herausgearbeitet.

Mängel beim Lernenden:

- Die Teilnehmenden sind wenig daran interessiert, das Gelernte auch anzuwenden – weil dies zusätzlichen Einsatz erfordert, weil sie durch das Neue verunsichert sind oder weil sie die ganze Schulung unter Zwang absolviert haben.
- Sie sind unselbstständig und können die neuen Kenntnisse ohne Hilfe schlecht anwenden.

Mängel im Arbeitsfeld:

- Vorgesetzte verhalten sich innovationsfeindlich; sie glauben nicht an den Nutzen neuer Vorgehensweisen und wollen keine Veränderungen.
- Der Teilnehmer erhält keine Unterstützung durch die Kollegen am Arbeitsplatz, meist weil sie nicht dieselbe Aus- oder Weiterbildung erhalten haben.
- Es besteht keine Gelegenheit zur Anwendung, weil sich die Einführung einer Neuerung verzögert und das Gelernte vergessen wird oder weil die Unternehmensorganisation Neuerungen grundsätzlich erschwert.

Transferfördernde Massnahmen

Die Mängelliste zeigt, wie man den Transfer ins Arbeitsfeld unterstützen kann:

- Schulungsinhalte sind sorgfältig an den Bedürfnissen, Erwartungen, Vorkenntnissen und Problemen der Lernenden auszurichten – von der Bedarfsermittlung an bis zur Unterrichtsvorbereitung mit dem Ausbildner.
- Die Teilnehmenden sind in die Gestaltung des Unterrichts einzubeziehen. Was ist für sie wichtig? Wo liegen ihre Probleme, ihre grössten Schwierigkeiten, ihre Vorbehalte, Widerstände usw.? Nur wenn man darauf eingeht, wird Schulung effektiv.
- Die Motivation der Teilnehmenden ist mit allen Mitteln zu fördern. Die Ausbildungsziele sind mit den persönlichen Zielen und Nutzenerwartungen der Teilnehmenden in Übereinstimmung zu bringen.
- Inhalte, Beispiele und Übungen sollen praxisnah sein, d. h. dem Arbeitsfeld, auf das vorbereitet wird, entsprechen. Die Schulung kann dabei durchaus zukunftsorientiert sein.

- Die Transfermöglichkeiten und -grenzen sollen zum Thema gemacht werden, indem darüber diskutiert wird. Der Ausbildner muss auf Probleme der Anwendung, auf typische Hindernisse und Enttäuschungen aufmerksam machen, Beispiele geben, praxisgerechte Übungen anregen und den Erfahrungsaustausch fördern.
- Die Teilnehmenden sollen ihre persönlichen Chancen und Grenzen zum Transfer schon im Unterricht analysieren, sich also die eigenen Stärken und Schwächen sowie die Bedingungen am Arbeitsplatz bewusst machen.
- Sie sollen den Transfer im Unterricht planen, indem sie Erkenntnisse über mögliche Probleme bei der Anwendung des Gelernten sammeln, Vorsätze zum Transfer fassen und formulieren und Aktionen planen (z. B. Überzeugen der Vorgesetzten, Informieren der Mitarbeitenden). Methodisch geeignet dazu sind z. B. Rollenspiele.
- Die Transferpartner im Arbeitsfeld (Vorgesetzte, Mitarbeitende, Kollegen) und im weiteren Umfeld (z. B. Familie) sollen den Transfer unterstützen. Dazu sind Informationen und evtl. die Ausbildung der Betroffenen zu fördern.
- Der Erfahrungsaustausch nach ersten Anwendungen im Arbeitsfeld muss gefördert werden, und zwar sowohl zwischen den Teilnehmenden einer Schulung als auch zwischen den Teilnehmenden und den Ausbildungsverantwortlichen, Vorgesetzten und Mitarbeitenden.

Methoden zur Messung

Der Transfer lässt sich mit folgenden Methoden messen:

- Befragung
- Prüfung / Test
- Mitarbeiterbeurteilung
- Zielvereinbarung / Zielüberprüfung
- Kennziffern und Indikatoren

B] Möglichkeiten der Erfolgskontrolle im Arbeitsfeld

Wie lässt sich der tatsächliche Lernerfolg im Arbeitsfeld messen?

Methodische Ansätze

Es gibt drei unterschiedlich anspruchsvolle Ansätze:

- Im einfachsten Fall wird **nach der Schulung** geprüft, wie gut die angestrebten Leistungen oder Verhaltensweisen am Arbeitsplatz sind. Man weiss aber nicht genau, wie gut sie vor der Schulung waren, welche Veränderung die Schulung also gebracht hat und welche anderen, schulungsunabhängigen Grössen die neuen Leistungen und Verhaltensweisen beeinflussen.
- Präziser ist es, Leistung und Verhalten der Teilnehmenden **vor und nach der Schulung** zu erfassen. Die Differenz gibt dann Hinweise auf den Lernerfolg. Die Frage bleibt allerdings auch hier offen, wie weit nicht auch noch andere Faktoren eine Rolle spielen.
- Wenn man auch diese Fragen in den Griff bekommen will, muss man mit einer Kontrollgruppe arbeiten, die keine Schulung bekam. Die Schwierigkeit besteht allerdings darin, eine vergleichbare Kontrollgruppe zu bilden. Oft ist es gar nicht möglich, bestimmte Personen nur zu Untersuchungszwecken von einer Bildungsmassnahme auszuschliessen.

In der Praxis findet man meist nur die erste Variante, weil die beiden anderen zu aufwendig sind.

Kennzahlen als Massstab des Schulungserfolgs

Die durch Schulung geförderten Leistungen lassen sich oft durch relativ objektive Daten, Kennzahlen, ausdrücken. Wir bringen dazu einige Beispiele:

- Zeitersparnis (z. B. beim Erstellen von Schriftstücken nach einem Textverarbeitungskurs)
- Umsatzzunahme nach einer Verkaufsschulung
- Höhere Produktion und weniger Ausschuss nach maschinentechnischer Schulung am Arbeitsplatz
- Weniger Betriebsstörungen und Unfälle nach einem Kurs über Unfallverhütung
- Rückgang der Beschwerden nach einem Kurs für Kundenservice
- Anzahl Beförderungen nach einem Kurs für Nachwuchskräfte
- Reduktion der Personalfluktuation nach Führungskursen

Bei vielen Schulungsmassnahmen geht es um die Verbesserung solcher Kennzahlen. Meist lässt sich zwar nicht ohne Weiteres nachweisen, welchen Anteil die Schulung an der Veränderung hat. Gründliche Beobachtungen des betrieblichen Geschehens samt seiner Umwelt (Organisation, Technik, Produkte, Markt usw.) können jedoch ein realistisches Bild vermitteln.

Verhaltensänderungen als Massstab des Schulungserfolgs

Die Kontrolle von Verhaltensveränderungen ist schwierig, aber wesentlich, weil viele Schulungsmassnahmen Verhalten verbessern wollen (Kommunikation, Führung, Verkauf usw.).

Mögliche Kontrollen sind:

- Beobachtung der Teilnehmenden (z. B. Verkaufspersonal bei der Behandlung von Beschwerden oder Vorgesetzte in einer Sitzung) – möglichst vor und nach der Schulung.
- Befragen von Kontaktpersonen der Teilnehmenden (Vorgesetzte äussern sich zur Arbeitstechnik ihrer Mitarbeitenden Mitarbeitende werden darüber befragt, wie ihre Vorgesetzten ein Qualifikationsgespräch führen, Kunden werden über die Freundlichkeit und Kompetenz des Schalterpersonals befragt, Kollegen beurteilen das Verhalten eines Mitarbeitenden in Kreativitätssitzungen) – idealerweise wieder vor und nach der Schulung.

In der Praxis wird diese Art von Erfolgskontrolle meist nur bei neuen Schulungsmassnahmen eingesetzt (Pilotversuche) und darauf verzichtet, wenn man aus der Erfahrung im eigenen Unternehmen oder aus Vergleichen mit anderen Unternehmen, Bildungsinstitutionen usw. weiss, dass die Erfolge verlässlich sind. Der Grund dafür ist, dass solche Kontrollen aufwendig sind.

9.2.3 Die Kontrolle des ökonomischen Erfolgs

Für das Unternehmen ist die Frage nach den Kosten und dem Nutzen der betrieblichen Schulung in Geldeinheiten wichtig. Wir stellen einige Verfahren für diese betriebswirtschaftliche Kontrolle vor:

- Kostenvergleiche ähnlicher Schulungsmassnahmen
- Kosten-Nutzen-Analyse
- Kennzahlen für den inner- und überbetrieblichen Vergleich
- Rentabilitätsrechnungen
- Unternehmenserfolg und Schulung

A] Kostenvergleiche ähnlicher Schulungsmassnahmen

Oft ist es auch wichtig zu wissen, ob sich inhaltlich ähnliche, aber unterschiedlich gestaltete Schulungsmassnahmen kostenmässig voneinander unterscheiden (z. B. ein bisheriger Kurs im Vergleich zu einem neuen). Man vergleicht dazu die für jede Schulungsmassnahme anfallenden Kosten pro Tag und Schulungsteilnehmer. Die Grenze dieses Vergleichs wird aber gleich deutlich: Er orientiert sich nur an den Kosten und lässt die Qualität ausser Acht.

Ein solcher Vergleich ist auch mit Angeboten von externen Anbietern oder mit Schulungsmassnahmen anderer Betriebe denkbar.

Wichtig ist, dass für Vergleiche mit anderen Unternehmen dieselben Werte verwendet werden. Deshalb muss definiert werden, was im Unternehmen unter Schulungskosten verstanden wird. Diese werden in jedem Unternehmen anders definiert. Aber nur mit dieser Transparenz kann ein solcher Vergleich überhaupt eine relevante Aussagekraft liefern.

Alle Varianten sind denkbar, z. B.:

- **Nur die direkten Kosten, die für eine Schulung anfallen, werden berücksichtigt:** z. B. die Kosten für externe Trainer, Lehrbücher u. Ä.
- **Zusätzlich werden auch andere Kosten, die im Zusammenhang mit Schulung entstehen, berücksichtigt:** Das heisst, andere Kostenarten, z. B. Spesen (Anfahrtskosten der Teilnehmer), Infrastruktur (Raummiete) und Büromaterial (Blocks und Kugelschreiber) werden mit eingerechnet.
- **Es ist auch eine Vollkostenrechnung möglich:** Hier werden zusätzlich zu den oben erwähnten Kosten z. B. auch die Lohnausfallkosten der Schulungsteilnehmer und interner Referenten, auch für die Vor- und Nachbearbeitungsarbeiten, berücksichtigt.

Ein weiterer Punkt betrifft die **Belastung der Kosten.** Das heisst, jedes Unternehmen fragt sich, wo die Kosten budgetiert und wo sie belastet werden. Auch hier steht eine Auswahl von Möglichkeiten zur Verfügung:

- Die Kosten werden **zentral,** d. h. beispielsweise in **der Personal- oder Schulungsabteilung** budgetiert und belastet. Kritische Stimmen könnten dazu bemerken, dass das HR zu hohe Kosten generiert. Andererseits kann damit sichergestellt werden, dass Weiterbildungen und Personalentwicklungsmassnahmen getätigt werden, auch wenn der Kostendruck in der Linie sehr hoch ist.
- Die Budgetierung und Belastung erfolgen **dezentral,** d. h. auf der **Einsatzkostenstelle,** auf die auch die Lohnkosten des Mitarbeitenden belastet werden. Auch hier bestehen Vor- und Nachteile: Es kann sein, dass eine Führungskraft auf Weiterbildungs- und Entwicklungsmassnahmen aus Kostengründen verzichtet. Andererseits trägt die Führungskraft vollumfänglich die Verantwortung für entsprechende Massnahmen und dürfte dadurch hinter den Massnahmen stehen.
- Auch hier ist eine **Mischform** denkbar, d. h. eine Aufteilung der Kosten. So können z. B. die Kosten eines externen Trainers zentral belastet werden, die Löhne und Spesen der Teilnehmer dezentral.

B] Kosten-Nutzen-Analyse

Hier werden nicht nur die Kosten ähnlicher Schulungsmassnahmen, sondern auch deren Erlöse verglichen.

Dieses Verfahren ist sehr aufwendig, weil es schwierig ist, sowohl die Schulungskosten als auch die Erlöse exakt zu ermitteln.

C] Kennzahlen für den inner- und überbetrieblichen Vergleich

Vergleichswerte mit den Kosten und Kennzahlen anderer Bereiche im eigenen Unternehmen oder mit ähnlichen Unternehmen sind für die Effizienz einer Schulungsorganisation und ihre Stellung im Unternehmen aufschlussreich.

Dabei kann man folgende **Werte vergleichen:**

- Ausbildungskosten pro geleistete Arbeitsstunde
- Ausbildungskosten pro Schulungsteilnehmer und pro Mitarbeitenden
- Ausbildungskosten in Prozent aller Investitionen, des Umsatzes, der Lohnsumme und der gesamten Personalkosten
- Ausfallzeiten durch Bildungsmassnahmen in Prozent der Gesamtkapazität
- Verhältnis Werbeausgaben und Schulungskosten
- Verhältnis allgemeine Repräsentationskosten, Forschung-&-Entwicklungs-Aufwand, Fluktuationskosten und Schulungskosten

D] Rentabilitätsrechnungen

Eine Beziehung zwischen Schulung und Gewinn lässt sich meist nicht herstellen, da der Gewinn vielen unkontrollierbaren Einflüssen unterliegt. Als Bezugsgrösse kommt eher der **Deckungsbeitrag** infrage. Man klärt ab, ob Schulung zu einer Mehrleistung führt, die sich in einem zusätzlichen Deckungsbeitrag oder in einer **Kostensenkung** niederschlägt.

Gerechnet wird wie folgt:

$$\text{Schulungsrendite} = \frac{\text{durch Schulung erzielter Deckungbeitrag (bzw. Kostensenkung)} \cdot 100}{\text{Kosten der Schulung (Investitionen)}}$$

Diese Art der Erfolgsbeurteilung lässt sich im Produktions- und im Verkaufsbereich gut, in der Führungsschulung nur schwierig durchführen.

E] Unternehmenserfolg und Schulung

Die ökonomische Erfolgskontrolle ist sehr schwer zu realisieren ist, sobald sie über Kennzahlen auf der Kostenseite hinausgeht. Die anspruchsvolleren Verfahren sind routinemässig nicht durchzuführen, sondern nur für ausgesuchte, besonders bedeutsame Schulungen vorzusehen. Und auch da wird man sich meist mit Näherungswerten begnügen müssen.

Man darf Schulung nicht zu eng unter dem reinen Kosten-Nutzen-Gesichtspunkt sehen, sondern umfassend – als wirkungsvolles Mittel der Zukunftssicherung. Die Aufwendungen dafür sind konsequenterweise als Bildungsinvestitionen zu sehen. Man muss sich dann überlegen, welche Kosten für das Unternehmen entstehen, wenn auf diese Investition verzichtet würde.

Die Daten, die die Grundlage für das Bildungscontrolling sind, können in Form von Statistiken dargestellt werden.

Zusammenfassung

Die einfachste Form der Erfolgskontrolle ist die **persönliche Beurteilung einer Veranstaltung** durch die Teilnehmenden. Die Beurteilung kann in freier Form oder durch Fragebogen erfolgen. Die Beurteilungen sollten mehrmals auch während einer Veranstaltung und auch einige Zeit nach Kursabschluss durchgeführt werden.

Lernkontrollen überprüfen den vorläufigen oder abschliessenden Lernerfolg. Wenn sie während des Unterrichts durchgeführt werden, zeigen sie dem Ausbildner, wie er den Unterricht weitergestalten soll; sie geben aber auch den Teilnehmenden wertvolle Rückmeldungen über Erreichtes (Erfolgserlebnisse) und Lücken. Weil diese Art der Lernkontrolle den Unterrichtsprozess laufend steuert, nennt man sie **formativ.**

Lernkontrollen am Ende einer Schulung haben Test- und Prüfungscharakter. Sie eröffnen den Zutritt zu weiterer Schulung oder zu neuen Aufgaben. Da sie prüfen, was insgesamt gelernt wurde, heissen sie **summativ.** Sie sind lernzielorientiert zu formulieren und dürfen die Teilnehmenden weder über- noch unterfordern.

Der **Transfer** ist die Umsetzung des Gelernten in die Praxis der täglichen Arbeit. Er kommt nicht automatisch zustande, sondern muss vorbereitet, eingeübt und geprobt werden. Transferfördernd sind ein praxisnaher Unterricht, hohe Motivation und Einbeziehen der Vorgesetzten, Mitarbeitenden usw. in Neuerungen.

Kontrollen des Schulungserfolgs im Arbeitsfeld sind anspruchsvoll und aufwendig. Meist muss man sich auf ein Überprüfen von Veränderungen nach der Schulung beschränken und damit in Kauf nehmen, nie genau zwischen Schulungserfolg und anderen Einflüssen unterscheiden zu können. Veränderungen drücken sich in Kennziffern verschiedener Leistungsaspekte z. B. Umsatz, Ausschuss) sowie in Verhaltensänderungen (in der Führung, Kommunikation usw.) aus.

Repetitionsfragen

40	Wie lassen sich während eines Verkaufsseminars für Versicherungsfachleute im Aussendienst praxisgerechte Lernkontrollen durchführen?
41	Warum eignen sich Kennzahlen nur begrenzt als Kriterien zur Erfassung des Schulerfolgs?
42	Nennen Sie vier Faktoren, die den Lerntransfer erschweren oder verhindern können.
43	Wir haben formative und summative Lernkontrollen kennengelernt. Ordnen Sie die folgenden Fragen der formativen (F) oder der summativen (S) Lernkontrolle zu.

Fragen	F oder S
Wie gut läuft der Lernprozess ab?	
Welche Bewertung soll erteilt werden?	
Wie ist das Lernergebnis?	
Wo sind typische Fehler und Lücken?	
Sind weitere Übungsbeispiele sinnvoll?	
entsprechen die Leistungen den Lernzielen?	

44	Wie können die Kosten von ähnlichen Schulungsmassnahmen miteinander verglichen werden? Beschreiben Sie zwei Varianten.

10 Personalfreisetzung

Lernziele Nach der Bearbeitung dieses Kapitels können Sie …

- Auflösungsgründe von Arbeitsverhältnissen nennen.
- Auswirkungen des Personalabbaus auf das Image des Unternehmens beschreiben und geeignete Massnahmen nennen.
- die Massnahmen eines Sozialplans aufführen.
- Ziele, Beteiligte Ablauf eines Outplacements beschreiben.

Schlüsselbegriffe Änderungskündigung, Auflösung, Auslösungsgründe, Entscheidungsmatrix, fristlose Kündigung, missbräuchliche Kündigung, natürliche Personalabgänge, ordentliche Kündigung, Outsourcing, Personalfreistellungsmassnahmen, Reintegration, Sozialplan, Stellenabbau, Unternehmensimage, Unternehmenskommunikation

10.1 Die Auflösung eines Arbeitsverhältnisses

Verschiedene Gründe führen zur Auflösung des Arbeitsverhältnisses:

- Aufgrund des einzelnen Arbeitsvertrags
- Bei einem Personalabbau des Unternehmens, der normalerweise ganze Teams, Abteilungen oder das Gesamtunternehmen trifft

Es fällt dem Mitarbeitenden in den meisten Fällen ausgesprochen schwer, zu kündigen. Auch dem verantwortlichen Vorgesetzten fällt es schwer, wenn es zu einer Kündigung seitens des Unternehmens kommt. Denn mit diesem Trennungsschritt beginnt ein gegenseitiger Ablösungsprozess, der zu Verunsicherungen oder gar zu zwischenmenschlichen Spannungen und Konflikten führen kann – nicht nur zwischen den beiden Parteien. Es ist wichtig und sehr anspruchsvoll, dass beide Seiten die Phase zwischen der Kündigung und dem Austritt fair und professionell vollziehen. Die Führungskraft hat dabei eine verantwortungsvolle Schlüsselrolle.

10.1.1 Auflösungsarten

Am häufigsten kommt die Kündigung vor. Daneben gibt es jedoch eine Reihe weiterer Auflösungsarten des bisherigen Arbeitsverhältnisses.

Abb. [10-1]   Auflösung des bisherigen Arbeitsverhältnisses

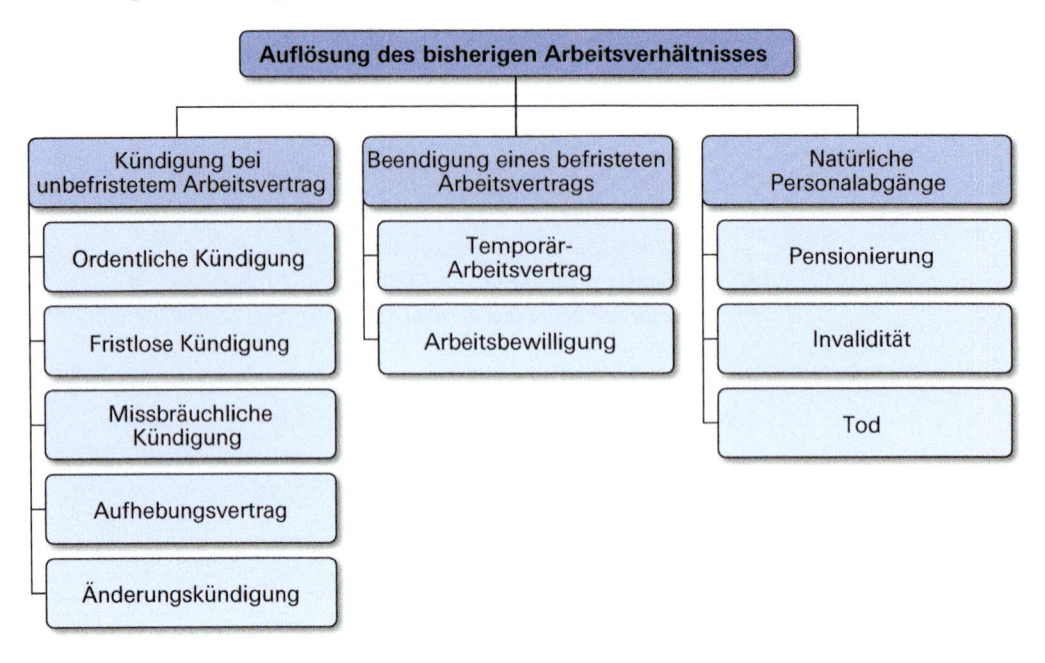

```
Auflösung des bisherigen Arbeitsverhältnisses
├── Kündigung bei unbefristetem Arbeitsvertrag
│   ├── Ordentliche Kündigung
│   ├── Fristlose Kündigung
│   ├── Missbräuchliche Kündigung
│   ├── Aufhebungsvertrag
│   └── Änderungskündigung
├── Beendigung eines befristeten Arbeitsvertrags
│   ├── Temporär-Arbeitsvertrag
│   └── Arbeitsbewilligung
└── Natürliche Personalabgänge
    ├── Pensionierung
    ├── Invalidität
    └── Tod
```

A] Kündigung bei unbefristetem Arbeitsvertrag

In den folgenden Abschnitten zeigen wir die fünf Kündigungsformen bei laufenden Arbeitsverträgen auf.

Ordentliche Kündigung

Für die ordentliche Kündigung von unbefristeten Arbeitsverhältnissen gilt der Grundsatz der Kündigungsfreiheit: Unter Beachtung der gesetzlichen Fristen, Termine und des gesetzlichen Kündigungsschutzes dürfen beide Parteien – der Arbeitgeber wie der Arbeitnehmer – das Arbeitsverhältnis kündigen.

Unter der **Kündigungsfrist** versteht man den Zeitraum zwischen dem Eingang der Kündigung und dem tatsächlichen Ende des Arbeitsverhältnisses. Gemäss OR Art. 335c gelten grundsätzlich die folgenden Kündigungsfristen:

- Im 1. Dienstjahr: 1 Monat
- Vom 2. bis zum 9. Dienstjahr: 2 Monate
- Ab dem 10. Dienstjahr: 3 Monate

Der **Kündigungstermin** ist der Zeitpunkt, auf den die Kündigung wirksam wird, d. h., das Arbeitsverhältnis endet (z. B. per 31. März 20xx).

Einen gesetzlich geregelten **Kündigungsschutz** geniesst, wer einen Einsatz im Militär-, Zivilschutz- oder Zivildienst leistet, wer durch Krankheit oder Unfall verhindert ist sowie schwangere Mitarbeiterinnen.

Fristlose Kündigung

Die fristlose Kündigung ist eine Art Notbremse. Sie beendet das Arbeitsverhältnis **mit sofortiger Wirkung** und kann ausgesprochen werden, wenn ein Vertragspartner seine Pflichten derart stark verletzt hat, dass die Fortführung des Arbeitsverhältnisses unzumutbar wird. So regelt es das OR im Art. 337.

Beispiel: Ein Mitarbeiter wird beim Diebstahl von firmeneigenen Waren ertappt.

Fristlose Kündigungen müssen sofort (innert 2–3 Tagen) erfolgen. Ein längeres Zuwarten wird als Zeichen dafür gewertet, dass die Fortführung des Arbeitsverhältnisses trotzdem zumutbar ist.

Die fristlose Kündigung kann grundsätzlich «jederzeit» erfolgen. Sie ist weder an eine Kündigungsfrist noch einen Kündigungstermin noch an Sperrfristen gebunden. Sie kann also auch während einer Krankheit oder des Militärdiensts ausgesprochen werden.

Missbräuchliche Kündigung

Missbräuchliche Kündigungen sind sachlich ungerechtfertigte Kündigungen. Sie sind verboten, führen aber trotzdem zur Auflösung des Arbeitsverhältnisses. OR 336 erwähnt die Gründe einer missbräuchlichen Kündigung.

Beispiel: Eine Mitarbeiterin wird entlassen, weil sie die ihr zustehende Kompensation von Überstunden verlangt hat.

Liegt eine missbräuchliche Kündigung vor, erhält der Betroffene eine Entschädigung, die vom Richter festgesetzt wird.

Aufhebungsvertrag

Sind sich Arbeitnehmer und Arbeitgeber einig über die Beendigung des Arbeitsverhältnisses, unterzeichnen sie einen **Aufhebungsvertrag**, mit dem der Arbeitsvertrag im **gegenseitigen Einvernehmen** aufgehoben wird. Er ist auch ohne Fristen möglich.

Änderungskündigung

Bei der **Änderungskündigung** wird das Arbeitsverhältnis nicht automatisch aufgelöst, sondern nur der bestehende Arbeitsvertrag. Denn gleichzeitig wird ein **neuer, geänderter Arbeitsvertrag** angeboten. Dieser tritt jedoch erst in Kraft, wenn die gesetzliche Kündigungsfrist abgelaufen ist, denn der neue Arbeitsvertrag darf auch abgelehnt werden.

Beispiel: Die Neugliederung eines mittelgrossen Produktionsunternehmens hat zur Folge, dass verschiedene Betriebsbereiche neu als eigenständige Unternehmen unter einem neuen Namen auftreten. – Wegen des neuen Firmennamens müssen neue Arbeitsverträge ausgestellt werden.

B] Beendigung eines befristeten Arbeitsvertrags

Befristete Arbeitsverträge laufen auch ohne mündliche oder schriftliche Kündigung aus. Dies ist insbesondere bei **Temporär-Arbeitsverträgen** der Fall. Auch die Nicht-Verlängerung einer befristeten **Arbeitsbewilligung** für einen ausländischen Mitarbeiter ist ein Auflösungsgrund durch Zeitablauf. Wird hingegen ein befristetes Arbeitsverhältnis nach Ablauf der vereinbarten Vertragsdauer stillschweigend fortgesetzt, so gilt es von da an als ein unbefristetes Arbeitsverhältnis.

C] Natürliche Personalabgänge

Zudem gibt es natürliche Personalabgänge, die weder der Arbeitgeber noch der Arbeitnehmer beeinflussen können. Dazu zählen insbesondere die **Pensionierung** (sofern ein Vertragsende bei Pensionierung vertraglich vereinbart wurde), **Invalidität** oder der **Todesfall** des Arbeitnehmers.

10.1.2 Einzelne Personalfreisetzung durch das Unternehmen

Dieses Thema wird im Lehrmittel XHR 006, Arbeitsrecht und Sozialpartnerschaft für HR-Fachleute, umfassend behandelt. Aus diesem Grund verweisen wir hier lediglich auf die Personalmarketing-Aspekte im Zusammenhang mit der Kündigung durch den Arbeitgeber.

In gewissen Situationen ist eine Kündigung unvermeidbar. Jeder Schritt sollte hier sorgfältig überlegt werden.

Die **Einhaltung der Gesetze** muss selbstverständlich sein. Die Rechtssicherheit im Unternehmen ist ein unverzichtbares Instrument des Personalmarketings. Wenn Unternehmen wegen missbräuchlicher Kündigungen, falscher Kündigungsfristen, Widerhandlung gegen das Datenschutzgesetz und unkorrekter Abrechnungen immer wieder in der Kritik steht oder sich mit Zeugniseinsprachen auseinandersetzen muss, dient das keinesfalls einem positiven Image.

Vertrauensbildend ist, in allen Entscheiden zudem moralischen Grundsätzen zu folgen. Wie schafft man im Unternehmen im Zusammenhang mit einer Kündigung dieses Vertrauen? Wir bringen dazu einige Beispiele.

Abb. [10-2]   **Beispiele für vertrauensbildendes Verhalten bei einer Personalfreisetzung**

Massnahme	Beispiel
Vorbereitung	Wenn es sich nicht um einen Vorfall handelt, der sofortige Massnahmen erfordert, soll der Mitarbeitende gemahnt werden. Er soll durch eine spezifische Zielsetzung die Chance erhalten, die Situation zu verändern.
	Zum Beispiel können einem Verkäufer, dessen Umsätze nicht mehr den Erwartungen entsprechen, konkrete Umsatzziele gesetzt werden, die er zu erreichen hat, um eine Kündigung zu vermeiden. Auch bei verhaltensbedingter Kritik werden solche Mahnungen ausgesprochen.
	Der Grundsatz muss lauten: «Keine Kündigung erfolgt überraschend.»
Transparenz	Wenn eine Kündigung ausgesprochen wird, sollen die Gründe transparent dargelegt werden. Sie müssen für die Betroffenen nachvollziehbar sein.
	Ein «Darum herumreden» dient niemandem. Verwerflich sind kreierte Gründe, die ohne konkrete Belege konstruiert werden, um v. a. für Aussenstehende zu belegen, warum man die Kündigung aussprechen «musste».
	Der Grundsatz muss lauten: «Fairness, auch bei der Kündigung.»
Der richtige Moment	Aus den beiden oben erwähnten Beispielen geht hervor, dass ein zu frühes Aussprechen einer Kündigung kaum zielführend sein kann. Eine hinausgezögerte Kündigung ist ebenso schädlich für die Betroffenen, die Teammitglieder und letztlich für das Image des Unternehmens.
	Wenn in einer Mahnung Ziele festgehalten sind und der Mitarbeitende darauf hingewiesen wird, dass das Arbeitsverhältnis aufgelöst wird, wenn die Ziele nicht erreicht werden, muss die Kündigung erfolgen. Mit einer oder mehreren weiteren Chancen verliert das Unternehmen die Glaubwürdigkeit und die Zielsetzung ihre Wirkung.
	Noch verheerender sind die Folgen für das ganze Unternehmen, wenn ein offensichtliches Fehlverhalten nicht korrigiert wird. Das schafft eine Kultur, in der keine Leistung und keine Motivation gedeihen können.
Nach der Kündigung	Unabhängig davon, ob die Kündigung durch den Arbeitgeber oder den Arbeitnehmer ausgesprochen wurde, ist die Zeit bis zum Austritt und auch danach aus der Sicht des Personalmarketings äusserst wichtig für die Erhaltung resp. Bildung des Image.
	So müssen den Mitarbeitenden verschiedene Informationen übermittelt werden (z. B. Unfallversicherungsdeckung nach dem Austritt). Ein Zeugnis muss den üblichen Anforderungen entsprechen und bis zum letzten Arbeitstag überreicht werden. Und auch nach dem Austritt muss dafür gesorgt werden, dass alle Belange reibungslos abgewickelt werden. Wenn eine Arbeitgeberbescheinigung für die Arbeitslosenversicherung ausgefüllt werden soll, muss das umgehend und fehlerfrei erfolgen.

10.2 Stellenabbau durch das Unternehmen

10.2.1 Gründe für den Stellenabbau

Mit dem Personalabbau bezweckt das Unternehmen, die **personelle Überdeckung** quantitativ, qualitativ, zeitgerecht und an der richtigen Stelle, d. h. Funktion, zu korrigieren.

Hauptauslöser eines Stellenabbaus sind

- Ertragseinbussen,
- organisatorische Massnahmen und
- Outsourcing.

Den wegen Managementfehlern erforderlichen Stellenabbau behandeln wir hier nicht.

A] Ertragseinbussen

Folgende Vorkommnisse führen zu einem Absatzrückgang und damit zu Ertragseinbussen:

- **Konjunkturelle Krisen:** Aufgrund einer wirtschaftlichen Krise kommt es zu einem Umsatzrückgang. Daraus resultieren Massnahmen zur Kosteneinsparung.
- **Marktanteilverluste:** Wenn sich Kundenbedürfnisse ändern oder neue Konkurrenten im Markt agieren, kann ein Unternehmen bisherige Marktanteile verlieren. Können die Verluste nicht mehr kurzfristig kompensiert werden, kann das mindestens vorübergehend zu einem Stellenabbau führen.
- **Strukturelle Marktveränderungen:** Wenn ein tief greifender Wandel in einer Branche dazu führt, dass z. B. der aktuelle Produktionsstandort zu teuer und dadurch das Unternehmen nicht mehr konkurrenzfähig ist, können solche Situationen zu Standortschliessungen führen.
- **Saisonale Abhängigkeit:** Saisonal bedingte Schwankungen, z. B. in der lebensmittelverarbeitenden Industrie oder im Tourismusbereich, führen zu schwankendem Personalbedarf. Sind die Schwankungen im üblichen Rahmen und dadurch planbar, führt das nicht zu Stellenabbau, vorausgesetzt, die Planung erfolgt korrekt. Nicht berechenbare Einflüsse, z. B. das Wetter (vernichtete Ernten) o. Ä., können nicht geplant werden und führen u. U. zu einem deutlich reduzierten Personalbedarf.

B] Organisatorische Massnahmen

Die Unternehmensleitung kann Rationalisierungsmassnahmen beschliessen. Die Hauptgründe dafür sind:

- Die Branche unterliegt einem **technologischen Wandel.** Dieser erfordert andere oder neue Qualifikationen von Mitarbeitenden. Vielleicht sind nicht alle Betroffenen in der Lage, sich umschulen zu lassen, oder ein Berufszweig verschwindet ganz.
- Unternehmen streben verbesserte, **effizientere Abläufe** an. Mit entsprechenden Restrukturierungs- und Reorganisations-Massnahmen werden unrentable oder überflüssige Stellen gezielt abgebaut.
- Aus unterschiedlichen Gründen kann das Unternehmen eine **Betriebsstilllegung** oder einen **Standortwechsel** beschliessen. Auch Fusionen bedingen oft strukturelle Anpassungen, um Synergien zu nutzen und Doppelspurigkeiten zu beseitigen.

C] Outsourcing

Eine dritte Ursache für Stellenabbau betrifft die Auslagerung bestimmter Aufgaben oder Abteilungen. Bisher intern erbrachte Unternehmensleistungen, die nicht zu den Kernkompetenzen des Unternehmens gehören, werden neu extern erbracht. Das ist meist dann der Fall, wenn Externe diese Leistungen kostengünstiger und / oder qualitativ besser durchführen können als unternehmensinterne Abteilungen.

10.2.2 Die Durchführung des Stellenabbaus

Wir teilen den Prozess in vier Phasen. Gerade, wenn es sich um eine Massenentlassung handelt, ist die Einhaltung verschiedener gesetzlicher Vorschriften unverzichtbar. Ansonsten läuft das Unternehmen Gefahr, dass im Rahmen einer Massenentlassung ausgesprochene Kündigungen missbräuchlich sind.

Auch bei einem Stellenabbau, bei dem es sich aus rechtlicher Sicht um eine Massenentlassung handelt, können und sollen diese vier Schritte eingehalten werden:

- Situationsanalyse, Planung
- Suche nach Alternativen
- Entscheidungsfindung
- Durchführung

A] Situationsanalyse, Planung

Bevor konkrete Entscheide gefällt werden können, bedarf es einer nachhaltigen Analyse der Situation und einer Planung. Die Planung darf sich nicht auf die «Anzahl der zu Entlassenden» beschränken. Wie bei jeder Personalplanung geht es um vier Dimensionen. Es müssen folgende Überlegungen gemacht werden.

Abb. [10-3] **Die vier Dimensionen des Stellenabbaus**

	Stellenabbau	Nach dem Stellenabbau
Quantitativ, örtlich	• Wie hoch ist die erforderliche Kosteneinsparung? • Welche Personalkosten können reduziert werden? • Welche Bereiche sind betroffen? • Wie viele Stellen sind auf der Basis der Lohnkosteneinsparungen betroffen?	• Welche Kosten können künftig nicht reduziert werden? • Welche Bereiche sind mittelfristig unverzichtbar? • Wie viele Stellen benötigen wir künftig zwingend?
Qualitativ	• Welche Kompetenzen benötigen wir nicht mehr? • Auf welche Kompetenzen und Qualifikationen können wir kurzfristig verzichten?	• Welche Kompetenzen und Qualifikationen sind für den Erhalt des Unternehmens unverzichtbar? • Welche Kompetenzen sind für die strategische Entwicklung des Unternehmens wichtig?

Welche **Instrumente** können in dieser Phase eingesetzt werden?

- Budget, Erfolgsrechnung
- Stellenpläne und -beschreibungen, Anforderungsprofile
- Wenn die Reduktion anderer Kosten, z. B. von Investitionen, der Aus- und Weiterbildungskosten oder der Rekrutierungskosten, geplant ist, kommen weitere spezifische Instrumente zum Einsatz, z. B.: Investitions- und Schulungsplanung oder Rekrutierungsprozesse und -kostenstatistiken.

In dieser Phase ist es wichtig, nur von Kosten und Stellen zu reden. Wenn jetzt schon über Personen und menschliche Schicksale gesprochen wird, kann keine objektive und v. a. keine nachhaltige Planung und damit Sicherung der Zukunft erfolgen.

Dieser Prozess muss seriös, aber auch rasch erfolgen. Wenn in einer solchen Phase Informationen nach draussen gelangen, entsteht grosse Verunsicherung.

Aus den quantitativen Berechnungen wird ersichtlich, ob es sich um eine Massenentlassung handelt oder nicht. Die gesetzlichen Bestimmungen finden sich im Art. 335d des Obligationenrechts.

Art. 335d, OR
Als Massenentlassung gelten Kündigungen, die der Arbeitgeber innert 30 Tagen in einem Betrieb aus Gründen ausspricht, die in keinem Zusammenhang mit der Person des Arbeitnehmers stehen, und von denen betroffen werden: 1. Mindestens 10 Arbeitnehmer in Betrieben, die in der Regel mehr als 20 und weniger als 100 Arbeitnehmer beschäftigen 2. Mindestens 10% der Arbeitnehmer in Betrieben, die in der Regel mindestens 100 und weniger als 300 Arbeitnehmer beschäftigen 3. Mindestens 30 Arbeitnehmer in Betrieben, die in der Regel mindestens 300 Arbeitnehmer beschäftigen

B] Suche nach Alternativen

In dieser Phase befassen wir uns nur noch mit dem tatsächlichen Stellenabbau, da in der ersten Phase die Reduktion anderer Kostenarten behandelt wurde. Ein Unternehmen übernimmt seine soziale Verantwortung, wenn es Entlassungen aus wirtschaftlichen Gründen wo immer möglich vermeidet.

Nun sollen also Alternativen für einen Stellenabbau gesucht werden.

Im Rahmen einer Massenentlassung muss das Unternehmen vor jeglichen Entscheiden die Arbeitnehmer oder – sofern vorhanden – die Arbeitnehmervertretung konsultieren (Art. 335f OR). Was bedeutet das?

- Die Arbeitnehmer werden über die Gründe, die Anzahl und den Zeitraum informiert
- und sie haben die Gelegenheit, Vorschläge zu unterbreiten (Vermeidung, Reduktion oder Milderung der Folgen von Entlassungen).

Allenfalls wird nun die Planung nochmals überarbeitet. Wenn feststeht, um wie viele Stellen es sich handelt, beginnt der Prozess der Entscheidungsfindung.

C] Entscheidungsfindung

Das Unternehmen muss nun ökonomische und soziale Überlegungen abwägen. Auf der einen Seite steht die rasche Senkung der Lohnkosten, damit das Unternehmen wirtschaftlich gesunden kann. Gleichzeitig muss die Leistung im Unternehmen möglichst nachhaltig gesichert werden – quantitativ wie auch qualitativ. Zudem müssen die Aspekte der Mitarbeitenden berücksichtigt werden, bei denen die Arbeitsplatz- und die Existenzsicherung im Vordergrund stehen.

Das Unternehmen muss definieren, wie in der Selektion der Betroffenen Leistung, Know-how und soziale Aspekte gewichtet werden. Die Frage stellt sich auch hier:

- Was benötigen wir? – Die betrieblichen Aspekte
- Und worüber verfügen die Mitarbeitenden? – Die Optik der Mitarbeitenden

Betriebliche Aspekte

- Kompetenzen: Fach-, Sozial-/Persönlichkeits- und Methodenkompetenzen, aber auch Führungskompetenzen
- Bisher erbrachte Leistung
- Potenzial in den relevanten Belangen
- Etc.

Welche **Instrumente** können hier zum Einsatz kommen?

- Stellenbeschreibungen, Anforderungsprofile
- Personaldossiers: Mitarbeiterbeurteilungen, Potenzialanalysen etc.
- Personalportfolio (vgl. Kapitel 4.2.3)
- Etc.

Optik der Mitarbeitenden

- Alter, Dienstzugehörigkeit
- Familiäre, gesundheitliche Situation
- Arbeitsmarktfähigkeit (z. B. Stand Aus- und Weiterbildung)
- Etc.

Auf der Basis der Strategie, der Kultur und der Struktur muss nun jedes Unternehmen für sich entscheiden, welche Aspekte überhaupt und in welchem Mass relevant sind für den Entscheid, wer das Unternehmen zu verlassen hat und wer nicht. Oft sind bereits in der Freisetzungspolitik unternehmensinterne Grundsätze definiert. Es muss aber auch die aktuelle Situation berücksichtigt werden.

Dafür eignet sich eine **Entscheidungsmatrix**, die einen ersten Anhaltspunkt liefert, wer betroffen sein könnte und wer nicht. Mit einer solchen Matrix kann auch sichergestellt werden, dass nicht primär subjektive Aspekte, z. B. die situative Entscheidung eines einzelnen Vorgesetzten, die Entscheidungsfindung beeinflussen.

Sämtliche für die Entscheidung relevanten Aspekte werden nun aufgelistet und gewichtet. In einer Skala von z. B. 1 bis 6 könnte diese Gewichtung wie folgt aussehen.

Abb. [10-4] **Skala zur Gewichtung der Aspekte für die Entscheidung**

Aspekt	Gewichtung	Erklärung
Lebensalter	2	Das Alter der Mitarbeitenden soll bei der Entscheidungsfindung wenig Gewicht haben.
Dienstalter	3	Das Dienstalter ist wichtiger als das Lebensalter, aber gesamthaft nicht äusserst wichtig.
Leistungsträger	5	Dieser Aspekt ist äusserst wichtig und nimmt die zweithöchste Gewichtungsstufe ein.
Etc.		

So verfährt man mit weiteren Aspekten, wie Fachkompetenzen, Sozialkompetenzen usw.

Anschliessend werden den einzelnen Stufen der gewählten Aspekte Punkte zugeteilt.

Dazu bringen wir wieder ein Beispiel.

Abb. [10-5]   Zuteilung der Punkte

Lebensalter	Punkte	Dienstalter	Punkte
Jünger als 20 Jahre	1	Weniger als 1 Jahr	1
21–35 Jahre	2	1–5 Jahre	2
36–49 Jahre	3	6–10 Jahre	3
50–62 Jahre	4	Mehr als 10 Jahre	4
Über 62 Jahre	2		
Mehr als 65 Jahre	1		

Bezüglich Lebensalter zeigt das Beispiel, dass die 50- bis 62-Jährigen als besonders schützenswert gelten. Und bezüglich Dienstalter möchte man im Rahmen der Entlassungswelle auf langjährige Mitarbeitende nicht verzichten.

Für die Einstufung der Leistungsträger könnte das wie folgt aussehen.

Abb. [10-6]   Beispiel einer Einstufung im Personalportfolio

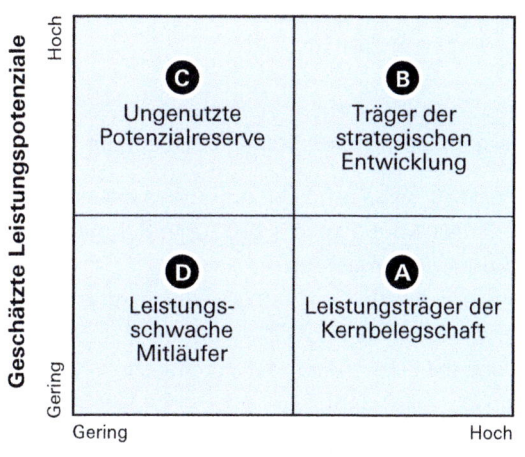

[Matrix: Y-Achse: Geschätzte Leistungspotenziale (Gering/Hoch); X-Achse: Aktuelle Leistungsbeiträge (Gering/Hoch)
- C (oben links): Ungenutzte Potenzialreserve
- B (oben rechts): Träger der strategischen Entwicklung
- D (unten links): Leistungsschwache Mitläufer
- A (unten rechts): Leistungsträger der Kernbelegschaft]

Leistungsträger	Punkte
A	4
B	4
C	2
D	1

Das Beispiel zeigt, dass für das Unternehmen die aktuellen Leistungsträger und die Leistungsträger der strategischen Entwicklung (A und B) die unverzichtbare Zielgruppe sind. Diese sollten nicht gekündigt werden. Der Fokus soll auf die «leistungsschwachen Mitläufer» (1 Punkt) gelegt werden.

Die Informationen werden nun in einer Matrix erfasst, die anschliessend für jeden Mitarbeitenden anhand seines Profils ausgefüllt wird.

Abb. [10-7] **Matrix zur Erfassung der Informationen über den Mitarbeitenden A**

Aspekt	Gewichtung	Profil	Punkte	Summe
Dienstalter	3	25	4	12
Lebensalter	2	45	3	6
Leistungsträger	5	D	1	5
Etc.				
Total				23

Abb. [10-8] **Matrix zur Erfassung der Informationen über den Mitarbeitenden B**

Aspekt	Gewichtung	Profil	Punkte	Summe
Dienstalter	3	4	2	6
Lebensalter	2	63	2	4
Leistungsträger	5	A	4	20
Etc.				
Total				30

Aufgrund der Entscheidungsmatrix müsste dem Mitarbeitenden A gekündigt werden, der Mitarbeitende B bliebe im Unternehmen.

Es ist von Unternehmen zu Unternehmen unterschiedlich, wer in die Entscheidung involviert wird und wer tatsächlich entlassen wird. Folgende Überlegungen sind z. B. denkbar:

- Die direkte Führungskraft weiss am besten, für wen sie sich zu entscheiden hat – immer vorausgesetzt, die Entscheidungsmatrix bildet die Rahmenbedingung und die Entscheidung wird von weiteren Stellen überprüft.
- Die Personaldossiers und -portfolios liefern sämtliche Informationen für einen solchen Entscheid. Daher liegt der Entscheid auf oberster Ebene, z. B. in Zusammenarbeit mit dem HR. Es stellt sich dann die Frage, wann der Vorgesetzte informiert wird und ob er die Kündigung selbst ausspricht oder nicht.

Die Berechnung in einer Matrix ist aufwendig und wirkt hier etwas simpel. Die Ansätze können als **Gedankenanstoss** dienen, damit man in einer umfassenden Entlassungsphase sämtliche Aspekte berücksichtigt. In der Praxis wirken in einem solchen Entscheidungsprozess weit mehr Einflüsse, als hier dokumentiert werden können.

Wenn die Entscheide gefällt sind, muss im Rahmen von Massenentlassungen das zuständige Arbeitsamt schriftlich informiert werden (Art. 335g OR). Dafür stellt das Amt für Wirtschaft und Arbeit entsprechende Formulare zur Verfügung. Das Amt ist auch dankbar für eine Meldung, wenn es sich nicht um eine Massenentlassung handelt, aber um Entlassungen in grösserer Anzahl, damit es sich entsprechend vorbereiten kann.

D] Durchführung

Die Durchführung der Entlassungen, d. h., die Kommunikation, muss rasch, flächendeckend, einheitlich und transparent erfolgen. Jedes Unternehmen entscheidet für sich, wer in diese Aufgabe involviert ist. Hier sind die Strukturen und die Kultur ausschlaggebend.

Wichtig ist, dass in einem kurzen Zeitraum sämtliche Mitarbeitenden die relevanten Informationen erhalten:

- Die **Führungskräfte** werden zuerst informiert, erhalten allenfalls Hintergrundinformationen und werden auf ihre Rolle im Prozess der Kündigungen und v. a. auch danach vorbereitet. Die betroffenen und restlichen Mitarbeitenden müssen unterschiedlich betreut werden.

- Die **gesamte Belegschaft** wird über die Hintergründe, die Massnahmen, die zeitlichen Aspekte und die künftigen Pläne informiert.
- Die **Betroffenen** erhalten die Kündigung und werden individuell betreut.

Wer führt die Gespräche? Auch das ist von Unternehmen zu Unternehmen verschieden. Denkbar ist, dass zwei Linienvertreter (die direkte und die nächsthöhere Führungskraft) die Gespräche führen. Die Teilnahme eines HR-Mitarbeitenden kann die Einheitlichkeit der Kommunikation sicherstellen und ermöglicht die Beantwortung weiter gehender Fragen, z. B. in Bezug auf Sozialversicherungen etc.

In der Praxis gibt es alle Varianten von der schriftlichen Kündigung per Einschreiben bis hin zu Gesprächen mit dem Geschäftsführer und dem HR-Vertreter.

10.2.3 Auswirkungen eines Stellenabbaus und Gegenmassnahmen

Ein Stellenabbau hat immer Auswirkungen, intern wie extern. Im Kapitel «Personalmarketing» wurden die Aktivitäten beschrieben, die ein Unternehmen ergreift, um sich als aktueller und potenzieller Arbeitgeber gut zu positionieren. Das wird durch einen Stellenabbau stark beeinträchtigt. Vor allem, wenn der Personalabbau ohne Berücksichtigung verschiedener Ansprüche erfolgt oder gar rechtlich oder ethisch nicht korrekt durchgeführt wird.

Sämtliche Anspruchsgruppen bilden sich eine Meinung über das Unternehmen.

A] Interne Auswirkungen

Die betroffenen Mitarbeitenden erleben zuerst einen Schock, der Verlust des Selbstwertgefühls kann die Folge sein. Wenn der Mitarbeitende während der Kündigungsfrist nicht freigestellt wird, kann ein Leistungsabfall folgen. Es gibt auch Mitarbeitende, die sich nach einer solchen Kündigung «erst recht» einsetzen.

Durch die drohende Arbeitslosigkeit können Existenzängste entstehen. Die erforderliche Neuorientierung kann als Chance erlebt werden, aber auch neue Ängste schaffen: Der Wegfall von Beziehungen, finanzielle Engpässe können seelische und körperliche Reaktionen auslösen.

Aber auch die nicht betroffenen Mitarbeitenden werden von den Folgen eines Stellenabbaus tangiert. Es kann zu Verunsicherung, was die Zukunft anbelangt, Vertrauensverlust in das Unternehmen resp. in die Führungskräfte und Ängsten um den eigenen Arbeitsplatz kommen. Ein Leistungsabfall, Konflikte durch veränderte Verhältnisse in den Teams können die Folgen sein.

Der Verlust des Know-hows und fehlende Ressourcen müssen kompensiert werden, was die bleibenden Mitarbeitenden zusätzlich in Anspruch nimmt.

Nicht selten gibt es im Unternehmen **innere Kündigungen,** Dienst nach Vorschrift, höhere Absenzen und vieles mehr. Damit einher geht eine Abnahme der erforderlichen Arbeitszufriedenheit, was wiederum längerfristig die Bindung an das Unternehmen bröckeln lässt. Wir haben im Kapitel 4.3, S. 70 besprochen, wie wichtig das Committment der Mitarbeitenden ist.

Die Führungskräfte sind in einer solchen Situation stark gefordert: Auch sie durchleben die oben aufgeführten Veränderungen. Und neben den üblichen Aufgaben werden zusätzlich ihre Ressourcen durch die Betreuung der austretenden und bleibenden Mitarbeitenden, aber auch im Kontakt mit externen Partnern gebunden. Zahlreiche Führungskräfte laufen Gefahr, sich nur um die betroffenen Mitarbeitenden zu kümmern, was mittelfristig zu Problemen mit den – nicht beachteten – verbleibenden Mitarbeitenden führen kann.

Ganz vermeiden kann ein Unternehmen solche Auswirkungen nicht, aber es kann mit gezielten Massnahmen dagegenwirken.

Abb. [10-9] **Massnahmen zur Vermeidung von internen Auswirkungen einer Kündigung**

Massnahmen zur Vermeidung von internen Auswirkungen einer Kündigung
• Ein frühzeitiger Miteinbezug der Mitarbeitenden, bevor die Abbaumassnahmen beschlossen werden
• Eine frühzeitige, transparente interne Kommunikation über die Hintergründe, die Massnahmen, die nächsten Schritte, aber laufend auch über kleine und grosse Erfolge und die Unternehmensentwicklung generell, um Verunsicherung abzubauen oder gar nicht aufkommen zu lassen
• Formulierung konkreter Ziele, um den verbleibenden Mitarbeitenden Perspektiven für die Zukunft zu geben
• Aktivitäten zur Stärkung der Zusammenarbeit, um eine übermässige Fluktuation nach dem Stellenabbau zu verhindern
• Die Ausarbeitung eines sinnvollen Sozialplans, mit dem finanzielle und soziale Nachteile für die Betroffenen vermieden oder reduziert werden
• Unterstützung während des Trennungsprozesses anbieten, allenfalls eine professionelle Outplacement-Beratung, um die betroffenen Mitarbeitenden bei der erfolgreichen Neuorientierung zu unterstützen

B] Externe Auswirkungen

Nach einem solchen Schritt droht dem Unternehmen ein Imageverlust. Die Kunden, Lieferanten, Banken und Investoren sind verunsichert, auch extern kann das Vertrauen in das Unternehmen einen Einbruch erleben. Ein solcher Schritt eines börsenkotierten Unternehmens kann auch Auswirkungen auf die Kapitalmärkte haben, d. h., der Börsenkurs steigt oder sinkt nach der Kommunikation eines Stellenabbaus.

Auch hier helfen Massnahmen, imageschädigende Auswirkungen zu reduzieren.

Abb. [10-10] **Massnahmen zur Vermeidung von externen Auswirkungen einer Kündigung**

Massnahmen zu Vermeidung von externen Auswirkungen einer Kündigung
• Eine professionelle Unternehmenskommunikation, glaubwürdige Auftritte der Führungskräfte, eine gute Zusammenarbeit mit der Presse, um Gerüchte zu vermeiden
• Information an die zuständige Behörde für Arbeit und die regionalen Arbeitsvermittlungszentren (RAV), damit diese sich auf einen erhöhten Bedarf an Vermittlung und arbeitsmarktliche Massnahmen einstellen können

10.3 Begleitende Massnahmen eines Stellenabbaus

Ist ein grossflächiger Stellenabbau unvermeidbar, kann ein Unternehmen die Folgen für die betroffenen Mitarbeitenden zumindest teilweise etwas mindern.

Denkbar ist ein Sozialplan, der die wirtschaftlichen Folgen für die vom Stellenabbau Betroffenen mildert. Oder ein Outplacement, eine bedürfnisgerechte Betreuung über den Zeitpunkt der Kündigung hinaus.

Wir behandeln diese zwei Massnahmen im folgenden Text.

10.3.1 Sozialplan

Wie erwähnt, soll ein Sozialplan die wirtschaftlichen Folgen für die Betroffenen mildern. Das kann durch finanzielle Unterstützung erfolgen. Aber auch die Erhaltung und Förderung der Arbeitsmarktfähigkeit kann und soll ein Ziel des Sozialplans sein. Letztlich geht es darum, den betroffenen Mitarbeitenden möglichst rasch zu neuen beruflichen Perspektiven zu verhelfen und eine Reintegration zu unterstützen.

Wir bringen dazu einige Beispiele.

Abb. [10-11]   Beispiele für soziale Massnahmen bei einem Stellenabbau

Finanzielle Unterstützung	Reintegration
• Abfindungszahlungen • Übernahme der Kosten für die Arbeitsplatzsuche • Bezahlung von Umzugskosten • Weitergewährung betrieblicher Darlehen • Verzicht auf die Rückzahlung finanzierter Weiterbildungen • Etc.	• Freistellung zur Suche eines neuen Arbeitsplatzes • Verlängerung von Mietverträgen für unternehmenseigene Wohnungen • Umschulungen, Weiterbildungen • Verlängerung der Kündigungsfrist • Unterstützung bei der Stellensuche • Outplacement • Rückkehrgarantien bei veränderter finanzieller Unternehmenssituation (Wiederanstellung) • Etc.

Es ist wichtig, dass ein Sozialplan professionell ausgearbeitet wird. Ein Sozialplan **kann** für das Unternehmen sehr teuer werden. **Deshalb** muss sorgfältig abgewogen werden, welche Aufwendungen tatsächlich finanzierbar sind. Es macht keinen Sinn, ein schon geschwächtes Unternehmen mit einem unrealistischen Sozialplan noch mehr zu schwächen, d. h., noch mehr Arbeitsplätze zu gefährden.

Auf der anderen Seite darf der Sozialplan nicht zu einer Alibiübung verkommen.

In der Erarbeitung eines Sozialplans können Juristen, Steuer- und HR-Profis wertvolle Unterstützung bieten.

10.3.2 Das Outplacement

Outplacement ist eine Beratung, die darauf spezialisiert ist, Mitarbeitende während der Trennungsphase und bei der beruflichen Neuorientierung zu unterstützen.

Es geht also nicht nur um die möglichst **konfliktfreie Trennung** eines Unternehmens von einem Mitarbeitenden bzw. einer Gruppe von Mitarbeitenden, sondern auch um eine **erfolgreiche Platzierung in einem neuen Job**. Häufig wird versucht, die negativen Assoziationen, die mit dem Begriff Outplacement verbunden sind, durch positive Formulierungen zu verhindern. Deshalb wird auch von Newplacement oder Bestplacement gesprochen.

Früher war Outplacement ein Beratungsangebot für langjährige **Führungskräfte.** Die vielen Vorteile des Outplacements haben dieses spezielle Beratungsangebot populär gemacht. Es ist heute weit verbreitet. Es wird auch **Fachkräften** angeboten und hilft, die tief greifenden Folgen von **Gruppen- und Massenentlassungen** zu mildern.

Es gibt viele **Anlässe** für die Inanspruchnahme von Outplacementberatung. Denken Sie beispielsweise an folgende Szenarien:

- Das Unternehmen will sich von einem bestimmten Mitarbeiter möglichst sozial verträglich lösen und dabei weder Konflikte noch Imageschäden provozieren.
- Bei einer Fusion zweier Unternehmen wird ein Teil der Führungskräfte überflüssig.
- Eine neue Technologie fordert von den Mitarbeitenden Kompetenzen, die ihnen nicht zur Verfügung stehen, d. h., die berufliche Weiterentwicklung kann nur unter erheblichem Aufwand im Unternehmen weiterverfolgt werden.
- Bei einer Betriebsschliessung oder einer Verlagerung von Organisationseinheiten ins Ausland müssen sozial verträgliche Lösungen für die Mitarbeitenden gefunden werden.

A] Ziele der Outplacementberatung

Mit der Outplacementberatung können verschiedene Ziele verbunden sein. Wir können Ziele des Unternehmens und Ziele der Betroffenen unterscheiden.

Ziele des Unternehmens

- Outplacement hilft, aufwendige und teure Rechtsstreitigkeiten zu umgehen.
- Mit einer systematischen Outplacementberatung kann eine Beeinträchtigung des Betriebsklimas vermieden werden. Die erfolgreiche Neuorientierung von Mitarbeitenden mindert die Angst vor Trennungen und Veränderungen bei den verbleibenden Mitarbeitenden.
- Mit Outplacementberatung wird ein Schaden des Unternehmensimages abgewendet. Der gute Ruf des Unternehmens bleibt bei Stakeholdern wie Kunden, Lieferanten sowie zukünftigen Mitarbeitenden erhalten.
- Eine frühzeitig angesetzte Outplacementberatung kann eine lange Kündigungsfrist verkürzen.
- Erfolgreiches Outplacement fördert eine gute Kommunikation zwischen dem Unternehmen und ehemaligen Mitarbeitenden.

Auch die betroffenen Mitarbeitenden können Ziele an die Outplacementberatung knüpfen.

Mögliche Ziele der Betroffenen

- Die Enttäuschung, Zweifel und Sorgen, die durch die Trennung ausgelöst werden, besprechen und damit umgehen können
- Eine konsequente Unterstützung bei der Neuorientierung während des noch laufenden Arbeitsverhältnisses in Anspruch nehmen
- Die Chance erhöhen, ohne Unterbrechung, d. h. Arbeitslosigkeit, eine neue Stelle zu finden und keine Lücke im Lebenslauf entstehen zu lassen
- Wege finden, um bisher nicht oder nur wenig genutzte Fähigkeiten stärker im Rahmen der zukünftigen Erwerbstätigkeit realisieren zu können
- Finanzielle Verpflichtungen problemfrei einhalten und den Lebensstandard aufrechterhalten können
- Die Vernetzung und Kontakte der Outplacementberatung bei der Stellensuche nutzen

Bei Gruppen- und Massenentlassungen hilft Outplacementberatung, einen wirtschaftlichen Einbruch in einer betroffenen Region zu vermeiden oder zu mildern.

B] Die Beteiligten beim Outplacement

Bei einem Outplacement gibt es drei Beteiligte:

- Die betroffene Person bzw. Gruppe
- Das Unternehmen, das eine Trennung will und eine Outplacementberatung beauftragt
- Die Outplacementberatenden

Das Unternehmen bezahlt für die Beratungsleistung. Die Outplacementberatung ist in vielen Fällen mit einer Garantie verbunden, d. h., es wird eine erfolgreiche Neuplatzierung der betroffenen Person garantiert. Der Erfolg einer Neuplatzierung wird erst im Lauf der Probezeit sichtbar.

Abb. [10-12]   Outplacement – eine Beratungsleistung im Auftrag des Arbeitgebers

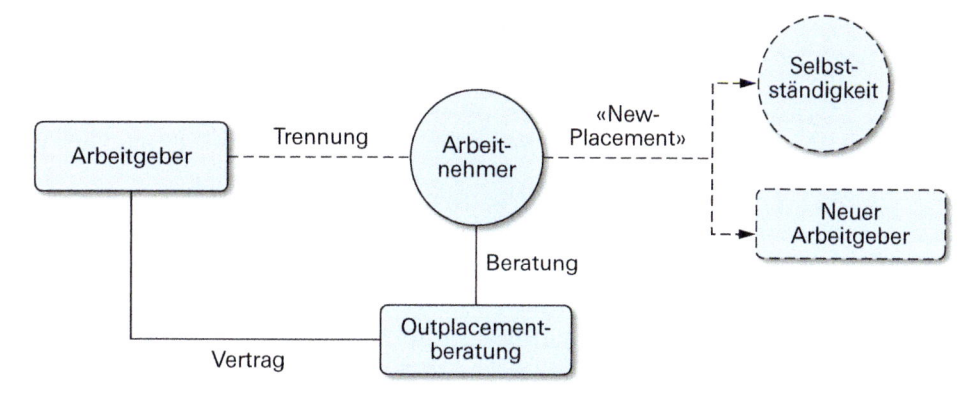

Im Idealfall wird eine betroffene Person im Lauf des Outplacementprozesses von einer einzigen Person beraten.

C] Ablauf der Outplacementberatung

Outplacement umfasst mehrere Phasen. Im Idealfall beginnt es bereits vor der Kündigung des Arbeitnehmers. Der Arbeitgeber sollte im Vorfeld einer Entlassung die Leistungen der Outplacementberatung vereinbaren und mit einer kompetenten Beraterin die Trennung vorbereiten. Eine gute Vorbereitung kann dem Arbeitgeber helfen, die Entlassung so zu kommunizieren, dass aus der unerfreulichen Botschaft kein Desaster entsteht.

Die eigentliche Outplacementberatung kann in sechs Phasen unterteilt werden. Die folgende Abbildung gibt einen Überblick über die Phasen.

Abb. [10-13]   Outplacement als Prozess

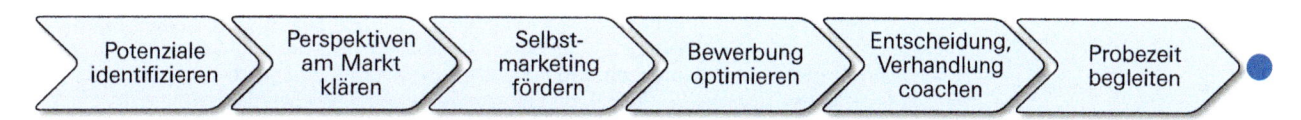

Potenziale identifizieren → Perspektiven am Markt klären → Selbstmarketing fördern → Bewerbung optimieren → Entscheidung, Verhandlung coachen → Probezeit begleiten

Bei einer guten Outplacementberatung sind verschiedene Kompetenzen gefragt. Zum einen müssen **psychologische Kenntnisse** vorhanden sein, um die Person in der Trennungsphase angemessen begleiten zu können. Zum anderen werden Kompetenzen der **HR-Beratung** und aktuelles Wissen über die **Situation am Arbeitsmarkt** gefordert. Darüber hinaus ist es hilfreich, wenn die Outplacementberatung über ein **Netzwerk mit guten Kontakten** zu Unternehmen und zum verdeckten Arbeitsmarkt[1] verfügt, um für freie Stellen mögliche Kandidaten empfehlen zu können.

Wir beschreiben die einzelnen Phasen im folgenden Text.

Potenziale identifizieren

Eine ungewollte Trennung kann für einen Arbeitnehmer mit einer grossen **Enttäuschung** verbunden sein. Diese kann einerseits das **Selbstwertgefühl** beeinträchtigen und andererseits **Wut** auf den Arbeitgeber auslösen. Dazu kommen **Zukunftsängste.** Die Sorge, keinen angemessenen Arbeitsplatz zu finden und in eine finanzielle und soziale Notlage zu geraten sowie die Beeinträchtigung der **Reputation** und einen **Karriereknick** hinnehmen zu müssen, kann gross sein und eine Krise verursachen.

---

[1] Unter dem verdeckten Arbeitsmarkt versteht man Stellen, die ohne eine öffentliche Ausschreibung besetzt werden. Die Stellen werden z. B. durch Networking oder soziale Netzwerke vermittelt.

Vor diesem Hintergrund macht es Sinn, dass die Trennung in einem ersten Schritt der Outplacementberatung thematisiert und **konstruktiv** aufgearbeitet wird. Das Ziel ist, dass die Krise auch als eine Chance wahrgenommen werden kann. Die **Chance** kann darin gesehen werden, dass eine zunehmend belastende Arbeitsbeziehung unterbrochen wurde und bislang ungenutzte Möglichkeiten wieder in den Mittelpunkt gerückt werden können. Darauf aufbauend können die Potenziale und Wünsche des Betroffenen ermittelt werden.

> **Schlüsselfragen zur Potenzialermittlung:**
> - Über welche **Kompetenzen** (z. B. Fach- und Führungskompetenz) verfügt der Betroffene?
> - Welche **Erfolge** wurden in der Vergangenheit erzielt?
> - In welchem **Umfeld** kann der Betroffene am besten seine Fähigkeiten entfalten?
> - Was will er in **Zukunft** mehr bzw. weniger machen?
> - Gibt es berufliche **Wünsche,** die bisher nicht realisiert wurden?
> - Ist die Bereitschaft und Fähigkeit zur beruflichen **Flexibilität** vorhanden, d. h. ein Umstieg in einen anderen Berufszweig denkbar?
> - Wie steht es mit der geografischen **Mobilität?**
> - Welche **Erfahrungen** hat der Betroffene mit Stellensuche und Bewerbung?

In dieser Phase sollte ein **vollständiger Lebenslauf** des Betroffenen vorgelegt werden. Er hat dann die Gelegenheit, ein Feedback zum Aufbau des Lebenslaufs zu erhalten und anhand von Fragen der Beraterin Unklarheiten zu beseitigen.

Perspektiven am Arbeitsmarkt klären

In der zweiten Phase stehen die **Möglichkeiten und Perspektiven am Arbeitsmarkt** im Mittelpunkt. Es geht darum zu klären, wie und wo sich der Betroffene am besten positionieren kann. Diese Abklärung hilft, einen zeitaufwendigen und frustrierenden Suchprozess zu minimieren und stärkt die Erfolgsaussichten.

> **Schlüsselfragen zu den Perspektiven am Arbeitsmarkt sind:**
> - Wie ist momentan die **Situation** auf dem Arbeitsmarkt und welche Entwicklung wird prognostiziert?
> - Wie ist der Arbeitsmarkt segmentiert (z. B. Inland und Ausland, offener und verdeckter Arbeitsmarkt) und in welchen **Segmenten** ist die Stellensuche besonders aussichtsreich?
> - In welchen **Branchen und Unternehmen** könnten sich konkrete Perspektiven ergeben?
> - In welcher **Position** könnte der Betroffene den Unternehmen einen **Mehrwert** bieten?

In dieser Phase sollte auch thematisiert werden, ob eher eine **selbstständige** oder eine **unselbstständige Erwerbstätigkeit** infrage kommt. Zieht der Betroffene eine selbstständige Tätigkeit in Betracht, dann kann eine **Start-up-Beratung** folgen.

Selbstmarketing fördern

Viele Klienten der Outplacementberatung sind nicht gewohnt, ihre besonderen **Qualitäten** auf dem Arbeitsmarkt zu positionieren und dafür die Strategien und Methoden des Selbstmarketings zu nutzen.

Selbstmarketing verbessert die Chancen auf dem Arbeitsmarkt. Es hilft Stellensuchenden, ihre besonderen Kompetenzen und den Mehrwert, den sie für Unternehmen erbringen können, besser und zielgerichteter zu kommunizieren. Dadurch gelingt es ihnen, sich **positiv von anderen Bewerbern abzuheben.**

> Schlüsselfragen zum Selbstmarketing sind:
> - Welchen **besonderen Nutzen und Mehrwert** bietet die Person den Unternehmen?
> - Wie schätzt der Betroffene seinen «**Marktwert**», sein Humankapital in der Form von Salär ein? Wie realistisch ist diese Einschätzung?
> - Wie kommuniziert er seine besonderen Fähigkeiten? Sind der persönliche **Auftritt** und die **Kommunikation** in Wort und Schrift überzeugend? Wie kann er den Auftritt und die Kommunikation verbessern?
> - Welche **Marketingkanäle** (z. B. persönliches und berufliches Netzwerk, Fachzeitschriften, Stellenbörsen im Internet) kommen für den Betroffenen infrage und sollten systematisch bearbeitet werden?
> - Wie gelingt es dem Betroffenen mit möglichen **Einschränkungen** (z. B. Alter, Gesundheit) konstruktiv umzugehen?

Selbstmarketing ist ein Massnahmenbündel, das die Positionierung einer Person auf dem Arbeitsmarkt günstig beeinflusst. Outplacementberatung kann dieses Ziel beispielsweise durch Feedback zur persönlichen und schriftlichen Präsentation des Klienten gezielt unterstützen.

Bewerbung optimieren

Die Bewerbungsunterlagen sind die Schlüssel zum Vorstellungsgespräch. Sie sollten möglichst sorgfältig auf das Zielunternehmen, die konkrete Stelle und die damit verbundenen **Anforderungen** abgestimmt sein.

> Schlüsselfragen zu den Bewerbungsunterlagen sind:
> - Entspricht die Stelle, für die sich die Person bewerben will, ihren **Fähigkeiten** sowie den **Wünschen** für die berufliche Zukunft?
> - Liegt ein **Lebenslauf** vor, der den formalen Anforderungen entspricht und die relevanten Kompetenzen und beruflichen Erfahrungen der Person vollständig beinhaltet und lückenlos darstellt?
> - Sind die **Anlagen** (z. B. Zeugniskopien) vorbereitet und vollständig?
> - Passt das **Bewerbungsschreiben** im Stil und im Inhalt zur Person und zur Stelle?
> - Welche **Referenzen** kommen infrage?

Die Outplacementberaterin kann den Betroffenen auf die persönliche Präsentation im Rahmen eines **Vorstellungsgesprächs** vorbereiten. Der Umgang mit typischen Situationen und Fragen in einem Vorstellungsgespräch kann trainiert werden und **Rollenspiele** helfen dabei.

> Schlüsselfragen sind:
> - Wie **eindeutig** kann die Person ihre bisherigen Kompetenzen und Erfolge sowie ihre Motive und ihren Nutzen für das Unternehmen kommunizieren?
> - Wie geht sie mit **schwierigen oder unangenehmen Fragen** um (z. B. zur Trennung vom Unternehmen)?
> - Welche **Interpretationen** lässt ihr Auftritt (z. B. Gestik, Mimik, Körperhaltung, Kleidung) zu?
> - Passt der Auftritt zur gewünschten Stelle?

Klienten der Outplacementberatung sollten nicht vergessen, dass die Gespräche mit der Outplacementberaterin auch interpretiert werden. Viele Outplacementberatende verfügen über ein gutes Netzwerk und haben damit Zugang zum **verdeckten Stellenmarkt.** Eine konstruktive Zusammenarbeit mit der Outplacementberaterin öffnet u. U. Türen.

Entscheidung und Verhandlung coachen

Erhält die Person mehrere attraktive Angebote, dann kann Outplacementberatung genutzt werden, um den Entscheidungsprozess zu begleiten. Ein **Vergleich der Angebote** sowie die Frage, ob die Stelle zu den Kompetenzen und Zukunftsentwürfen der Person passt, sind dann wichtige Themen.

Kommt es zu einem allgemeinen Einverständnis zwischen einem neuen Arbeitgeber und dem Stellensuchenden, dann müssen **Vertragsdetails** besprochen werden. Dabei kann die Outplacementberaterin den Stellensuchenden coachen und den Vertragsentwurf besprechen bzw. auf kritische Aspekte hinweisen. Besonders kritisch sind im Allgemeinen Themen wie **Salärgestaltung, Konkurrenzklausel und Kündigungsfristen.**

Personen, die die Trennung durch den Arbeitgeber als Degradierung empfinden oder grosse Existenzängste nach der Trennung haben, neigen möglicherweise dazu, die Erwartungen an die Konditionen zu niedrig anzusetzen. Das kann ein grosser Fehler sein, der die Karriere im neuen Unternehmen nachhaltig ungünstig beeinflusst. Die Outplacementberaterin kann dabei helfen, **realistische,** d. h. weder überzogene noch zu bescheidene, Erwartungen zu formulieren. Bei komplexen Fragen zum Arbeitsrecht sollte man sich von einem Jurist beraten lassen.

Probezeit begleiten

Die Outplacementberatung wird mit der **erfolgreichen Integration** der Person in einem neuen Arbeitsverhältnis, d. h. nach der Probezeit, abgeschlossen. Während der Probezeit kann die Outplacementberaterin helfen, Unsicherheiten zu beseitigen oder Lösungen für den Umgang mit Schwierigkeiten im neuen Arbeitsumfeld zu entwickeln.

Ist die Probezeit abgelaufen und der Arbeitnehmer bleibt beim neuen Arbeitgeber, ist der Auftrag der Outplacementberatung erfüllt.

10.4 Alternativen für einen Stellenabbau

Jeder verantwortungsvolle Arbeitgeber wird bei einem unvermeidbaren Stellenabbau alle zur Verfügung stehenden Möglichkeiten ausschöpfen, um die Belastungen für die betroffenen Mitarbeiter und die restliche Belegschaft möglichst gering zu halten.

So kann der Abbau von Überkapazitäten beim Personal durch verschiedene Massnahmen erfolgen, bevor ein Stellenabbau in grossem Mass erforderlich ist.

10.4.1 Interne Massnahmen

Wir unterscheiden, wie in der Personalplanung, quantitative, örtliche und qualitative Massnahmen.

A] Quantitative Massnahmen

Mit quantitativen Massnahmen wird die Arbeitszeit reduziert: Dabei gibt es drei Möglichkeiten:

- Teilzeit
- Kurzarbeit
- Abbau von Überstunden und Ferien

Teilzeit

Arbeitszeitverkürzungsmassnahmen eigenen sich v. a. bei temporärem Personalüberhang zum Abbau von Überkapazitäten. Sie sind mit einer finanziellen Einbusse für die Mitarbeitenden verbunden. Aus diesem Grund kann diese Änderung nicht ohne Einhaltung der vertraglichen Kündigungsfrist (Änderungskündigung) erfolgen. Die Reduktion der Arbeitszeit kann aber auch unbefristet erfolgen.

Kurzarbeit

Der Verdienstausfall für die Arbeitnehmenden wird durch Versicherungsleistungen der Arbeitslosenversicherung teilweise aufgefangen.

Abbau von Überstunden und Ferien

Lediglich als befristete Massnahme können Überstunden- und Feriensaldi abgebaut werden. Es werden dabei die Löhne zwar weiterbezahlt, dennoch werden die Personalkosten während der Kompensationszeit entlastet. Die Unternehmen sollten für nicht kompensierte Überstunden und nicht bezogene Ferientage mindestens zum Jahresende buchhalterische Rückstellungen bilden. Diese können während dieser Zeit aufgelöst werden und entlasten so die Personalkosten.

B] Örtliche Massnahmen

Damit meint man Versetzungen. Man unterscheidet zwischen horizontalen und vertikalen Versetzungen.

Horizontale Versetzungen

Dem Arbeitnehmenden wird ein neuer Arbeitsbereich auf der gleichen Hierarchiestufe zugewiesen.

Vertikale Versetzungen

Hier erfolgt das Zuweisen eines neuen Arbeitsbereichs auf einer über- oder untergeordneten Hierarchiestufe.

Eine solche Versetzung ist auch in Verbindung mit dem Wechsel an einen anderen Standort denkbar.

Wenn die Versetzung für den Mitarbeitenden eine deutliche Verschlechterung zur Folge hat, muss u. U. eine Änderungskündigung ausgesprochen werden, da es sich um eine einschneidende Veränderung des Vertrags handelt.

Beispiel

Die Verkaufsorganisation eines Versicherungsunternehmens wurde im Rahmen einer Reorganisation neu ausgerichtet. Verschiedene Aufgaben des Kunden-Innendiensts werden nicht mehr in den einzelnen Agenturen, sondern an zentraler Stelle ausgeführt.

Die Innendienstmitarbeitenden behalten grundsätzlich ihre Stelle, wechseln jedoch ihren Arbeitsplatz von den Agenturen in die Zentrale nach Basel (= horizontale Versetzung). Die bisherige Innendienstverantwortliche der Agentur Aarau übernimmt die Leitung des zentralen Innendiensts (= vertikale Versetzung).

C] Qualitative Massnahmen

Diese Massnahmen betreffen die Personalentwicklung: Eine Umschulung in andere Aufgaben ermöglicht einen Transfer in andere, unterbesetzte Bereiche. Diese Massnahmen können auch in Verbindung mit quantitativen und örtlichen Schritten erfolgen.

10.4.2 Externe Massnahmen

Bevor Kündigungen ausgesprochen werden müssen, können andere, externe Massnahmen ebenfalls zum Abbau von Überkapazitäten führen.

A] Natürliche Fluktuation

Das bedeutet, dass Mitarbeitende, die gekündigt haben oder in Pension gehen, nicht durch neue ersetzt werden. Oft ist damit ein verordneter Personaleinstellungsstopp verbunden.

Sind im Unternehmen Mitarbeitende mit befristeten Verträgen angestellt, werden diese nicht mehr erneuert.

B] Unterstützung freiwilliger Abgänge

Das kann durch verschiedene finanzielle Anreize gefördert werden: z. B. Abgangsentschädigungen, Frühpensionierungen mit Flexibilisierung der Altersgrenze.

Auch nicht monetäre Massnahmen dienen demselben Ziel: z. B. Stellenvermittlungen oder Outplacementaktivitäten.

Zusammenfassung

In der Praxis kommen die folgenden **Auflösungsgründe** für ein bestehendes Arbeitsverhältnis vor:

Auflösungsgrund	Formen der
Kündigung bei **unbefristetem** Arbeitsvertrag	Die Kündigung erfolgt • ordentlich (gemäss der vereinbarten Kündigungsfrist), • fristlos (bei groben Pflichtverletzungen), • missbräuchlich (ungerechtfertigt, sodass es zu einer Entschädigung der Betroffenen kommt), • durch einen Aufhebungsvertrag (im gegenseitigen Einverständnis), • durch eine Änderungskündigung (Ersatz durch einen neuen Arbeitsvertrag).
Kündigung bei **befristetem** Arbeitsvertrag	Befristete Arbeitsverträge laufen auch ohne mündliche oder schriftliche Kündigung aus. Es handelt sich dabei v. a. um Temporär-Arbeitsverträge oder Arbeitsbewilligungen für ausländische Mitarbeitende.
Natürliche Personalabgänge	Dazu zählen die Pensionierung, Invalidität oder der Tod von Mitarbeitenden.

Drei **Hauptgründe** führen zu einem **Personalabbau** seitens des Unternehmens:

- Ertragseinbusse
- Organisatorische Massnahmen durch technologischen Wandel, Reorganisation oder Restrukturierung oder durch Betriebsstilllegung oder Standortwechsel
- Outsourcing (Auslagern) von bestimmten Funktionen oder Abteilungen.

Ein Stellenabbau wirkt sich auf das **Image des Unternehmens** aus. Es können **Massnahmen** ergriffen werden, um das Image nicht zu schädigen, z. B. eine professionelle Unternehmenskommunikation oder ein grosszügiger Sozialplan.

Das **Outplacement** ist eine Beratung, die darauf spezialisiert ist, Mitarbeitende während der Trennungsphase und bei der beruflichen Neuorientierung zu unterstützen. Das Unternehmen und die betroffenen Personen streben bestimmte **Ziele** an.

Bei einem Outplacement gibt es **drei Beteiligte:**

- Die betroffene Person bzw. Gruppe
- Das Unternehmen, das eine Trennung will und eine Outplacementberatung beauftragt
- Die Outplacementberatenden

Der **Prozess des Outplacements** läuft in sechs Phasen ab:

Potenziale identifizieren → Perspektiven am Markt klären → Selbstmarketing fördern → Bewerbung optimieren → Entscheidung, Verhandlung coachen → Probezeit begleiten

Repetitionsfragen

45 Um welchen Auflösungsgrund des Arbeitsvertrags handelt es sich in den folgenden Fällen?

A] Hanspeter Eichenberger hat in einem Pharma-Unternehmen als «Manager auf Zeit» ein bereichsübergreifendes Reorganisationsprojekt geleitet, das nun abgeschlossen ist.

B] Der Verwaltungsrat kündigt dem Finanzchef aufgrund eines begründeten Verdachts auf Insidergeschäfte.

C] Michelle Dubois war bisher als Übersetzerin eines Getränkeproduzenten tätig. Per 1.1. des nächsten Jahrs wechselt sie firmenintern in das Event-Management.

46 Beurteilen Sie bitte, ob folgende Aussagen korrekt oder falsch sind, und begründen Sie Ihren Entscheid:

A] Die möglichen Folgen einer Kündigung durch den Arbeitgeber sind bekannt. Aber auch ein Entscheid, einem Mitarbeitenden nach massiven oder mehrfachen Verfehlungen über längere Zeit nicht zu kündigen, hat nachhaltige Folgen.

B] Wenn ein Unternehmen aus wirtschaftlichen Gründen einen Betriebsteil still legen muss, müssen lediglich die Kündigungsfristen eingehalten werden.

C] Wenn im Unternehmen frühzeitig und transparent über einen Stellenabbau informiert wird, verhindert man so weitere Folgen einer solchen Situation

D] Ein Stellenabbau hat auch auf externe Stellen eine grosse Wirkung.

E] Bei einem Stellenabbau muss ein Sozialplan erstellt werden; dieser beinhaltet i. d. R. finanzielle Hilfe und Unterstützung zur Reintegration

47 Die Banknotenpapier-Herstellerin Landqart AG im bündnerischen Landquart entliess per Ende Mai 2011 41 von 232 Mitarbeitenden. Den Entlassenen wird ein Sozialplan angeboten, der noch ausgehandelt werden muss. Das Unternehmen, das sich seit Anfang Jahr vollständig auf die Produktion und den Verkauf von Hochsicherheitspapieren konzentriert, begründet den Personalabbau mit den derzeit schwierigen Marktbedingungen.

Die Gewerkschaften kritisierten den Stellenabbau.

Wie hätte das Unternehmen die negativen Auswirkungen auf das Unternehmensimage vermeiden können? Nennen Sie zwei Massnahmen.

48 Die Outplacementberatung nützt dem Unternehmen und den betroffenen Personen.

Nennen Sie je drei positive Auswirkungen des Outplacements auf das Unternehmen und auf die betroffenen Personen.

	Unternehmen	Betroffene Personen
Positive Auswirkungen	• • •	• • •

Teil B   Berufsbildung

11 Das schweizerische Bildungssystem

Lernziele Nach der Bearbeitung dieses Kapitels können Sie …

- die Berufs- und Allgemeinbildung nach der obligatorischen Schulzeit beschreiben.
- die drei Kompetenzarten unterscheiden.
- Gesetze, die sich mit der Berufsbildung in der Schweiz befassen, erklären.
- die Berufsabschlüsse unterscheiden.

Schlüsselbegriffe Abschlüsse, Arbeitsgesetz (ArG), berufliche Grundbildung, Berufsattest, Berufsbildnerkurse, Berufsbildung, Berufsbildungsgesetz (BBG), Berufsmaturität, Berufsfachschule, Bildungsarten, Bildungstypen, dritte Lernorte, Fachkompetenz, Fähigkeitszeugnis, Firmen, Lernende, Methodenkompetenz, Obligationenrecht (OR), Partner bei der Berufsbildung, Sozialkompetenz, überbetriebliche Kurse, Umschulung, Verbände, Vollziehungsverordnung zum Arbeitsgesetz (ArGV), Weiterbildung

11.1 Einleitung

Verschiedene Einflüsse auf die Arbeitswelt führen zu einem raschen Wandel, so auch in der Berufswelt. Die Verlagerung einer Industriegesellschaft in eine Dienstleistungs- und Wissensgesellschaft fordert nach der Ablösung traditioneller Berufsbilder und der Schaffung übergreifender Bildungslösungen. Heute zählen beinahe 75% der Arbeitsplätze in der Schweiz zum Dienstleistungssektor. Diese Entwicklung spiegelt sich in der beruflichen Grundbildung noch nicht wider, denn mehr als die Hälfte der Lehrstellen werden nach wie vor in den technischen Berufen, im Bau- und verarbeitenden Gewerbe angeboten.

Weitere Einflüsse auf die Arbeits- und Berufswelt sind: ökonomische Entwicklungen (z. B. Konjunktur, Globalisierung), technologische Entwicklungen (z. B. Automatisierung der Arbeitsabläufe) sowie gesellschaftliche Entwicklungen (z. B. Rolle der Frau in der Arbeitswelt).

Aufgrund dieser Veränderungen kann Wissen nicht «auf Vorrat» erworben werden, was wiederum zur Anforderung an das «lebenslange Lernen» führt.

Die Berufsbildung in der Schweiz befindet sich seit längerer Zeit im Umbruch. Mitte Dezember 2002 verabschiedeten die Räte das neue **Berufsbildungsgesetz,** das nach Ablauf der Referendumsfrist Anfang 2004 in Kraft trat. Bereits seit 2001/2002 wurden neue Verordnungen über die berufliche Grundbildung erarbeitet. Man nennt diese abgekürzt auch «Bildungsverordnungen»; die frühere Bezeichnung war «Ausbildungsreglemente».

Gleichzeitig wurden in den letzten Jahren zahlreiche **Berufsbildungsreformen** umgesetzt, u. a. die folgenden:

- 2003: kaufmännische Grundbildung (erste Reform)
- 2005: Verkauf / Detailhandel, Gastgewerbe, Informatik, Fotofachmann usw.
- 2006: Carrossier, Coiffeur, Industrielackierer usw.
- 2007: Automobilfachmann, Diätkoch, Elektroinstallateur, Logistiker usw.
- 2008: Florist, Laborant, Musikinstrumentebauer, Pferdefachmann, Sanitärinstallateur usw.
- 2009: Buchhändler, Elektroniker, Fachmann für Information und Dokumentation, Winzer usw.
- 2010: Bauwerktrenner, Goldschmied, Koch, Tierpfleger usw.
- 2011: Augenoptiker, Gebäudereiniger, Keramiker, Matrose der Binnenschifffahrt usw.
- 2012: Boden-Plattenleger, Gärtner, Kältesystemplaner, Theatermaler und mit einer zweiten Reform Kaufmann usw.

- 2013: Büchsenmacher, Lebensmitteltechnologe, Podologe, Systemgastronomiefachmann usw.
- 2014: Isolierspengler, Netzelektriker, Schreiner

Zahlreiche weitere Projekte befinden sich in verschiedenen Phasen, innerhalb der Vernehmlassung oder bereits mit abgeschlossener Vernehmlassung. Zum Beispiel: Coiffeur, Pferdefachmann, Zimmermann oder Gipser-Trockenbauer, Maler usw.

Die Bildung kann aus der Sicht des Staats und aus der Sicht der Unternehmen beleuchtet werden.

Der **Staat** regelt nach der obligatorischen Schulzeit die berufliche Grund- und die allgemeine Bildung. Die berufliche Grundbildung führt zu einem eidgenössischen Fähigkeitszeugnis sowie (parallel oder anschliessend) zur Berufsmaturität, die allgemeine Bildung zur gymnasialen Maturität.

Abb. [11-1]   **Die berufliche Grundbildung nach der obligatorischen Schulzeit**

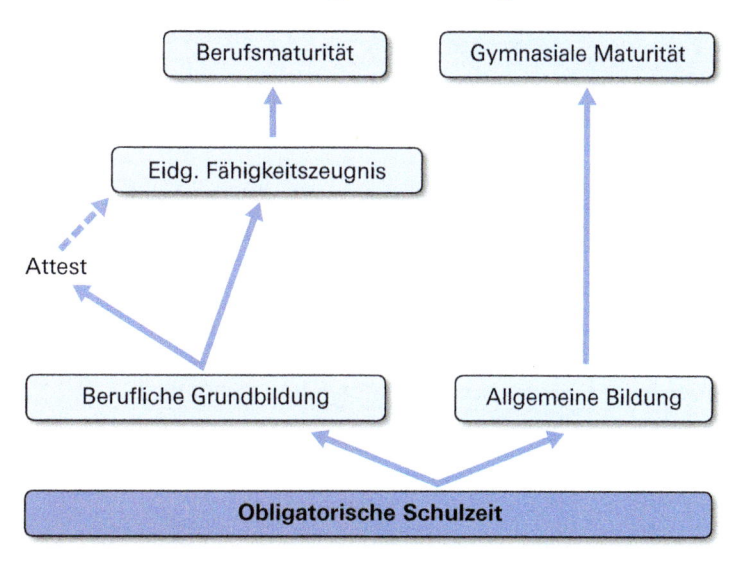

Die **Unternehmen** befassen sich mit der Personalentwicklung als Ganzes; dieser kommt immer mehr Bedeutung zu. Sie umfasst die Massnahmen zur Erhaltung sowie Verbesserung der Qualifikation der Mitarbeitenden. Dazu zählen die Bildung, die Förderung und im weitesten Sinn die Organisationsentwicklung. Unter Bildung können die berufliche Grundbildung, die Weiterbildung sowie die Umschulung verstanden werden.

Abb. [11-2]   **Arten von Bildung**

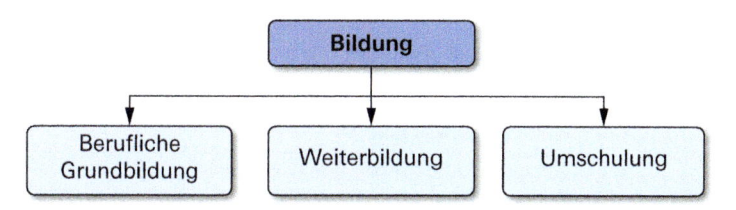

In diesem Teil des Buchs befassen wir uns ausschliesslich mit der **beruflichen Grundbildung.**

Diese ermöglicht einerseits das Aneignen beruflicher Kenntnisse, Fähigkeiten und Fertigkeiten sowie von Allgemeinbildung. Das ist die **Fachkompetenz.**

Zudem sollen Methodenkompetenz und Sozialkompetenz entwickelt werden. Zur **Methodenkompetenz** gehören z.B. Arbeitstechniken, die den künftigen Berufsleuten ermöglichen, sich verändernden Situationen anzupassen, im Sinn eines lebenslangen Lernens. Zur **Sozialkompetenz** gehören die kommunikativen Fähigkeiten, der Umgang mit Menschen (Vorgesetzten, Kollegen Geschäftspartnern etc.).

Bei der **Selbstkompetenz,** auch persönliche oder **Ich-Kompetenz** genannt, geht es um die persönliche Wirkung, die Persönlichkeit und die Selbstreflexion.

Abb. [11-3]   **Die Kompetenzarten**

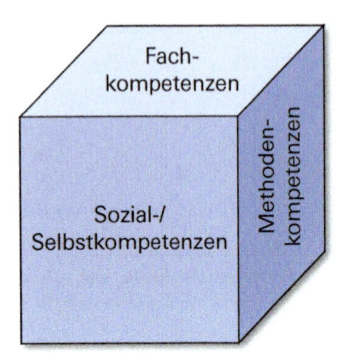

Die berufliche Grundbildung erfolgt durch die **praktische Lehre** in einem privaten oder öffentlichen Betrieb mit gleichzeitigem Besuch einer **Berufsfachschule.** Durch dieses **duale System** sollen bei den Lernenden auch die Lernfähigkeit und die persönliche Entwicklung gefördert werden.

Die durch die Reform der Berufsbildung sich verändernden Rollen von «Lehrlingen» und «Lehrmeistern» werden durch neue Begriffe unterstützt:

- Lernender anstatt Lehrling, Lernende anstatt Lehrtochter
- Berufsbildner/-in anstatt Lehrmeister/-in

11.2 Rahmenbedingungen

11.2.1 Rechtliche Grundlagen

In verschiedenen Gesetzen finden wir Aussagen über die berufliche Ausbildung. In der Bundesverfassung (BV) ist das Recht auf Bildung, Aus- und Weiterbildung verankert.

> **Art. 41 BV**
> Abs. 1
> Bund und Kantone setzen sich in Ergänzung zu persönlicher Verantwortung und privater Initiative dafür ein, dass …:
> f. Kinder und Jugendliche sowie Personen im erwerbsfähigen Alter sich nach ihren Fähigkeiten bilden, aus- und weiterbilden können;

Ferner:

> **Art. 63 BV**
> Abs. 1
> Der Bund erlässt Vorschriften über die Berufsbildung.

In den folgenden Gesetzen finden wir Grundlagen für das Lehrverhältnis.

A] Berufsbildungsgesetz (BBG)

Das alte Berufsbildungsgesetz regelte nur gewisse Berufe; die Bereiche Gesundheit, Soziales und Kunst wurden kantonal geregelt. Das neue Berufsbildungsgesetz regelt **sämtliche** Berufsbereiche, mit Ausnahme der Hochschulen.

> **Art. 2 BBG**
> Abs. 1 ...:
> a. die berufliche Grundbildung, einschliesslich der Berufsmaturität;
> b. die höhere Berufsbildung;
> c. die berufsorientierte Weiterbildung;
> d. die Qualifikationsverfahren, Ausweise und Titel;
> e. die Bildung der Berufsverantwortlichen;
> ...

Das BBG regelt ferner die Kostenbeteiligung des Bunds an der Berufsbildung.

Welche markanten Neuerungen brachte das BBG zudem?

- Neue Bildungsangebote, zum Beispiel:
  Bildungsdauer für ein eidgenössisches Fähigkeitszeugnis mindestens 3 Jahre, eine 2-jährige Grundbildung führt zu einem Attest
- Durchlässigkeit zwischen den Bildungsgängen und Transparenz des gesamten Berufsbildungssystems
- Neue Finanzierungen, zum Beispiel:
  - Leistungsorientierte Pauschalen (anstelle der bisherigen aufwandorientierten Subventionierung)
  - Höherer Anteil des Bunds
  - Bildung von Berufsbildungsfonds (Unternehmen, die die Berufsbildung ihres Wirtschaftszweiges nicht mit finanzieren, können zu Solidaritätsbeiträgen verpflichtet werden)
- Neue Qualifikationsverfahren (neben herkömmlichen Prüfungen werden andere Arten des Qualifikationsnachweises ermöglicht, zum Beispiel Module oder Anerkennung von Lernleistungen)
- Klar definierte «höhere Berufsbildung» im Nicht-Hochschulbereich

Das Staatssekretariat für Bildung, Forschung und Innovation, SBFI, erlässt **Bildungsverordnungen,** in denen die Details der beruflichen Grundbildung geregelt werden. Grundsätzlich erfolgt dieser Erlass auf Antrag der Organisationen der Arbeitswelt, bei Bedarf jedoch auch vom Bundesamt. Gemäss BBG regeln die Verordnung über die Berufsbildung insbesondere:

> **Art. 19 BBG**
> Abs. 2 ...:
> a. den Gegenstand und die Dauer der Grundbildung;
> b. die Ziele und Anforderungen der Bildung in beruflicher Praxis;
> c. die Ziele und Anforderungen der schulischen Bildung;
> d. den Umfang der Bildungsinhalte und die Anteile der Lernorte;
> e. die Qualifikationsverfahren, Ausweise und Titel.

B] Arbeitsgesetz (ArG)

Das Arbeitsgesetz definiert Sonderschutzvorschriften für Jugendliche. Als Jugendliche gelten Arbeitnehmer und auch Lernende bis zum vollendeten 18. Altersjahr.

Geregelt sind unter anderem die Arbeits- und Ruhezeiten:

- Höchstarbeitszeit täglich neun Stunden (inkl. Überzeitarbeit, obligatorischer Unterricht)
- Tagesarbeitszeit innerhalb von zwölf Stunden (mit Einschluss der Pausen)
- Verbot von Überzeitarbeit (bis zum vollendeten 16. Altersjahr), Sonntags- und Nachtarbeit (seit 1.1. 2008 können bezüglich Sonntags- und Nachtarbeit z. B. im Interesse der beruflichen Ausbildung durch Verordnung Ausnahmen vorgesehen werden)

In der **Vollziehungsverordnung zum Arbeitsgesetz** (ArGV) werden die im Arbeitsgesetz definierten Sonderschutzvorschriften für Jugendliche vertiefter erläutert:

- Unzulässige Arbeiten
- Beschäftigung von Jugendlichen unter 15 Jahren (zum Beispiel im Zusammenhang mit der Vorbereitung auf die Berufswahl) sowie über 15 Jahren (Ruhe-, Überzeit-, Nacht- und Sonntagsarbeit)
- Oben erwähnte Ausnahmen zum Verbot der Sonntags- und Nachtarbeit

C] Obligationenrecht (OR)

Neben den Vorgaben, die für alle Arbeitnehmenden Gültigkeit haben (zum Beispiel Pflichten von Arbeitnehmenden und Arbeitgebern), findet man im **OR** (344–346a) zum Lehrvertrag einige Artikel:

- Begriff, Entstehung und Inhalt
- Pflichten des Lernenden, seines gesetzlichen Vertreters und des Berufsbildners
- Beendigung des Lehrverhältnisses

11.2.2 Zuständigkeiten, Rechte und Pflichten

Beteiligt an der Berufsausbildung sind diverse Partner und Betroffene:

Abb. [11-4] Partner bei der Berufsbildung

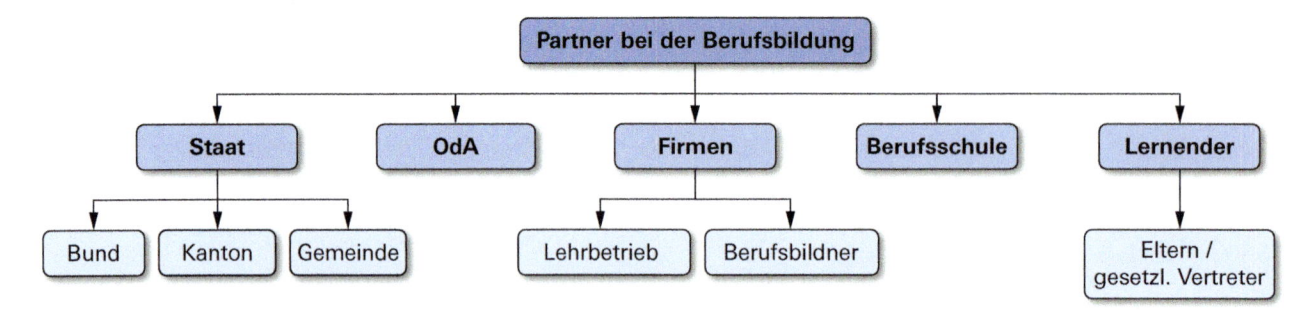

```
                    Partner bei der Berufsbildung
         ┌──────────┬──────────┬──────────┬──────────┐
       Staat       OdA       Firmen   Berufsschule  Lernender
     ┌───┼───┐              ┌───┴───┐                  │
   Bund Kanton Gemeinde  Lehrbetrieb Berufsbildner   Eltern /
                                                   gesetzl. Vertreter
```

A] Staat

Bund

Die Hauptverantwortung für die Bildung hat der **Bund**. Für die berufliche Ausbildung ist das **Staatssekretariat für Bildung, Forschung und Innovation (SBFI)** zuständig. Das SBFI ist dem Departement für Wirtschaft, Bildung und Forschung (WBF) angegliedert.

In den Verantwortungs- und Kompetenzbereich des Bunds fallen:

- Erlass respektive Genehmigung von Verordnungen über die berufliche Grundbildung
- Definieren von Kriterien für das Mindestalter für den Beginn der beruflichen Grundbildung
- Aufsicht über den Vollzug der Gesetze durch die Kantone
- Ausnahmen von Berufsbereichen, in Absprache mit den Kantonen, unter gewissen Voraussetzungen
- Kostenbeteiligung sowie Definition der Voraussetzungen und des Umfangs von Kostenbeteiligungen
- Förderung der Initiative der Kantone und der Organisationen der Arbeitswelt mit finanziellen und anderen Mitteln
- Aufstellen und Überwachen von Qualitätsstandards

- Reglementieren der Qualifikationsverfahren (in unserem Fall von Prüfungen) sowie Übertragen der Verantwortung über die Qualifikationsverfahren an die Unternehmen
- Aufsicht über die Prüfungen und Ausstellen der Fachausweise und Diplome
- Reglementieren der Berufsmaturität

Der Bund ist ferner verantwortlich für sämtliche gesamtschweizerischen Belange im Zusammenhang mit der Berufsbildungsforschung, mit der Mehrsprachigkeit resp. mit sprachlichen Minderheiten oder Schülern mit Lernschwierigkeiten.

Zudem definiert der Bund die Mindestanforderungen an die Bildung von Berufsbildnern und Lehrkräften.

Kantone

Auf kantonaler Ebene erfolgt der **Vollzug der Bundesgesetze**. Die kantonalen Behörden haben im Zusammenhang mit der Berufsbildung grundsätzlich zwei Aufgaben. Diese sind

- Gerichtsbehörden zur Durchsetzung des OR (Arbeits-, Bezirksgerichte) und
- Inspektionsorgane (Arbeitsinspektorat) im Zusammenhang mit dem ArG, und zum Beispiel Unfallverhütung, Arbeits- und Ruhezeiten, Jugendschutz etc.

Die **Erziehungs-/Volkswirtschaftsdirektion** ist die Aufsichtsinstanz für das Berufsbildungsamt, das für den **Vollzug des BBG und der BBV** (Verordnung über die Berufsbildung) verantwortlich ist. Es hat folgende Aufgaben:

- Überprüfung der Voraussetzungen für Lehrbetriebe und Berufsbildner sowie Erteilen der Bildungsbewilligungen
- Genehmigung, Überwachung und Aufhebung der Lehrverträge
- Qualitätssicherung der betrieblichen, überbetrieblichen und schulischen Bildung
- Sicherstellen eines ausreichenden Angebots an überbetrieblichen Kursen und vergleichbaren dritten Lernorten
- Durchführen von Qualifikationsverfahren bzw. Lehrabschlussprüfungen
- Ausstellen der Atteste, Fähigkeits- und Berufsmaturitätszeugnisse
- Bildung von Berufsbildnerinnen und Lehrkräften
- Diverse Aufgaben, wie zum Beispiel Lehrstellennachweise, Weiterbildungen, Beratung und Begleitung der Lehrvertragsparteien sowie Koordination zwischen allen an der Grundbildung beteiligten Parteien

In Zusammenarbeit mit den Unternehmen sorgen die Kantone ferner für ein ausreichendes Angebot an überbetrieblichen Kursen.

Die strafrechtliche Verantwortung betrifft hier den Berufsbildner (zum Beispiel Ausbildung trotz Verbot sowie Pflichtverletzungen gegenüber den Lernenden) wie auch die Lernenden (unentschuldigtes Fernbleiben vom Unterricht, vom Einführungskurs oder von der Lehrabschlussprüfung, Störung des Unterrichts).

Abb. [11-5] Die für die Berufsbildung zuständigen Instanzen

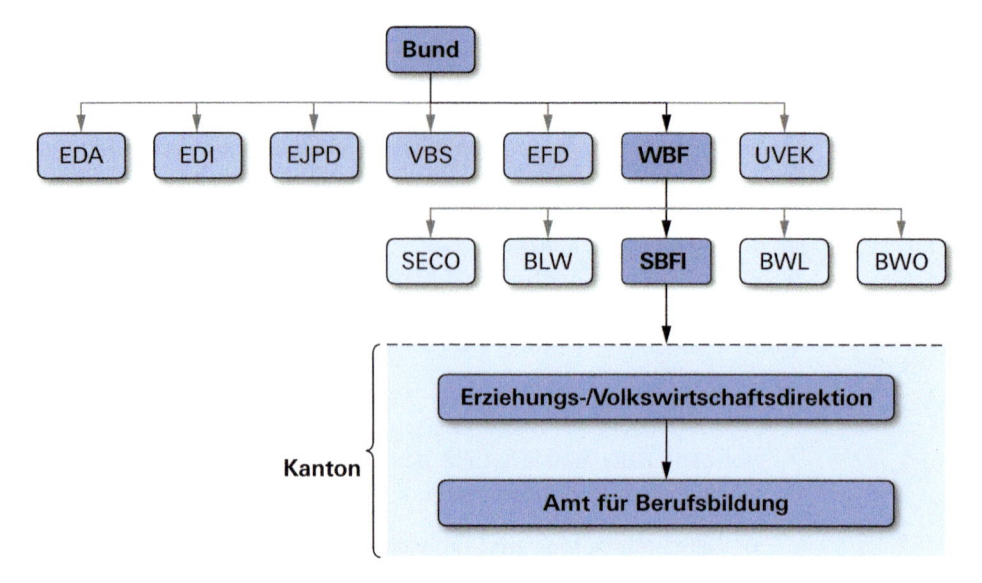

```
                            Bund
      ┌──────┬──────┬──────┬──┴───┬──────┬──────┐
     EDA    EDI   EJPD    VBS    EFD    WBF    UVEK
                                  ┌──────┼──────┬──────┐
                                 SECO   BLW   SBFI   BWL   BWO
                                                │
                              ┌─────────────────┼─────────────────┐
                              │  Erziehungs-/Volkswirtschaftsdirektion │
                   Kanton  {  │                 ↓                 │
                              │        Amt für Berufsbildung       │
                              └───────────────────────────────────┘
```

B] Organisationen der Arbeitswelt (OdA)

Die Berufs- und Branchenverbände und die Sozialpartner vertreten die einzelnen Unternehmen der verschiedenen Wirtschaftszweige. Bund und Kanton können den Vollzug der Gesetze den Verbänden übertragen. Als Beispiele seien hier einige Punkte genannt:

- Beantragen von Verordnungen über die berufliche Grundbildung
- Mitwirkung bei der Sicherstellung eines ausreichenden Angebots an überbetrieblichen Kursen und vergleichbaren dritten Lernorten sowie Durchführung und allenfalls Mitfinanzierung von überbetrieblichen Kursen
- Branchenspezifische Erstellung resp. Anpassung des Modell-Lehrgangs (gemäss Bildungsverordnung 2012 für Kaufmann EFZ wird der Modell-Lehrgang hier «Lern- & Leistungsdokumentation» [LLD] genannt)
- Mitwirkung bei der Lehrabschlussprüfung (Zulassungsbedingungen, Lerninhalte, Verfahren etc.), allenfalls Durchführung der Lehrabschlussprüfung

C] Firmen

Lehrbetrieb

In den Bildungsverordnungen ist unter anderem festgehalten, welche Voraussetzungen ein Betrieb erfüllen muss, um Lernende ausbilden zu dürfen:

- **Einrichtung:** Sie muss gewährleisten, dass die Ausbildungsziele gemäss Reglement erreicht werden können. Der Lehrbetrieb muss sich aber verpflichten, den Lernenden die restliche Ausbildung in einem anderen Lehrbetrieb zu vermitteln (die Eignung wird durch die kantonale Behörde, nämlich das Berufsbildungsamt festgestellt).
- **Höchstzahl von Lernenden:** Sie ist – je nach Beruf – abhängig von den im Betrieb ständig beschäftigten Fachleuten:.

Abb. [11-6] Voraussetzungen für die Ausbildung von Lernenden

Anzahl Lernende	Dentalassistent	Detailhandel	Automobilfachmann
1	• 1 Zahnarzt • 1 qualifizierter Berufsbildner mit einer Beschäftigung von 100% oder	1 qualifizierte Berufsbildnerin mit einer Beschäftigung von 100%.	• 1 qualifizierter Berufsbildner mit einer Beschäftigung von 100% oder • 2 qualifizierte Berufsbildnerinnen mit einer Beschäftigung von je 60%
1 zusätzlich	Mit jeder zusätzlichen Fachkraft zu 100% oder mit 2 Fachkräften zu je 60%		
Spezielles	Behörde kann Überschreitung bewilligen	–	–
	Befindet sich ein Lernender im letzten Berufsjahr, kann eine weitere Person die Lehre beginnen		

Berufsbildner

Im Berufsbildungsgesetz (BBG, Art. 45) ist festgehalten, welche Anforderungen die Berufsbildner zu erfüllen haben: Sie müssen über eine «qualifizierte Bildung sowie über angemessene pädagogische und methodisch-didaktische Fähigkeiten» verfügen.

Die Verordnung über die Berufsbildung (BBV, Art. 44) konkretisiert grundsätzlich diese Vorgabe:

> **Art. 44 BBV**
>
> Abs. 1:
>
> a. ein eidgenössisches Fähigkeitszeugnis auf dem Gebiet, in dem sie bilden, oder über eine gleichwertige Qualifikation;
> b. zwei Jahre berufliche Praxis im Lehrgebiet;
> c. eine berufspädagogische Qualifikation im Äquivalent von 100 Lernstunden.

Die Punkte a. und b. werden in den Bildungsverordnungen pro Beruf im Detail ausgeführt. Die folgende Übersicht zeigt an denselben drei Beispielen die **berufsspezifischen Anforderungen an die Berufsbildner.**

Abb. [11-7] Berufsspezifische Anforderungen anhand von drei Beispielen

Dentalassistent	Detailhandel	Automobilfachmann
• Dentalassistent EFZ mit mind. 2 Jahren Praxis oder • Gelernter Dentalassistent mit Röntgenberechtigung mit mind. 2 Jahren Praxis oder • SSO-Diplomassistent mit mind. 2 Jahren Praxis oder • Zahnmed. Assistent FASSO mit Röntgenberechtigung und mind. 2 Jahren Praxis oder • EFZ eines anverwandten Berufs mit notwendigen Berufskenntnissen mit Röntgenberechtigung und mind. 3 Jahren Praxis oder • Einschlägiger Abschluss einer Universität mit mind. 2 Jahren Praxis	• Fähigkeitszeugnis einer 3-jährigen Grundbildung im DH und 2 Jahre Praxis oder • Fähigkeitszeugnis einer 2-jährigen Grundbildung im DH und 3 Jahre Praxis oder • Qualifizierte Personen verwandter Berufe und 3 Jahre Praxis	• ... Abschluss der höheren Berufsbildung ... (z. B. Automobildiagnostiker) oder • Gelernte Automechaniker, -mechatroniker ... und 3 Jahre Praxis oder • Automobilfachmann und 3 Jahre Praxis

Der Punkt c. ersetzt den früheren Lehrmeisterkurs. Das erforderliche **berufspädagogische Wissen** muss mit den erwähnten 100 Lernstunden oder ersatzweise mit einem **Berufsbildnerkurs** erlangt werden, der 40 Kursstunden zu umfassen hat. In einem solchen Kurs werden folgende Gebiete behandelt:

- Berufsbildung und ihr Umfeld (z. B. Schweizer System, gesetzliche Grundlagen)
- Lernender (z. B. Verhalten und Rolle im Betrieb, in der Schule und der Gesellschaft)
- Lehren und Lernen (z. B. Unterstützung der Lernenden)
- Bildungsplan (z. B. Erstellen und Anwenden eines betrieblichen Bildungsplans)
- Berufsbildnerin (z. B. Rollenverständnis, eigene Weiterbildung)
- Weitere Themen im Zusammenhang mit der beruflichen Grundbildung (Gesundheit und Arbeitssicherheit, Arbeitskultur, Aufgaben und Rollen in der Zusammenarbeit mit dem Berufsbildungsamt usw.)

Jugendliche sind auf eine intensive Unterstützung angewiesen. Der Berufsbildner trägt wesentlich zur Entwicklung der Jugendlichen zu selbstständigen Erwachsenen bei. Er hilft den Jugendlichen, eigene Werte zu finden. So werden neben den gesetzlichen Voraussetzungen auch zahlreiche persönliche Anforderungen an den Berufsbildner gestellt, z. B.

- methodische und didaktische Fähigkeiten,
- Wille und Bereitschaft, sich mit Jugendlichen zu beschäftigen,
- Verständnis,
- Flexibilität (geistig wie zeitlich)
- und vieles mehr.

Während der Ausbildung von Lernenden hat die Berufsbildnerin **weitere Pflichten,** nämlich:

- **Ausbildung / Erziehung / Kontrolle**
    - Ausbildung gemäss Reglement
    - Einsatz für den bestmöglichen Lernerfolg
    - Unterrichtsbesuch ermöglichen (2 Tage pro Woche, davon ½ Tag Freifächer, BMS)
    - Lernerfolg periodisch kontrollieren (Arbeitsbuch)
- **Information an die Lernenden**
    - Über ihre Rechte und Pflichten
    - Über die Ausbildungsmassnahmen (Modell-Lehrgang)
    - Über ihre Leistungen und den Stand der Ausbildung (Ausbildungsbericht)
    - Über eine evtl. Weiterbeschäftigung nach der Lehre, 3 Monate vor Lehrende
- **Information an die Eltern**
    - Sofern die Lernenden noch nicht volljährig sind, zum Beispiel bei Problemen oder bei Auflösung des Lehrvertrags
- **Information an das Amt für Berufsbildung**
    - Zum Beispiel bei Problemen oder bei Auflösung des Lehrvertrags
- **Information an die Schule**
    - Zum Beispiel bei Problemen oder bei Auflösung des Lehrvertrags
- **Materielle Pflichten**
    - Die Lohnhöhe ist gesetzlich nicht geregelt, Berufsverbände definieren jedoch oft entsprechende Richtlinien
    - Lohn für die Schule, für Kurse und die Lehrabschlussprüfung (inkl. Anreise und Nebenkosten)
- **Gegenüber der Aufsichtsbehörde**
    - Lehrverträge genehmigen lassen
    - Zutritt zum Arbeitsplatz gewähren
    - Einsicht in die Akten
    - Bei Bedarf Auskünfte erteilen
    - Raum und Material für Prüfungen zur Verfügung stellen

Der Berufsbildner hat gewisse Rechte im Zusammenhang mit der Ausbildung von Lernenden. Diese lassen sich von den Pflichten der Lernenden ableiten.

D] Lernende

Die Lernenden müssen in der Regel ihr 15. Altersjahr vollendet und die Schulpflicht erfüllt haben. Für gewisse Berufe wird ein ärztliches Attest verlangt.

Ihre Rechte lassen sich aus den Pflichten der Berufsbildnerin ableiten. Zudem haben sie gemäss BBG ein angemessenes Mitspracherecht.

> **Art. 10 BBG**
> Die Anbieter der Bildung in beruflicher Praxis und der schulischen Bildung räumen den Lernenden angemessene Mitspracherechte ein.

Sie haben sämtliche gesetzlichen Rechte, wie zum Beispiel fünf Wochen Ferien gemäss OR.

Ihre Pflichten lassen sich wie folgt zusammenfassen:

- Befolgen der Anordnungen des Berufsbildners
- Gewissenhaftes Ausführen der Arbeiten
- Wahren des Geschäftsgeheimnisses
- Persönlicher Einsatz zur Zielerreichung
- Besuch der Berufsschule und der überbetrieblichen Kurse
- Absolvieren der Lehrabschlussprüfung
- Auskunft gegenüber der Aufsichtsbehörde

Sind die Lernenden noch nicht volljährig, also bis zu ihrem 18. Geburtstag, werden sie durch ihre Eltern vertreten respektive durch ihre gesetzlichen Vertreter. Diese sind verpflichtet, die Berufsbildnerin und die Berufsfachschule zu unterstützen. Ihre Rechte sehen wie folgt aus:

- Zustimmung zum Lehrverhältnis
- Kontakt zum Berufsbildner und zur Berufsfachschule
- Einsicht in die Ausbildungsberichte

E] Berufsfachschulen

Im BBG ist der Auftrag der Berufsfachschulen wie folgt definiert:

> **Art. 21 BBG**
> Abs.1
> Die Berufsfachschule vermittelt die schulische Bildung. Diese besteht aus beruflichem und allgemein bildendem Unterricht.
> Abs.2
> Die Berufsfachschule hat einen eigenständigen Bildungsauftrag; ...

Die Schulen bieten nach Möglichkeit folgende Kurse an:

- Stützkurse für leistungsschwache Schüler
- Freiwillige Kurse für Lernende
- Weiterbildungs- oder Umschulungskurse für Gelernte oder Angelernte
- Kurse zur Vorbereitung auf den Besuch von höheren Schulen

11.2.3 Bildungstypen und Abschlüsse

Die berufliche Grundbildung umfasst gemäss BBG den Erwerb folgender Kompetenzen:

> **Art. 15 BBG**
> Abs. 2 …:
> a. der berufsspezifischen Qualifikationen, …;
> b. der grundlegenden Allgemeinbildung, …;
> c. der wirtschaftlichen, ökologischen, sozialen und kulturellen Kenntnisse und Fähigkeiten, …;
> d. der Fähigkeit und der Bereitschaft zum lebenslangen Lernen sowie zum selbstständigen Urteilen und Entscheiden.

Die Lernenden erwerben sich diese Qualifikationen in der beruflichen Praxis und in der schulischen Bildung. Diese können bei Bedarf ergänzt werden.

Daraus lassen sich die in der Tabelle aufgeführten drei Lernorte ableiten.

Abb. [11-8]   **Die drei Lernorte**

Inhalt der berufl. Grundbildung	Lehr-/Lernort
Berufliche Praxis	• Lehrbetrieb • Lehrbetriebsverbund • Lehrwerkstätte
Schulische Bildung (allgemein und berufskundlich)	• Berufsfachschule
Ergänzungen (zu beruflicher Praxis sowie zu schulischer Bildung)	• Überbetriebliche Kurse • Vergleichbare dritte Lernorte

Hinweis:
Je nach Grundbildung kann die berufliche Praxis auch in **Handelsmittelschulen** oder anderen Institutionen erworben werden.

Die berufliche Grundbildung dauert in der Schweiz zwei bis vier Jahre. Der Wandel in der Gesellschaft und dadurch auch in der Arbeitswelt beeinflusst auch die Grundbildung. Das neue BBG trägt dieser Veränderung Rechnung.

So wird mit dem neuen Gesetz die bisherige **Anlehre abgeschafft.** Die Anlehre vermittelte vornehmlich praktisch begabten Jugendlichen die Qualifikation zur Beherrschung einfacher Fabrikations- oder Arbeitsprozesse und dauerte mindestens ein Jahr.

Gemäss BBG können mit der beruflichen Grundbildung die in der folgenden Abbildung aufgeführten Abschlüsse erlangt werden.

Abb. [11-9]   **Die Abschlüsse der beruflichen Grundbildung**

Eidgenössischer Abschluss	Dauer der Grundbildung	Voraussetzungen	Bemerkungen, Hinweise
Berufsattest (EBA)	2 Jahre	• Prüfung oder gleichwertiges Qualifikationsverfahren[1]	Trägt den unterschiedlichen Voraussetzungen der Lernenden Rechnung (d. h. berücksichtigt z. B. schulisch Schwächere)
Fähigkeitszeugnis (EFZ)	3 oder 4 Jahre	• Lehrabschlussprüfung oder gleichwertiges Qualifikationsverfahren[1]	
Berufsmaturitätszeugnis	Mind. 6 Semester	• Eidg. Fähigkeitszeugnis und • Berufsmaturitätsprüfung oder gleichwertiges Qualifikationsverfahren[1]	• Berechtigt zum prüfungsfreien Zugang an Fachhochschulen • Kann parallel zur beruflichen Grundbildung (EFZ) oder nach Abschluss als Vollzeitlehrgang oder berufsbegleitend abgeschlossen werden

[1] Wer seine berufliche Grundbildung nicht durch formalisierte Bildung erwirbt, kann die Bildung durch ein Qualifikationsverfahren abschliessen. Diese Verfahren werden vom Bund definiert und von den Kantonen durchgeführt.

Zusammenfassung Verschiedene Gesetze definieren die Berufsbildung in der Schweiz:

- In der **Bundesverfassung** BV ist das Recht auf Bildung, Aus- und Weiterbildung verankert.
- Das **Berufsbildungsgesetz** BBG regelt die Berufsbildung als Ganzes, die **Verordnung über die Berufsbildung** (BBV) konkretisiert das BBG.
- Das **Arbeitsgesetz** ArG definiert Sonderschutzvorschriften für Jugendliche.
- Das **Obligationenrecht** OR regelt den Lehrvertrag.

Bund, Kantone, Organisationen der Arbeitswelt (z. B. Berufsverbände), Unternehmen und Schulen, aber auch die Lernenden teilen sich die Aufgaben und Verantwortungen. Daraus entstehen für alle Beteiligten einerseits Rechte, anderseits Pflichten.

Neue Bildungs- und Qualifikationsverfahren berücksichtigen im neuen Berufsbildungsgesetz flexibler neue Bedürfnisse in der Berufsbildung.

Die berufliche Grundbildung erfolgt in **Betrieben** (berufliche Praxis) sowie in der **Berufsfachschule** (schulische Bildung).

Zusätzlich wird gemäss Berufsbildungsgesetz die Ausbildung durch **«dritte Lernorte»** oder in **überbetrieblichen Kursen** ergänzt.

Gemäss BBG können folgende Abschlüsse erlangt werden:

- Berufsattest: 2-jährige Ausbildung (ersetzt die bisherige Anlehre)
- Fähigkeitszeugnis: 3- bis 4-jährige Ausbildung
- Berufsmaturität

Repetitionsfragen

49 Welche der folgenden Aussagen sind richtig, welche falsch? Begründen Sie Ihre Wahl:

A] Die Lernenden dürfen pro Tag nicht mehr als 9 Stunden arbeiten. An Schultagen dürfen Unterricht, Pausen und Arbeit im Lehrbetrieb 12 Stunden nicht überschreiten.

B] Ein Betrieb, der das Erreichen der Ausbildungsziele nicht sicherstellen kann, hat dennoch die Möglichkeit, eine Ausbildungsbewilligung zu erhalten.

C] Die Anzahl der Lernenden, die ein Betrieb ausbilden darf, hängt von der Anzahl der Beschäftigten im Unternehmen ab.

50 Zählen Sie zwei persönliche Anforderungen an die Berufsbildnerin auf. Begründen Sie Ihre Antwort.

51 Nennen Sie drei rechtliche Quellen, die Aussagen zum Thema Berufsbildung machen. Und machen Sie zu jeder Quelle zwei inhaltliche Beispiele zum Thema Berufsbildung.

Rechtliche Quelle (Gesetz)	Beispiele

52	Nennen Sie drei Themen, die in einem Berufsbildnerkurs behandelt werden.
53	Bitte kreuzen Sie in der Tabelle an, welche Aufgaben zu den Pflichten der Berufsbildnerin und welche zu den Pflichten des Lernenden gehören.

	Pflicht des Berufsbildners	Pflicht der Lernenden	Bemerkungen
Ausbildung der Lernenden gemäss Reglement			
Mitsprache bezüglich Inhalt des Modell-Lehrgangs			
Anordnungen des Vorgesetzten befolgen			
Auskunft erteilen gegenüber der Aufsichtsbehörde			
Gesetzlich festgelegte Lohnhöhe bezahlen			

54	Nennen Sie zwei Rechte, die die Eltern im Zusammenhang mit dem Lehrverhältnis haben.
55	Welche der folgenden Aufgaben führt das Amt für Berufsbildung aus?

A] Erteilen von Ausbildungsbewilligungen.

B] Aufhebung von Lehrverträgen.

C] Aufstellen und Überwachen von Qualitätsstandards im Zusammenhang mit der Berufsbildung.

D] Reglementieren von Prüfungen.

E] Führen von Lehrstellennachweisen.

F] Organisation von Stützkursen für leistungsschwache Schüler.

56	Erklären Sie die folgende Aussage: Die erforderlichen Qualifikationen erwerben sich die Lernenden grundsätzlich an drei Lernorten.

12 Die Berufslehre im Unternehmen

Lernziele Nach der Bearbeitung dieses Kapitel können Sie …

- die Instrumente beschreiben, die bei der Lehrlingssuche der Unternehmen und bei der Berufswahl der Lernenden angewendet werden können.
- darstellen, welche Instrumente die Durchführung der Lehre erleichtern.
- beschreiben, wie eine Lehre beendet werden kann.

Schlüsselbegriffe Abschluss der Lehre, Anforderungsprofil, Arbeitsbuch, Ausbildungsbericht, Ausbildungspläne, Ausbildungsreglemente, Berufswahl, Betriebsbesichtigungen, Bewerberprofil, Durchführung der Lehre, Einführung von Mitarbeitenden, Ende der Lehre im Betrieb, Informationsveranstaltungen, Klassenbesprechungen, Lerndokumentation, Qualifikationsverfahren, Lehrabschlussprüfung (LAP), Lehrplan, Lehrvertrag, Modell-Lehrgänge, Schnupperlehre, Stoffplan, Verordnung über die berufliche Grundbildung

Teilen wir den Prozess der Berufslehre aus der Sicht des Unternehmens in einzelne Schritte, ergibt sich stark vereinfacht folgendes Bild:

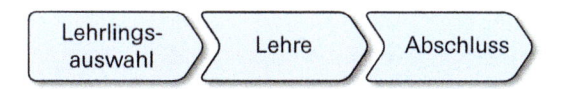

Lehrlingsauswahl → Lehre → Abschluss

Jeder einzelne Schritt lässt sich aus der Sicht des Unternehmens, jedoch auch aus der Sicht des Lernenden beleuchten. In den folgenden Teilkapiteln werden jeweils beide Seiten behandelt.

12.1 Lehrlingssuche und Berufswahl

Berufswahl / Werbung → Entscheid → Anstellung → Einführung

Die Suche und Auswahl von Lernenden seitens des Unternehmens entspricht auf der anderen Seite der «Berufswahl» der Lernenden. Für beide Seiten ist vor dem ersten Schritt eine fundierte Planung erforderlich.

- **Lernende:** Auch in Zeiten der Schnelllebigkeit und des lebenslangen Lernens wird mit der Berufswahl immer noch ein wichtiges Fundament für das Berufs- und Arbeitsleben gelegt. Aus diesem Grund muss die Berufswahl wohl überlegt sein und den persönlichen Fähigkeiten und Neigungen Rechnung tragen.
- **Unternehmen:** Die Planung im Zusammenhang mit der Ausbildung von Lernenden hat für das Unternehmen eine noch grössere Bedeutung (siehe auch Kap.1). Die Gründe dafür sind die Entwicklung des Jugendlichen, ein befristeter und damit grundsätzlich unkündbarer Vertrag und vieles mehr.

Wir behandeln die einzelnen Schritte der Suche und Auswahl im folgenden Text.

12.1.1 Berufswahl

Die Lehrstellensuchenden haben verschiedene Möglichkeiten, sich für einen Lehrberuf zu entscheiden. Neben der gesetzlich geregelten Berufs-, Studien- und Laufbahnberatung (BBG 49) bestehen grundsätzlich folgende Wege, sich die berufsspezifischen Informationen zu beschaffen:

- **Klassenbesprechungen:** In den letzten Schuljahren der obligatorischen Schulzeit ermöglichen die Lehrpersonen den Schülerinnen und Schülern, Informationen über verschiedene Berufe einzuholen, oder informieren die Schüler ihrerseits.
- **Informationsveranstaltungen:** Verbände und Unternehmen organisieren Anlässe, an denen interessierten Lehrstellensuchenden Informationen über den Lehrberuf, die Anforderungen, Entwicklungsmöglichkeiten etc. übermittelt werden. Eine solche Veranstaltung kann in Kombination mit Betriebsbesichtigungen durchgeführt werden.
- **Betriebsbesichtigungen:** Unternehmen führen Lehrstellensuchende durch den Betrieb, stellen anhand praktischer Beispiele den Beruf vor und ermöglichen allenfalls Gespräche mit Berufsleuten und Lernenden im Betrieb.
- **Weitere Möglichkeiten:** Berufsverbände, aber auch Unternehmen erstellen bisweilen **Dokumentationen** über eine Berufsrichtung, die sie den Lehrstellensuchenden sowie den Berufsberatungen zur Verfügung stellen. Aufschlussreiche Gespräche mit Berufsleuten, z. B. aus dem familiären Umfeld, ermöglichen den Lehrstellensuchenden einen tieferen Einblick in die Details eines Berufs.

12.1.2 Werbung

Die Verbände und Unternehmen nutzen die oben erwähnten Wege, um Interessenten für den Lehrberuf zu gewinnen. Wir verwenden dieselben Stichworte wie im Abschnitt Kap. 12.1.1, S. 180, «Berufswahl»:

- Klassenbesprechungen: Berufsinformation an Schulen
- Informationsveranstaltungen: Orientierungsnachmittage
- Betriebsbesichtigungen: Arbeitsplatzbesuche ermöglichen
- Weitere Möglichkeiten: Dokumentationen, Inserate, Ausschreibung im LENA (Lehrstellennachweis, in Druckform oder auf www.berufsberatung.ch).

In diesem Zusammenhang verweisen wir auf das Thema «Personalmarketing» (siehe Kap.2.2), das im Zusammenhang mit der Suche von Lernenden ebenso bedeutungsvoll ist. Zu beachten sind jedoch zusätzliche Anforderungen und spezielle Instrumente für die Anspruchsgruppe «Jugendliche» sowie die unterstützenden Aufgaben der Kantone beim Lehrstellenmarketing.

12.1.3 Entscheid

Wie bei erwachsenen Stellensuchenden erfolgt auch im Zusammenhang mit der Anstellung von Lernenden ein Abgleich zwischen Anforderung und dem Bewerberprofil.

Abb. [12-1]   **Der Vergleich von Anforderungs- und Bewerberprofil**

Bei Anstellungsentscheiden von Lernenden ist die Verantwortung der Berufsbildnerin aus folgenden Gründen bedeutend grösser:

- Die Anstellung erfolgt für zwei bis vier Jahre fix, d. h., sie ist grundsätzlich unkündbar.
- Jugendliche haben weder Erfahrung im Berufsleben noch im Zusammenhang mit Anstellungsentscheiden, deshalb übernimmt hier der Berufsbildner eine wichtige zusätzliche Aufgabe.

```
        Vergleich zwischen
   Anforderungs- und Bewerberprofil

   Anforderungsprofil      Bewerberprofil

        Unterschied zwischen
   Anforderungs- und Bewerberprofil
```

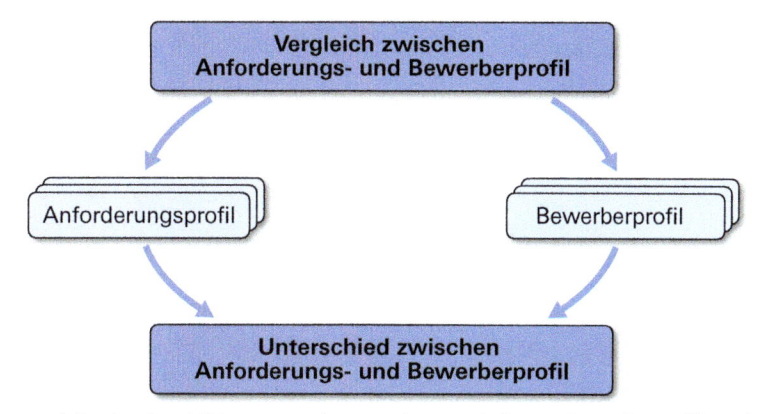

- Mit der Ausbildung von Lernenden und deren Anstellung übernimmt die Berufsbildnerin eine wichtige Aufgabe und die Verantwortung gegenüber den Lernenden, dem Betrieb, jedoch auch volkswirtschaftlich betrachtet.

Bereits mit den in Punkt Kap. 12.1.1, S. 180, und Kap. 12.1.2, S. 180, erwähnten Instrumenten wird den Lehrstellensuchenden und dem Unternehmen ein Entscheid ermöglicht. Die Lehrstellensuchenden können feststellen, ob ihnen der Betrieb, das Umfeld und natürlich auch der Beruf gefällt und ob sie sich dafür eignen.

Der potenzielle Berufsbildner kann die Lehrstellensuchenden aufgrund von Beobachtungen und Gesprächen kennenlernen und ihre Eignung allgemein und speziell für den Beruf beurteilen. Dabei beurteilt er

- allgemeingültige und
- berufsspezifische Schlüsselqualifikationen.

Allgemein gültige Schlüsselqualifikationen
• Teamfähigkeit • Flexibilität • Selbstständigkeit • Kreativität • Lernfähigkeit

Wir bringen im Folgenden zwei Beispiele für berufsspezifische Schlüsselqualifikationen:

Detailhandel	Pflegeberufe
• Freude am Umgang mit Menschen • Sprachgewandtheit • Rechnerische Fähigkeiten • Gepflegte Erscheinung	• Freude am Kontakt mit Menschen • Psychische Belastbarkeit • Gute körperliche Verfassung • Wahrnehmungsvermögen

Eine weitere Möglichkeit bietet die Schnupperlehre. Eine Schnupperlehre ist ein kurzes Praktikum in einem Betrieb, bei dem Jugendliche Einblicke in einen Beruf gewinnen können. Ziele der Schnupperlehre sind:

Die Lernenden	• lernen den Beruf kennen, • erleben das Umfeld, in dem sie ihre Lehre absolvieren, • kennen ihre künftigen Teamkollegen und Vorgesetzten.
Die Berufs- bildnerin	• kann die Fähigkeiten der Lernenden einschätzen, • erhält einen Eindruck von der Persönlichkeit der Lernenden, • kann das Interesse der Lernenden beurteilen.

Auch wenn die Schnupperlehre oft als Instrument in der Beratung und Werbung eingesetzt wird, gehört sie in die Endphase des Such-/Berufswahlprozesses. Wer eine Schnupperlehre durchführt, sollte folgende Punkte beachten:

- Umfassendes, abwechslungsreiches Tages- resp. Wochenprogramm erstellen
- Nicht nur arbeiten, sondern sehen, erfahren und erleben lassen

- Zeit für Fragen und Gespräche einplanen, eine Person aus dem Unternehmen (Mentor, «Götti») als Ansprechperson bestimmen
- Schnupperlehrtagebuch führen lassen und besprechen. Dieses dient dem Schnupperlehrling als Entscheidungshilfe und als erstes Nachschlagewerk. Dem Berufsbildner dient es als Beurteilungsinstrument und sollte von ihm kontrolliert und korrigiert werden.

Auch während der Schnupperlehre sind gewisse gesetzliche Vorgaben einzuhalten, namentlich für Jugendliche unter 18 Jahren:

- Mindestalter (vom Kalenderjahr an, in dem der Jugendliche das 14. Altersjahr vollendet)
- Inhalt der Arbeit (leichte Arbeiten, keine Gefährdung von Gesundheit, Schulleistungen und Sittlichkeit)
- Einsatzdauer und -zeiten (max. 8 Stunden pro Tag, 40 Stunden pro Woche, zwischen 06.00 und 18.00 Uhr)
- Ruhezeiten (12 Stunden pro Tag)
- Allenfalls muss eine behördliche Bewilligung eingeholt werden
- Unfallverhütung (zum Beispiel Arbeiten an gefährlichen Maschinen)

Wer eine Schnupperlehre absolviert, ist obligatorisch gegen Unfall und Berufskrankheiten versichert.

Üblicherweise wird dem Schnupperlehrling kein Lohn bezahlt; anfallende Spesen sollten aber vergütet werden. Einige Unternehmen geben als Dank ein Taschengeld.

Weitere wichtige Auswahlinstrumente sind:

- Schulzeugnisse,
- Referenzen, allenfalls bei Lehrpersonen,
- Gespräche mit Eltern, z. B. wegen des familiären Umfelds,
- spezifische Tests (Allgemein- und Schulwissen, Fähigkeiten etc.),
- strukturierte Interviews.

Kommt es zu einer Absage, muss die spezielle Situation der Lehrstellensuchenden berücksichtigt werden. Hinweise auf den Absagegrund oder unterstützende Hinweise für weitere Bewerbungen und Lehrstellenanbieter sind äusserst hilfreich.

12.1.4 Anstellung

Sind sich Unternehmen und Lehrstellensuchende, allenfalls auch die Eltern, einig, erfolgt die Anstellung: Der **Lehrvertrag** wird ausgestellt.

Folgende gesetzlichen Vorgaben sind in diesem Zusammenhang relevant:

- Abschluss des Lehrvertrags für die gesamte Dauer der Ausbildung (bei Ausbildung in verschiedenen Berufen kann der Lehrvertrag pro Bildungsteil erstellt werden)
- Genehmigung durch die kantonale Behörde (Amt für Berufsbildung)
- Gültig nur in schriftlicher Form
- Inhalt:
  - Art und Dauer der beruflichen Ausbildung (d. h. Beginn und Ende)
  - Lohn
  - Probezeit (zwischen einem und drei Monaten, kann vor Ablauf jedoch gegenseitig und mit dem Einverständnis des Amts für Berufsbildung bis auf sechs Monate verlängert werden)
  - Arbeitszeit
  - Ferien (5 Wochen bis zum vollendeten 20. Altersjahr)

Der Vertrag kann weitere Bestimmungen enthalten. Betrachten Sie im Folgenden das Muster eines Lehrvertrags auf unserer Homepage unter www.compendio.ch unter dem Lehrmittel XHR 003 in der Rubrik «Downloads».

Vertragsparteien sind das Unternehmen und die Lernenden. Das kantonale Amt für Berufsbildung genehmigt den Vertrag. Bei Minderjährigen stimmen die Eltern dem Vertrag zu.

Ohne schriftlichen Lehrvertrag dürfen keine Lernenden ausgebildet werden. Falls kein schriftlicher Lehrvertrag abgeschlossen wird, macht sich der Lehrbetrieb strafbar. Das Lehrverhältnis unterliegt jedoch trotzdem den Vorschriften des Gesetzes.

12.1.5 Einführung

Bei allen neu eintretenden Mitarbeitenden ist der erste Arbeitstag entscheidend für die Einstellung zum Unternehmen, zur Arbeit und zum Umfeld. Bei Lernenden hat der erste Arbeitstag eine noch grössere Bedeutung.

Welche Faktoren sind bei neu eintretenden Lernenden gegenüber Erwachsenen zusätzlich zu berücksichtigen?

- Ein 15-jähriger Jugendlicher steht mitten in seiner Entwicklung:
  Zwischen dem Abschluss des Lehrvertrags und dem Lehrbeginn vergehen durchschnittlich neun Monate, in dieser Zeit kann sich ein Jugendlicher entscheidend verändern.
- Eine Schülerin hat in der Regel keine Erfahrungen in der Arbeitswelt.
  In der Schule bewegt sich eine Jugendliche in einem mehr oder weniger behüteten Umfeld, erhält regelmässig klare Aufträge (Hausaufgaben), die grundsätzlich unmittelbar danach kontrolliert werden (Kontrolle der Hausaufgaben, Prüfungen). Im Berufsleben, als «Arbeitnehmerin», hat sie Ziele zu erreichen, deren Erfolg sie mehrheitlich selber kontrollieren muss. In der Lehre erlebt die Lernende sozusagen eine Mischform als Schülerin und Arbeitnehmerin. Der Schritt von der Schülerin zur Arbeitnehmerin ist beachtlich.

Das Programm des ersten Arbeitstages von Lernenden könnte inhaltlich wie folgt aussehen. Zur praktischen Erläuterung führen wir ein Beispiel eines Programms für einen Detailhandels-Lernenden auf:

Abb. [12-2]   **Programm für den ersten Arbeitstag von Lernenden**

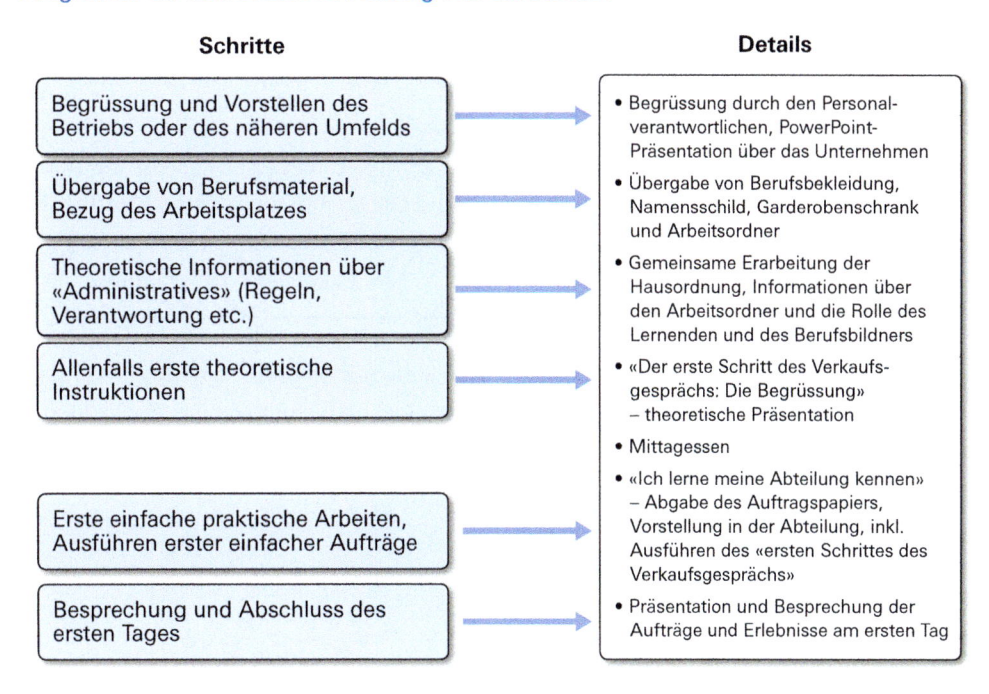

Schritte	Details
Begrüssung und Vorstellen des Betriebs oder des näheren Umfelds	• Begrüssung durch den Personalverantwortlichen, PowerPoint-Präsentation über das Unternehmen
Übergabe von Berufsmaterial, Bezug des Arbeitsplatzes	• Übergabe von Berufsbekleidung, Namensschild, Garderobenschrank und Arbeitsordner
Theoretische Informationen über «Administratives» (Regeln, Verantwortung etc.)	• Gemeinsame Erarbeitung der Hausordnung, Informationen über den Arbeitsordner und die Rolle des Lernenden und des Berufsbildners
Allenfalls erste theoretische Instruktionen	• «Der erste Schritt des Verkaufsgesprächs: Die Begrüssung» – theoretische Präsentation
	• Mittagessen
Erste einfache praktische Arbeiten, Ausführen erster einfacher Aufträge	• «Ich lerne meine Abteilung kennen» – Abgabe des Auftragspapiers, Vorstellung in der Abteilung, inkl. Ausführen des «ersten Schrittes des Verkaufsgesprächs»
Besprechung und Abschluss des ersten Tages	• Präsentation und Besprechung der Aufträge und Erlebnisse am ersten Tag

Während der ersten Zeit der Lehre werden den Lernenden die Grundkenntnisse ihres Berufs vermittelt.

Früher erfolgte dies in internen oder externen Einführungskursen. Auch wenn diese durch sogenannte überbetriebliche Kurse ersetzt wurden, macht es Sinn, wenn ein Unternehmen, das eine genügend grosse Zahl von Lernenden ausbildet, einen internen Einführungskurs durchführt. Solche Kurse können in einem Lehrbetrieb gleichzeitig für verschiedene Berufsgruppen mit teilweise spezifischen Lerninhalten durchgeführt werden.

12.2 Durchführung der Lehre

Die gesamte Lehre beinhaltet zwei parallele Prozesse:

- Die theoretische Ausbildung
- Die praktische Ausbildung in einem privaten oder öffentlichen Betrieb

Die Ausbildung wird an **drei Lernorten** vermittelt:

- In den Berufsfachschulen die schulische Bildung (berufliche und Allgemeinbildung)
- Im Betrieb die berufspraktischen Fertigkeiten
- In überbetrieblichen Kursen grundlegende berufsspezifische Fertigkeiten, ergänzend zur Bildung in den Schulen und im Betrieb

Alle Belange müssen aufeinander abgestimmt sein und sich optimal ergänzen. Das wird durch gesetzliche Grundlagen, das Berufsbildungsgesetz (BBG), sichergestellt. Daraus abgeleitet genehmigt das SBFI **Bildungsverordnungen.** Darin integriert ist der sogenannte Bildungsplan, der von den zuständigen **Organisationen aus der Arbeitswelt** (OdA) erarbeitet wurde. Auf diese Weise wird sichergestellt, dass sich auch die Qualifikationsverfahren an den entsprechenden Kompetenzen orientieren können.

Für die **praktische Ausbildung** leiten die zuständigen OdA den jeweiligen **Leistungszielkatalog** ab. Die OdA setzt sich aus Vertretern der Branche, dem Bund und den Kantonen zusammen. Aus dem Leistungszielkatalog können die OdA freiwillig die **Modell-Lehrgänge** ableiten, die die betriebliche Bildungsplanung konkretisieren. Aufgrund der Modell-Lehrgänge können die Unternehmen ein detailliertes **Ausbildungsprogramm** erstellen.

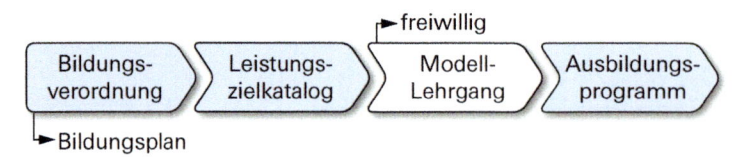

```
                                    freiwillig
┌──────────────┐  ┌──────────────┐  ┌──────────────┐  ┌──────────────┐
│ Bildungs-    │→ │ Leistungs-   │→ │ Modell-      │→ │ Ausbildungs- │
│ verordnung   │  │ zielkatalog  │  │ Lehrgang     │  │ programm     │
└──────────────┘  └──────────────┘  └──────────────┘  └──────────────┘
   ↓
Bildungsplan
```

Der Leistungszielkatalog enthält zudem den **Lehrplan für die Berufschulen.** Aus den Lehrplänen wiederum erstellen die Schulen ihre detaillierten **Stoffpläne.**

```
┌──────────────┐  ┌──────────────┐  ┌──────────────┐  ┌──────────────┐
│ Bildungs-    │→ │ Leistungs-   │→ │ Lehrplan     │→ │ Stoffplan    │
│ verordnung   │  │ zielkatalog  │  │              │  │              │
└──────────────┘  └──────────────┘  └──────────────┘  └──────────────┘
```

Wir befassen uns hier lediglich mit der betrieblichen, das heisst praktischen Ausbildung und beleuchten die einzelnen Hilfsmittel für die betriebliche Ausbildung von Lernenden. Zu jedem Punkt fügen wir ein praktisches Beispiel an, und zwar aus der Ausbildung zum Detailhandelsangestellten.

12.2.1 Bildungsverordnungen

Wie bereits erwähnt, wird in den Bildungsverordnungen festgehalten, welche Voraussetzungen Berufsbildnerin und Lehrbetrieb erfüllen müssen, um Lernende ausbilden zu dürfen.

Ferner werden für jeden Beruf folgende Punkte geregelt:

- Gegenstand (Berufsbezeichnung und -bild) und Dauer der Grundbildung
- Ziele und Anforderungen (Fach-, Methoden-, Sozial- und Selbstkompetenzen)
- Arbeitssicherheit, Gesundheits- und Umweltschutz
- Anteile der Lernorte (Berufs-, Allgemeinbildung, Sport usw. sowie überbetriebliche Kurse), Unterrichtssprache
- Bildungsplan
- Anforderungen an den Lehrbetrieb (fachliche Anforderungen und Höchstzahl der Lernenden)
- Lern- und Leistungsdokumentation (Lerndokumentation im Betrieb, der Schulleistungen, in überbetrieblichen Kursen sowie allenfalls zusätzliche Dokumentationen, wie Standortbestimmungen o.Ä.)
- Qualifikationsverfahren
- Usw.

Mit der Bildungsverordnung tritt ein Bildungsplan in Kraft, der die Leitziele und die Richtziele enthält. Der Bildungsplan wird von den OdA erarbeitet und vom Bund genehmigt.

Abb. [12-3]   **Beispiel eines Leitziels im Bildungsplan von Detailhandelsfachleuten**

> **Leitziel 6:**
>
> DH-Fachleute verfügen über vertiefte Produkte-, Sortiments- und Branchenkenntnisse. Sie kennen die Eigenschaften der Produkte ihrer Branche und sind in der Lage, mit diesen fachgerecht umzugehen und die Kundinnen und Kunden korrekt zu informieren.

Bei den Leitzielen handelt es sich um eine allgemeine Beschreibung, was zur Berufsbildung gehört. Daraus werden detaillierte Richtziele abgeleitet, an unserem Beispiel:

> **Richtziel 6.2:**
>
> DH-Fachleute verfügen über die vertieften speziellen Branchenkenntnisse und können diese verkaufsorientiert anwenden.

Die Richtziele konkretisieren die Leitziele und übersetzen diese sozusagen in das im Beruf angestrebte Verhalten.

Aus den Richtzielen wiederum werden konkrete Leistungsziele abgeleitet.

12.2.2 Leistungszielkatalog und Modell-Lehrgang

Gemäss den Bildungsverordnungen erarbeiten die Organisationen der Arbeitswelt (OdA) aus den Leit- und Richtzielen den Leistungszielkatalog und überarbeiten ihn regelmässig, um die Ziele allfälligen neuen Gegebenheiten anzupassen.

Zum Beispiel Leistungsziel 6.2.2:

«Ich setze meine vertieften Produkte-Kenntnisse bei meiner täglichen Arbeit wirkungsvoll ein»

Die OdA können, abgeleitet aus dem Bildungsplan, freiwillig einen Modell-Lehrgang erstellen. In diesem werden die branchenspezifischen Details zu den Richtzielen festgehalten.

Als Hilfsmittel für eine systematische Ausbildung beschreibt der Modell-Lehrgang die Wege, die zu den jeweiligen Ausbildungszielen führen.

12.2.3 Ausbildungsprogramm

Der Betrieb kann aus dem Modell-Lehrgang ein betriebsspezifisches Ausbildungsprogramm erstellen. In diesem werden folgende Punkte festgehalten:

- Lernziele und -inhalte (verständliche Beschreibung, wie die Lernziele erreicht werden können und sollen)
- Abteilung und Dauer des Einsatzes pro Abteilung (Rotation)
- Zuständige Personen, die das erforderliche Wissen vermitteln und allenfalls die Zielerreichung kontrollieren
- Allenfalls zur Verfügung stehende Hilfsmittel, wie Lehrbücher, Prospektmaterial, Vorlagen und Muster etc.
- Kontrolle

12.2.4 Lerndokumentation

Wie bereits erwähnt, legt die jeweilige Berufsbildungsverordnung fest, ob und in welcher Form eine Lerndokumentation (früher «Arbeitsbuch») erstellt werden muss.

Zu Beginn übergibt der Berufsbildner dem Lernenden ein Arbeitsbuch. Berufsschulen und Berufsverbände stellen standardisierte Arbeitsbücher zur Verfügung. Ein Ordner mit Inhaltsverzeichnis erfüllt aber denselben Zweck.

Die Lernenden erstellen mittels Eintragungen, Beispielen und Mustern ein Nachschlagewerk über berufsspezifische Abläufe. Wenn die Bildungsverordnung das Führen einer Lerndokumentation vorschreibt, muss den Lernenden die dafür erforderliche Zeit zur Verfügung gestellt werden.

Der Berufsbildner hat die Lerndokumentation regelmässig, in der Regel monatlich, einzusehen und zu kontrollieren. So kann er den Stand der Ausbildung beurteilen und allfällige Lücken aufdecken.

Der Inhalt der Lerndokumentation soll auf die Ausbildungsziele abgestimmt sein, damit eine umfassende Ausbildung und Vorbereitung auf die Lehrabschlussprüfung und die darauf folgende Berufspraxis gewährleistet sind.

Beispiel

In unserem Beispiel aus dem Detailhandel könnte der Inhalt einer Lerndokumentation wie folgt aussehen:

- Unterlagen
- Betrieb, Warenfluss
- Verkauf und Beratung
- Warenpräsentation und Verkaufsförderung
- Sortiment, Warenkenntnisse
- Gesetzliche und betriebliche Vorschriften und Regeln
- Warenverkauf
- Betriebliches Rechnungswesen
- Arbeitstechnik und Kommunikation
- Diverses

12.2.5 Bildungsbericht

Zu den Pflichten der Berufsbildnerin gehört die periodische Kontrolle des Lernerfolgs. Diese Kontrolle erfolgt regelmässig, das heisst spontan während der täglichen Betreuung. Das oben erwähnte Arbeitsbuch dient ebenfalls als Beurteilungsinstrument.

Neben der periodischen Kontrolle ist der Berufsbildner verpflichtet, die Lernenden über die Beurteilung zu informieren. Dazu wird regelmässig eine schriftliche **Standortbestimmung** durchgeführt, die i.d.R. die erforderlichen Ergebnisse, Erfahrungen sowie den weiteren Verlauf der Berufsbildung beinhaltet. Die jeweilige Bildungsverordnung regelt, wie der Stand der Bildung festzuhalten ist.

Folgende Punkte können beurteilt und besprochen werden:

- Berufliches Können und Ausbildungsfortschritt (Fach- und Methodenkompetenz)
- Arbeits- und persönliches Verhalten (Sozialkompetenz)
- Leistungen am Arbeitsplatz und in der Schule (Noten)
- Erreichen der Ziele und Umsetzen der Massnahmen aus dem letzten Qualifikationsgespräch
- Arbeitsbuch, Ausbildungsplan
- Neue Ziele und Massnahmen für die nächste Beurteilungsperiode

Die Beurteilungen und Massnahmen können auf ordentlichen Leistungsbeurteilungsbogen der jeweiligen Unternehmen oder durch ausführliche Beschreibung des Qualifizierenden festgehalten werden. Da die Beurteilungen von Lernenden weitergehenden Ansprüchen genügen müssen, werden sinnvollerweise spezielle Bildungsberichte verwendet.

Ein Muster für einen Bildungsbericht finden Sie auf unserer Homepage unter www.compendio.ch unter dem Lehrmittel XHR 003 in der Rubrik «Downloads».

Die Bildungsberichte, die während der Lehre erstellt werden, dienen auch als Basis für das Lehrabschlusszeugnis.

12.3 Abschluss / Beendigung der Lehre

Die Lehre kann aus verschiedenen Gründen enden. Das OR definiert die Fälle von vorzeitiger Auflösung wie folgt:

> **Art. 346 OR**
> Abs. 1
> ... während der Probezeit jederzeit mit einer Kündigungsfrist von sieben Tagen ...
> Abs. 2
> Aus wichtigen Gründen ... fristlos ..., wenn:
> a. der für die Bildung verantwortlichen Fachkraft die erforderlichen beruflichen Fähigkeiten oder persönlichen Eigenschaften zur Bildung der lernenden Person fehlen;
> b. die lernende Person nicht über die für die Bildung unentbehrlichen körperlichen oder geistigen Anlagen verfügt oder gesundheitlich oder sittlich gefährdet ist ...;
> c. die Bildung nicht oder nur unter wesentlich veränderten Verhältnissen zu Ende geführt werden kann ...;

Vertragsbruch vonseiten der Berufsbildnerin sowie der Lernenden kann ebenfalls zur vorzeitigen Auflösung des Lehrverhältnisses führen.

In allen Fällen sind bei Minderjährigen die gesetzlichen Vertreter mit einzubeziehen, und das kantonale Amt für Berufsbildung sowie allenfalls die Berufsschule müssen informiert werden.

Wird der Lehrbetrieb geschlossen, müssen sich zudem der Berufsbildner, die Lernenden und deren Eltern um Ausbildungsmöglichkeiten in einem anderen Betrieb bemühen. Das kantonale Amt für Berufsbildung ist dabei behilflich.

Das kantonale Amt für Berufsbildung kann das Lehrverhältnis nicht kündigen, da die Vertragsparteien ausschliesslich der Lehrbetrieb und die Lernenden sind. Das Amt kann jedoch aus wichtigen Gründen seine Genehmigung widerrufen.

Normalerweise endet jedoch die Lehre mit dem Ende des befristeten Lehrvertrags und nach Absolvieren einer Lehrabschlussprüfung.

12.3.1 Qualifikationsverfahren (früher: Lehrabschlussprüfung, LAP)

Unabhängig von der Art der Ausbildung schliesst die Lehre in der Regel mit einer **Prüfung** ab. Gemäss BBG kann das Bundesamt andere Qualifikationsverfahren anerkennen, auf die wir hier jedoch nicht näher eingehen.

Die Berufsbildnerin meldet die Lernenden zur Prüfung an. Die Lernenden sind verpflichtet, die Prüfung zu absolvieren, ansonsten machen sie sich strafbar. Es sei denn, sie sind wegen eines triftigen Grundes (Krankheit, Unfall) verhindert. Den Lernenden entstehen für die Prüfung keine Kosten.

In den Bildungsverordnungen sind die Details der Prüfungen geregelt:

- Zulassung zum Qualifikationsverfahren
- Inhalt, Umfang, Durchführung der Qualifikationsverfahren
- Bewertung der Leistungen
- Bestehen der Prüfungen
- Ausweis und Titel

Wer die Prüfung nicht besteht, kann diese frühestens nach einem halben Jahr wiederholen. In der Regel werden die Fächer mit ungenügenden Noten erneut geprüft. Eine dritte Wiederholung der Prüfung ist nach einem weiteren Jahr möglich.

Das Nicht-Bestehen der Lehrabschlussprüfung führt nicht automatisch zur Verlängerung der Lehre. Diese kann jedoch mit Einverständnis beider Vertragsparteien beim kantonalen Amt für Berufsbildung beantragt werden.

Bei Bestehen der Prüfung erhalten die Lernenden entweder

- ein Eidgenössisches Berufsattest (nach 2-jähriger Grundbildung),
- ein Eidgenössisches Fähigkeitszeugnis (nach 3- bis 4-jähriger Grundbildung) oder
- ein Eidgenössisches Berufsmaturitätszeugnis.

Nach Erhalt des Fähigkeitszeugnisses dürfen die Berufsleute den entsprechenden gesetzlich geschützten Titel führen. In unserem Beispiel des Dentalassistenten: «Dentalassistent EFZ», wobei EFZ «eidgenössisches Fähigkeitszeugnis» bedeutet. Oder «Detailhandelsfachmann EFZ» resp. «Automobil-Fachmann EFZ».

12.3.2 Das Ende der Lehre im Betrieb

Mit dem Ablauf des Lehrvertrags endet die Lehre auch im Betrieb.

Drei Monate vor Lehrende hat der Berufsbildner den Lernenden mitzuteilen, ob er sie **nach der Ausbildung weiterbeschäftigt** oder nicht. Daraufhin können sich die Lernenden frei entscheiden, ob sie ein solches Angebot annehmen möchten oder nicht. Gemäss OR, Art. 344a, Abs. 6, dürfen keine Abreden getroffen werden, die die Lernenden im freien Entschluss über ihre berufliche Tätigkeit nach der Lehre beeinträchtigen. Im Fall einer Weiterbeschäftigung muss ein **neuer Vertrag** abgeschlossen werden.

Die Berufsbildnerin ist verpflichtet, den Lernenden für die Dauer der Lehre ein Zeugnis auszustellen. Im Gegensatz zum Arbeitszeugnis, das grundsätzlich Art und Dauer der Anstellung sowie Leistung und Verhalten beurteilen muss, bestehen für das Lehrzeugnis gemäss OR andere Vorgaben:

> **Art. 346a**
> Abs. 1
> Nach Beendigung der Berufslehre hat der Arbeitgeber der lernenden Person ein Zeugnis auszustellen, das die erforderlichen Angaben über die erlernte Berufstätigkeit und die Dauer der Berufslehre enthält.
> Abs. 2
> Auf Verlangen der lernenden Person oder deren gesetzlichen Vertretung hat sich das Zeugnis auch über die Fähigkeiten, die Leistungen und das Verhalten der lernenden Person auszusprechen.

Nach dem Ende der Lehre können sich die jungen Berufsleute jederzeit weiterbilden. Zum Beispiel haben sie die Möglichkeit, mit einer Berufsmatura eine Fachhochschule zu besuchen.

Die Grafik am Anfang des letzten Kapitels (10-1, S 132) die berufliche Grundbildung nach der obligatorischen Schulzeit) kann dementsprechend ergänzt werden:

Abb. [12-4]   Bildungsmöglichkeiten nach der obligatorischen Schulzeit (Darstellung ist nicht abschliessend)

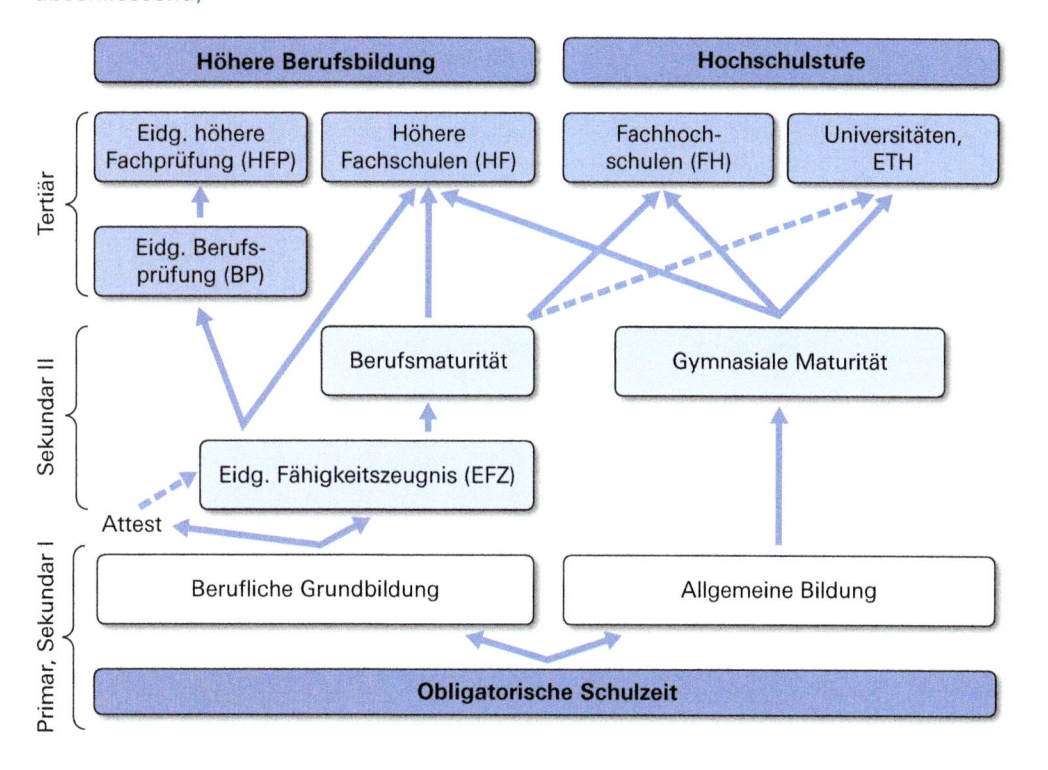

| Zusammenfassung | Die **Lehrlingssuche der Unternehmen und die Berufswahl der Lernenden** sind parallele Prozesse, die sich grundsätzlich decken. Mögliche Instrumente sind: |

- Informationen an den Schulen
- Informationsveranstaltungen in den Unternehmen und Betriebsbesichtigungen
- Berufsberatung und Dokumentationen

Der **Entscheid** kann von beiden Seiten nach seriösem Austausch von Informationen respektive entsprechenden Abklärungen gefällt werden.

Anschliessend muss ein **schriftlicher Lehrvertrag** erstellt werden, der vom Berufsbildner und Lernenden, bei Minderjährigen von den Eltern unterschrieben werden und vom kantonalen Amt für Berufsbildung genehmigt werden muss.

Die Ausbildung in der Berufsfachschule und in der Praxis sind gemäss Gesetz aufeinander abgestimmt und ergänzen sich. Durch die **Bildungsverordnungen,** die früher Ausbildungsreglemente genannt wurden, wird dies sichergestellt.

Aus der Berufsbildungsverordnung wird der **Leistungszielkatalog** mit den Leistungszielen und für die Schulen der Lehrplan abgeleitet. Freiwillig können branchenspezifische **Modell-Lehrgänge** abgeleitet werden. Aus diesen wiederum definieren die Unternehmen das individuelle **Ausbildungsprogramm.**

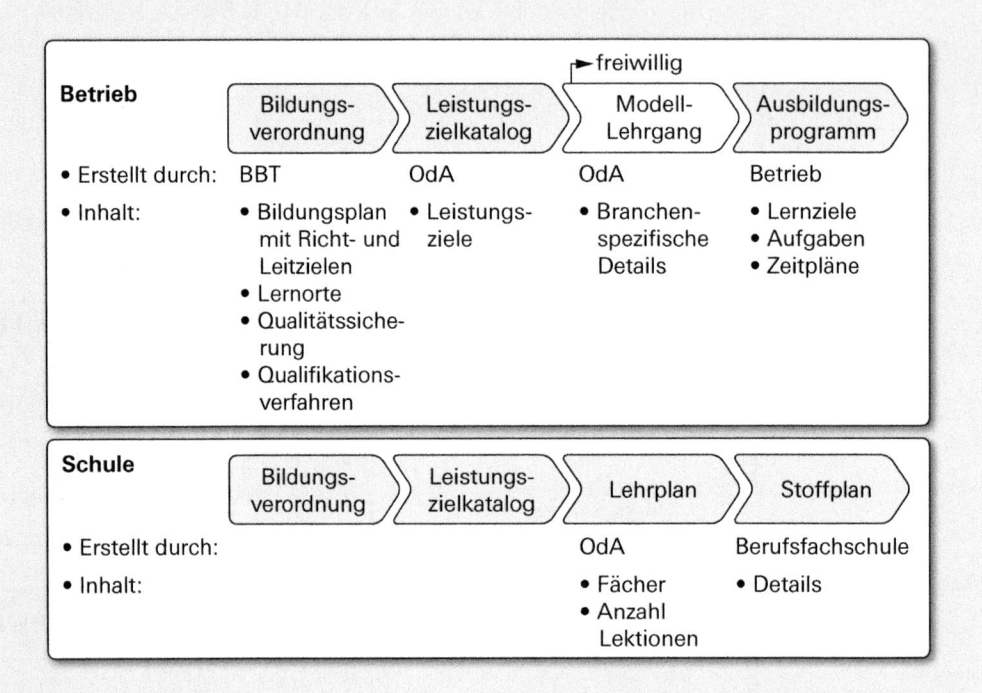

Betrieb

	Bildungs-verordnung	Leistungs-zielkatalog	Modell-Lehrgang (freiwillig)	Ausbildungs-programm
Erstellt durch:	BBT	OdA	OdA	Betrieb
Inhalt:	• Bildungsplan mit Richt- und Leitzielen • Lernorte • Qualitätssicherung • Qualifikationsverfahren	• Leistungsziele	• Branchenspezifische Details	• Lernziele • Aufgaben • Zeitpläne

Schule

	Bildungs-verordnung	Leistungs-zielkatalog	Lehrplan	Stoffplan
Erstellt durch:			OdA	Berufsfachschule
Inhalt:			• Fächer • Anzahl Lektionen	• Details

Die Lernenden erstellen während ihrer Praxiseinsätze eine **Lerndokumentation** (auch Arbeitsbuch genannt), in der sie sämtliche Arbeiten, Abläufe und Beispiele dokumentieren. Diese Lerndokumentation dient als Nachschlagewerk für die Lernenden und als Kontrollinstrument für die Berufsbildnerin, die verpflichtet ist, die Eintragungen regelmässig zu kontrollieren.

Zweimal jährlich i.d.R. führt der Berufsbildner mit den Lernenden ein **Qualifikations- und Standortgespräch** durch, das als Bildungsbericht bzw. als schriftliche Standortbestimmung festgehalten wird. Bei Minderjährigen muss den Eltern der Inhalt des Berichts zur Kenntnis gebracht werden.

Die Lehre kann entweder vorzeitig durch **Abbruch** oder durch das **ordentliche Ende der Lehre** mit einer Prüfung beendet werden.

Während der **Probezeit** kann der Lehrvertrag von beiden Seiten aufgelöst werden, nach der Probezeit ist dies nur in speziellen Fällen möglich, da es sich um einen befristeten Vertrag handelt. In jedem Fall ist das Amt für Berufsbildung zu informieren, allenfalls mit einzubeziehen.

> Nach **Ablauf des Vertrags** endet die Lehre. Bestehen die Lernenden die Prüfung nicht, können sie sie frühestens nach einem halben Jahr wiederholen, eine weitere Wiederholung nach einem Jahr ist möglich. Alle Prüfungsteile mit ungenügenden Noten müssen wiederholt werden.
>
> Nach **Abschluss der Lehre** muss die Berufsbildnerin den Lernenden ein Zeugnis über die Berufstätigkeit und die Dauer der Ausbildung ausstellen, auf Verlangen der Lernenden zusätzlich über die Leistung und das Verhalten.
>
> Im Fall einer Weiterbeschäftigung im gleichen Betrieb wird ein neuer Arbeitsvertrag erstellt.

Repetitionsfragen

57 In der unten stehenden Tabelle finden Sie verschiedene Ausbildungsziele sowie den dazugehörigen Ausschnitt aus dem betrieblichen Ausbildungsprogramm. Beurteilen Sie jeden Punkt der betrieblichen Ausbildung.

Eigener Arbeitsplatz

Lernziel gem. Reglement	Details	Abteilung	Einsatz	Hilfsmittel	Beurteilung
• Kann seinen Arbeitsplatz ergonomisch korrekt einrichten • Sorgt für einen tadellosen Zustand an seinem Arbeitsplatz	Wird anlässlich des Einführungstags im Schulungsraum erklärt und geübt	Schulungsleitung	1. Arbeitstag	Übungspult	
• Kennt Aufbau und Organisation des Ausbildungsbetriebs und kann sich darin zurechtfinden	Selbstständiges Erarbeiten der Thematik	–	1. Lehrjahr 1. Sem.	Organigramm Geschäftsbericht	

Betriebswirtschaftliche Aspekte

Lernziel gem. Reglement	Details	Abteilung	Einsatz	Hilfsmittel	Beurteilung
• Kennt die Abrechnungsarten, Kostenstellen und -sätze in seinem Betriebsbereich • Kann einfache Kostenberechnungen und Budgets erstellen • Kann seine Arbeit korrekt verrechnen und kennt die Spesenansätze	Aktive Mitarbeit in der Buchhaltung während 1 Woche	Buchhaltung	1. Lehrjahr 2. Sem.	Kostenpläne	

Ökologie, Entsorgung

Lernziel gem. Reglement	Details	Abteilung	Einsatz	Hilfsmittel	Beurteilung
• Kann Abfallprodukte korrekt trennen und entsorgen sowie Recycling-Möglichkeiten unterscheiden	Aktive Mitarbeit im Haus- und Entsorgungsteam während 6 Wochen	Hausdienst	3. Lehrjahr 1. Sem.	Entsorgungspläne	

58 Unternehmen haben verschiedene Möglichkeiten, um Lernende zu suchen und auszuwählen. Dieselben Möglichkeiten können die Lehrstellen-Interessierten zur Berufswahl nutzen. Ergänzen Sie die unten stehende Tabelle.

Mittel	Instrument zur Rekrutierung für die Berufsbildnerin	Instrument zur Berufswahl für den Lernenden
Klassenbesprechung		
	Unternehmen laden zu einem «Tag der offenen Tür für Schulklassen» ein	
Berufsberatung		Besuch von öffentlichen Stellen, Gespräche mit Eltern, anderen Lernenden

59 Welche Aussagen im Zusammenhang mit der Schnupperlehre sind richtig, welche falsch? Begründen Sie Ihre Antwort.

A] Eine Schnupperlehre macht für den Lernenden nur Sinn, wenn ein sinnvoller Mix von arbeiten, zusehen, erfahren und erleben geboten wird.

B] Jeder Schnupperlehrling darf höchstens acht Stunden pro Tag, und zwar zwischen 06.00 und 20.00 Uhr eingesetzt werden.

C] Schnupperlehrlinge sind obligatorisch gegen Unfall versichert. Dafür ist ein entsprechender Abzug vom Schnupperlehrgeld vorzunehmen.

D] Das Schnupperlehrtagebuch ist ein wichtiges Instrument für den Schnupperlehrling und für den potenziellen Berufsbildner, deshalb sollte es während oder nach Beendigung der Schnupperlehre seriös besprochen werden.

60 Mit der Organisation einer Schnupperlehre verfolgt die Berufsbildnerin gewisse Ziele. Bitte fügen Sie die Instrumente und Möglichkeiten ein, um die folgenden Ziele zu erreichen, und zwar am Beispiel einer Schnupperlehre für eine Krankenschwester.

Zielsetzung für die Lernenden	Dieses Ziel erreicht der Schnupperlehrling zum Beispiel durch
Kennen den Beruf	
Kennen den Betrieb	
Kennen die anwesenden Pflegepersonen und Lernende	

Der Berufsbildner erkennt folgende Punkte durch folgende Massnahmen	
Welche Fähigkeiten haben die Lernenden?	
Eignen sich die Lernenden bez. Persönlichkeit für den Beruf?	
Haben die Lernenden tatsächlich Interesse am Beruf?	

61 Notieren Sie in der folgenden Tabelle, wer welche Unterlagen erstellt, und begründen Sie Ihre Antwort kurz.

Unterlagen	Erstellt durch	Kurze Begründung
Bildungs-verordnung		
Modell-Lehrgang		
Ausbildungs-programm		
Lerndokumentation		
Lehrplan		
Stoffplan		

62 Beantworten Sie im Zusammenhang mit der Lerndokumentation folgende Fragen:

Frage	Antwort
Wer führt die Lerndokumentation?	
Wofür dient die Lerndokumentation?	
Wer kontrolliert die Lerndokumentation?	
Wie oft sollte die Lerndokumentation kontrolliert werden?	
Warum wird die Lerndokumentation kontrolliert?	

63 Eine Berufsbildnerin hat verschiedene Möglichkeiten, ihrer Kontrollpflicht während der Lehre nachzukommen. Nennen Sie drei.

64 In den unten stehenden Gruppen ist jeweils nur eine Antwort richtig. Begründen Sie Ihre Antwort.

A]

A	Vertragsparteien beim Abschluss eines Lehrvertrags sind	Richtig	Begründung
1	Lernende, Berufsbildner, Eltern bei Minderjährigen		
2	Lernende, Berufsbildnerin, Amt für Berufsbildung		
3	Lernende, Berufsbildner		

B]

B		Richtig	Begründung
1	Der Lehrvertrag ist nur in schriftlicher Form gültig. Liegt keine schriftliche Form vor, unterliegt das Lehrverhältnis trotzdem den gesetzlichen Vorschriften.		
2	Der Lehrvertrag ist auch formlos gültig. Liegt keine schriftliche Form vor, unterliegt das Lehrverhältnis trotzdem den gesetzlichen Vorschriften.		

C]

C	Der Lehrvertrag ist befristet, ...	Richtig	Begründung
1	... kann aber verlängert werden. Die Berufsbildnerin ist verpflichtet, den Lernenden die Verlängerung 3 Monate vor Ablauf des Vertrags mitzuteilen.		
2	... wenn das Ende der Lehre vermerkt ist. Ansonsten läuft der Vertrag unbefristet weiter, und zwar mit einer Kündigungsfrist gemäss OR.		
3	... aber in speziellen Fällen (z. B. Nicht-Bestehen der Prüfung wegen langer Krankheitsabsenz) kann mit dem Einverständnis von Lernenden und Berufsbildner beim kantonalen Amt für Berufsbildung eine Verlängerung beantragt werden.		

D]

D	Die Probezeit beträgt ...	Richtig	Begründung
1	... 3 Monate.		
2	... 1 bis 3 Monate, ist jedoch gegenseitig und mit Einverständnis des kantonalen Amtes für Berufsbildung auf 6 Monate verlängerbar.		
3	... 1 bis 3 Monate und ist nicht verlängerbar.		

65 In welchen der folgenden Situationen gilt das Lehrverhältnis als beendet? Begründen Sie Ihre Antwort.

A] Das Amt für Berufsbildung löst den Lehrvertrag auf.

B] Der Berufsbildner löst während der Probezeit den Lehrvertrag wegen mangelnder Leistung auf.

C] Am Ende der Lehre bei bestandener Prüfung.

D] Am Ende der Lehre bei Nicht-Bestehen der Prüfung.

E] Nach Ablauf der Probezeit löst der Lernende den Lehrvertrag auf und informiert das Amt für Berufsbildung.

66 Besteht ein Unterschied zwischen dem Arbeitszeugnis und dem Lehrzeugnis? Wenn ja, welcher?

Teil C   Minicases

Übung macht den Meister

Theoriewissen allein garantiert noch nicht den Prüfungserfolg. Erst wer sein Wissen an konkreten Problemen angewendet hat, ist für die Prüfung gerüstet. Darum geht es in diesem Teil des Lehrmittels. Sie finden hier Minicases, denen Sie in ähnlicher Form auch an Ihrer Abschlussprüfung begegnen könnten. Sie sind nach folgendem Raster aufgebaut:

- **Steckbrief des Minicase:** Gleich unter dem Titel des Minicase informieren wir Sie über die Übungsziele und verweisen Sie auf die Kapitel, in denen die Theorie besprochen wird.
- **Ausgangslage:** Sie schildert die Voraussetzungen, die für die Minicase gelten.
- **Aufgaben**

Dozenten/-innen, die dieses Buch im Unterricht einsetzen, können die Musterlösungen auf CD-ROM kostenlos bei uns beziehen (E-Mail an postfach@compendio.ch mit der Angabe des Buchs und der Schule, an der Sie unterrichten). Einzelpersonen, die im Selbststudium mit dem Buch arbeiten, verrechnen wir für die CD-ROM einen Unkostenbeitrag.

Nummer, Titel und Inhalt des Minicase	Theorie
1 Familienunternehmen Fleissig Personalmarketing und -planung im Zusammenhang mit Lernenden erklären, Instrumente zur Eruierung von Personalentwicklungsmassnahmen – Laufbahn- und Nachfolgeplanung – und Hilfsmittel zur Beurteilung aufzeigen: Test; Eignungs- und Potenzialabklärung, Einzel- und Gruppenassessments.	Kap. 2.1.2, S. 31, Kap. 7.2, S. 111
2 Personalabbau und neue Entwicklungen in der Firma Gut Die Auswirkungen auf das Image des Unternehmens im Arbeitsmarkt nachvollziehen können und geeignete Massnahmen vorschlagen, den Weg von der Stellenbeschreibung über das Anforderungsprofil bis zur Ausschreibung entwickeln und beurteilen.	Kap. 2.1.1, S. 29, Kap. 2.3, S. 35, Kap. 10.1, S. 143, Kap. 10.2.3, S. 153, Kap. 10.3, S. 154
3 Unternehmen Weitsicht entwickelt sich Sinn und Zweck der Organisation der Personalentwicklung erläutern, Nutzen und Aufgabenverteilung anhand von Beispielen darlegen und erklären, Instrumente zur Eruierung von Personalentwicklungsmassnahmen – Laufbahn- und Nachfolgeplanung – erklären und Hilfsmittel zur Beurteilung aufzeigen: Tests, Eignungs- und Potenzialabklärungen, Einzel- und Gruppenassessments, die Bedeutung und Notwendigkeit des Personalmarketings im Zusammenhang mit der Personalgewinnung und -selektion aufzeigen, den Weg von der Stellenbeschreibung über das Anforderungsprofil bis zur Ausschreibung entwickeln und beurteilen, Den Ablauf und die Qualitätsaspekte einer optimalen Personalselektion formulieren, Grundsätze der Beurteilung von Bewerbungsunterlagen darstellen.	Kap. 1.4.3, S. 15, Kap. 2.3.3, S. 38, Kap. 3.2.2, S. 50, Kap. 6.5, S. 101, Kap. 7, S. 110, Kap. 7.2, S. 111, Kap. 7.3.3, S. 118
4 Der Versicherer Voll & Ganz expandiert Sinn und Zweck der Organisation der Personalentwicklung erläutern, Nutzen und Aufgabenverteilung anhand von Beispielen darlegen und erklären, die wichtigsten Lehrmethoden und ihre Umsetzung erläutern, ein Aus- und Weiterbildungskonzept mit Zielsetzung, Ausbildungsinhalten und Praxistransfer skizzieren.	Kap. 6.5, S. 101, Kap. 8, S. 120, Kap. 8.3, S. 123, Kap. 8.5, S. 129
5 Die Tresor-Bank verlagert ihren IT-Service Die Bedarfsplanung, Beschaffungsplanung und Einsatzplanung erklären, den Weg von der Stellenbeschreibung über das Anforderungsprofil bis zur Ausschreibung entwickeln und beurteilen, ein Aus- und Weiterbildungskonzept mit Zielsetzung, Ausbildungsinhalten und Praxistransfer skizzieren.	Kap. 1.2, S. 12, Kap. 1.4.1, S. 14, Kap. 1.4.3, S. 15, Kap. 2.3.3, S. 38, Kap. 3.5, S. 61, Kap. 7.2.3, S. 114
6 Lara und David auf dem Weg zur Lehre Personalmarketing und -planung (im Zusammenhang mit Lernenden erklären), Auswahl und Anstellung der Auszubildenden (Anforderungsprofil, Selektion, Anstellung) erläutern, Bildungsabschluss (Vorbereitung, Qualifikationsverfahren) skizzieren, Rechtliche Grundlagen des schweizerischen Bildungssystems kennen: den Zusammenhang zur Berufsbildung erläutern und gegenüber anderen Bildungsmöglichkeiten abgrenzen, Grundsätze zur Beurteilung von Bewerbungsunterlagen darstellen.	Kap. 3.1, S. 46, Kap. 11.2.3, S. 176, Kap. 12.1.3, S. 180, Kap. 12.3.2, S. 188

Nummer, Titel und Inhalt des Minicase	Theorie
7 Firma Sauer & Bitter muss sparen Mögliche Gründe einer Freisetzung schildern, Sinn und Zweck der Organisation der Personalentwicklung erläutern, Nutzen und Aufgabenverteilung anhand von Beispielen darlegen und erklären, Personalentwicklungsprozesse von der Bedarfsermittlung bis zum Bildungscontrolling planen und gestalten und anhand von Beispielen beschreiben, Instrumente und Kriterien bei der Auswahl und Organisation von internen und externen Weiterbildungsveranstaltungen darstellen und begründen.	Kap. 1.6.3, S. 22, Kap. 8.3, S. 123, Kap. 9, S. 133
8 Das Spital in Gründorf leidet an Fachkräftemangel Die Bedarfsplanung, Beschaffungsplanung und Ersatzplanung erklären, Personalentwicklung als Marketinginstrument beschreiben, die Bedeutung der Personalinformation und -kommunikation aufzeigen, die Bedeutung und Notwendigkeit des Personalmarketings in Zusammenhang mit der Personalgewinnung und -selektion darstellen, mögliche Gründe einer Personalfreisetzung schildern.	Kap. 1.3, S. 13, Kap. 1.5, S. 19, Kap. 2.1, S. 29, Kap. 2.3, S. 35, Kap. 4.4.2, S. 75, Kap. 10.1.1, S. 143
9 Firma CSM-Biio will Fachkräfte binden Die Personalerhaltung und -betreuung erläutern: Stellenwert, Möglichkeiten und Ziele, den Ablauf und die Qualitätsaspekte einer optimalen Personalselektion formulieren, die Bedeutung der Personalinformation und -kommunikation aufzeigen.	Kap. 2.3.3, S. 38, Kap. 4.1, S. 66, Kap. 4.3, S. 70, Kap. 4.4.2, S. 75
10 Firma IN & OUT optimiert die Personalentwicklung Eine Schulungsplanung erstellen, alle Schritte nennen und mit Beispielen beschreiben, Instrumente und Kriterien bei der Auswahl und Organisation von internen und externen Weiterbildungsveranstaltungen darstellen und begründen die wichtigsten Lehrmethoden und ihre Umsetzung erläutern, verschiedene Personalentwicklungskonzepte und -massnahmen beschreiben und vergleichen, Anforderungsprofile von internen und externen Trainern / Anbietern definieren und erläutern, den Nutzen der Personalentwicklung darlegen und definieren.	Kap. 6.3.1, S. 97, Kap. 8.2, S. 121, Kap. 8.4, S. 125, Kap. 8.4.3, S. 128, Kap. 8.5, S. 129

1 Familienunternehmen Fleissig

Übungsziele	• Personalmarketing und -planung im Zusammenhang mit Lernenden erklären • Instrumente zur Eruierung von Personalentwicklungsmassnahmen – Laufbahn- und Nachfolgeplanung – und Hilfsmittel zur Beurteilung aufzeigen: Test, Eignungs- und Potenzialabklärung, Einzel- und Gruppenassessments
Theorie	Kap. 2.1.2, S. 31, Kap. 7.2, S. 111

Ausgangslage

Herr Fleissig hat vor dreissig Jahren die Bäckerei des Vaters übernommen. Das Familienunternehmen ist gewachsen und hat einen hervorragenden Ruf. Herr Fleissig sieht sich nun mit zwei Problemen konfrontiert.

Er hat er seit einigen Jahren Schwierigkeiten, die Ausbildungsplätze mit motivierten jungen Leuten zu besetzen. Zudem stellt sich langsam die Frage, wer das Unternehmen übernehmen kann und will.

Aufgaben

1 Letztes Jahr konnte der Bäckereibetrieb Fleissig nur drei von fünf Lehrstellen für die Ausbildung zum Bäcker bzw. zur Bäckerin besetzen. Überlegen Sie drei Gründe für diese Situation. Bilden Sie ganze Sätze.

	Mögliche Gründe für die Schwierigkeiten bei der Besetzung von Lehrstellen im Bäckereibetrieb Fleissig:
Grund 1	
Grund 2	
Grund 3	

2 Frau Matter ist zuständig für das Personal der Firma Fleissig. Sie will auf keinen Fall, dass im nächsten Jahr Lehrstellen nicht besetzt werden können. Sie überlegt sich nun, mit welchen Massnahmen sie mehr Interesse bei Jugendlichen wecken kann. Sie muss darauf achten, dass die Massnahmen möglichst kostengünstig sind.

Helfen Sie Frau Matter und schlagen Sie fünf Massnahmen vor, die bei einem kleinen Budget infrage kommen. Maximal zwei Massnahmen davon basieren auf dem Internet. Formulieren Sie zu jeder Massnahme den besonderen Nutzen.

Ausbildungsmarketing – mögliche Massnahmen eines handwerklichen Familienbetriebs (Bäckerei)	
Massnahme	Nutzen

3   Frau Matter hat eine Fortbildung über HR-Management besucht. Sie hat dort den Marketingmix als Instrument kennengelernt. Sie überlegt, wie sie das Instrument für das Lehrstellenmarketing nutzen kann, und formuliert zu fünf Aspekten eine konkrete Frage.

Das 7-P-Modell – Fragestellungen:	
Aspekte:	Fragen:
Produkt (= Product)	
Preis (= Price)	
Kommunikation (= Promotion)	
Distribution (= Place)	
Personal (= People)	

4   Herr Fleissig merkt seit ein paar Monaten, dass ihm die Führung des Bäckereibetriebs zu viel wird. Obwohl er tatkräftig von Frau Fleissig unterstützt wird, wächst der Wunsch, sich aus dem Erwerbsleben zurückzuziehen. Herr und Frau Fleissig haben eine gemeinsame Tochter. Die Tochter hat Kunstgeschichte studiert und sich eine eigene Existenz aufgebaut. Sie kommt als Nachfolgerin nicht infrage. Herr und Frau Fleissig wünschen, dass der Betrieb erhalten bleibt.

Herr Fleissig spricht mit Frau Matter, der HR-Verantwortlichen, und bittet sie um Unterstützung. Frau Matter meint, dass die erfolgreiche Nachfolge eine grosse Herausforderung ist. Zwei langjährige Mitarbeitende hätten das Potenzial zur Nachfolge, man könnte aber auch eine externe Nachfolge in Betracht ziehen. Sowohl bei der internen als auch bei der externen Nachfolge müssen die Vor- und Nachteile genau betrachtet werden. Frau Matter beschreibt je zwei Vor- und zwei Nachteile der internen und der externen Nachfolge unter besonderer Berücksichtigung des Bäckereibetriebs Fleissig.

	Interne Nachfolge	Externe Nachfolge
Vorteile	…	…
	…	…
Nachteile	…	…
	…	…

5   Bäckerei Fleissig ist bekannt für die besten Brote und Wähen weit und breit. Herr Fleissig hat jahrelang keine Mühe gescheut, den Bekanntheitsgrad seiner Produkte und seiner Bäckerei zu erhöhen. Er hat nicht nur Präsenz auf Messen und Märkten gezeigt, er hat sich auch für die Verbandsarbeit engagiert und soziale Verantwortung gezeigt. Herr Fleissig und auch Frau Fleissig haben besondere Familienrezepte, die nirgends nachzulesen sind, und ein breites Netzwerk. Diese besonderen Kenntnisse machen eine Nachfolge schwer. Wie nennt man dieses Wissen?

2 Personalabbau und neue Entwicklungen in der Firma Gut

Übungsziele	• Die Auswirkungen auf das Image des Unternehmens im Arbeitsmarkt nachvollziehen können und geeignete Massnahmen vorschlagen • Den Weg von der Stellenbeschreibung über das Anforderungsprofil bis zur Ausschreibung entwickeln und beurteilen
Theorie	Kap. 2.1.1, S. 29, Kap. 2.3, S. 35, Kap. 10.1, S. 143, Kap. 10.2.3, S. 153, Kap. 10.3.1, S. 154

Ausgangslage

Im Unternehmen Gut machen sich Sorgen breit. Obwohl die Anstrengungen verstärkt wurden, ist der Umsatz seit einigen Monaten rückläufig. Das liegt v. a. in einer technischen Innovation. Die Konkurrenz bietet Produkte an, die im Preis günstiger sind und einen grösseren Nutzen haben. Die Geschäftsleitung steht vor grossen Herausforderungen. Sie muss zum einen die Voraussetzungen schaffen, dass das Unternehmen wieder marktfähige Produkte entwickelt, und zum anderen sieht sie sich gezwungen, Personal abzubauen.

Aufgaben

1 Bei all diesen Herausforderungen muss die Geschäftsleitung darauf achten, dass das gute Image des Unternehmens keinen Schaden nimmt. Nennen Sie drei wesentliche Instrumente, die zum Erhalt des Unternehmensimages in schwierigen Zeiten beitragen können.

Instrumente zum Erhalt des Unternehmensimages	… … …

2 Die Geschäftsleitung der Firma Gut beschliesst, zunächst einen Sozialplan zu erstellen. Der Sozialplan soll bei unvermeidbaren Entlassungen allen betroffenen Mitarbeitenden gewisse Sicherheiten finanzieller und nicht-finanzieller Art bieten. Herr Murer ist Personalleiter der Firma Gut. Er möchte, dass Sie ihm eine Checkliste erstellen. Die Checkliste soll mindestens fünf Inhalte eines Sozialplans umfassen.

Sozialplan – fünf wichtige Inhalte:
- …
- …
- …
- …
- …

3   Herr Murer, der Personalleiter der Firma Gut, will die Angebote mehrerer Outplacementberatungen vergleichen. Er will sicher sein, dass der Beratungsprozess gut strukturiert ist und alle wesentlichen Inhalte umfasst. Er bittet Sie um Unterstützung. Erstellen Sie eine Übersicht über die Phasen der Outplacementberatung und formulieren Sie zu jeder Phase zwei Inhalte.

Outplacementberatung – Phasen	Inhalte (Beispiele)

4   Die Geschäftsleitung der Firma Gut will ihre Wettbewerbsfähigkeit erhalten und stärken. Die Produktion soll schlanker und die verbleibenden Mitarbeitenden sollen flexibler einsetzbar werden. Darüber hinaus soll mehr in die Entwicklung von innovativen Produkten investiert werden. Für die Entwicklung von Innovationen wird Personal benötigt, das dem Unternehmen nicht zur Verfügung steht. Herr Murer, der Personalleiter, wird beauftragt, die Entwicklungsabteilung personell zu verstärken. Es werden zwei hochqualifizierte Mitarbeitende mit einer besonderen Expertise in den neuen Technologien und mit Erfolgsausweis und ein Nachwuchstalent gesucht. Da die Zeit drängt, entscheidet sich Herr Murer für ein offensives Vorgehen. Er schwankt zwischen einem Personalinserat und der Zusammenarbeit mit einer Personalberatung.

Helfen Sie Herrn Murer bei der Entscheidung. Formulieren Sie je zwei Vor- und zwei Nachteile, die bei einer Entscheidung zwischen Personalinserat und Personalberatung zu bedenken sind.

	Personalinserat	Personalberatung
Vorteile		
Nachteile		

5 | Herr Murer will aus der Vergangenheit lernen und die Innovationsfähigkeit des Unternehmens durch entsprechendes Personal langfristig stärken. Er will, dass potenzielle Mitarbeitende frühzeitig auf das Unternehmen aufmerksam werden und die Möglichkeit haben, es eher unverbindlich kennenlernen. Nennen Sie drei Möglichkeiten, die Herr Murer nutzen kann.

Massnahmen, um potenzielle Mitarbeitende anzusprechen	

6 | In einem weiteren Schritt möchte Herr Murer die bestehenden Mitarbeiter animieren, aktiv in der Produktentwicklung mitzuwirken. Das möchte er bei den Jahresgesprächen besprechen und beurteilen können. Nennen Sie drei Kriterien der Mitarbeiterbeurteilung, die den Anspruch von Herrn Murer erfüllen.

3 Unternehmen Weitsicht entwickelt sich

Übungsziele	• Sinn und Zweck der Organisation der Personalentwicklung erläutern, Nutzen und Aufgabenverteilung anhand von Beispielen darlegen und erklären • Instrumente zur Eruierung von Personalentwicklungsmassnahmen – Laufbahn- und Nachfolgeplanung – erklären und Hilfsmittel zur Beurteilung aufzeigen: Tests, Eignungs- und Potenzialabklärungen, Einzel- und Gruppenassessments • Die Bedeutung und Notwendigkeit des Personalmarketings im Zusammenhang mit der Personalgewinnung und -selektion aufzeigen • Den Weg von der Stellenbeschreibung über das Anforderungsprofil bis zur Ausschreibung entwickeln und beurteilen • Den Ablauf und die Qualitätsaspekte einer optimalen Personalselektion formulieren • Grundsätze der Beurteilung von Bewerbungsunterlagen darstellen
Theorie	Kap. 1.4.3, S. 15, Kap. 2.3.3, S. 38, Kap. 3.2.2, S. 50, Kap. 6.5, S. 101, Kap. 7, S. 110, Kap. 7.2, S. 111, Kap. 7.3.3, S. 118
Ausgangslage	Das Unternehmen Weitsicht hat vor wenigen Jahren als Start-up begonnen. Es ist spezialisiert auf die Sonderfertigung von Schutzbrillen für verschiedene Berufsgruppen. Das Unternehmen konnte mit seinen Produkten Kunden im In- und Ausland überzeugen und ist schnell gewachsen. Nun soll die Entwicklung des Unternehmens und des Personals mehr auf die Strategie abgestimmt werden und strukturiert erfolgen.

Aufgaben

1   Im Unternehmen Weitsicht erfolgte die Personalentwicklung eher spontan als strategiebezogen und geplant. Diese Vorgehensweise bot viele Möglichkeiten, aber zunehmend wurde Kritik laut, denn ein Teil der Mitarbeitenden fühlte sich aufgrund der Intransparenz benachteiligt. Das soll sich jetzt ändern. In der nächsten Sitzung der Geschäftsleitung sollen verschiedene Modelle diskutiert werden. Im Besonderen sollen Vor- und Nachteile einer dezentralen und einer zentralen Personalentwicklung gegenübergestellt werden. Frau Frisch, die Personalverantwortliche, bereitet eine Präsentation vor und bittet Sie um Unterstützung. Sie möchte je zwei Vor- und Nachteile vorstellen können.

	Personalentwicklung	
	Dezentral	Zentral
Vorteile		
Nachteile		

2 | Im Unternehmen Weitsicht sollen auch die Laufbahnen standardisiert werden. Was ist der wesentliche Vorteil von Laufbahnmodellen aus der Sicht der Mitarbeitenden und aus der Sicht der Führungskräfte? Nennen Sie je einen Vorteil aus der Sicht der Mitarbeitenden und aus der Sicht der Führungskräfte.

Laufbahnmodelle aus Sicht der Mitarbeitenden	Laufbahnmodelle aus Sicht der Führungskräfte
…	…

3 | Bei der Konzeption von Laufbahnen gibt es viel Klärungsbedarf im Unternehmen Weitsicht. Vor allem muss definiert werden, welche Kompetenzen auf jeder Laufbahnstufe gefordert und gefördert werden. Frau Frisch, die HR-Verantwortliche beauftragt Sie, eine Übersicht zu erstellen. Die Übersicht soll über die vier wesentlichen Kompetenzen informieren, diese definieren und je zwei Beispiele nennen.

Kompetenzen	Definition	Beispiele

4 | Das Unternehmen Weitsicht ist auf Wissen und Ideen von Spezialisten angewiesen. Sie sichern den Wettbewerbsvorsprung. Frau Frisch macht sich Sorgen, denn der Fachkräftemarkt wird stark umworben und es ist nicht einfach, Spezialisten zu gewinnen und zu halten. Sie schlägt der Geschäftsleitung Massnahmen des Employer Branding vor. Herr Klug ist Mitglied der Geschäftsleitung und weiss nicht, was Employer Branding ist. Erklären Sie ihm den Begriff und nennen Sie zwei wesentliche Merkmale und zwei mögliche Massnahmen des Employer Branding.

	Employer Branding
Definition	
Massnahmen	

5   Das HR-Team im Unternehmen Weitsicht hat alle Hände voll zu tun. Auf eine Stellenausschreibung sind unerwartet viele Bewerbungen eingetroffen. Diese müssen so schnell wie möglich bearbeitet werden. Frau Frisch will, dass eine Vorselektion vorgenommen wird. Anschliessend sollen die Bewerbungen, die die Anforderungen im Wesentlichen erfüllen, einer formalen Prüfung unterzogen werden. Die formale Prüfung soll eine junge HR-Fachkraft durchführen. Helfen Sie ihr und nennen Sie die sechs Kriterien der formalen Prüfung!

Formale Prüfung der Bewerbungsunterlagen – Kriterien:

4 Der Versicherer Voll & Ganz expandiert

Übungsziele	• Sinn und Zweck der Organisation der Personalentwicklung erläutern, Nutzen und Aufgabenverteilung anhand von Beispielen darlegen und erklären. • Die wichtigsten Lehrmethoden und ihre Umsetzung erläutern • Ein Aus- und Weiterbildungskonzept mit Zielsetzung, Ausbildungsinhalten und Praxistransfer skizzieren
Theorie	Kap. 6.5, S. 101, Kap. 8, S. 120, Kap. 8.3, S. 123, Kap. 8.5, S. 129

Ausgangslage

Das Versicherungsunternehmen Voll & Ganz bietet eine breite Palette an Versicherungsprodukten an. Da der inländische Markt nahezu gesättigt ist, hat das Unternehmen einen grossen, südamerikanischen Versicherer übernommen. Das Unternehmen Voll & Ganz erreicht damit einen schnellen Zugang zu verschiedenen Ländern und Millionen von Menschen, die noch nicht umfassend versichert sind. Die Personalentwicklung des Versicherungsunternehmens Voll & Ganz hat nun viel zu tun.

Aufgaben

1 Die Personalentwicklung spielt für den Erfolg der Übernahme eine grosse Rolle. Herr Gonzales und Frau Murer haben leitende Funktionen. Sie klären zunächst, welche Aufgaben die Personalentwicklung im Allgemeinen hat. Gemeinsam formulieren sie sechs Aufgaben. Um welche Aufgaben handelt es sich?

Aufgaben der Personalentwicklung	

2 Herr Gonzales und Frau Murer sehen einen grossen Bedarf an Personalentwicklung. So müssen beispielsweise die Mitarbeitenden in Südamerika mit den Produkten des Versicherungsunternehmens Voll & Ganz vertraut gemacht werden, Führungs- und Fachkräfte müssen mit kulturellen Unterschieden umgehen können und Produktmanager müssen länderspezifische Besonderheiten bei der Produktentwicklung berücksichtigen können. Ausserdem sollen die Mitarbeitenden die Möglichkeit erhalten, Spanisch oder Portugiesisch bzw. Deutsch zu lernen.

Eines der Angebote, die Herr Gonzales und Frau Murer vorsehen, ist ein Seminar für das Management auf der zweiten Ebene. In einem dreitägigen Seminar sollen sich die Führungskräfte kennenlernen, mehr über die Länder erfahren, einen Einblick in das Versicherungsunternehmen Voll & Ganz erhalten und eine Übersicht über die Produkte bekommen. Ausserdem sollen alle Teilnehmenden ein kurzes Gespräch in Spanisch bzw. Deutsch führen können. Es soll auch Gelegenheit geben, Fragen zur Strategie zu stellen bzw. Vorschläge zur besonderen Vorgehensweise in Südamerika zu machen. Das Seminar soll in einem Tagungshotel durchgeführt werden. Damit das Seminar reibungsfrei erfolgen kann, beauftragt Frau Murer eine HR-Fachkraft, eine Checkliste zur Seminarorganisation zu erstellen. Führen Sie mindestens 10 Punkte der Checkliste auf.

Checkliste Seminarorganisation	

3   Der Erfolg des in Frage 1 beschriebenen Seminars für Führungskräfte soll durch geeignete Methoden gefördert werden. Herr Gonzales und Frau Murer formulieren anhand der Beschreibung in Frage 1 drei Seminarziele und nennen je Seminarziel zwei geeignete Methoden. Die beiden erstellen eine tabellarische Übersicht über Seminarziele und Methoden.

Ziele des Seminars	Methoden

4   Für Herr Gonzales und Frau Murer ist die Erfolgskontrolle im Rahmen von Personalentwicklungsmassnahmen wichtig. Die beiden überlegen, welche Möglichkeiten bei einem Seminar für die zweite Managementebene infrage kommen. Sie entscheiden sich für zwei Möglichkeiten.

Erfolgskontrolle eines Seminars

5   Etwa vier Wochen nach der Schulung der Führungskräfte haben Herr Gonzales und Frau Murer Anlass zur Vermutung, dass die Teilnehmenden das Gelernte nicht nutzen. Die beiden überlegen, woran das liegen kann. Sie denken an transferhemmende Faktoren. Sie machen eine Übersicht über die Faktoren und nennen mindestens zwei Faktoren, die beim oben beschriebenen Seminar infrage kommen.

Transferhemmende Faktoren	In Bezug auf das durchgeführte Führungskräfteseminar

5 Die Tresor-Bank verlagert ihren IT-Service

Übungsziele	• Die Bedarfsplanung, Beschaffungsplanung und Einsatzplanung erklären • Den Weg von der Stellenbeschreibung über das Anforderungsprofil bis zur Ausschreibung entwickeln und beurteilen. • Ein Aus- und Weiterbildungskonzept mit Zielsetzung, Ausbildungsinhalten und Praxistransfer skizzieren
Theorie	Kap. 1.2, S. 12, Kap. 1.4.1, S. 14, Kap. 1.4.3, S. 15, Kap. 2.3.3, S. 38, Kap. 3.5, S. 61, Kap. 7.2.3, S. 114

Ausgangslage: Die Tresor-Bank in Zürich hat einen grossen Bedarf an IT-Dienstleistungen. Nun will die Bank einen Teil des IT-Services aus Kostengründen ins Ausland auslagern. Die Tresor-Bank muss einerseits den Stellenabbau im Inland vorbereiten und andererseits den Personalbedarf für den IT-Standort im Ausland planen. Ausserdem sind am neuen Standort zahlreiche Personalentwicklungsmassnahmen erforderlich.

Aufgaben

1 Frau Gabor ist HR-Verantwortliche am IT-Standort im Ausland und Herr Suter ist HR-Verantwortlicher in der Zentrale in Zürich. Sie arbeiten eng zusammen, um optimale Lösungen realisieren zu können. In einem ersten Schritt machen die beiden sich eine Übersicht zur Personalplanung. Sie formulieren die zentrale Frage zur qualitativen und quantitativen Personalbedarfsplanung und definieren je zwei wesentliche Instrumente.

	In Bezug auf das durchgeführte Führungskräfteseminar	Qualitative Personalbedarfsplanung
Zentrale Frage		
Wesentliche Instrumente	... ...	... ...

2 Am neuen Standort im Ausland sollen 100 IT-Fachkräfte, 15 Wirtschaftsingenieure, 5 Webdesigner und 5 IT-Sicherheitsexperten sowie 10 Verwaltungsfachkräfte beschäftigt werden. Bisher arbeiten am neuen Standort 10 IT-Fachkräfte, 3 Wirtschaftsingenieure und 1 IT-Sicherheitsexperte sowie 2 Verwaltungsfachkräfte. Frau Gabor und Herr Suter berechnen nun den Bruttopersonalbedarf.

	IT-Fachkräfte	Wirtschaftsingenieure	Webdesigner	IT-Sicherheitsexperten	Verwaltungsfachkräfte
Sollbedarf					
– Ist-Bestand					
Bruttopersonalbedarf					

3   A] Nennen Sie drei weitere Einsatzmöglichkeiten der Stellenbeschreibung und des Anforderungsprofils im Führungsalltag der Tresor-Bank.

B] Um die Suche nach geeignetem Personal durchzuführen, müssen Stellenbeschreibungen und Anforderungsprofile vorliegen und Stellenausschreibungen erstellt werden. Frau Gabor und Herr Suter wollen Missverständnisse vermeiden. Gemeinsam klären sie in ein bis drei Sätzen den jeweiligen Zweck und nennen vier wesentliche Inhalte der drei Instrumente.

	Stellenbeschreibung	Anforderungsprofil	Stellenausschreibung
Zweck			
Wesentliche Inhalte			

4   Frau Gabor und Herr Suter wollen mit verschiedenen Integrationsmassnahmen erreichen, dass sich die neuen Mitarbeitenden schnell in ihrer Arbeitsumgebung orientieren können und ihr Einsatz sich nach kurzer Zeit für die Tresor-Bank lohnt. Welche drei generellen Integrationsmassnahmen fassen die beiden ins Auge?

Integrationsmassnahmen	

5   Frau Gabor und Herr Suter müssen nicht nur die neuen Mitarbeitenden einführen, sie müssen für die Personalentwicklung sorgen und verschiedene Schulungen planen. Die Schulungsmassnahmen müssen detailliert geplant werden. Um die Arbeit zu erleichtern, wollen die beiden ein Raster für die Schulungsplanung entwickeln. Helfen Sie den beiden und erstellen Sie eine Checkliste für den Schulungsplan mit sieben Punkten.

Der Schulungsplan enthält:	

6 Lara und David auf dem Weg zur Lehre

Übungsziele	• Personalmarketing und -planung (im Zusammenhang mit Lernenden erklären) • Auswahl und Anstellung der Auszubildenden (Anforderungsprofil, Selektion, Anstellung) erläutern • Bildungsabschluss (Vorbereitung, Qualifikationsverfahren) skizzieren • Rechtliche Grundlagen des schweizerischen Bildungssystems kennen: den Zusammenhang zur Berufsbildung erläutern und gegenüber anderen Bildungsmöglichkeiten abgrenzen • Grundsätze zur Beurteilung von Bewerbungsunterlagen darstellen
Theorie	Kap. 3.1, S. 46, Kap. 11.2.3, S. 176, Kap. 12.1.3, S. 180, Kap. 12.3.2, S. 188

Ausgangslage

David und Lara sind 15 Jahre alt und gehen zur Schule, aber sie suchen bereits nach einem passenden Beruf und erkundigen sich nach Lehrstellen. Vieles ist neu und die beiden können sich noch wenig unter den Dingen, mit denen sie konfrontiert werden, vorstellen. In der Nachbarschaft von David und Lara lebt Frau Klug. Sie ist HR-Fachfrau und beantwortet die Fragen der beiden und hilft mit Rat und Tat.

Aufgaben

1 David und Lara haben heute in der Schule von der «Schnupperlehre» gehört. Sie fragen Frau Klug, was man sich darunter vorstellen kann und welchen Nutzen eine Schnupperlehre hat. Frau Klug beantwortet die Frage, sie gibt eine kurze Definition der Schnupperlehre und formuliert je zwei Nutzenargumente aus der Sicht der Lernenden und aus der Sicht des Lehrbetriebs.

2 Lara berichtet Frau Klug von einem Angebot für eine Schnupperlehre. Ein Hotel bietet eine Schnupperlehre für zwei Wochen während der Hauptsaison an. Frau Klug macht Lara darauf aufmerksam, dass sie unbedingt darauf achten soll, dass die gesetzlichen Vorgaben in Bezug auf Jugendliche unter 18 Jahren eingehalten werden. Frau Klug nennt drei wesentliche gesetzliche Vorgaben.

Gesetzliche Vorgaben bei Jugendlichen unter 18 Jahren	

3   David erkundigt sich bei Frau Klug nach den beruflichen Perspektiven. Er fragt: «Welchen Abschluss habe ich, wenn ich die Lehrabschlussprüfung bestanden habe? Und welche Möglichkeiten habe ich nach der Lehre?» Frau Klug beantwortet seine Fragen. Sie nennt drei Berufsabschlüsse und weist ihn auf drei Möglichkeiten nach der beruflichen Grundbildung hin.

Lernende erhalten nach erfolgreicher Prüfung:	
Anschliessend können sie:	

4   Lara hat eine interessante Ausschreibung für eine Lehrstelle gefunden. Sie fragt Frau Klug: «Welche Unterlagen gehören zu einer Bewerbung?» Frau Klug informiert Lara über die drei wesentlichen Bewerbungsunterlagen. Sie weist Lara ausserdem auf drei weitere Auswahlinstrumente hin und rät ihr, sich darauf vorzubereiten.

Bewerbungs-unterlagen	
Weitere Auswahl-instrumente	

5   David versteht nicht so richtig, was ein Lernort ist. Er fragt Frau Klug. Frau Klug antwortet ihm und unterscheidet drei Lernorte. Sie nennt für jeden Lernort ein Beispiel.

Lernort			
Beispiel			

7 Firma Sauer & Bitter muss sparen

Übungsziele	• Mögliche Gründe eines Stellenabbaus schildern • Sinn und Zweck der Organisation der Personalentwicklung erläutern, Nutzen und Aufgabenverteilung anhand von Beispielen darlegen und erklären • Personalentwicklungsprozesse von der Bedarfsermittlung bis zum Bildungscontrolling planen und gestalten und anhand von Beispielen beschreiben • Instrumente und Kriterien bei der Auswahl und Organisation von internen und externen Weiterbildungsveranstaltungen darstellen und begründen
Theorie	Kap. 1.6.3, S. 22, Kap. 8.3, S. 123, Kap. 9, S. 133

Ausgangslage

Firma Sauer & Bitter hat Wurzeln bis in die Gründerzeit. Es ist ein traditionsreiches Unternehmen mit einem guten Ruf. Die Produkte sind von einer besonderen Qualität und viele Mitarbeitende sind schon viele Jahre im Unternehmen. Die Fluktuationsrate ist vergleichsweise gering. Seit einigen Jahren erlebt das Unternehmen einen ungeahnten Konkurrenzdruck. Konkurrenten bieten gute und günstigere Produkte an. Das Unternehmen will in einem ersten Schritt die Abläufe optimieren und drastische Sparmassnahmen in allen Bereichen ergreifen. Auch die Personalentwicklung ist betroffen. Sie soll einerseits Massnahmen zur Kostensenkung auf der Personalebene identifizieren und andererseits wurde auch sie als Ziel von Sparmassnahmen auf die Agenda gesetzt.

Aufgaben

1 Frau Weiss ist die Personalleiterin und Herr Schwarz ist ihr Stellvertreter. Zusammen sollen sie bis zur nächsten Geschäftsleitungssitzung mindestens sieben kurzfristig wirksame Massnahmen zur Kostensenkung auf der Personalebene nennen. Jede Massnahme soll in einem Satz erklärt werden. Helfen Sie den beiden beim Erstellen der Präsentation.

Kurzfristige Massnahmen zur Senkung von Kosten auf der Personalebene	

2 Zu den mittel- und langfristigen Massnahmen zur Kostensenkung gehören Einsparungen in der Personalentwicklung. Schlagen Sie Frau Weiss und Herrn Schwarz drei Massnahmen vor.

Mittel- bis langfristig wirksame Massnahmen in der Personalentwicklung zur Kostensenkung	

3 Die Geschäftsleitung findet, dass das Outsourcing der Personalentwicklung eine interessante Möglichkeit ist, die Kosten zu senken. Frau Weiss und Herr Schwarz stimmen in vielen Punkten zu, aber sie sehen auch einige Aufgaben, die sich nicht für eine Fremdvergabe eignen. Welche drei Aufgaben nennen die beiden und wie begründen sie, dass diese Aufgaben nicht an externe Dienstleister vergeben werden können?

Aufgaben, die sich nicht für Outsourcing eignen	
Begründung	

4 Frau Weiss und Herr Schwarz diskutieren die Möglichkeiten des Outsourcings. Sie haben beispielsweise unterschiedliche Meinungen über die externe Schulung und erstellen eine Übersicht mit je drei Vor- und Nachteilen.

Externe Schulung	
Vorteile	Nachteile
…	…
…	…
…	…

5 Frau Weiss und Herr Schwarz wissen, dass in schwierigen Zeiten nicht nur ein gutes Betriebsklima und motiviertes Personal erforderlich sind, sondern auch flexible Mitarbeitende. Zusammen überlegen sie, wie die Flexibilität der Mitarbeitenden gestärkt werden kann. Sie formulieren drei Vorschläge für die nächste Sitzung der Geschäftsleitung.

Massnahmen zur Stärkung der Flexibilität der Mitarbeitenden	

8 Das Spital in Gründorf leidet an Fachkräftemangel

Übungsziele	• Die Bedarfsplanung, Beschaffungsplanung und Ersatzplanung erklären • Personalentwicklung als Marketinginstrument beschreiben • Die Bedeutung der Personalinformation und -kommunikation aufzeigen • Die Bedeutung und Notwendigkeit des Personalmarketings in Zusammenhang mit der Personalgewinnung und -selektion darstellen • Mögliche Gründe eines Stellenabbaus schildern
Theorie	Kap. 1.3, S. 13, Kap. 1.5, S. 19, Kap. 2.1, S. 29, Kap. 2.3, S. 35, Kap. 4.4.2, S. 75, Kap. 10.1.1, S. 143

Ausgangslage

Das Spital in Gründorf bietet nahezu alle medizinischen Leistungen für die eher ländlich geprägte Region an. Das ist für Patienten und ihre Angehörigen von Vorteil. Doch seit einiger Zeit häufen sich die Probleme. Patienten müssen unangenehme Wartezeiten hinnehmen und das Personal klagt über die vielen Überstunden und Vertretungszeiten. Die Fluktuationsrate steigt und es wird immer schwieriger, Ärzte und Pflegekräfte zu finden und zu binden.

Aufgaben

1   Herr Flink und Frau Fuchs leiten den Personalbereich. Sie sollen im Rahmen der nächsten Sitzung der Geschäftsleitung die drei wesentlichen Gründe für den Fachkräftemangel nennen und drei konkrete Massnahmen für das Spital in Gründorf ableiten.

Fachkräftemangel	
Gründe	Massnahmen
…	…
…	…
…	…

2   Frau Fuchs und Herr Flink konnten fünf neue Fachkräfte gewinnen. Die neuen Fachkräfte kommen aus Frankreich, Spanien und Polen. Frau Fuchs und Herr Flink ist es wichtig, die Mitarbeitenden gut zu betreuen. Zur Betreuung gehört die Mitarbeiterinformation. Die beiden beauftragen eine HR-Fachkraft, eine Informationsmappe für die neuen Mitarbeitenden zusammenzustellen. Die Informationsmappe soll sieben Informationen über das Spital und drei Informationen, die den ausländischen Mitarbeitenden bei der Orientierung in der neuen Umgebung helfen sollen, enthalten.

Informationsmappe für neue Mitarbeitende	
Informationen über das Spital	Informationen für Mitarbeitende aus dem Ausland

3   Das Spital in Gründorf will die Aktivitäten im Bereich des Personalmarketings verstärken. Frau Fuchs und Herr Flink überlegen sich Argumente, mit denen Personal für das Spital in Gründorf geworben werden kann. Sie wollen der Geschäftsleitung fünf Argumente unterbreiten. Helfen Sie den beiden!

Das Spital in Gründorf ist ein attraktiver Arbeitgeber und Arbeitsort, weil …	

4   Herr Flink und Frau Fuchs arbeiten an der Personalbedarfsplanung für das Spital. Viele Aspekte sind dabei zu bedenken. Zum einen soll im Spital eine neue Abteilung für die Behandlung von Frühgeburten entstehen und Spezialisten sollen dafür angeworben werden. Zum anderen werden in den nächsten Monaten mehrere Stellen vakant, weil Mitarbeitende in Pension gehen. Bei der Personalplanung unterscheiden die beiden also zwei Personalbedarfslagen. Um welche handelt es sich?

Bei der Personalplanung im Spital Gründorf werden berücksichtigt:	

5   Frau Fuchs und Herr Flink haben eine unerfreuliche Aufgabe. Sie haben vor, zwei Kündigungen auszusprechen. Ein neuer Mitarbeiter (Herr M.) erfüllt die fachlichen Anforderungen nicht und wird schnell ungeduldig bei Patienten und aufbrausend im Kollegenkreis. Die Feedbackgespräche haben keine Verbesserung gebracht. Ausserdem kam ans Licht, dass eine langjährige Mitarbeiterin (Frau K.) die Krankenakte eines prominenten Patienten kopiert und gegen Geld einem Journalisten überlassen hat. Die Mitarbeiterin leidet an einer Tablettensucht und hat sich aus den Beständen des Spitals bedient. Frau Fuchs und Herr Flink beraten sich. Helfen Sie den beiden zu klären, bei welchem Fall welche Kündigungsart erforderlich ist.

Fall	Kündigungsart
Herr M.	
Frau K.	

9 Firma CSM-Biio will Fachkräfte binden

Übungsziele	• Die Personalerhaltung und -betreuung erläutern: Stellenwert, Möglichkeiten und Ziele • Den Ablauf und die Qualitätsaspekte einer optimalen Personalselektion formulieren • Die Bedeutung der Personalinformation und -kommunikation aufzeigen
Theorie	Kap. 2.3.3, S. 38, Kap. 4.1, S. 66, Kap. 4.3, S. 70, Kap. 4.4.2, S. 75

Ausgangslage

Das Unternehmen CSM-Biio ist erfolgreich bei der Herstellung von speziellen Produkten der Biotechnologie. Die Auftragslage ist hervorragend. Trotzdem macht sich die Geschäftsleitung Sorgen, denn es wird immer schwerer für das relativ kleine Unternehmen, Fachkräfte zu halten. Der Erhalt und die Weiterentwicklung spezieller Fachkompetenzen sind für die Wettbewerbsfähigkeit des Unternehmens besonders wichtig. Sarah Klug und Luca Weise sind für den HR-Bereich zuständig. Um die Fachkräfte zu halten, beschliessen die beiden, die Personalbetreuung zu intensivieren.

Aufgaben

1   Luca Weise trifft sich regelmässig mit Kollegen von seiner früheren Stelle in einem renommierten Grossunternehmen. Sie tauschen sich über HR-Management im Allgemeinen und Personalentwicklung und -betreuung im Besonderen aus. Seine Kollegen fragen ihn, warum er sich so intensiv mit der Erhaltung der Fachkräfte befasst. Luca Weise nennt fünf Gründe.

Massnahmen zur Mitarbeiterbindung sind wichtig, weil	

2   Sarah Klug befasst sich intensiv mit Möglichkeiten und Massnahmen der Personalbetreuung. Sie tauscht sich ebenfalls mit ehemaligen Kollegen aus. Sie tragen fünf Ansätze der Personalbetreuung zusammen.

Ansätze der Personalbetreuung	

3   Die HR-Verantwortlichen der Firma CSM-Biio sind alarmiert. Im Bereich Solar ist die Fluktuation besonders hoch. Im Rahmen der Austrittsgespräche ergeben sich Hinweise auf Führungsprobleme. Die Mitarbeitenden beschreiben ihren Vorgesetzten als hervorragenden Experten, aber er scheint kaum mit den Mitarbeitenden zu kommunizieren. Der Informationsfluss ist schlecht, die Entscheidungen willkürlich, die Erwartungen an die Mitarbeitenden unklar und auf Fragen, Bedenken oder Probleme der Mitarbeitenden geht er nicht ein. Frau Klug und Herr Weise überlegen je eine mögliche Massnahme zu drei wesentlichen Problemen.

Führungsprobleme	Mögliche Massnahmen

4   Frau Klug und Herr Weise sind damit beschäftigt, für den Bereich Solar neue Fachkräfte zu finden. Sie merken schnell, dass auf dem offenen Arbeitsmarkt kaum eine Chance besteht. Sie entscheiden sich, ein Personalvermittlungsbüro einzuschalten. Die beiden überlegen sich in einem ersten Schritt fünf wesentliche Kriterien, die für den Erfolg der Zusammenarbeit ausschlaggebend sind. Sie erstellen eine Checkliste mit Begründungen.

Erfolgreiche Zusammenarbeit mit Personalberatung	
Kriterien	Begründung

5   Eine Mitarbeiterbefragung im Unternehmen CSM-Biio hat ergeben, dass die Mitarbeitenden sich für schlecht informiert halten. Frau Klug und Herr Weise machen sich eine Übersicht über die fünf wichtigsten Informationskanäle und notieren in Stichworten jeweils den wesentlichen Zweck mit Beispielen.

Informationskanäle	Besondere Eignung mit Beispielen

10 Firma IN & OUT optimiert die Personalentwicklung

Übungsziele	• Eine Schulungsplanung erstellen, alle Schritte nennen und mit Beispielen beschreiben • Instrumente und Kriterien bei der Auswahl und Organisation von internen und externen Weiterbildungsveranstaltungen darstellen und begründen • Die wichtigsten Lehrmethoden und ihre Umsetzung erläutern • Verschiedene Personalentwicklungskonzepte und -massnahmen beschreiben und vergleichen • Anforderungsprofile von internen und externen Trainern / Anbietern definieren und erläutern • Den Nutzen der Personalentwicklung darlegen und definieren
Theorie	Kap. 6.3.1, S. 97, Kap. 8.2, S. 121, Kap. 8.4, S. 125, Kap. 8.4.3, S. 128, Kap. 8.5, S. 129

Ausgangslage

Das Unternehmen IN & OUT will die Personalentwicklung optimieren. Im Besonderen soll die Personalentwicklung einen Teil der Bildungsangebote outsourcen. Zu diesen Angeboten gehören Standardschulungen zu allgemeinen Methoden (z. B. Tabellenkalkulation) und zum Erwerb von Sprachkenntnissen (z. B. Grundkurs Business Englisch) sowie spezielle Seminare für Fach- und Führungskräfte (z. B. Führung im internationalen Umfeld, Change Management, Führen von Experten, Unternehmensethik). Ausserdem soll die Durchführung interner Angebote verbessert werden. Das Unternehmen hat Frau Tell, eine Schulungsberaterin, beauftragt, die Optimierung der Personalentwicklung zu unterstützen.

Aufgaben

1   In der ersten Besprechung mit der Schulungsberaterin Frau Tell, beschreibt sie ihre systematische Vorgehensweise bei der Schulungsplanung und -durchführung. Sie nennt sechs Schritte und gibt zu jedem Schritt eine kurze Erklärung. Ausserdem zeigt sie auf, bei welchem Schritt die Entscheidung für eine interne bzw. externe Durchführung getroffen wird. Sie formuliert dazu drei wichtige Fragen bzw. nennt drei Kriterien, die bei der Entscheidung helfen.

Schulungsplanung	
Schritte	**Beschreibung**
1.	
2.	
3.	
4.	
5.	
6.	

2   Herr Winkelried ist HR-Leiter im Unternehmen IN & OUT. Er sagt zu Frau Tell: «Ja, es ist wichtig und sinnvoll, die Schulungen gut zu planen. Wir haben aber zahlreiche weitere Ansätze der Personalentwicklung, die nicht den klassischen ‹Off the job›-Massnahmen zuzurechnen sind. Ich nenne Ihnen ein paar Beispiele, damit Sie unsere Vielfalt besser verstehen können.» Frau Tell hört aufmerksam zu und nennt den jeweiligen Ansatz der Personalentwicklung.

Beispiele für Massnahmen der Personalentwicklung	Ansatz
Praktikum im Ausland	
Nachwuchsplanung	
Wechsel von Arbeitsplatz und Aufgaben für eine bestimmte Zeit	
Arbeitsgruppen zur Prozessoptimierung	
Mentoring-Programme	
Beratung zur Frühpensionierung	
Qualitätszirkel	

3   In einer weiteren Besprechung zwischen Herrn Winkelried und Frau Tell geht es um Methoden. Herr Winkelried meint, dass die Teilnehmenden oft über die Eintönigkeit der Methoden klagen. Die Schulungen seien langweilig und ermüdend. Er fragt Frau Tell, welche Methoden sie empfehlen kann. Frau Tell erwidert, dass man bei jeder Methode die jeweiligen Vor- und Nachteile bedenken sollte. Sie nennt drei Methoden als Beispiele und beschreibt jeweils einen Vor- und Nachteil.

Methoden	Vorteil	Nachteil
Rollenspiel		
Fallstudie		
Gruppenarbeit		

4   In der vierten Besprechung befassen sich Herr Winkelried und Frau Tell mit Qualitätsfragen. Zu den Qualitätsfragen gehören auch die Auswahlkriterien für interne und externe Trainer. Sie entwickeln eine Checkliste mit sieben Anforderungen und konkretisieren jede Anforderung mit Beispielen.

Anforderungen an Trainer	Beispiele

5   Herr Winkelried und Frau Tell machen eine Kaffeepause und reden über das Lernen. Herr Winkelried meint, dass das sogenannte lebenslange Lernen immer wichtiger wird. Frau Tell bestätigt und ergänzt, dass das Lernen hilft, die Arbeitsmarktfähigkeit der Erwerbstätigen zu erhalten und dass Wissen und Lernen für Unternehmen immer wichtiger wird. Herr Winkelried fragt Frau Tell, was sie damit meint. Sie antwortet und zeigt zwei Nutzenaspekte auf, die von der Personalentwicklung unterstützt werden.

Lernen ist für Unternehmen wichtig, weil	

Teil D Anhang

Antworten zu den Repetitionsfragen

1 Seite 28

1. **Bezeichnung der Stelle:** Produktmanagerin für Damenmode
2. **Aufgaben:**
   - Planung, Entwicklung, Produktion, Marketing, Verkauf des Produkts
   - Überwachung der Qualitätskontrolle
   - Kontakt zu Produktionsfirmen und Fabriken
   - Kontakt mit Handelspartnern
3. **Verantwortung:** Umsatz für die Abteilung Damenmode
4. **Kompetenzen:** Entwicklung, Produktion und Vermarktung von Kollektionen für Damenbekleidung
5. **Hierarchische Stellung:** dem Produktionschef unterstellt
6. **Stellvertretung:** Produktmanager für Herrenmode

2 Seite 28

Der Inhalt der Planung ist immer als Weiterentwicklung vergangener und gegenwärtiger Sachverhalte zu verstehen. Soll-Ist-Vergleiche sind für jede sinnvolle Planung unabdingbar.

3 Seite 28

Interpretationen des Personalkostenbudgets:

- Insgesamt wurde für das Folgejahr eine um CHF 7000.– höhere Lohnsumme budgetiert. Das liegt an der Lohnerhöhung von 2%.
- Markus Meier hat sein Pensum auf die Hälfte reduziert und Marina Grujic wird das Unternehmen im Folgejahr verlassen. Der neue Mitarbeitende arbeitet 100% und muss das halbe Pensum der Arbeit von Markus Meier und einen Teil der bisher von Frau Grujic geleisteten Arbeit übernehmen. Der Rest der bisher von Frau Grujic geleisteten Arbeiten wird auf Nina Molinari und Elena Gross verteilt.
- Bei der Erstellung des Personalkostenbudgets ist man davon ausgegangen, dass die Wirtschaftstätigkeit sich im Folgejahr gleich entwickeln wird wie im laufenden Jahr. Mit den geplanten Ressourcen kann die Arbeit von den Mitarbeitenden geleistet werden.
- Hätte das Unternehmen für das Folgejahr ein Wachstum geplant, hätte man mehr Ressourcen budgetierten müssen.

4 Seite 28

A], B], D] und F] sind für den Personalbereich interessante Kennzahlen.

5 Seite 28

A] Darstellung des funktionalen Zusammenwirkens verschiedener Stellen in einer Matrix, d. h. man bildet im Funktionendiagramm ab, welche Stellen welche Aufgabe ausführt.

B] Die Regelung von Kompetenzen

6 Seite 45

A] Man kennt die Rahmenbedingungen, Abläufe, Schnittstellen, die «ungeschriebenen Gesetze» und vieles mehr und muss sich nicht auf neue, vielleicht ungewisse Situationen einlassen.

B]

- Wenn ein langjähriger Mitarbeiter seinen Arbeitsplatz verliert oder verlässt, ist er nicht gewohnt, sich auf dem externen Arbeitsmarkt zurechtzufinden. Sie wissen beispielsweise nicht, wie man eine Stelle sucht und wie man sich bewirbt. Ausserdem sind langjährige Mitarbeitende stark von der Unternehmenskultur geprägt und können sich nicht gut an ein neues Arbeitsumfeld anpassen.
- Die internen Regeln rund um den Aufstieg eines Mitarbeitenden sind zwar transparent, unterbinden aber Karrieresprünge. Das kann karrierebewusste Leistungsträger demotivieren und dazu führen, dass sie das Unternehmen verlassen.
- Ein interner Aufstieg kann Akzeptanzprobleme generieren, wenn ein ehemaliger Kollege künftig Vorgesetzter wird. Er kann aber auch Neider auf den Plan rufen.

7 Seite 45	A]	Personalabteilung:

- Die Personalverantwortlichen des Unternehmens kennen die fachlichen und persönlichen Anforderungen sowie die Unternehmenskultur besser als externe Fachleute.
- Je nach Aufwand und Konditionen ist sie kostengünstiger als die externe Dienstleistung.
- Die interne Stelle kann den Suchprozess unabhängiger gestalten. Denn der Personalvermittler steht in einem Interessenkonflikt: Zum einen lebt er davon, möglichst rasch einen Bewerber zu vermitteln. Zum anderen will er den optimalen Kandidaten präsentieren können, was zeitaufwendige Abklärungen erfordert.

B] Personalberater:

- Insbesondere wenn im Unternehmen wenig Ressourcen im Personalwesen vorhanden sind, erbringt der externe Personalberater wesentliche Dienstleistungen: von der Formulierung eines Inserats bis zur aufwendigen Vorselektion der Bewerbungen.
- Diskretion: Die Bewerbenden können sich bei einer externen Stelle unverbindlich einem ersten Selektionsprozess stellen. Auch wenn die Personalabteilung interne Bewerbungen ebenso diskret behandelt, hegen manche firmeninterne Bewerbende ein gewisses Unbehagen gegenüber der Gewährleistung der Diskretion.
- Kann auch potenzielle Bewerbende von Konkurrenzunternehmen direkt ansprechen.

8 Seite 45

Die Beurteilung kann mit den Formeln «AIDA» oder «GIULIO» erfolgen.

Das Inserat informiert nur über die betreffende Aufgabe und die Anforderungen. Es sagt nichts aus über das Unternehmen und seine Leistungen. Die Leserin wird nicht emotional angesprochen, da das Inserat nicht bewerberorientiert abgefasst ist. Es zeigt nur die Sicht des Unternehmens.

9 Seite 45

A] ist richtig.

B] stimmt nicht; man kann die Online-Stellenbewerbung genauso intern via Intranet anwenden.

C] stimmt nicht; E-Recruiting hat sich bereits in vielen Firmen durchgesetzt. Die heutigen Sicherheitsstandards für die Datenübermittlung müssen selbstverständlich eingehalten werden, wenn man Online-Bewerbungen anbietet (z. B. die Verschlüsselung der Online-Bewerbungen und genaue Zugriffsbestimmungen für die Verwendung der Daten). Entsprechende Abklärungen sollten unter Beizug von Datenschutzfachleuten erfolgen.

10 Seite 45

	Internes Personalmarketing	Externes Personalmarketing
Ziel	Fluktuation des Kernpersonals und v. a. der Schüsselpersonen gering halten	Hoch qualifizierte Kandidaten anziehen
Wie?	• Materielle Anreize (z. B. Erfolgsbeteiligung) • Immaterielle Anreize (z. B. flexible Arbeitszeitmodelle)	• Direkte Massnahmen (z. B. ansprechend gestaltete Stellenausschreibungen) • Indirekte Massnahmen (z. B. gesellschaftliches Engagement)

11 Seite 45

Das Unternehmen könnte die Möglichkeiten der digitalen Kommunikation nutzen und ein Inserat in folgenden Medien platzieren:

- Webseiten von Unternehmen mit Lernenden-Webseiten oder Lehrstellenbörsen
- Öffentliche Portale (z. B. Video-Clips über das Unternehmen und die Lehre auf YouTube)
- Soziale Medien und Netzwerke (z. B. Facebook, Twitter)
- Web-basierte Spiele (z. B. Second Life), die auch von Unternehmen genutzt werden

Weitere Möglichkeiten sind:

- **Ausschreibung der Lehrstelle** auf einer Lehrstellenbörse im Internet
- **Lernenden-Homepage** mit Informationen über offene Stellen sowie Fotos, Videos und Berichte von Lernenden
- **Eignungstest** auf der Lehrstellen-Webseite anbieten, um die Neugier zu wecken
- **Informationsveranstaltungen an Schulen** durchführen, um möglichst früh Interessenten zu gewinnen
- **Informationstage** für Schüler, Eltern, Lehrer und Berufsberatende veranstalten
- **Schülerwettbewerbe** durchführen, um den Bekanntheitsgrad zu erhöhen
- **Sponsoring von Schülerveranstaltungen** (z. B. Sport, Musik), um ein positives Image zu gewinnen
- Präsenz an **Messen für Auszubildende** zeigen, um ins Gespräch mit jungen Leuten zu kommen
- **Aktionstage für Mädchen und Jungen,** um die Berufe für beide Geschlechter attraktiv zu machen
- **Kontakte zwischen Schülern und Lernenden** ermöglichen, weil Informationen zwischen Gleichaltrigen eher akzeptiert werden
- Zum «**Tag der offenen Tür**» einladen, um konkrete Informationen über die Lehrstellen vermitteln zu können
- **Schnuppertage und Schnupperlehre** anbieten, um einen ersten Einblick in die Lehrinhalte und das Umfeld der Lehre zu ermöglichen
- **Praktika** und **Projektarbeiten** ausschreiben, um eine eher unverbindliche, aber herausfordernde Möglichkeit des Kennenlernens zu bieten

12 Seite 65

Zutreffende Verhaltensfragen:

A] Können Sie mir bitte eine Situation aus Ihrer jetzigen Tätigkeit schildern, bei der Ihre analytischen Fähigkeiten besonders zum Zug kamen. Was haben Sie damals unternommen? (Oder: Wie sind Sie vorgegangen?) Welchen Erfolg haben Sie durch Ihr Vorgehen erzielt? (Oder: Was haben Sie dadurch erreicht?)

B] Als künftige Teamleiterin unseres Kundendiensts sind Ihre Kommunikationsfähigkeiten in schwierigen, konfliktträchtigen Situationen besonders gefragt. – Bitte schildern Sie mir eine typische Konfliktsituation in Ihrer jetzigen Tätigkeit. Wie sind Sie bei der Konfliktlösung vorgegangen? (Oder: Wie haben Sie sich in diesem Konflikt verhalten?) Was haben Sie bewirken können? (Oder: Was würden Sie ein nächstes Mal anders machen?)

13 Seite 65

Zwei Varianten sind möglich:

- Es handelt sich um eine tüchtige Mitarbeiterin, die in ihrer Persönlichkeit aber eine Eigenart hat, die zu Schwierigkeiten im Umgang führt.
  Was das ist, kann nur im Gespräch eruiert werden. Möglichkeiten: überhöhte Ansprüche; geringe Anpassungsbereitschaft; fühlt sich rasch unverstanden usw.
- Die Bewerberin ist entschlossen, nur an einem Arbeitsplatz zu bleiben, wenn er ihr ganz zusagt. Sie nimmt häufige Wechsel in Kauf, um dieses Ziel zu erreichen. Diese Variante hat v. a. dann einen positiven Stellenwert, wenn Gründe zu einem Wechsel führen, die sie nicht vorhersehen konnte.
  Bei dieser Variante stehen mögliche Motive für den Stellenwechsel im Mittelpunkt. Möglichkeiten: zielbewusste Karriereschritte mit der notwendigen Konsequenz; ehrgeizig und rücksichtslos, wenn es um die eigenen Ziele geht usw.

14 Seite 65

- Von der Art, wie die Referenzen eingeholt werden.
- Von der Urteilsfähigkeit der Referenzperson.
- Von der gemeinsamen Sprache, auf die sich die beiden Partner vorher einigen sollten.
- Von der Grundhaltung der Referenzperson gegenüber Angestellten.

15 Seite 65	In der Einführungs- und Einarbeitungszeit erhält der neue Mitarbeiter die ersten Eindrücke von den künftigen Aufgaben und dem Unternehmen, die seine Einstellung entscheidend prägen werden. Die bewusste Gestaltung dieser Einführungsphase bringt daher nicht nur eine Wertschätzung zum Ausdruck, sondern auch Vorteile in betriebswirtschaftlicher Hinsicht: Sie hilft, die Gefahr einer kostenintensiven Frühfluktuation zu vermindern.
16 Seite 65	Geeignete Kandidaten erfüllen alle formalen Kriterien bei den Bewerbungsunterlagen und alle inhaltlichen Kriterien der Stellenausschreibung.
17 Seite 80	B] und C] sind richtig. A] Personalbetreuung in heutiger Sicht ist mehr als Fürsorge für den Einzelnen. Sie will alle Mitarbeitenden so gut wie möglich ins Unternehmen integrieren und sie will auch vorausplanend Massnahmen ergreifen, um das Wohlergehen von Unternehmen und Mitarbeitenden langfristig zu sichern
18 Seite 80	Die unmittelbaren Vorgesetzten für alle Fragen, die im Arbeitsalltag anfallen. Die Personalabteilung für alle umfassenden Massnahmen, für Spezialfragen (z. B. besondere Konflikte, die mehrere Instanzen betreffen) und zur Unterstützung der Linie.
19 Seite 80	Das Problem ist nicht der Wertewandel, sondern die Personalführung und Personalarbeit im Unternehmen. Wird die Personalpolitik mitarbeiterorientiert gestaltet, so lassen sich die Mitarbeitenden nach wie vor für ihre Arbeit motivieren.
20 Seite 80	Die HR-Abteilung muss zunächst überlegen, wer aus welcher Abteilung im Redaktionsteam mitarbeiten könnte. In der konstituierenden Sitzung sind dann folgende Details festzulegen: • Welchen Inhalt, d. h. Rubriken, werden vorgesehen? • Wie ist der Gesamtumfang und wie viel Platz wird für die verschiedenen Rubriken eingeräumt? • Wer im Redaktionsteam ist für die einzelnen Rubriken zuständig? • Wie arbeitet die Geschäftsleitung an der Zeitung mit, wie gross ist ihr Einfluss? • Weiter sind technische Fragen zu klären, wie Layout, Druck, Häufigkeit des Erscheinens. Erfahrungen anderer Unternehmen sind zu nutzen. • Das Redaktionsteam (ständige und gelegentliche Mitarbeitende) ist in der Startnummer vorzustellen, ebenso die Ziele, der Redaktionsstatuts und die vorgesehenen Rubriken. In der ersten Nummer kann unter den Lesern ein Wettbewerb zur Namensgebung durchgeführt werden. Um den Dialog zu beginnen und ein Wir-Gefühl zu erzeugen, sind die Interessen und Wünsche der Mitarbeitenden zu erfragen, z. B. durch eine Umfrage, zu der sich jeder anonym äussern kann (kleiner Fragebogen). Zu Beiträgen der Mitarbeiter muss zu Beginn aufgefordert werden. Sie sollen sich v. a. auch kritisch äussern – in Form von Leserbriefen, die abgedruckt werden. Wichtig: Wenn die Zeitung interessant und lesenswert sein soll, dann müssen Themen offensiv angepackt und auch kritisch reflektiert werden. Die HR-Abteilung muss dazu von Anfang an die Zustimmung der Unternehmensführung haben. Die Hauszeitung darf auf keinen Fall zum Sprachrohr der Unternehmensleitung werden.
21 Seite 80	Keine Aussage entspricht den Auffassungen über eine gute Informationspolitik: A] Entscheidend ist, ob Informationen für den Empfänger wichtig und damit interessant sind. Wichtiger als die Menge ist die Qualität. In diesem Sinn kann es kein Zu viel an Information geben. Information als zweckorientiertes Wissen soll die Zusammenhänge aufzeigen und aufklären, nicht verwirren oder langweilen.

B] Wichtige Informationen braucht der Mitarbeitende für seine Arbeit direkt und indirekt, also auch, um sich und sein Tun in einen Gesamtzusammenhang einordnen zu können. Unternehmen, die einen kooperativen Führungsstil pflegen, haben keine Probleme, dem Mitarbeitenden wichtige Informationen anzuvertrauen.

C] Dass die Mitarbeitenden ihren direkten Vorgesetzten fragen, wenn sie etwas wissen möchten, ist sicher sinnvoll. Mitarbeitende sollten aber nicht immer fragen und um Information bitten müssen; als selbstständig denkenden Partnern sollten sie ihnen reibungslos zufliessen. Zudem beansprucht dieser Informationsweg viel Zeit und setzt voraus, dass der Vorgesetzte über alle für die Mitarbeitenden wichtigen Sachverhalte unternehmensweit informiert ist. Nur so können Halbwissen und Falschinformationen vermieden werden.

22 Seite 80

A] Rundschreiben an die Auszubildenden; evtl. Anschlag am Schwarzen Brett der Lehrlingswerkstatt. Eine bestimmte Gruppe soll gezielt erreicht werden.

B] Rundschreiben an die Vorgesetzten oder mündliche Information durch die HR- oder Schulungsabteilung oder ihre eigenen Vorgesetzten, z. B. in einer gemeinsamen Sitzung.

C] Bericht oder Interview in der Hauszeitung, evtl. Mitarbeiterbrief – je nach Bedeutung des Projekts. Jedenfalls sollen alle Mitarbeitenden davon erfahren (PR-Funktion im eigenen Unternehmen).

23 Seite 94

- Er kann seine Mitarbeitenden gezielt lenken, situative Rückmeldungen sind gut, jedoch ist fraglich, wie der Mitarbeitende sie versteht und ob die Aussagen «hängen» bleiben.
- Er hat mit dem Rückblick auf die vergangenen Beurteilungen eine transparente Basis für weiterführende Personalentscheide.
- Der Mitarbeitende erhält ebenfalls Transparenz und zudem Sicherheit. Damit kann er sich gezielt verbessern.
- Es ist auch ein verbindliches Kontrollinstrument im Lauf der Beurteilungsperiode.
- Systematische Mitarbeiterbeurteilung und das Festhalten der Punkte, Ziele und Massnahmen können Zeugnisstreitigkeiten vermeiden, weil sämtliche Aspekte dokumentiert sind.

24 Seite 94

A] Ein solches System ist sehr aufwendig und gefährlich, weil im gesamten Unternehmen sämtliche Stufen gleichermassen verstanden werden müssen. Je mehr Stufen, desto schwieriger wird ein einheitliches Handhaben der Massstäbe.

B] Wenn sich beide Gesprächspartner gleichermassen vorbereiten, entsteht so eine Basis für ein offenes Gespräch. Wenn in der Beurteilung grosse Unterschiede bestehen, ist das die Chance, mit einem transparenten Austausch das gemeinsame Verständnis zu entwickeln.

C] Es geht nicht darum, dass der Mitarbeitende den Vorgesetzten oder seine Leistung beurteilt, sondern die Erwartungen, die er an den Vorgesetzten, aber auch an die Kollegen und das Unternehmen generell stellen kann, zu thematisieren. Zum Beispiel: Erhalte ich von meinem Vorgesetzten die Informationen, die ich zur Ausübung meiner Tätigkeit benötige? Oder wie erfolgt die Zusammenarbeit im Team? Oder wie beurteile ich die Ziele und die Kultur des Unternehmens?

25 Seite 94

	Ziele	Massnahmen
A	Bis 30.6. werden 50% der selbst erstellten Arbeitszeugnisse ohne Fehler zur Unterschrift vorgelegt, bis 31.12. sind es 90%.	• Fundierte Selbstprüfung nach Erstellen eines Zeugnisses • Kontrolle im 4-Augen-Prinzip • Wöchentliche Stichproben durch den Vorgesetzten
B	Bis 31.12. wird die Fluktuation während der Probezeit im Betreuungsbereich um 50% reduziert.	• Erstellen und systematisches Ausfüllen eines Formulars «Abgleich Anforderungs- und Bewerberprofil» • Begleitung eines bereichsverantwortlichen Kollegen in vier Rekrutierungsprozessen mit anschliessendem Abgleich der Unterschiede im Vorgehen • Involvieren der Vorgesetzten schon in der Ausschreibung
C	Das Schulungsbudget des Jahrs 20xx wird vollumfänglich eingehalten.	• Im Zug der Schulungsplanung planen der Kosten, Verabschiedung durch den Vorgesetzten • Monatliche Präsentation der Schulungskosten im Vergleich zum Budget anlässlich der Sitzung und Begründung von Abweichungen sowie Massnahmen für das restliche Jahr

26 Seite 94

Führungskräfte und rein ausführende Mitarbeitende haben unterschiedliche Aufgaben und Verantwortungen. Daher macht diese Kriterienart Sinn.

27 Seite 94

A] Beim Mitarbeiterfeedback beurteilen die Mitarbeitenden ihr Arbeitsumfeld.

B]
- Arbeitsinhalt
- Team
- Führungskraft
- Unternehmen

28 Seite 109

Aus den folgenden Gründen ist die Personalentwicklung besonders wichtig für das Personalmanagement:

- Die dynamische technologische Entwicklung und der hohe Wettbewerbsdruck verlangen von Unternehmen und Mitarbeitenden eine hohe Anpassungsfähigkeit und -bereitschaft. Die Massnahmen der Personalentwicklung dienen dem Erhalt und der Verbesserung der Mitarbeiterqualifikationen. Damit wird auch die Konkurrenzfähigkeit gesteigert und abgesichert.
- Entwicklungsmassnahmen motivieren die Mitarbeitenden. Sie geben ihnen berufliche Perspektiven und die Möglichkeit, sich mit dem eigenen Unternehmen zu identifizieren.
- Personalentwicklung verringert tendenziell den externen Personalbedarf. Sie bereitet die Mitarbeitenden aktiv auf neue Herausforderungen im Betrieb vor. Vakante Stellen können so durch geeignetes Personal aus den eigenen Reihen besetzt werden.
- Die Personalentwicklung ist eine gesellschaftliche Aufgabe der Unternehmen.

29 Seite 109

Methode	Training on the job	Training off the job
Einführung durch Vorgesetzten	☒	
Vortrag		☒
Sonderaufgaben	☒	
Rollenspiel		☒
Traineeprogramm	☒	
Fernunterricht		☒
Arbeitsplatzwechsel	☒	
Fachtagung		☒
Planmässige betriebliche Unterweisung	☒	

30 Seite 109

Instrumente zur Ermittlung des Entwicklungsbedarfs:

- Gespräche
- Kundenfeedbacks
- Auswertung von Standort-, Jahres- und Austrittsgesprächen
- Testverfahren, Assessment Center
- Erkenntnisse aus bereits umgesetzten Massnahmen
- Analysen von unternehmerischen Problembereichen
- Potenzialanalysen

31 Seite 109

Potenzialanalysen sind Instrumente zur Ermittlung des prognostizierbaren Entwicklungsbedarfs.

32 Seite 109

Jobenlargement ist die Erweiterung der eigenen Aufgaben durch zusätzliche Aufgaben.

Jobenrichment bedeutet die Bereicherung der eigenen Aufgabe durch grössere Entscheiungs- und Kontrollspielräume.

33 Seite 119

Mögliche Gründe für den Widerstand von Frau Schneider:

- Sie ist nicht an einer Karriere interessiert, d. h., sie will im Moment oder überhaupt nicht weiterkommen. Sie fühlt sich mit der jetzigen Tätigkeit ausgefüllt und hat keinen Ehrgeiz, mehr Verantwortung zu übernehmen.
- Sie schätzt zwar Ihre Vorschläge und möchte auch weiterkommen, aber sie stellt sich einen anderen Karriereweg im Unternehmen vor. Sie weiss nicht, ob Ihre Vorschläge die einzig möglichen sind, oder wollte Sie nicht vor den Kopf stossen.
- Sie traut sich einen solchen Karriereschritt (noch) nicht zu, d. h., sie schätzt sich weniger gut ein, als Sie dies tun, oder sie fühlt sich einer neuen Herausforderung noch nicht gewachsen.
- Sie fühlte sich überrumpelt und muss über Ihre Vorschläge erst einmal in Ruhe nachdenken.
- Sie hat andere Pläne. Dies können ganz andere berufliche Ausbildungs- oder Entwicklungsziele sein, die Frau Schneider verfolgen möchte. Womöglich ist sie gar auf dem Absprung, d. h., sie schaut sich nach anderen Stellen um oder hat schon konkrete Angebote. Unter Umständen hat sie auch andere Lebenspläne, weil sie z. B. für längere Zeit ins Ausland verreisen will.

34 Seite 119

Konzept für die Nachfolgeplanung des Unternehmens:

Phase	Massnahmen
Ermittlung des Nachfolgebedarfs	Folgende Schlüsselfragen klären: • Wer hat im Unternehmen eine Schlüsselposition inne? • Für welche Schlüsselposition ist eine Nachfolgeplanung sinnvoll und wichtig? • Welche besonderen Anforderungen sind an die Schlüsselposition gebunden? • Welche Anforderungen müssen bei der Nachfolge mindestens erfüllt werden? • Wann spätestens soll die Nachfolge vollzogen werden? • Wie viel Zeit bleibt, um die Nachfolge zu regeln und zu entwickeln?
Bewertung der Optionen	Entscheiden, ob die Nachfolge intern oder extern durchgeführt werden soll. Dabei müssen die Vor- und Nachteile beider Möglichkeiten betrachtet und beurteilt werden.
Regelung der Nachfolge	Mit potenziellen Nachfolgern folgende Fragen klären: • Wann soll die Nachfolge umgesetzt werden? • Welche Entwicklungsmassnahmen sind für die potenziellen Nachfolger vorgesehen? • Was wird von den potenziellen Nachfolgern erwartet, um keine negativen Auswirkungen einer möglichen Konkurrenzsituation für das Unternehmen hinnehmen zu müssen? • Welche Möglichkeiten stehen denjenigen offen, die nicht die Nachfolge antreten werden? • Wie wird der Nachfolgeprozess nach innen und nach aussen kommuniziert?
Entwicklung der Nachfolger	Für die Vorbereitung der Nachfolger auf ihren neuen Job gibt es folgende Möglichkeiten: • On the job: durch Jobenrichment • Near the job: Leitung von Projekten im Unternehmen • Off the job: z. B. durch Führungsseminare • Parallel to the job: Coaching als flankierende Entwicklungsmassnahme • Into the job: Übernahme von Aufgaben der Schlüsselposition
Durchführung der Nachfolge	• Reibungsfreie Übernahme vorbereiten • Dem Nachfolger ein neutrales Coaching anbieten • Übernahme der Aufgaben des Nachfolgers regeln • Nachfolge gegenüber Stakeholdern kommunizieren
Evaluation der Nachfolge	• Wirkungen der Nachfolge eruieren, z. B. durch die Resonanz bei Kunden oder anderen Stakeholdern • Erfüllung bestimmter Unternehmensziele, die mit der Nachfolge zusammenhängen, kontrollieren (z. B. Umsatzzahlen) • Erste Verbesserungen und Erfolge feststellen und den Stakeholdern kommunizieren.

35 Seite 132

1. Kursteilnehmer und Referenten müssen alle für sie wichtigen Informationen rechtzeitig erhalten.
2. Die Räume (einschliesslich Unterkunft) müssen gebucht und vorbereitet werden.
3. Verpflegung, Freizeitprogramm, Transport usw. sind zu organisieren.
4. Alle Hilfsmittel für den Unterricht müssen funktionsfähig bereitstehen.
5. Die Unterlagen für die Teilnehmenden und Referenten müssen bereit sein.
6. Seminarbeginn und -abschluss sind zu organisieren.

36 Seite 132

Beispiel	Arbeits-platz	Kurs
Es wird ein neues Materialprüfgerät angeschafft, das die Labormitarbeitenden bedienen müssen.	☒	
Zwei Vorgesetzte waren in einem Seminar über Konfliktlösung. Im Rahmen der Führungsschulung will man dieses Thema nun weiteren Vorgesetzten zugänglich machen.		☒
Zehn Führungsnachwuchskräfte müssen in den Grundlagen des Projektmanagements ausgebildet werden.		☒
Die Personalassistentinnen müssen in die neue Verwaltungssoftware eingeführt werden, mit der sie künftig arbeiten.	(☒)	☒

Hinweis zum letzten Beispiel: Wenn mehrere Personalassistentinnen für die Software geschult werden müssen, ist ein interner Kurs an Computern wahrscheinlich am effizientesten. Als Alternative könnte an jedem Arbeitsplatz ein Einzeltraining und -coaching stattfinden.

37 Seite 132

A] Ja, wenn in kurzer Zeit aktuelle Informationen vermittelt werden sollen (Input).

B] Alle Unterrichtsmethoden, die den Lernenden **aktivieren** und ihn Zusammenhänge oder Einsichten selbst entdecken lassen, z. B. Erarbeiten von Stoff im Gruppengespräch, Gruppenarbeit, Rollenspiel.

38 Seite 132

Kriterien bei der Evaluation

- Auftreten
- Kontakt mit Teilnehmenden
- Didaktischer Aufbau
- Struktur des präsentierten Stoffs
- Methodische Gestaltung
- Einsatz von Hilfsmittel
- Aktivieren der Teilnehmenden
- Führen der Lerngruppe

39 Seite 132

Instrumente zur Kontrolle des Erfolgs von Schulungsmassnahmen.

- Tests
- Feedbackrunde durch Fragebogen
- Praxistransfer
- Quantitative Kosten-Nutzenanalyse
- Qualitative Kosten-Nutzenanalyse

40 Seite 142

Möglichkeiten:

- Rollenspiele / Verhaltenstrainings zu vorgegebenen Verkaufssituationen, in denen der Ausbildner die Rolle des Kunden übernimmt
- Analyse von Videosequenzen zu ausgewählten Verkaufssituationen
- Schriftliche, aber praxisbezogene Aufgaben, die einzeln zu lösen sind, z. B. zur Argumentationstechnik, Erstellen eines Routenplans

41 Seite 142

Der Zusammenhang zwischen Schulungsmassnahmen und Kennzahlen ist kaum direkt nachzuweisen. Verschiedene andere Einflüsse (z. B. in Organisation oder Marketing) können ebenfalls bzw. gleichzeitig einen Einfluss ausüben – im fördernden wie auch im hindernden Sinn. Eine bessere Kommunikation kann auch durch eine neue Organisation zustande kommen, gute Verkaufsschulung durch ein unglückliches Marketing zunichtegemacht werden. Zudem ist das Erfassen solcher Kennziffern aufwendig.

| 42 Seite 142 | Faktoren die den Lerntransfer erschweren oder verhindern: |

- Schulung war mangelhaft, z. B. zu wenige Übungen, zu allgemeine Lerninhalte oder es wurde nicht auf die Erfahrungen der Teilnehmenden Rücksicht genommen.
- Teilnehmende wollten das Gelernte nicht anwenden, weil sie z. B. den zusätzlichen Einsatz scheuen.
- Teilnehmende sind unselbstständig und können die neuen Kenntnisse ohne Hilfe nicht anwenden.
- Vorgesetzte sind innovationsfeindlich.
- Mangelnde Unterstützung durch Kollegen am Arbeitsplatz.
- Keine Gelegenheit zur Anwendung, weil Unternehmensleitung Neuerung erschwert.

43 Seite 142

Fragen	F oder S
Wie gut läuft der Lernprozess ab?	F
Welche Bewertung soll erteilt werden?	S
Wie ist das Lernergebnis?	F
Wo sind typische Fehler und Lücken?	F
Sind weitere Übungsbeispiele sinnvoll?	F
entsprechen die Leistungen den Lernzielen?	S

44 Seite 142 Folgende Varianten sind denkbar:

- **Nur die direkten Kosten, die für eine Schulung anfallen, werden berücksichtigt:** z. B. die Kosten für externe Trainer, Lehrbücher u. Ä.
- **Zusätzlich werden auch andere Kosten, die im Zusammenhang mit Schulung entstehen, berücksichtigt:** Das heisst, andere Kostenarten, z. B. Spesen (Anfahrtskosten der Teilnehmer), Infrastruktur (Raummiete) und Büromaterial (Blocks und Kugelschreiber) werden mit eingerechnet.
- **Es ist auch eine Vollkostenrechnung möglich:** Hier werden zusätzlich zu den oben erwähnten Kosten z. B. auch die Lohnausfallkosten der Schulungsteilnehmer und interner Referenten, auch für die Vor- und Nachbearbeitungsarbeiten, berücksichtigt.

45 Seite 163 Auflösungsgründe:

A] Zeitablauf: Es handelte sich um einen befristeten Arbeitsvertrag auf eine bestimmte Zeitdauer.

B] Fristlose Kündigung aufgrund einer schwer wiegenden Pflichtverletzung.

C] Änderungskündigung, d. h. Ersatz durch einen neuen Arbeitsvertrag.

46 Seite 163

A] Richtig. Verfehlungen nicht zu ahnden, kann z. B. die restlichen Mitarbeitenden verunsichern.

B] Falsch. Der Grund für einen Stellenabbau spielt keine Rolle für das Vorgehen, bei Massenentlassungen müssen die rechtlichen Vorgaben erfüllt werden

C] Falsch. Die Transparenz ist eine wichtige Voraussetzung in einer solchen Situation, verhindert aber nicht Ängste, Verunsicherung, neue und / oder höhere Anforderungen für die bleibende Belegschaft etc.

D] Richtig: z. B. Lieferanten, Konkurrenten oder ganze Finanzmärkte

E] Falsch. Es besteht keine Sozialplanpflicht, sofern das nicht im GAV vereinbart ist.

47 Seite 163

- Das Unternehmen hätte Kurzarbeit einführen können. So hätte man den Personalabbau vermeiden können.
- Gleichzeitig mit den Informationen über die geplanten Entlassungen hätte das Unternehmen einen grosszügigen Sozialplan präsentieren können. Die Ankündigung, dass ein Sozialplan erstellt werden wird, genügt nicht, um ein negatives Image zu vermeiden.
- Das Unternehmen hätte den Betroffenen eine Outplacementberatung anbieten können.

48 Seite 163

	Unternehmen	Betroffene Personen
Positive Auswirkungen	- Schaden des Unternehmensimages wird vermieden - Betriebsklima leidet nicht - Aufwendige und teure Rechtsstreitigkeiten werden vermieden - Gute Kommunikation zwischen Unternehmen und ehemaligen Mitarbeitenden wird gefördert	- Umgang mit Enttäuschungen, Wut und Sorge wird erleichtert - Unterstützung bei der Neuorientierung - Grössere Chance, eine Stelle zu finden - Bisher nicht oder nur wenig genutzte Fähigkeiten werden festgestellt und gefördert - Nutzung der Vernetzung und Kontakte der Outplacementberatenden

49 Seite 177

A] Richtig; die Arbeitszeit darf täglich neun Stunden nicht überschreiten. Berufsfachschulunterricht zählt ebenfalls als Arbeitszeit.
Die Tagesarbeit muss inklusive aller Pausen innerhalb von 12 Stunden liegen.

B] Grundsätzlich ja, wenn die restliche Ausbildung in einem anderen Betrieb erfolgt.

C] Falsch; die Höchstzahl der Lernenden, die in einem Betrieb ausgebildet werden dürfen, wird berufsspezifisch festgelegt. Sie hängt i. d. R. von einer – ebenfalls im Reglement definierten Anzahl – von Fachleuten ab.

50 Seite 177

Persönliche Anforderungen	Begründung
Methodisch-didaktische Fähigkeiten	Der Berufsbildner hat die Aufgabe, den Lernenden Wissen und Fähigkeiten zu vermitteln.
Bereitschaft, sich mit Jugendlichen zu beschäftigen	Die Führung eines Jugendlichen unterscheidet sich von der Führung der anderen Arbeitnehmer, weil der Jugendliche sich in Entwicklung befindet und seine ersten beruflichen Erfahrungen macht.
Flexibilität	Ein Berufsbildner muss sich selbst ständig weiterbilden, um «am Ball zu bleiben». Er muss die Veränderungen in der Gesellschaft verstehen und entsprechend auf die Jugendlichen eingehen können.
Absolvieren eines Berufsbildnerkurses	Einerseits ist der Kurs gesetzlich vorgeschrieben, andererseits werden hier gesetzliche Vorgaben und spezielle Anforderungen vermittelt.

51 Seite 177

Rechtliche Quelle (Gesetz)	Beispiele
Bundesverfassung	- Recht auf Bildung - Bund erlässt Vorschriften über Berufsbildung
Berufsbildungsgesetz	- Grundbildung - Qualifikationsverfahren - Bildung der Bildungsverantwortlichen - Bildungsverordnungen
Arbeitsgesetz und Verordnungen	- Höchstarbeitszeit - Tagesarbeitszeit - Arbeitsverbote (Überzeit, Nacht, Sonntag)
OR	- Begriff, Entstehung und Inhalt - Pflichten des Lernenden, der gesetzlichen Vertreter und Berufsbildner - Beendigung der Lehre (z. B. Zeugnis)

52 Seite 178
- Berufsbildung und ihr Umfeld (z. B. das Schweizer System, gesetzliche Grundlagen)
- Lernende (z. B. Verhalten und Rolle im Betrieb, in der Schule und der Gesellschaft)
- Lehren und Lernen (z. B. Unterstützung der Lernenden)
- Bildungsplan (z. B. Erstellen und Anwenden eines betrieblichen Bildungsplans)
- Berufsbildner (z. B. Rollenverständnis, eigene Weiterbildung)
- sowie weitere Themen im Zusammenhang mit der beruflichen Grundbildung (Gesundheit und Arbeitssicherheit, Arbeitskultur, Aufgaben und Rollen in der Zusammenarbeit mit dem Berufsbildungsamt und vieles mehr)

53 Seite 178

	Pflicht des Berufsbildners	Pflicht der Lernenden	Bemerkungen
Ausbildung der Lernenden gemäss Reglement	☒		
Mitsprache bezüglich Inhalt des Modell-Lehrgangs			Die Lernenden haben in Bezug auf die berufliche Praxis und die schulische Ausbildung ein gewisses Mitspracherecht, nicht aber bezüglich Modell-Lehrgang.	Die Verbände nehmen Anpassungen für die jeweilige Branche vor.
Anordnungen des Vorgesetzten befolgen	(☒)	☒	Ein Arbeitnehmer hat die Pflicht, die Anordnungen seiner Vorgesetzten zu befolgen, die Lernenden befolgen die Anordnungen ihrer Berufsbildner.
Auskunft erteilen gegenüber der Aufsichtsbehörde	☒	☒	
Gesetzlich festgelegte Lohnhöhe bezahlen			Die Lohnhöhe ist nicht gesetzlich, allenfalls branchenweise geregelt. Der Lohn muss auch für die Zeit von Kursbesuchen, Prüfungen etc. bezahlt werden.

Korrektur bei Zeile «Mitsprache»: Pflicht der Lernenden ist mit ☒ markiert — Eintrag gehört in Spalte «Pflicht der Lernenden».

54 Seite 178

Wenn der Lernende minderjährig ist, d. h. bis zum 18. Geburtstag:

- Zustimmung zum Lehrvertrag
- Kontakt zum Berufsbildner und zur Berufsschule
- Einsicht in den Ausbildungsbericht

55 Seite 178

A] Richtig; das Amt für Berufsbildung entscheidet, ob ein Unternehmen Lernende ausbilden darf und erteilt die Ausbildungsbewilligungen.

B] Richtig; bei Bedarf kann das Amt für Berufsbildung die Genehmigung der Lehrverträge zurückziehen.

C] Falsch; der Bund ist für die Qualitätsstandards zuständig.

D] Falsch; der Bund ist auch für die Prüfungsreglemente zuständig.

E] Richtig.

F] Falsch; die Berufsfachschulen organisieren Stützkurse.

56 Seite 178

Der Lernende erwirbt sich die erforderlichen Qualifikationen in der beruflichen Praxis, nämlich im Lehrbetrieb oder in Lehrwerkstätten, und in der schulischen Bildung, nämlich in der Berufsfachschule. Ergänzt werden diese durch überbetriebliche Kurse resp. dritte Lernorte (andere Betriebe, Verbände, o. Ä.).

57 Seite 191 Eigener Arbeitsplatz

Lernziel gem. Reglement	Details	Abteilung	Einsatz	Hilfsmittel	Beurteilung
• Kann seinen Arbeitsplatz ergonomisch korrekt einrichten • Sorgt für einen tadellosen Zustand an seinem Arbeitsplatz	Wird anlässlich des Einführungstags im Schulungsraum erklärt und geübt	Schulungsleitung	1. Arbeitstag	Übungspult	• Die Einrichtung soll am eigenen Arbeitsplatz erfolgen, nicht nur in klinischer Umgebung • Zuständig dafür ist der Berufsbildner oder ein Kollege, der den Arbeitsplatz aus der Praxis kennt • Zeitlich sollte allenfalls etwas mehr als 1 Arbeitstag zur Verfügung gestellt werden
• Kennt Aufbau und Organisation des Ausbildungsbetriebs und kann sich darin zurechtfinden	Selbstständiges Erarbeiten der Thematik	–	1. L.j. 1. Sem.	Organigramm Geschäftsbericht	• Die selbstständige Erarbeitung macht Sinn, der Lernende braucht jedoch einen Verantwortlichen, den er fragen kann und der ihn kontrolliert.

Betriebswirtschaftliche Aspekte

Lernziel gem. Reglement	Details	Abteilung	Einsatz	Hilfsmittel	Beurteilung
• Kennt die Abrechnungsarten, Kostenstellen und -sätze in seinem Betriebsbereich • Kann einfache Kostenberechnungen und Budgets erstellen • Kann seine Arbeit korrekt verrechnen und kennt die Spesenansätze	Aktive Mitarbeit in der Buchhaltung während 1 Woche	Buchhaltung	1. L.j. 2. Sem.	Kostenpläne	• Zum Kennenlernen der Abrechnungsarten dürfte eine Woche reichen, jedoch nicht zum Begreifen. Die Praxis erlernt er nicht innerhalb 1 Woche. • Als Hilfsmittel benötigt der Lernende z. B. zusätzlich das Spesenreglement sowie die entsprechenden Formulare.

Ökologie, Entsorgung

Lernziel gem. Reglement	Details	Abteilung	Einsatz	Hilfsmittel	Beurteilung
• Kann Abfallprodukte korrekt trennen und entsorgen sowie Recycling-Möglichkeiten unterscheiden	Aktive Mitarbeit im Haus- und Entsorgungsteam während 6 Wochen	Hausdienst	3. L.j. 1. Sem.	Entsorgungspläne	Wir gehen davon aus, dass die Thematik nicht im Zentrum der Ausbildung steht: • Die Dauer von 6 Wochen ist übertrieben, das Studium der Entsorgungspläne dürfte genügen. • Die Thematik gehört nicht in das dritte Lehrjahr, sondern an den Anfang der Ausbildung, damit die Entsorgung bereits während der Ausbildung richtig funktioniert. • Weitere Hilfsmittel, um die Thematik zu vertiefen (Recycling-Möglichkeiten), sind erforderlich.

58 Seite 192

Mittel	Instrument zur Rekrutierung für die Berufsbildnerin	Instrument zur Berufswahl für den Lernenden
Klassenbesprechung	Unternehmen und / oder Verbände halten an Schulen Vorträge und informieren die Schüler	Lehrer informieren Schüler, Schüler informieren sich gegenseitig oder Gäste informieren die Schüler
Betriebsbesichtigung	Unternehmen laden zu einem «Tag der offenen Tür für Schulklassen» ein	Schulklassen besuchen die Unternehmen
Berufsberatung	Unternehmen und / oder Verbände erstellen Dokumentationsmaterial	Besuch von öffentlichen Stellen, Gespräche mit Eltern, anderen Lernenden

59 Seite 192

A] Richtig; ein Schüler, der nicht an den Berufsalltag gewohnt ist, langweilt sich rasch. Andererseits ist mit einem Mix ein umfassender Eindruck vom Beruf gewährleistet.

B] Nur, wenn der Schnupperlehrling noch nicht 18-jährig ist.

C] Der Schnupperlehrling ist obligatorisch gegen Unfall versichert. Aber ein Schnupperlehrgeld ist weder üblich noch geschuldet. Die Lernenden haben für die Versicherung nicht aufzukommen.

D] Richtig; das Tagebuch soll zwar vom potenziellen Berufsbildner eingesehen werden, denn es dient als Beurteilungsinstrument und bedarf allenfalls gewisser Korrekturen. Den Lernenden dient es als Entscheidungshilfe für den Beruf und als Nachschlagewerk.

60 Seite 192

Zielsetzung für die Lernenden	Dieses Ziel erreicht der Schnupperlehrling z. B. durch
Kennen den Beruf	Abwechslungsreiches Programm: Reinigungsarbeiten, Gespräche mit Patienten, Begleiten von Pflegepersonen, Lagerarbeiten, Teambesprechungen
Kennen den Betrieb	Betriebsrundgang mit dem Götti
Kennen die anwesenden Pflegepersonen und Lernende	Kaffeepause mit Team einplanen, an Teamsitzung teilnehmen lassen

Der Berufsbildner erkennt folgende Punkte durch folgende Massnahmen	
Welche Fähigkeiten haben die Lernenden?	Beobachten, Interview, Test
Eignen sich die Lernenden bez. Persönlichkeit für den Beruf?	Gespräche mit Patienten führen lassen, beobachten, intensives Gespräch führen
Haben die Lernenden tatsächlich Interesse am Beruf?	Gespräch führen, Schnupperlehrtagebuch studieren und besprechen

61 Seite 193

Unterlagen	Erstellt durch	Kurze Begründung
Bildungs-verordnung	Bund	Gesamtschweizerisch Qualität und Einheitlichkeit der Grundbildung sicherstellen.
Modell-Lehrgang	OdA	Gesamtschweizerisch wird die Qualität durch die staatlichen Bildungsverordnungen sichergestellt. Um eine branchenspezifische Einheitlichkeit sicherzustellen, erstellen die OdA die Modell-Lehrgänge.
Ausbildungs-programm	Ausbildungs-betrieb	Anpassung an die betriebsinternen Gegebenheiten.
Lerndokumenta-tion	Lernender	Arbeitsinstrument und Nachschlagewerk für den Lernenden, Kontrollinstrument für den Berufsbildner.
Lehrplan	OdA	Abgeleitet aus den Leistungszielen, werden Modell-Lehrgang und Lehrplan aufeinander abgestimmt.
Stoffplan	Berufsschule	Details zum Lehrplan.

62 Seite 193

Frage	Antwort
Wer führt die Lerndokumentation?	Der Lernende während seiner Praxisarbeit im Betrieb
Wofür dient die Lerndokumentation?	• Ein Nachschlagewerk für den Lernenden • Kontrollinstrument für den Berufsbildner
Wer kontrolliert die Lerndokumentation?	Der Berufsbildner
Wie oft sollte die Lerndokumentation kontrolliert werden?	Regelmässig, sinnvollerweise monatlich
Warum wird die Lerndokumentation kontrolliert?	• Kontroll- und Beurteilungsinstrument • Lücken schliessen, Fehler korrigieren • Gesetzlich vorgeschrieben

63 Seite 193

- Kontrolle der Lerndokumentation
- Täglich während des Praxiseinsatzes
- Berufsschulzeugnisse
- Ausbildungsbericht

64 Seite 193

A] Vertragsparteien beim Abschluss eines Lehrvertrags sind:

A	Vertragsparteien beim Abschluss eines Lehrvertrags sind	Richtig	Begründung
1	Lernende, Berufsbildner, Eltern bei Minderjährigen		Eltern geben lediglich ihr Einverständnis.
2	Lernende, Berufsbildnerin, Amt für Berufsbildung		Das Amt genehmigt den Lehrvertrag.
3	Lernende, Berufsbildner	☒	

B]

B	Form des Lehrvertrags	Richtig	Begründung
1	Der Lehrvertrag ist nur in schriftlicher Form gültig. Liegt keine schriftliche Form vor, unterliegt das Lehrverhältnis trotzdem den gesetzlichen Vorschriften.	☒	Richtig; wer hingegen keinen Lehrvertrag erstellt, macht sich strafbar.
2	Der Lehrvertrag ist auch formlos gültig. Liegt keine schriftliche Form vor, unterliegt das Lehrverhältnis trotzdem den gesetzlichen Vorschriften.		Der Lehrvertrag ist nur in schriftlicher Form gültig.

C] Der Lehrvertrag ist befristet...

C	Der Lehrvertrag ist befristet, ...	Richtig	Begründung
1	... kann aber verlängert werden. Die Berufsbildnerin ist verpflichtet, den Lernenden die Verlängerung 3 Monate vor Ablauf des Vertrags mitzuteilen.		3 Monate vor Ablauf teilt der Berufsbildner mit, ob er den Lernenden weiterbeschäftigt, dies erfolgt jedoch mit neuem Vertrag.
2	... wenn das Ende der Lehre vermerkt ist. Ansonsten läuft der Vertrag unbefristet weiter, und zwar mit einer Kündigungsfrist gemäss OR.		Der Lehrvertrag ist immer ein befristeter Vertrag.
3	... aber in speziellen Fällen (z. B. Nicht-Bestehen der Prüfung wegen langer Krankheitsabsenz) kann mit dem Einverständnis von Lernenden und Berufsbildner beim kantonalen Amt für Berufsbildung eine Verlängerung beantragt werden.	☒	

D] Die Probezeit beträgt...

D	Die Probezeit beträgt ...	Richtig	Begründung
1	... 3 Monate.		
2	... 1 bis 3 Monate, ist jedoch gegenseitig und mit Einverständnis des kantonalen Amtes für Berufsbildung auf 6 Monate verlängerbar.	☒	
3	... 1 bis 3 Monate und ist nicht verlängerbar.		

65 Seite 194

A] Falsch; das Amt für Berufsbildung kann aus wichtigen Gründen die Genehmigung zurückziehen, nicht aber den Vertrag auflösen.

B] Richtig; er muss jedoch das Amt für Berufsbildung ebenfalls informieren.

C] Richtig.

D] Richtig.

E] Nach Ablauf der Probezeit kann der Lehrvertrag nur aus wichtigen Gründen und / oder im gegenseitigen Einvernehmen, ebenfalls unter Miteinbezug des Amts für Berufsbildung aufgelöst werden.

66 Seite 194

	Arbeitszeugnis	Lehrzeugnis
Anspruch	Jederzeit	Nach Ende der Lehre
Inhalt	Art und Dauer des Anstellungsverhältnisses Leistung und Verhalten	Art des Berufs und Dauer
Auf Verlangen	Nur Art und Dauer	Zusätzlich Fähigkeiten, Leistung und Verhalten

Literaturverzeichnis

Fachbücher:

Becker, Manfred: Personalentwicklung: Bildung, Förderung und Organisationsentwicklung in Theorie und Praxis, Stuttgart 2009

Bröckermann, Reiner; Müller-Vorbrüggen, Michael: Handbuch Personalentwicklung: Die Praxis der Personalbildung, Personalförderung und Arbeitsstrukturierung, Stuttgart 2010

Geiger, Ingrid Katharina; Pifko, Clarisse: Internationales HR-Management, Zürich 2012

Hilb, Martin: Integriertes Personal-Management. Ziele – Strategien – Instrumente, München 2013

Kruppke, Helmut, u. a.: Human Capital Management. Personalprozesse erfolgreich managen, Berlin 2006

Thommen, Jean-Paul; Gmür, Markus: Human Resource Management: Strategien und Instrumente für Führungskräfte und das Personalmanagement, Zürich 2011

Ulrich, Dave, u. a.: HR Transformation: Building Human Resources from Outside, Blacklick 2009

Zeitschriften / Portale:

HR Today – das Schweizer Human Resource-Portal

Personalwirtschaft. Magazin für Human Resources

Weiterbildung. Zeitschrift für Grundlagen, Praxis und Trends

Zeitschrift Personalführung der Deutschen Gesellschaft für Personalführung DGFP

Stichwortverzeichnis

Numerics
360-Grad-Beurteilung	89
4-P-Modell	33
7 Ps	34

A
Ablauf der Outplacementberatung	157
Abschlüsse	176
AIDA-Formel	38
Along the job	102
Änderungskündigung	145
Anforderungsprofil	15
Anforderungsprofil für interne und externe	
Ausbildner	128
Arbeitsgesetz (ArG)	169
Arten von Diagrammen	25
Assessment	59
Aufgaben der Personalentwicklung	101
Aufhebungsvertrag	145
Auflösung eines Arbeitsverhältnisses	143
Ausbildungsmarketing	31
Auswertung der Mitarbeiterbeurteilung	90

B
Bedarfsplanung	12, 35
Bedeutung der Personalentwicklung	97
Berufliche Grundbildung	168
Berufsattest (EBA)	176
Berufsbildner	173
Berufsbildungsgesetz (BBG)	169
Berufsbildungsreformen	166
Berufsfachschulen	175
Berufsmaturitätszeugnis	176
Berufswahl	180
Beteiligte beim Outplacement	156
Beurteilung der Lernzielerreichung	135
Beurteilungsformular	86
Bildungsbericht	187
Bildungscontrolling	133
Bildungsprogramm	186
Bildungsverordnungen	166
Bruttolohn	20
Business Angels	115

D
Development Center	105
Dezentral organisierte Personalentwicklung	99
Direkter Lohn	20
Diskrete Suche	43
Duales System	168

E
Einsatzplanung	19
Electronic Recruiting	41
Employer Branding	30
Entscheidungsmatrix	54
Entwicklungen	97
Entwicklungsmassnahmen	119
Entwicklungspläne	110
Erfolgskontrolle	125
– im Arbeitsfeld	137, 138
– im Lernfeld	134
Ersatzbedarf	12
Evaluation	125

Externe Ausbildung	127
Externe Einflüsse	10, 11, 97
Externe Nachfolge	113
Externe Personalsuche	38
Externe Schulung	127
Externer Arbeitsmarkt	36
Externes Personalmarketing	30

F
Fachkompetenz	16, 118
Fachlaufbahn	117
Fähigkeitszeugnis (EFZ)	176
Farmouts	118
Fertigungslohn	20
Formative (gestaltende) Lernkontrolle	135
Formen der Erfolgskontrolle	134
Fragebogen	72
Fragetechniken	57
Fragetypen	56
Führungskompetenz	16
Führungskreislauf	91
Führungslaufbahn	117
Funktionendiagramm	14

G
Gehälter	20
Gesprächsarten	55
Gewichtung der Anforderungen	53
GIULIO	38, 39
Grobanalyse	49
Grundausbildung	120

H
Hauptanalyse	55
Hauszeitung	76

I
Ich-Kompetenz	118
Indirekter Lohn	20
Informationskanäle	75
Informationsmappe	76
Instrumente der Laufbahnplanung	110
Interne Ausbildung	127
Interne Einflüsse	98
Interne Nachfolge	113
Interne Personalsuche	37
Interne Schulung	127
Interner Arbeitsmarkt	36
Internes Personalmarketing	29
Into the job	102, 115
Intranet	78

J
Jobenlargement	102
Jobenrichment	102, 115
Jobrotation	102, 118

K
Kennzahlen	139
Kennzahlen für den inner- und den überbetrieblichen Vergleich	141
Kompetenzen	16, 118, 168
Kontrolle des ökonomischen Erfolgs	139
Kosten-Nutzen-Analyse	141
Kostenplanung	19

Kostenvergleiche	141
Kultur	82
Kündigung	144

L

Laufbahnmodelle	117
Laufbahnplanungsprozess	116
Lebenslanges Lernen	97
Lehrbetrieb	172
Lehrmethoden	129
Leistungslohn	20
Lernende	175
Lernende Organisation	96
Lernkontrollen	135
Lernorte	176
Lernprozess	124
Lernziele	122
Löhne	20

M

Management Development (MD)	110
Mandat	42
Marketingmix für Lernende	33
Massnahmen der Personalentwicklung	102
Massnahmen des Ausbildungsmarketings	32
Massnahmen zur Kostensenkung	22
Methodenkompetenz	16, 118
Mitarbeiterbeurteilung	81
Mitarbeiterbeurteilungssysteme	82
Mitarbeiter-Brief	77
Mitarbeiterfeedback	88
Mitarbeiterinformation	75
Modell-Lehrgang	185

N

Nachfolgebedarf	112
Nachfolgeoptionen	113
Nachfolgeplanung	110, 111
Natürliche Personalabgänge	145
Near the job	102, 115
Neubedarf	12

O

Obligationenrecht (OR)	170
Off the job	102, 115
Öffentlichkeitsarbeit	43
On the job	102, 115
Organisation der Personalentwicklung	99
Organisationen aus der Arbeitswelt (OdA)	184
Out of the job	102
Outplacement	155
Outsourcing	42, 148

P

Parallel to the job	102, 115
Personalabbau	12, 147
Personalauswahl	47
Personalbedarfsplanung	12
Personalbildung	101
Personaleinsatzplanung	19
Personalentwicklung	95
Personalentwicklungsbedarf	104
Personalförderung	101
Personalinserat	38
Personalkennzahlen	23
Personalkosten	20
Personalkostenbudget	21
Personalkostenplanung	19
Personalmarketing	29, 44
Personalmarketing für Lernende	31
Personalplanung	10
Personalpolitik	95
Personalsuche	35
Persönliche Beurteilung einer Veranstaltung	134
Produktiver Lohn	20
Prozess der Mitarbeiterbeurteilung	90

Q

Qualitative Personalbedarfsplanung	13
Quantitative Personalbedarfsplanung	13

R

Rentabilitätsrechnungen	141
Rolle der Personalabteilung	78
Rundschreiben	76

S

Schlüsselkompetenzen	17, 118
Schulung durchführen	124
Schulungsbedarf	121
Schulungskonzept	125
Schulungsmassnahme	121
Schulungsplan	123
Schwerpunkte in der Mitarbeiterbindung	70
Selbstbeurteilung	88
Selbstkompetenz	16, 168
Seminarorganisation	123, 124
Sozialkompetenz	16, 118
Sozialkosten	20
Sozialplan	154
St. Galler Management-Modell	11
Staatssekretariat für Bildung, Forschung und Innovation (SBFI)	170
Standardisierte Laufbahnmodelle	117
Statistiken	24
Stelle	14
Stellenbeschreibung	14
Stelleninserat	38
Stellenportale	42
Summative Lernkontrollen	136

T

Themenschwerpunkte	122
Transferfördernde Massnahmen	137
Transferhemmende Faktoren	137
Transferproblem	137

U

Überbetriebliche Kurse	171
Unternehmungserfolg und Schulung	141

V

Verbände	172
Verordnung über die Berufsbildung (BBV)	169
Vollzug der Bundesgesetze	171
Vorauswahl	49

W

Weiterbildung	120

Z

Zentral organisierte Personalentwicklung	99
Ziele der Outplacementberatung	156
Ziele der Personalentwicklung	96
Ziele einer Personalentwicklungspolitik	95
Zusammenarbeit mit externen Dienstleistungsunternehmen	42

Bildungsmedien für jeden Anspruch
compendio.ch/hr

compendio Bildungsmedien

Human Resources

Das Ende dieses Buchs ist vielleicht der Anfang vom nächsten. Denn dieses Lehrmittel ist eines von rund 300 im Verlagsprogramm von Compendio Bildungsmedien. Darunter finden Sie zahlreiche Titel zum Thema Human Resources. Speziell für die ab 2017 gültige neue Berufsprüfung für HR-Fachleute führen wir beispielsweise folgende Lehrmittel im Sortiment:

Grundlagen für das HR-Management
Interaktion und Netzwerkpflege
Personalprozess
Übungsbuch – Minicases und Fallstudien
Lösungsband zum Übungsbuch

Human Resources bei Compendio heisst: übersichtlicher Aufbau und verständliche Sprache, Repetitionsfragen mit Antworten, Abstimmung der Inhalte auf die Prüfungswegleitungen und je nach Titel auch ein übersichtliches Infoblatt für den schnellen Überblick.

Eine detaillierte Beschreibung der einzelnen Lehrmittel mit Inhaltsverzeichnis, Preis und bibliografischen Angaben finden Sie auf unserer Website: compendio.ch/hr

Nützliches Zusatzmaterial

Von unserer Website herunterladen:
Professionell aufbereitete Folien

Für den Unterricht, die firmeninterne Schulung oder die Präsentation – auf unserer Website können Sie professionell aufbereitete Folien mit den wichtigsten Grafiken und Illustrationen aus den Büchern herunterladen.
Bitte respektieren Sie die Rechte des Urhebers, indem Sie Compendio als Quelle nennen.

Immer und überall einsetzen:
E-Books

E-Books bieten maximalen Lesekomfort, Geräteunabhängigkeit und die Möglichkeit, Notizen und Markierungen einzufügen. Die E-Version des Lehrmittels lässt sich einfach auf dem Tablet mitnehmen und erlaubt, die Inhalte flexibel zu erarbeiten, zu vertiefen und zu repetieren.

Alle Lehrmittel können Sie via Internet sowie per E-Mail, Post oder Telefon direkt bei uns bestellen:
Compendio Bildungsmedien AG, Neubrunnenstrasse 50, 8050 Zürich
E-Mail: bestellungen@compendio.ch, Telefon +41 (0)44 368 21 11, www.compendio.ch

Bildungsmedien für jeden Anspruch
compendio.ch/verlagsdienstleistungen

Bildungsmedien nach Mass
Kapitel für Kapitel zum massgeschneiderten Lehrmittel

Was der Schneider für die Kleider, das tun wir für Ihr Lehrmittel. Wir passen es auf Ihre Bedürfnisse an. Denn alle Kapitel aus unseren Lehrmitteln können Sie auch zu einem individuellen Bildungsmedium nach Mass kombinieren. Selbst über Themen- und Fächergrenzen hinweg. Bildungsmedien nach Mass enthalten genau das, was Sie für Ihren Unterricht, das Coaching oder die betriebsinterne Schulungsmassnahme brauchen. Ob als Zusammenzug ausgewählter Kapitel oder in geänderter Reihenfolge; ob ergänzt mit Kapiteln aus anderen Compendio-Lehrmitteln oder mit personalisiertem Cover und individuell verfasstem Klappentext, ein massgeschneidertes Lehrmittel kann ganz unterschiedliche Ausprägungsformen haben. Und bezahlbar ist es auch.

Kurz und bündig:
Was spricht für ein massgeschneidertes Lehrmittel von Compendio?

- Sie wählen einen Bildungspartner mit langjähriger Erfahrung in der Erstellung von Bildungsmedien
- Sie entwickeln Ihr Lehrmittel passgenau auf Ihre Bildungsveranstaltung hin
- Sie können den Umschlag im Erscheinungsbild Ihrer Schule oder Ihres Unternehmens drucken lassen
- Sie bestimmen die Form Ihres Bildungsmediums (Ordner, broschiertes Buch, Ringheftung oder E-Book)
- **Sie gehen kein Risiko ein: Erst durch die Erteilung des «Gut zum Druck» verpflichten Sie sich**

Auf der Website www.compendio.ch/nachmass finden Sie ergänzende Informationen. Dort haben Sie auch die Möglichkeit, die gewünschten Kapitel für Ihr Bildungsmedium direkt auszuwählen, zusammenzustellen und eine unverbindliche Offerte anzufordern. Gerne können Sie uns aber auch ein E-Mail mit Ihrer Anfrage senden. Wir werden uns so schnell wie möglich mit Ihnen in Verbindung setzen.

Modulare Dienstleistungen
Von Rohtext, Skizzen und genialen Ideen zu professionellen Lehrmitteln

Sie haben eigenes Material, das Sie gerne didaktisch aufbereiten möchten? Unsere Spezialisten unterstützen Sie mit viel Freude und Engagement bei sämtlichen Schritten bis zur Gestaltung Ihrer gedruckten Schulungsunterlagen und E-Materialien. Selbst die umfassende Entwicklung von ganzen Lernarrangements ist möglich. Sie bestimmen, welche modularen Dienstleistungen Sie beanspruchen möchten, wir setzen Ihre Vorstellungen in professionelle Lehrmittel um.

Mit den folgenden Leistungen können wir Sie unterstützen:

- **Konzept und Entwicklung**
- **Redaktion und Fachlektorat**
- **Korrektorat und Übersetzung**
- **Grafik, Satz, Layout und Produktion**

Der direkte Weg zu Ihrem Bildungsprojekt: Sie möchten mehr über unsere Verlagsdienstleistungen erfahren? Gerne erläutern wir Ihnen in einem persönlichen Gespräch die Möglichkeiten. Wir freuen uns über Ihre Kontaktnahme.

Compendio Bildungsmedien AG, Neunbrunnenstrasse 50, 8050 Zürich
E-Mail: postfach@compendio.ch, Telefon +41 (0)44 368 21 11, www.compendio.ch